"十二五"普通高等教育本科国家级规划教材

新编21世纪财税系列教材

地方财政学

第五版

钟晓敏　主编

Local Public Finance

中国人民大学出版社
·北京·

图书在版编目（CIP）数据

地方财政学/钟晓敏主编．-- 5 版．-- 北京：中国人民大学出版社，2021.8
新编 21 世纪财税系列教材
ISBN 978-7-300-29774-3

Ⅰ．①地…　Ⅱ．①钟…　Ⅲ．①地方财政－高等学校－教材　Ⅳ．①F810.7

中国版本图书馆 CIP 数据核字（2021）第 171291 号

"十二五"普通高等教育本科国家级规划教材
新编 21 世纪财税系列教材
地方财政学（第五版）
钟晓敏　主编
Difang Caizhengxue

出版发行	中国人民大学出版社		
社　　址	北京中关村大街 31 号	**邮政编码**	100080
电　　话	010－62511242（总编室）		010－62511770（质管部）
	010－82501766（邮购部）		010－62514148（门市部）
	010－62515195（发行公司）		010－62515275（盗版举报）
网　　址	http://www.crup.com.cn		
经　　销	新华书店		
印　　刷	固安县铭成印刷有限公司	**版　　次**	2001 年 8 月第 1 版
开　　本	787 mm×1092 mm　1/16		2021 年 8 月第 5 版
印　　张	16.5 插页 1	**印　　次**	2024 年 9 月第 4 次印刷
字　　数	374 000	**定　　价**	42.00 元

内容简介

本书是“十二五”普通高等教育本科国家级规划教材，浙江省普通高校“十三五”首批新形态教材。

本书共有10章，内容包括地方政府职能和事权划分、政府间税收划分理论和实践、政府间转移支付理论和实践、地方政府债务、地方财政管理等。本书既有对基本知识、基本理论的阐述，也吸收反映当代地方财政改革实践的最新成果。

本书编写力求规范、准确和简洁。为了帮助读者系统掌握和巩固所学知识，拓展相关知识，每章均设有学习目标、专栏、小结和复习与思考题，并提供参考文献和推荐阅读文献。

本书面向经济管理类专业本科生和研究生，也可以作为经管类从业人员的培训教材和其他人员的参考读物。

作者简介

钟晓敏　浙江财经大学教授，博士生导师。中宣部文化名家暨“四个一批”人才，国家“万人计划”哲学社会科学领军人才，国家百千万人才工程人选，国家有突出贡献的中青年专家，享受国务院政府特殊津贴。全国高校财政学教学研究会副会长，教育部高等学校财政学类专业教学指导委员会副主任委员，国务院学位委员会应用经济学学科评议组成员，国家级课程思政教学名师。

主持研究国家社会科学基金项目、教育部哲学社会科学研究重大课题攻关项目多项。在《经济研究》《中国社会科学》等刊物上发表学术论文50余篇。为国家特色专业和综合改革试点专业财政学、国家级教学团队财政学核心课程建设团队、国家级一流本科课程“财政学”、国家级课程思政“财政学”负责人。获多项省部级以上科研、教学优秀成果奖。

第五版前言

本教材自第一版出版以来，已经整整20年了。本教材平均五年修订一次，本次是第五版的修订。我们每一次的再版修订都是对过去一段时间我国财政改革实践的总结和回顾。这20年的四次修订见证了我国财政改革，特别是地方财政改革发展的历程。我在第一版的前言中曾指出，我们之所以重视地方财政问题的研究，编写《地方财政学》，首先得益于我国的改革开放和社会主义市场经济的发展。市场经济发展的一个必然逻辑就是分散化的决策，中央集权式的财政管理模式被打破，地方财政的地位日益提高，地方政府自主理财、自主决策的权力大大增强。

从1978年我国开启改革开放的历史征程起，如果说前20年是在摸索的基础上确立了走中国特色的社会主义市场经济道路，在财政领域明确了要建立公共财政基本框架，那么，最近20年就是在我国社会主义市场经济改革的不断完善中，财政作为先行军被赋予了改革的重任，围绕建立与市场经济体制相适应的现代财税制度进行了一系列波澜壮阔的探索和改革实践。我们历次的修订再版除了更新数据外，最主要的任务就是要把反映我国财税改革实践，特别是与地方财税相关的内容补充到教材里。借这次教材修订的机会，我们不妨对这20年来我国财税领域的改革做一个简单的梳理，其中有些改革已经完成，有些改革还在进行中，而有些改革也许刚刚启动或即将启动，并将在未来发挥作用。

在税收领域：增值税完成了从生产型向消费型的转型，并最终替代了地方第一大税营业税，成为中央地方最重要的共享税收；所得税从主要是地方税变成中央分成占大头的共享税；个人所得税从数次提高基本扣除费用标准到增加6项专项附加扣除、优化调整税率结构，实行分类和综合相结合的模式；农村实行税费改革并最终取消了农业税；改革出口退税制度；统一内外资企业税收；房产税改革试点艰难起步，但举步维艰；改革消费税；提出税收法定原则；正式出台环境保护税；完善地方税体系；合并国地税；等等；所有这些构成了这20年来税收领域里跌宕起伏的改革浪潮。

政府间财政转移支付方面：转移支付的改革从以专项转移支付为主转变成以一般性转移为主，转移支付的类型、名称也在具体的实践中不断修正和完善。比如过渡期转移支付几经更名，从最初的过渡期转移支付更名为一般性转移支付，再变成现在的均衡性转移支付并被包括在一般性转移支付中，而共同财政事权转移支付作为一种新型的转移支付在转移支付体系中占有重要地位，专项转移支付从几百项缩减至不到一百项。

财政管理改革方面：部门预算、国库集中收付制从最初只是在中央及省级层面进行的改革，现在已经实现了五级政府的全覆盖；从预算外资金收支两条线管理到全部纳入预算管理并最终取消了预算外资金；实行财政收支分类改革和财政绩效预算改革，出台了新《预算法》及《预算法实施条例》，管理财政结转结余资金；不断深化全面规范、公开透明的预算管理改革，四本预算的全口径预算体系日趋完善；等等。

土地出让金收入飞速增长，成为地方政府建设资金的重要来源，在基金预算中一金独大，有些地方甚至超过了一般预算收入。

地方政府发债从原来的绝对不允许到中央政府代为发行，到允许部分地方试点发行地方债，到地方发债的合法化；实行债务置换、债务的限额管理，现在的地方债务收入已经成为地方政府不可缺少的重要收入来源，但如果控制不好，将可能成为我国财政风险的重要隐患。

其他改革有："省直管县"和"乡财县管"的财政体制改革，政府与社会资本合作模式的推广运用，中长期财政规划的编制，等等。

纵观上述发生在财政领域里的改革实践，无不涉及地方财政的改革，而且可以说，地方财政一直处于改革的主战场、主阵地。党的二十大提出以中国式现代化全面推进中华民族伟大复兴，并实行分两步走的宏伟战略。中国式现代化理论是科学社会主义的现代成果，既有各国现代化的共同特征，更有基于自己国情的中国特色。在实现现代化强国之路的建设征程中中国式现代化的具体特征和本质要求必将对地方财政的具体实践产生深远影响。

与实践的丰富多彩和内容的不断更新形成鲜明对照的是，教材中相关理论的历久弥新也是很明显的。如有关地方财政职能的理论、财政事权与支出责任划分的理论、税收划分的理论、政府间财政转移支付理论，等等，这些内容在我们每一次再版中都几乎没有做改动。回顾这 20 年地方财政学的编写过程，我们也越发感受到理论的重要意义和价值。它就像一只"无形的手"在指挥着我们的实践，一旦我们的实践偏离了理论，迟早会付出代价。我们在地方财政中所进行的许多探索和实践都可以用上述理论来解释。理论具有规范性、统一性、逻辑性，而实践往往呈现出多样性、复杂性、渐进性。但从这种多样性、复杂性和渐进性的背后，我们可以发现其规范性、统一性和逻辑性的一面，这就是理论的力量、理论的价值。这也是我 20 年来编写教材的深刻体会。

本教材的编写从第一版开始就是集体劳动的成果，20 年来虽然编写人员几经更换，但所有参与过教材编写的老师都付出了辛勤的劳动，在此，我向他们表示衷心的感谢。

本次修订沿用了第四版的框架，但在每章的最后都增加了推荐阅读文献的内容，便于学生做一些拓展学习和研究。除了对数据做更新外，其他修订的内容主要有：

第一章增加了两个专栏，把预算外资金的内容从正文中取消，改成了一个专栏，增加了四本预算的中央地方支出比较。

第二章增加了中央与地方共同财政事权和支出责任划分原则及改革的主要内容，并设置了一个专栏。另外还增加了一个专栏专门介绍浙江省教育领域财政事权与支出责任划分改革义务教育部分的实施方案。

第三章增加了一个专栏，介绍对税收划分提出效率、适应、恰当三项原则的美国财政学家塞力格曼和他的中国学生马寅初；在第三节关于世界部分国家中央税与地方税划分情况中，用巴西替代了印度。

第四章基本没有变化，只是在第三节拨款的理由中增加了补偿中央委托地方事务的内容。

第五章对第三节分税制财政体制根据最新的内容做了修改，如修改了图 5-2，把该节第四部分内容分税制财政体制的完善改为建立现代财税体制，并做了较大的修改。

第六章的修改主要是对地方支出项目的分析进行了调整，用公共安全支出分析替换了原来的地方行政管理支出分析。另外，由于全国性数据难以获得，在第四节地方各级政府财政支出分析中，我们用浙江和广西两个地方的数据来做比较分析。

第七章的修改主要是在第三节里增加了用浙江省的数据对省以下各级政府财政收入结构进行比较分析。

第八章在结构上并无多大变化，但对我国政府间财政转移支付体系重新做了系统的阐述，补充了共同财政事权转移支付的内容，提出了未来中央对地方的转移支付将总体上形成以推进地区间基本公共服务均等化为主要目标，以财政事权和支出责任划分为依据，以一般性转移支付为主体，共同财政事权转移支付和专项转移支付有效组合、协调配套、结构合理的转移支付体系。

第九章除更新一些数据外基本没有修改。

第十章对专栏 10-2 进行了重新改写，增加了《预算法实施条例》中关于预算公开的规定的内容。另外根据最新实践，对绩效预算的内容做了修改和补充。

钟晓敏教授全面负责第五版的修订工作，并参与了所有章节的修订，叶宁博士参与了第一、二、四、五、七、八章的修订，金戈教授参与了第三章和第六章的修订，童光辉博士参与了第九章和第十章的修订，叶宁博士对全部书稿进行了认真细致的校对。

本教材既适用于财政学类专业的学生，也适用于非财政学类专业的各经济、管理类专业的学生，还可以作为经管类人员培训或其他人员了解财政特别是地方财政的参考读物。

最后，感谢所有帮助过我们的人，特别要感谢中国人民大学出版社在长达 20 年的合作过程中给予的支持、帮助和配合，本次修订特别感谢韩兆丹先生的帮助。但由于水平有限，修订过程中错误疏漏之处在所难免，敬请读者不吝指正，待下次再版时予以补充修订。

钟晓敏

2021 年 3 月于杭州

目录

第一章 导　论

第二章 地方财政的职能

第三章 政府间税收划分理论

第一章

导　论

本章学习目标

1. 了解地方财政的产生；
2. 了解地方财政的主要收入、支出种类及结构；
3. 了解我国地方政府的行政管理体制。

第一节　地方财政概述

一、地方财政的产生

地方财政是在出现了多级政府后才形成的。地方财政学是一门研究地方政府部门（地方公共经济部门）的经济活动及其对资源配置和收入分配的影响的学科。那么，政府是如何产生的呢？多级政府又是怎样形成的呢？

地方财政概述

关于政府产生和存在的原因，一般是从社会成员各自的自发行为在某些方面不能够促进其利益这个方面来解释的。防止外来侵略，保护个人利益不受社会其他成员的剥削，建立对全社会成员均有利的不可缺少的公共设施，协调各社会成员之间的利益关系，所有这些都非分散的单个个人能力所及，因此需要创建政府这种组织机构来为全体社会成员履行这些公共职责，提供全体成员共同消费的公共产品和服务，以保证能更好地满足社会成员的需要，提高整个社会的福利水平。

当一个社会的成员越来越多，地域越来越广阔，公共事务越来越复杂，靠单一政府已难以有效地处理全部公共事务时，就需要构建一个由多级政府组成的政府有机体，在各级政府之间进行合理的分工，共同承担原来由一个政府来做的事，以便能更有效地促进和提高全体社会成员的福利水平。政府级次的多少视各国的具体情况而定，并没有固定模式，我国实行的是中央、省、市（地区）、县（市、区）和乡（镇、街道）五个级次的政府体制，日本实行的是中央、都道府县和市町村三级政府体制，美国实行的是联邦、州、地方三级政府体制。

从政府所提供的公共产品和服务方面看，并不是所有的公共产品都是在一国范围内共同消费的。某些公共产品的消费在空间上是有限制的，它们仅限于某些特定的地理区域内，这些产品可以称为地方性公共产品。在理论上，我们将会证明，地方性公共产品和服务的优化配置要求由地方政府来提供这类产品和服务。在现实中，我们也将发现，在政府所提供的公共产品和服务中，很多是由地方政府提供的，如城市道路建设、地方消防、治安、环境治理等。

由于公共产品可以由任何一个级次的政府来提供，不同级次的政府是否应该在提供不同种类的公共产品上有所分工或各有侧重自然成为学者们研究的兴趣点，我国自 20 世纪 50 年代以来关于财政学的研究主要以国家财政为主，或者说主要集中在中央财政上，因为在计划经济时代，地方政府很少有财政自主权。在我国，对地方财政研究的逐步重视，还主要是因为我国改革开放以来，经济社会所发生的巨大变化，中央集权式的财政管理模式被打破，地方财政的地位日益增强。在我国，经济改革从某种意义上讲，就是要改革过去计划经济体制的高度中央集权，要适当加强地方政府的职权，变集中决策为分散决策，提高资源配置的效率，适应市场经济发展的要求。在具体的财政支出①上，地方财政的支出已经大大超过中央财政的支出。从表 1-1 可知，2019 年我国地方本级一般公共预算支出总量达到 203 743.22 亿元，占国内生产总值的 20.7%，是中央本级一般公共预算支出的 5.8 倍。

表 1-1　中央和地方本级一般公共预算支出决算数占 GDP 的比重（2019 年）

支出种类	中央政府		地方政府	
	数量（亿元）	占 GDP 的比重（%）	数量（亿元）	占 GDP 的比重（%）
本级支出	35 115.15	3.6	203 743.22	20.7

注：中央本级一般公共预算支出中包括债务付息和发行费用支出。
资料来源：财政部网站。

在对地方财政进行分析研究时，有几点需要我们注意：第一，地方政府是我国经济中的重要组成部分，它的支出已经占到国内生产总值的五分之一，占全国财政支出的 85%以上。第二，由地方政府提供的主要产品或服务，如教育、交通、公共安全、公共基础设施和社会服务，都是对居民日常生活影响最大的那些事务，因此，从这点上讲，地方财政与人们的利益更加密切相关，更加具有民生的特点。第三，地方政府的一些经验、试验和政策经常成为以后在全国范围内推广应用的基础，或者成为影响中央政府政策变化的因素。第四，由于各个地方之间的差别性和各类要素相互间的易流动性，许多经济问题的分析在地方这一层面与中央层面是有很大区别的，比如对经济的政策调控，中央政府的调控政策与地方政府的调控政策，其影响和效果大不相同。可以说，人员和要素的流动性已经成为解释地方政府收入和支出行为的内生变量，因此，在对地方财政的经济学分析中必须充分考虑这种流动性。

二、地方财政简介

（一）规模和增长

各国地方政府财政支出在最近几十年一直稳步增长。美国联邦政府的支出大约占整

① 这里的财政支出是指一般公共预算中的支出，现在的预算体系中，除一般公共预算外，还包括政府性基金预算、社会保险基金预算和国有资本经营预算。

个政府支出的三分之一，州和地方政府占三分之二。日本的情况也大致相同，中央政府财政支出占三分之一，地方政府占三分之二。有人对巴西、哥伦比亚、肯尼亚、韩国、菲律宾、锡兰、坦桑尼亚和土耳其等国家的资料进行了分析，发现这些国家的地方财政支出占全国财政支出的比重，除土耳其和肯尼亚外，都有长期增长的趋势。英国是一个财政上中央集权型的国家，但从 20 世纪 50 年代到 70 年代，地方政府开支占总公共支出的比重也有所提高。表 1-2 反映的是 1970 年以来部分年份中我国中央财政支出和地方财政支出在整个国家财政支出中所占比重的变化。地方财政支出的比重从 1970 年的 41.1%上升到 2019 年的 85.3%，而同期中央财政支出的比重从 58.9%下降到 14.7%。上述情况表明，地方财政已经构成各国财政的一个重要组成部分。

表 1-2　中央和地方财政支出及其比重（1970—2019 年）

年份	全国（亿元）	金额（亿元）		比重（%）	
		中央	地方	中央	地方
1970	649.41	382.37	267.04	58.90	41.10
1975	820.88	409.40	411.48	49.90	50.10
1980	1 228.83	666.81	562.02	54.30	45.70
1985	2 004.25	795.25	1 209.00	39.70	60.30
1990	3 083.59	1 004.47	2 079.12	32.60	67.40
1995	6 823.72	1 995.39	4 828.33	29.20	70.80
1996	7 937.55	2 151.27	5 786.28	27.10	72.90
1997	9 233.56	2 532.50	6 701.06	27.40	72.60
1998	10 798.18	3 125.60	7 672.58	28.90	71.10
2000	15 886.50	5 519.85	10 366.65	34.70	65.30
2005	33 930.28	8 775.97	25 154.31	25.90	74.10
2006	40 422.73	9 991.40	30 431.33	24.70	75.30
2007	49 781.35	11 442.06	38 339.29	23.00	77.00
2008	62 592.66	13 344.17	49 248.49	21.30	78.70
2009	76 299.33	15 255.79	61 044.14	20.00	80.00
2010	89 874.16	15 989.73	73 884.43	17.80	82.20
2011	109 247.79	16 514.11	92 733.68	15.10	84.90
2012	125 952.97	18 764.63	107 188.34	14.90	85.10
2013	140 212.10	20 471.76	119 740.34	14.60	85.40
2014	151 785.56	22 570.07	129 215.49	14.90	85.10
2015	175 760.93	25 542.15	150 218.78	14.53	85.47
2016	187 755.21	27 403.85	160 351.36	14.60	85.40
2017	203 085.49	29 857.15	173 228.34	14.70	85.30
2018	220 904.13	32 707.81	188 196.32	14.81	85.19
2019	238 858.37	35 115.15	203 743.22	14.70	85.30

注：(1) 中央、地方财政支出均为本级支出。

(2) 表中数字 2000 年以前不含国内外债务还本付息支出和利用国外借款收入安排的基本建设支出。从 2000 年起，中央财政支出中包括国内外债务付息支出。

资料来源：财政部网站。

我们不妨再来看看表1-3，表1-3是2019年中央和地方全口径财政支出。从表中我们可以看到，除了国有资本经营预算，其他三类预算中，地方支出占据了全国支出的绝大部分。即使占比最低的国有资本经营预算，地方支出所占比重也高达57.02%。即使国有资本经营预算总量较低，地方支出所占比重依然高达90.21%。

表1-3　中央和地方全口径财政支出比重（2019年）

全口径预算	全国（亿元）	金额（亿元）		比重（%）	
		中央	地方	中央	地方
一般公共预算支出	238 858.37	35 115.15	203 743.22	14.7	85.3
政府性基金预算支出	91 647.77	3 113.39	88 534.38	3.40	96.60
社会保险基金预算支出	74 740.78	663.31	74 077.47	0.89	99.11
国有资本经营预算支出	2 295.41	986.55	1 308.86	42.98	57.02
合计	407 542.33	39 878.4	367 663.93	9.79	90.21

注：2019年一般公共预算对基本养老保险基金的补助为8 633.04亿元，国有资本经营预算补充社保基金为0.43亿元，这两部分收入构成社会保险基金预算收入。

近几十年来地方财政支出不断上升的一个基本背景是：城市化不断加快，人口不断增长。随着城市化进程的加快，在许多国家，地方政府通常需要为公众提供一系列公共服务，这些服务将大大有利于提高生活质量和促进社会发展。它们包括基础保健与教育、街道照明和清洁、排水排污和供电、开设公共市场和垃圾回收、主要交通运输网络以及为商业与居住而进行的土地开发。总之，随着社会经济的发展、收入水平和生活水平的提高，人们的需求结构、消费结构也在发生着变化，对由地方政府提供的地方性公共产品和服务的需求在不断提高。

在我国，这一发展趋势的原因还可以从经济体制改革这个方面来解释：随着我国市场化改革的不断深入、地方自主权的不断增强，对经济效率的重视程度不断提高，许多原来由中央政府提供的公共产品和服务，现在由地方政府来提供了。

（二）一般公共预算支出种类

我国2019年地方一般公共预算本级支出为203 743.22亿元，主要支出项目有教育、社会保障和就业、城乡社区、农林水、一般公共服务等。表1-4反映了2019年地方一般公共预算主要支出构成。

表1-4　地方财政主要支出项目表（2019年）

主要支出项目	总额（亿元）	比重（%）
教育支出	32 961.06	16.18
社会保障和就业支出	28 147.55	13.82
城乡社区支出	24 803.63	12.17
农林水支出	22 330.46	10.96
一般公共服务支出	18 359.50	9.01
卫生健康支出	16 417.62	8.06
公共安全支出	12 062.48	5.92
交通运输支出	10 395.23	5.10

续表

主要支出项目	总额（亿元）	比重（%）
节能环保支出	6 969.01	3.42
住房保障支出	5 839.35	2.87

资料来源：财政部网站。

（三）一般公共预算收入来源

2019 年地方本级财政收入为 101 080.61 亿元，其中来自各项税收的收入为 76 980.13 亿元，国内增值税收入最多，达到 31 186.9 亿元，占一般公共预算收入的 17.78%。地方本级收入中，除税收外，还有行政事业性收费等非税收入，2019 年非税收入为 24 100.48 亿元，占一般公共预算收入的 13.74%。除了地方本级各项收入外，地方还从中央得到 74 359.86 亿元的转移支付。这样，地方一般公共预算收入为 175 440.47 亿元。表 1-5 是 2019 年地方一般公共预算收入主要项目构成。

表 1-5　地方财政主要收入项目表（2019 年）

主要收入项目	总额（亿元）	比重（%）
国内增值税	31 186.90	17.78
企业所得税	13 517.75	7.71
契税	6 212.86	3.54
土地增值税	6 465.14	3.69
个人所得税	4 154.34	2.37
城市维护建设税	4 614.44	2.63
房产税	2 988.43	1.70
城镇土地使用税	2 195.41	1.25
资源税	1 768.52	1.01
非税收入	24 100.48	13.74
中央转移支付	74 359.86	42.38

注：2016 年全面实行营业税改征增值税后，地方财政收入最主要的税收来源营业税于 2017 年退出了历史舞台。作为中央地方共享税的增值税，中央和地方的分享比例调整为 50：50。

资料来源：财政部网站。

专栏 1.1

预算外资金

从 20 世纪 80 年代中后期开始一直到 21 世纪头 10 年，预算外资金数量巨大是我国财政收入的一个特点，尤其是在省以下各级地方财政中，预算外资金对政府（特别是较低级次的政府）财政具有特别重要的作用。地方预算外资金的收入和支出在 2009 年分别为 6 062.64 亿元和 5 769.09 亿元，分别占全部预算外资金收入和支出的 94.5%和 92.6%，占当年地方本级预算内收入和支出的 18.6%和 9.5%。和地方庞大的预算外资金相比，中央的预算外资金就少得多。2009 年中央预算外收入和支出分别只有 352.01 亿元和 459.2 亿元，只占整个预算外收入和支出的 5.5%和 7.4%。图 1-1 反映的是从 1993 年到 2009 年中央和地方预算外收入情况。

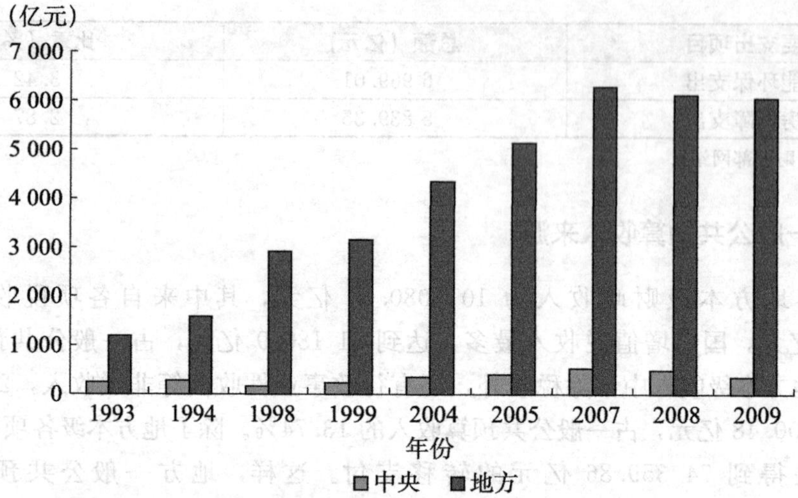

图 1-1　中央与地方预算外收入情况（1993—2009 年）

注：从 1997 年起，预算外资金收支不包括纳入预算内管理的政府性基金（收费）。从 2004 年起，预算外资金收支为财政预算外专户收支。

资料来源：中国统计年鉴 2011. 北京：中国统计出版社，2011.

地方预算外资金一直以来是地方经济生活中的一块重要资金，它既弥补了预算内资金的不足，又在促进经济建设和各项事业的发展方面发挥了重要的积极作用。但是，应当看到，由于我们在管理上不够到位、制度上不够完善以及其他方面的原因，在预算外资金的筹集和监督管理方面还存在不少问题。比如，有的地方和部门从局部利益出发，超越权限乱设基金、乱收费、乱摊派，加重了企业和老百姓的负担；也有的把预算内资金转到预算外，化大公为小公，有的甚至违反财经纪律私设"小金库"，还有的单位用预算外资金炒期货、炒股票、搞房地产、请客送礼、吃喝玩乐等等，使预算外资金成为滋生腐败的"温床"，同时，这些违法乱纪行为的存在，干扰和冲击了正常的国民经济分配秩序。因此，加强和规范地方预算外资金的财政管理和监督，一直是这些年来政府财政管理的重点，如规定预算外资金要上缴财政专户，实行收支两条线管理等。

从 2011 年 1 月 1 日起，我国将预算外资金管理全部纳入预算管理，并相应取消全部预算外收支科目。至此，预算外收支科目正式从财政收支科目中消失，原来的预算外资金或并入政府性基金预算，或并入一般公共预算。

（四）政府性基金

政府性基金单独编制预算，是现代政府预算体系的一个重要组成部分。政府性基金预算是指依照法律、行政法规的规定在一定期限内向特定对象征收、收取或者以其他方式筹集的资金，专项用于特定公共事业发展的收支预算。政府性基金是政府可用财力的一个重要组成部分，对地方政府尤为重要。2019 年全国政府性基金收入为 84 517.72 亿元，支出为 91 647.77 亿元；其中地方政府性基金本级收入和支出分别为 80 477.94 亿元和 88 534.38 亿元。在政府性基金预算中，地方所占比重较大，基金的收入和支出占比分别为 95.22%和 96.6%。在地方政府性基金中，国有土地使用权出让金收入即通常所说的土地出让金是最重要的收入来源，2019 年全国国有土地使用权出让金收入为 70 679.31 亿元，其中地方国有土地使用权出让金收入为 70 631.06 亿元，地方国有土地使用权出让金收入占地方本级政府性基金收入的 87.76%，比 2015 年提高了超过 7 个百分点，说明国有土地使用权出让金收入对地方政府的收入构成越来越重要了。政府性基金收入是地方政府建设资金的重要来源，在各地的经济建设中发挥着较大的作用，近年来地方政府性基金收入占地方一般公共预算收入的比值在提高，从 2015 年的 27.68%提高到 2019 年的 45.87%。

（五）地区间的差异性和流动性

在研究地方财政中，一个不可忽视的事实是各地区之间存在着差别。表 1-6 是 2019 年我国各地区人均地区生产总值、人均财政收支情况表。

表 1-6　各地区人均地区生产总值、人均财政收入、人均财政支出情况表（2019 年）

地区	人均地区生产总值（元）	人均地区生产总值排名	人均财政收入（元）	人均财政收入排名	人均财政支出（元）	人均财政支出排名
北京	199 725	1	32 846	2	41 831	2
上海	178 213	2	33 466	1	38 203	3
天津	119 934	4	20 497	3	30 236	5
江苏	128 358	3	11 340	6	16 199	14
浙江	119 631	5	13 524	4	19 288	10
福建	116 502	6	8 389	9	13 954	21
广东	108 836	7	12 791	5	17 485	11
山东	75 467	10	6 931	13	11 405	30
内蒙古	70 428	11	8 428	8	20 871	9
湖北	80 246	9	5 933	18	13 956	20
重庆	83 148	8	7 520	11	17 075	12
陕西	69 374	12	6 154	16	15 381	16
辽宁	57 728	19	6 147	17	13 314	23
吉林	42 893	29	4 085	28	14 387	19
宁夏	60 655	16	6 854	15	23 273	7
湖南	62 307	14	4 713	25	12 593	26
海南	62 165	15	9 533	7	21 763	8
河南	57 545	20	4 287	27	10 779	31
新疆	63 806	13	7 403	12	24 944	6
四川	57 282	21	5 002	23	12 716	25
河北	50 228	25	5 350	20	11 889	29
安徽	60 495	17	5 188	21	12 049	28
青海	53 537	23	5 095	22	33 640	4
江西	56 267	22	5 653	19	14 515	18
山西	49 917	26	6 883	14	13 810	22

续表

地区	人均地区生产总值（元）	人均地区生产总值排名	人均财政收入（元）	人均财政收入排名	人均财政支出（元）	人均财政支出排名
西藏	58 145	18	7 602	10	74 923	1
黑龙江	35 589	30	3 301	31	13 102	24
广西	44 097	28	3 762	29	12 149	27
贵州	46 633	27	4 915	24	16 543	13
云南	51 120	24	4 564	26	14 902	17
甘肃	34 176	31	3 334	30	15 490	15

资料来源：根据《中国统计年鉴 2020》计算。

人均地区生产总值最高的是北京，达到 199 725 元，而最低的甘肃省仅为 34 176 元，最高地区是最低地区的 5.84 倍。人均财政收入最高的上海市（33 466 元）是最低的黑龙江省（3 301 元）的 10.14 倍。人均财政支出最高的西藏自治区（74 923 元）是最低的河南省（10 779 元）的 6.95 倍。一些发达省份的人均财政支出的排名明显要比其人均财政收入的排名靠后，如浙江、江苏、广东、福建、山东等。而一些经济落后省份的人均财政支出的排名反而靠前，如西藏、青海、宁夏、新疆等。这说明财政转移支付缩小了各地财政地位的差距，起到了均等化的效果。然而，各地的差距仍然是一个不容忽视的事实。

地区间不仅存在着巨大的差别，而且在市场经济条件下，各地区间还存在着流动性。而正是这种流动性使得地区间的差异性更加复杂化。没有差异性为基础，流动性就失去了其重要意义；而如果没有流动性，差异性就不会受到人们的重视。

和公共产品的一般理论不同的是，对地方财政学（或者叫地方公共部门经济学）的研究涉及包括人员在内的各种要素在各地方辖区间的自由流动问题。我们这里所指的流动性概念，不仅是指物质的流动性（居民的居住地或不同辖区的商业往来），而且也指经济的流动性（对于消费和投资区位的选择）。在许多情况下，个人能够独立地选择居住、工作、投资和消费的场所。在一个城市里生活，却在另一个城市里工作的情况可能会越来越多。在我国市场经济的改革过程中，住房制度、户籍制度、人事管理制度等方面都在不断深化改革，制约要素流动的各种障碍已经越来越少，要素的流动性在不断提高。这种流动性对地方财政在发挥其职能的过程中将产生巨大影响。资金、人员的流动和企业的迁移都意味着税基的流动，这势必会强化地区间的财政竞争，各地竞相采用税收等政策工具来吸引人才、资金和企业。但人员的过多流入又会产生拥挤成本，加重当地的基础设施建设的负担。人们本来不会真实显示其对公共产品的偏好，但通过在地区间的流动，用“用脚投票”的形式来显示对公共产品的偏好。总之，地区间要素的流动对地方财政在资源配置、收入分配和发展本地区经济等方面的作用将产生重要影响。在对地方财政进行研究的过程中，要时刻注意流动性这一特点。正如我们在后面的章节中所要论述的，正是这种流动性使地方政府稳定经济和实现收入分配的各种政策归于失败。但是，也正是地方经济的这种“开放性”和流动性，在很多方面使地方政府通过提供公共产品或服务提高了整个经济资源配置的效率。

可以说，地区间的差异性和由差异性引起的地区间经济资源的流动性是地方财政学研究的一个最基本的因素。

第二节 地方政府的行政管理体制

截至2019年底，我国有省级行政区划单位31个[①]，其中包括22个省、5个自治区、4个直辖市；地级行政区划单位333个，其中包括293个地级市；县级行政区划单位2 846个，其中有387个县级市、965个市辖区、1 323个县；乡级行政区划单位38 755个。图1-2是我国行政体制构成框架图。

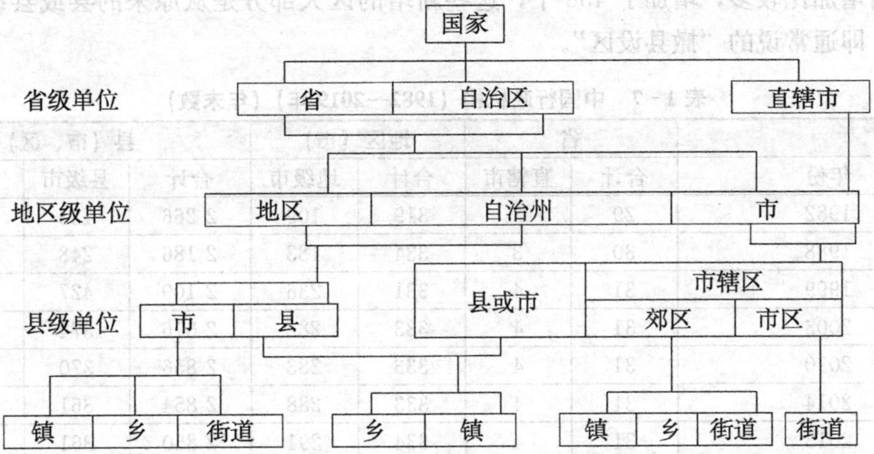

图1-2 中国行政体制构成框架图

省和地区是按地域划分的行政机构，既包括城市机构，也包括农村机构。在我国，城市是工业的集中地区，大部分政府收入来源于城市。历史上城市人口只占全国人口的一小部分，但城市是国家的核心所在。它们是政府财政收入的主要提供者，同时又是最大的受益者，直接或间接从中央获取大量的资金用于基础设施建设、城市居民食物补贴和工业投资等。随着社会发展和城市化进程的不断加快，城市的规模在扩大，城市的数量也在不断增加。

城市的政府体制比较复杂，在“市”这个类别中，不同隶属关系下的市所处的行政级别是不一样的。北京、上海、天津和重庆这四个市是直辖市，级别相当于省级，是城市地区的最高行政机构。以下依次为地级市和县级市。地级市直接隶属于省级政府。省级市和地级市的特点是：它们所辖的城市地区可以进一步细分为市区或市辖区，大多数市都管辖很多县。县级市是最低的市级行政机构，既不划分市区，也不管县。

为了建立以城市为中心的行政区，我国从20世纪80年代起逐步推广“市管县”体制。但早在20世纪50年代，许多大城市为了解决城市蔬菜供应问题，就曾采取了这一举措。从20世纪80年代起，中央政府强调要在城市的基础上建立大区域计划和行政区域。在20世纪50—80年代初这段时期，总共有56个城市实行了市管县体制，而且这些城市几乎都是大规模的省级城市和地级市。它们共管辖着173个县，占全国总县数的

① 不包括香港、澳门两个特别行政区和台湾。

7%，平均1个市管3个县。1981—1989年，又有114个各种规模的城市加入了市管县的行列。到2019年底，全国已经有293个地级市，占整个地级行政区划单位的88%，基本实现了以市管县的体制取代地区管县的体制。

从表1-7可见，1982—2019年期间，我国新出现了14个地区级机构，地级市从109个增加到293个，地级市已取代地区成为地级行政区的主体，现存的地区存在于黑龙江省、西藏自治区和新疆维吾尔自治区。县级区划合计2 846个，包括市辖区、县级市、县和自治县①。我们还可以从表1-7中看到，县级市从133个增加到387个，新设立的县级市都是从原来的县改变而来的，其行政级次和管理范围都未作更改；与县同级的区政府增加比较多，增加了438个，这些新增的区大部分是从原来的县或县级市演变过来的，即通常说的“撤县设区”。

表1-7　中国行政机构（1982—2019年）（年末数）　　单位：个

	省		地区（市）		县（市、区）		
年份	合计	直辖市	合计	地级市	合计	县级市	市辖区
1982	29	3	319	109	2 266	133	527
1988	30	3	334	183	2 186	248	647
1999	31	4	331	236	2 109	427	749
2003	31	4	333	282	2 016	374	845
2010	31	4	333	283	2 856	370	853
2014	31	4	333	288	2 854	361	897
2015	31	4	334	291	2 850	361	921
2016	31	4	334	293	2 851	360	954
2017	31	4	334	294	2 851	363	962
2018	31	4	333	293	2 851	375	970
2019	31	4	333	293	2 846	387	965
2019年比1982年增减	2	1	14	184	580	254	438

资料来源：根据历年《中国统计年鉴》整理。

专栏1.2

特别的县级区划

一般来说，县级市下辖数个街道或乡镇。浙江温州龙港市别具一格，是全国首个不设乡镇、街道的县级行政区域。2019年8月，经国务院批准，撤销苍南县龙港镇，设立县级龙港市，龙港市由浙江省直辖，温州市代管。所以，尽管龙港市不辖任何街道或乡镇，但从行政管理体制上来说，它依然属于“县级单位”这一层级。

无独有偶，中国还有一个特别的“县级单位”——大柴旦行政区。大柴旦是海西蒙古族藏族自治州设置的县级行政管理区，大柴旦行政区地域广阔，行政面积为2.1万平方公里，东西最大直线距离为250公里，南北最大直线距离为210公里。全区现辖两个镇（柴旦镇、锡铁山镇），总人口1.4万。其管理机构为大柴旦行政委

① 除此之外的县级区划可阅读专栏1.2。

员会，是海西蒙古族藏族自治州人民政府的派出机构。

“行委”是“行政委员会”的缩写，“行委”指的是由自治州政府派出的行政机构而非独立的一级政府，“行委”虽然不属于法定的县级行政区但与其基本类似，跟县级行政区是等同的概念。

截至2019年底，我国共有乡政府9 221个，镇政府21 013个，街道办事处8 519个。而在20世纪80年代初，我国镇政府只有2 000多个，大部分镇是从乡改过来的。从表1-8可见，近十多年来，乡镇级区划数总体上有所减少，乡政府在不断减少，从2002年的18 673个减少到2019年的9 221个，减少了50.62%。街道办事处逐年增加，从2002年的5 576个增加到2019年的8 519个，增幅为52.78%。主要原因是：原来的县下面是没有街道的，后来随着县改市及城市化进程的加快，市政府所在地的镇和一些邻近城市的乡镇改为街道办事处。在乡以下还有村民委员会，村民委员会通常也执行一些政府职能，如社会服务和公共安全，但村委会不是政府机构。

表1-8 中国乡镇级机构（2002—2019年）（年末数） 单位：个

年份	乡镇级区划数	镇	乡	街道办事处
2002	44 850	20 601	18 673	5 576
2003	44 067	20 226	18 090	5 751
2004	43 258	19 883	17 471	5 904
2005	41 636	19 522	15 962	6 152
2006	41 040	19 369	15 316	6 355
2007	40 813	19 249	15 130	6 434
2008	40 825	19 234	15 067	6 524
2009	40 856	19 322	14 848	6 686
2010	40 904	19 410	14 571	6 923
2011	40 464	19 683	13 587	7 194
2012	40 444	19 881	13 281	7 282
2013	40 495	20 117	12 812	7 566
2014	40 379	20 401	12 282	7 696

续表

年份	乡镇级区划数	镇	乡	街道办事处
2015	38 644	20 515	10 172	7 957
2016	39 860	20 883	10 872	8 105
2017	39 886	21 116	10 529	8 241
2018	39 943	21 297	10 253	8 393
2019	38 753	21 013	9 221	8 519

资料来源：根据历年《中国统计年鉴》整理。

第三节　本书的主要内容介绍和结构安排

全书共十章，其主要内容和结构安排如下：

第一章导论部分主要对地方财政作简要概述。具体包括地方财政的产生，地方财政主要收入、支出种类及结构。特别需要指出的是，在学习和研究地方财政时，要时刻注意各地区间存在的差异性和人员等要素在各地区间的流动性的特点。在第一章第二节中，我们对我国地方的行政管理体制作了介绍。

第二章是对地方财政职能的阐述。虽然从总体上，我们可以把财政职能概括为资源配置、收入分配和稳定经济等三大职能，但从中央到地方，各级政府财政在执行其职能时的侧重点和范围是有所区别的。一般来说，在市场经济体制下，地方财政的主要职能在于合理配置资源，即提供地方性公共产品或公共服务。而收入分配和稳定经济方面的职能主要应由中央政府来履行。在第二章中，我们还重点介绍了蒂博的“用脚投票”模型和地方辖区的最佳规模理论。蒂博模型的最大贡献在于它为人们对地方性公共产品的偏好显示提供了一种“用脚投票”的准市场办法。蒂博的研究成果在地方财政学的研究领域中具有开创性意义。在该章的最后一节中，介绍了中央政府与地方政府之间以及地方各级政府之间事权与支出责任划分的一般性框架。

在第三章政府间税收划分理论中，首先对国外学者对政府间税收划分原则的一些观点进行了介绍，并在此基础上，提出了在我国各级政府之间划分税种时应该遵循适应政府行政权力体制划分中央税与地方税规模的原则、受益原则、资源有效配置原则、体现政府职能分工原则和税务行政效率原则。世界部分发达国家和发展中国家的中央税和地方税划分情况表明，各国的税收划分既有共性的一面，也存在着各自的特点。在该章的最后一节中，对我国中央与地方政府间的税收划分现状进行了分析，在肯定其合理的一面的同时，也对今后的改革和完善进行了探讨。

第四章涉及的是政府间财政转移支付理论。具体介绍了财政拨款的类型，各种拨款的效应，拨款的目的。对现代财政拨款理论中的粘蝇纸理论也作了介绍，并且指出，由于在我国现有的公共决策体制中，信息不对称情况相当普遍，公共决策的透明度较低，监督机制也不完善，因此，粘蝇纸效应在我国更容易产生。

在第五章的财政体制中，首先对财政体制的定位作了阐述，介绍了单一制国家和联邦制国家的区别，分析了财政联邦主义的基本特点，并介绍了衡量财政集权和分权的方法。在第二节中，对我国财政体制的演变进行了回顾和总结。第三节介绍了我国现在的分税制财政体制。对分税制的形式、内容以及我国省以下财政体制的情况作了介绍和分析，最后就分税制财政体制的改革方向作了探讨。

在关于地方财政支出的第六章中，首先对财政支出的范围、分类等基本概念进行了阐述。第二节重点介绍并分析了地方财政支出的规模和结构。第三节分析了地方公共安全支出和地方教育支出这两个地方公共财政的主要支出项目。第四节以浙江和广西为例，对省、地、县、乡等各级地方财政的支出结构作了比较分析。最后对地方的政府性基金支出、社会保险基金支出、国有资本经营支出等项目进行了介绍，并重点考察了两类综合性的支出项目：地方社会保障支出和地方政府投资。

第七章的地方财政收入具体分析了我国地方财政中的各项收入。我国地方财政收入主要有：税收收入、非税收入、地方债务收入、转移性收入、社会保险基金收入、政府性基金收入等。在第二节的地方税部分详细阐述了地方税及其相关改革。最后，对地方各级政府的财政收入结构进行了比较分析。

第八章是地方财政转移支付。转移支付收入占地方一般公共预算收入的比重已经达到42.4%。随着转移支付的规模越来越大，其重要性日益凸显。本章首先分析了地方转移支付结构，接着介绍了中央对地方转移支付制度的演变，最后介绍了省以下转移支付实例并做了比较分析。

第九章是地方政府债务。地方政府债务及其风险控制是我国地方财政管理的重要任务。本章首先介绍地方政府债务的概念和类型，其次介绍地方政府性债务作为特定历史阶段下的产物，分析其规模、结构和存在的主要问题，再次介绍新《预算法》实施前后的地方政府债券发行制度和限额管理办法，最后就PPP模式的应用与公共服务供给机制的创新做了简要介绍。

第十章是地方财政管理。首先介绍了地方财政管理的效率目标和公平目标，地方财政管理的法治化、科学化和公开化原则。其次结合新《预算法》以及《预算法实施条例》等法律规章制度对地方预决算管理的各个过程进行了详细的阐述，在介绍各种预算形式的基础上，重点介绍了部门预算及其运行模式。最后，从国库集中收付制度、政府采购管理和中期财政规划等方面介绍地方财政管理改革。

第四节　本章小结

（1）地方财政是在出现了多级政府后才形成的，而地方财政学是一门研究地方政府（地方公共经济部门）的经济活动及其对资源配置和收入分配的影响的学科。

（2）和公共产品的一般理论不同的是，对地方财政学（或者叫地方公共部门经济学）的研究涉及包括人员在内的各种要素在各地方辖区间的自由流动问题。地区间要素的流动对地方财政在资源配置、收入分配和发展本地区经济等方面的作用将产生重要影响。在对地方财政进行研究的过程中，要时刻注意流动性这一特点。

（3）地方政府部门是我国经济中的重要组成部分，它的一般公共预算支出已经占到国内生产总值的 20.7%，占全国一般公共预算支出的 85%以上。地方政府主要提供教育、社会保障与就业、城乡社区、一般公共服务等。

（4）由于各个地方之间的差异性和各类要素相互间的易流动性，许多经济问题的分析在地方这一层面与中央层面有很大区别。

（5）增值税和企业所得税收入是地方一般公共预算收入的主要来源。政府性基金收入是地方政府可支配性财力的重要组成部分。

（6）我国实行的是中央、省、市（地区）、县（市）和乡（镇）五个级次的政府体制。

参考文献

1. ［美］费雪．州和地方财政学．2 版．北京：中国人民大学出版社，2000

2. 中国统计年鉴 2020. 北京：中国统计出版社，2020

推荐阅读文献

1. 为了更多地了解中国正在进行的财政实践，你可以阅读各级政府的财政预决算报告。

2. 你还可以从以下网站获取数据：

中华人民共和国财政部网站

中华人民共和国国家统计局网站

美国统计局网站（www. census. gov）

IMF 和 OECD 网站等

3. 当然，所有财政学相关期刊和著作也是学习《地方财政学》必备的理论基础，你可以参考以下期刊：

《财政研究》

《税务研究》

《财贸经济》

《经济研究》

《管理世界》

《中国财政》

Journal of Public Economics

International Tax and Public Finance

American Economic Reviews

Journal of Political Economics

第二章

地方财政的职能

本章学习目标

1. 了解财政三大基本职能的一般性和地方财政职能的特殊性；
2. 了解蒂博模型和地方辖区的最佳规模理论；
3. 掌握各级政府间财政事权和支出责任划分的基本原则和框架。

地方财政是国家财政的一个有机组成部分，其职能也是从国家财政职能中派生出来的。因此，对国家财政职能或财政一般职能的介绍就自然成为学习地方财政职能的起点。

第一节　财政职能概述

财政学是研究政府活动及其对资源配置和收入分配的影响的一门学科。所谓财政职能是指政府活动对经济的各个方面所产生的影响和变化，它是政府活动所固有的经济功能，通常表现为政府应当干什么和能干什么。对财政职能的研究必须要和经济学的基本问题结合起来。

财政职能概述

经济学的基本问题是在资源稀缺的条件下，生产什么、怎样生产和为谁生产。生产什么、怎样生产涉及资源的配置，而为谁生产则与收入分配联系在一起。任何一个社会和国家都会遇到同样的基本经济问题，但不同的社会和国家解决基本经济问题的方式可能会有所区别，有时甚至会截然不同。就资源配置方式而言，基本上有两种：一种是市场方式，另一种是非市场方式。市场配置资源的方式是按照市场需求和供给的变化引起价格的变动来实现的。例如，商品甲的需求大于供给，造成商品甲的价格上升，价格上升则诱导更多的资源用于商品甲的生产；如果供给大于需求，价格下跌，资源就从生产商品甲中退出来转移到其他供不应求的商品的生产中去。非市场方式的配置是指资源的配置不是根据市场上价格的变化来引导资源的流向，而是依据政府的意图和计划来配置资源，所以也称政府行政方式。由于政府的经济活动集中反映在财政预算的收支中，政府配置资源这种方式也就表现为财政的资源配置职能。

资源配置的市场方式和政府行政方式在任何国家中都存在，只不过在不同的国家中这两种方式在资源配置过程中发挥的作用和所处的地位不同罢了。一般认为，由市场来配置资源被证明是迄今为止最有效的一种资源配置方式，它要优于政府行政配置方式。因为经济学中的稀缺法则要求资源配置要强调效率，而市场配置通过价格的升降反映资源的相对稀缺程度，从而能够引导资源以最有效率的方式进行配置。[①] 然而，我们说市场配置方式是最好的，只是从总体上看，是从和政府行政配置方式各自孤立的对比中看，这绝不表明在任何情况下市场配置都是最好的。“看不见的手”不是万能的，市场是有缺陷的。当市场中的经济主体不再是价格接受者时，当他们在一定程度上可以对价格施加影响时，价格就有可能高于边际成本，而产量则低于完全竞争时的产量，资源配置的效率条件就被破坏了。

另外，我们通常假定在现实世界中，一切商品或要素都是有市场的，但实际上，一种商品的市场并不总是存在的。我们生活在一个充满不确定的世界中，保险显然是一种非常重要的产品。但在信息不对称的情况下，有些保险产品的市场并不存在。如贫困保险，假定你希望购买一种防止变得贫困的保险，商业保险公司会在保险市场上提供这样的保险产品吗？答案显然是否定的。因为如果你买了这样的保险产品，你就有可能不努力工作。为了防止你的这种偷懒行为，保险公司必须时刻监督你，以便确定你的贫困究竟是由偷懒还是运气不好造成的。但是，保险公司对你进行实时监控显然是不可能的，因此，类似贫困保险这样的保险产品在市场上是不存在的。

而且，在存在外部性和公共产品的情况下，市场也不能有效地实现资源的有效配置。外部性使得社会边际成本偏离社会边际收益，从而使资源配置没有达到帕累托效率。而公共产品所具有的在消费上的非竞争性和非排他性特点也使得市场机制不能使人们真实地显示各自的偏好，从而导致市场不能有效地配置资源。

市场缺陷的存在使得市场不可能在所有领域都能有效地起作用，从而实现资源的最优配置，这为政府介入经济活动提供了理由。可以说，财政的资源配置这一职能正是由于诸多市场缺陷的存在而成为必要。如果所有资源都可以通过市场来有效配置，那么也就不会有财政资源配置这一职能了。

和资源的配置一样，经济学基本问题的另一个方面，即收入分配的方式也有两种：一种是按市场原则来分配收入，另一种是由政府决定收入的分配。政府对收入分配的调节或作用就是财政的收入分配职能。按市场原则分配收入所形成的收入分配格局可能会偏离社会所公认的合理范围，因此需要政府加以调节。换句话说，市场缺陷在收入分配领域中的存在要求财政参与收入分配，从而也赋予财政收入分配的职能。比如说，市场通常是按照要素的贡献程度来分配各个要素的收入。那些能提供社会需要的要素的人就可以获得高收入，而那些不能向社会提供所需要的要素的人就会陷入贫困，如那些老弱病残失去劳动力的人。而市场本身并不存在一种能自动调节社会成员之间收入分配差距的机制，因此需要政府运用财政手段对收入实行再分配。

经济学中的效率不仅仅是指微观层次上的资源使用效率，而且包括宏观层次上的资源充分利用效率。经济发展中的波动、失业或通货膨胀，使经济的运行不在生产可能性边界上进行，而是在边界之内，这就产生了宏观经济效率的损失。在市场经济中，由于

① 根据福利经济学第一基本原理，在完全竞争经济中，市场资源配置可以达到帕累托效率。

市场缺陷的存在，充分就业和物价稳定不会自动出现，宏观效率的损失不可避免。因此，通过财政政策措施来稳定经济也成为政府的一项重要职能。

财政职能的规范研究就是要阐述政府应该干什么和不应该干什么。具体地说，就是在什么领域中，政府有所作为，以及哪级政府有所作为；在什么领域中，政府不涉足，而要让市场去发挥作用。尽管在现代市场经济中对财政职能的看法有各种争论，但有一点是共同的，即财政职能起作用的出发点就是要克服市场缺陷。因此，市场缺陷在一定意义上界定了财政职能的基本内容与范围。构建合理的财政职能，必须从市场缺陷的方面寻找突破口，因为在市场有效配置资源的时候，政府强制介入经济活动就会影响资源的有效配置，就会对国民经济产生不利的影响。只有在产生市场缺陷的场合，而这种缺陷又不可能通过市场机制的作用自行加以弥补时，才存在政府介入经济活动的必要性。可以说，市场缺陷的领域正好是财政职能起作用的空间。现代市场经济中，市场缺陷主要包括公共产品的供应、外部效应、自然垄断、有益或有害产品的提供、信息不对称、收入分配不均和宏观经济失衡等几个方面。

综上所述，从弥补和克服市场缺陷的角度来看，我们可以把财政职能概括为三个方面：

第一，资源配置职能。从市场经济中的公共需要和弥补市场缺陷来看，政府配置资源的内容是多方面的。其中主要包括：提供公共产品；提供基础设施；资助基础性科学研究；对具有外部效应的行业或产品的供应进行调节，鼓励有益产品的生产和消费，抵制有害产品的生产和消费；对自然垄断行业进行调节；在市场发育不全的领域培育市场，维护有效竞争，限制垄断；制定和实施国家的产业政策，保证社会资源的配置符合国家的发展战略等等。

第二，收入分配职能。财政收入分配的目标就是在一定程度上矫正市场过程建立的分配格局，使之达到社会认为的“公平”和“公正”的分配格局。减轻完全由市场作用可能造成的两极分化程度，缓和社会矛盾，满足社会成员基本的生存和生活需要。最主要的财政收入分配职能通过对高收入的个人或家庭课征累进所得税和对低收入的个人或家庭的转移性支出（包括补贴和救济等）得以实现。另外还有用税收为诸如公共住宅，特别是低收入家庭或个人获益的公共服务提供资金，以低价供应这些产品或服务；对大多数由高收入消费者购买的货物课税或课以重税，对主要由低收入消费者使用的货物给予补贴、免税或低税；建立社会保障制度保证低收入者或无收入者的最低生活水平。除上述直接的财政手段外，财政还可采用间接形式来实行收入再分配，如通过增加对教育的拨款，帮助穷人提高教育水平和工作技能，以增加他们获取高收入的机会并增强其能力。判定政府干预之后个人收入分配公平与否，主要看是缩小了贫富差距、增进了平等，还是扩大了贫富差距、加剧了不平等。通常，政府财政的正确干预会起到前一种作用，而政府财政的不恰当干预则会产生后一种结果。比如，对房租的补贴使原先住房条件较好的家庭得到较多的好处，电价补贴使有条件购买较多电器的人获益最大。再比如，把财政资金用于修建、拓宽马路以便汽车行驶是有利于有车族和坐车族的收入再分配方式，如果这部分人是中高收入者，那么政府花钱修路就是扩大了收入分配差距；相反，如果花钱把自行车道和人行道修得更宽，而骑车和走路的人又大都是买不起车的中低收入人群，那么政府花钱修自行车道和人行道就有助于改善收入分配。

第三，稳定经济职能。稳定经济职能是针对宏观经济周期波动的不可避免性而言的，它的目标就是调节经济运行，实现物价水平的稳定、充分就业和国际收支平衡，最终实现经济稳定增长。财政主要通过支出和收入的变化来实现其稳定经济的职能。稳定职能有两个层次：一个是财政的自动稳定功能，是指财政制度本身所具有的自动稳定经济的功能；另一个是相机抉择的财政政策，根据不同时期的宏观经济形势，通过支出和收入政策来调节社会总需求，从而起到稳定经济的功效。

需要指出的是，虽然政府财政职能的发挥起因于市场缺陷的存在，但这绝非意味着政府一定有能力做得更好。比如，为了解决外部性问题，成立某个政府管理机构，但管理机构的成本有可能超过外部性成本本身。另外，政府也会犯错误，也会有决策的失误，而有人甚至认为，政府的工作具有内在的低效率。因此，虽然从理论上讲，政府可以增进效率，但在实际中，它很少做到（Rosen，2002）。

在财政学的教科书中，关于财政职能，通常是从国家财政的总体来考察的。但当我们转向学习地方财政学时，要弄清楚的是，各级政府在履行其财政职能时是否有分工？各级政府都是毫无例外地在发挥财政的三大职能，还是各有侧重？地方财政的职能主要应体现在哪些方面？

第二节　地方财政的资源配置职能

虽然从总体上我们可以把财政职能概括为资源配置、收入分配和稳定经济三大职能，但各级政府财政在实现其职能时的侧重点和范围是有所区别的。一般来说，在市场经济体制下，地方财政的主要职能在对资源的合理配置上，即提供地方性公共产品或公共服务。

一、地方性公共产品及其有效供给

由于地方政府更接近本地居民，更了解他们的偏好，提供的公共产品的质和量更能符合当地居民的需要，因此，地方提供地方性公共产品有利于资源的有效配置。如果由中央政府按统一标准为各地提供地方性公共产品或服务，会造成效率损失，如图 2－1 所示。

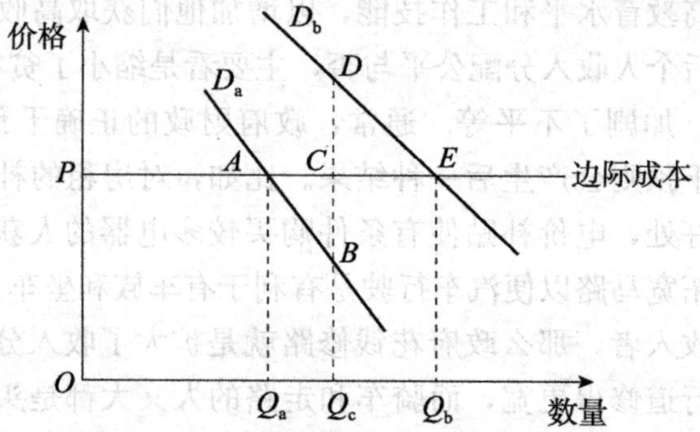

图 2－1　中央政府统一提供的效率损失

在图 2-1 中，我们假定只有两个地区的两组人，每个地区内部各个人对某种公共产品的需求完全一样。A 地区的需求曲线由 D_a 表示，B 地区的需求曲线由 D_b 表示。假定提供公共产品的成本固定不变，为 P。A 地区的合意消费量为 Q_a，B 地区的合意消费量为 Q_b。

中央政府提供公共产品的原则一般是对每个人提供一个标准的量。比如说在本例中，中央政府统一提供的标准是介于高需求地区 B 与低需求地区 A 之间的某个量，如 Q_c。这样对 A 地区所造成的福利损失为三角形 ABC 的面积，这是由于超量消费造成边际成本超过边际收益所致。而 B 地区的福利损失为三角形 CDE 的面积，这个损失是由没有满足其消费水平所造成的。

如果每个地区都自己提供它所需要的量，就可以避免福利损失。A 地区将减少消费，而 B 地区将增加消费，但两个地区都将因此而提高福利水平，提高的量即三角形 ABC 和 CDE 的面积之和。这里，分散化决策将最大化社会福利，而集中决策则会降低社会福利。因此，对于地方性公共产品来说，假如中央政府提供或地方政府提供的每单位产量的成本相同，由各地提供各自所需要的公共产品的量比由中央在各地统一提供公共产品更有效率，或至少有相同的效率（Oates，1972）。当然，如果因中央政府统一提供时具有规模经济而降低了成本，中央统一提供未必就比地方分散提供的效率低。

最后，从图 2-1 中我们可以看到，效率损失的大小与各地的偏好和需求的价格弹性有关。如果 Q_a 和 Q_b 比较接近，效率损失就小。因此，各地的偏好相差越大，中央统一提供的福利损失就越大。需求的价格弹性越小（图 2-1 中需求曲线在 A 点和 E 点越陡峭），三角形 ABC 和 CDE 的面积就越大。

二、蒂博模型："用脚投票"

（一）蒂博模型的假设条件

众所周知，公共产品的非竞争性和非排他性造成了人们普遍的"搭便车"心理，因此不能期望消费者真实显示其对公共产品的偏好。正是这一点使当代美国著名经济学家萨缪尔森认为，"没有任何分散的价格体制能最佳地决定集体消费的水平"（Samuelson，1954）。

蒂博模型："用脚投票"

美国经济学家蒂博在 1956 年发表的《地方支出的纯理论》一文中，提出了一个关于地方政府提供地方性公共产品的模型。蒂博把地方性公共产品在一个由众多辖区组成的体制中的提供看成类似于私人产品在一个竞争性市场上的提供。他认为，在竞争性的地方辖区之间，居民的流动性可以促进地方性公共产品的有效提供。蒂博（Tiebout，1956）总结道："空间流动性提供了类似私人市场选择的对应物——地方性公共产品。"因此，公共产品的非竞争性和非排他性造成的不能期望消费者自己真实地显示其对公共产品的偏好这种情形将不适用于对地方性公共产品的分析。

和公共产品的一般理论不同的是，地方政府提供地方性公共产品涉及人员在各辖区间的流动或迁移问题。蒂博模型的假设条件包括：

（1）人员可以自由流动，个人能够选择到那些提供公共产品和征收税收的组合最适合其偏好的辖区去居住；

（2）人们对各辖区的税收与提供的公共产品和服务具有完全的信息；

（3）存在足够多的能提供各种不同类型公共产品组合的现存的或潜在的辖区；

（4）消费者的流动性不受任何就业机会的约束或限制；

（5）公共产品和税收在各辖区间不存在任何外部效应；

（6）各辖区都以最低的平均生产成本生产公共产品。

在上述假设条件下，蒂博认为，如果流动性成本为零，每个人就像“选购”商品一样挑选所愿意居住的辖区，而且所挑选的辖区将是最能提供符合他们意愿的公共服务—税收组合的辖区，即选择那些提供的公共产品或服务最能满足他们，且费用的分摊在他们看来也是最合理的地方去定居。通过这样一种被称为“用脚投票”的居住地选择过程，消费者自然而然地显示了他们对公共产品的真实偏好。由于每个人都选择了最符合其意愿的辖区居住，因此，各成员在各辖区中的分布达到了均衡，同时也实现了资源的最佳配置。

蒂博模型中地方性公共产品或服务的均衡可用图 2-2 说明。假定某个社区中每个人都有相同的需求或边际收益，用 MB_i 表示，总的边际收益为 MB，等于社区所有人的边际收益的总和。如果每个消费者支付相等的成本，用 MC_i 表示，总的边际成本为 MC，等于社区所有人的边际成本之和。根据公共产品的特点，社区总的公共服务数量（E^*）等于社区内每个人意愿的公共服务数量（E_i）。由于每个人的边际收益等于他们分担的成本份额，每个消费者意愿的公共服务数量就是公共服务的效率数量。

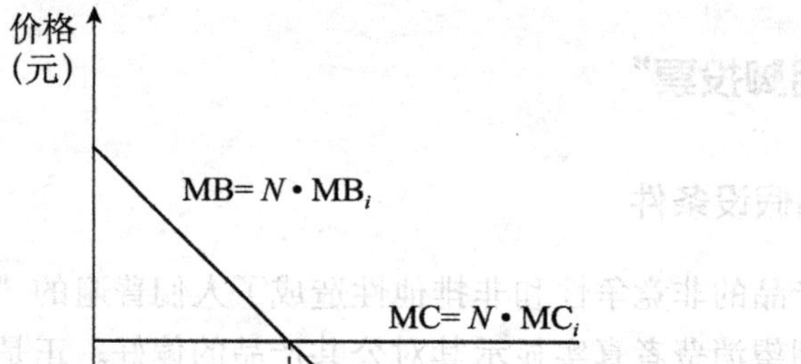

图 2-2　蒂博社区中的公共服务需求

（二）对蒂博模型的评价

蒂博模型为我们分析地方公共部门的经济活动提供了一个有用的工具，比如说，中央政府和地方政府在提供公共产品时有一个非常大的区别：在中央一级，消费者——选民的偏好是给定的，政府的作用在于设法调整以适应他们的偏好。而在地方一级，各个地方政府的收入和支出模式多少是确定的。在这些既定的收入和支出模式下，消费者——选民选择那些最能满足其偏好的地方定居。地方社区的数目越多，它们之间的差异越大，消费者就越能接近满足他们的偏好。但是，需要指出的是，蒂博模型是以一系列严格的假设条件为前提的，事实上，上面这些假设条件在现实生活中是很难成立的。如人员的流动不可能是无成本的，人们也不可能对各辖区的情况具有完全的信息，地区间公共产品的外部效应也是普遍存在的。

不管怎样，蒂博的贡献是巨大的，蒂博模型的最大贡献在于它为人们对地方性公共产品偏好的显示提供了一种“用脚投票”的准市场办法。蒂博的研究成果在有关地方财政的研究领域中具有开创性意义。

专栏 2.1

蒂博小传

查尔斯·米尔斯·蒂博（Chaeles M. Tiebout），1924 年出生于美国康涅狄格州的诺沃克，1950 年在韦斯利扬大学获文学学士学位，1957 年在密歇根大学获哲学博士学位。他先后在西北大学、加州大学洛杉矶分校和西雅图华盛顿大学执教。他于 1968 年 1 月 16 日去世。蒂博最主要的成果是 1956 年发表在美国《政治经济学杂志》上的《地方支出的纯理论》一文，在这篇地方财政学的经典文章中，他提出了“用脚投票”来显示对公共产品偏好的著名论断，并提出了地方性公共产品的概念，解决了萨缪尔森认为的由于人们不能真实显示对公共产品的偏好，故经济不能“找到”有效提供公共产品方法的问题。蒂博认为，由于在不同地区间存在人员的流动性，人们可以通过在地区间的流动来显示其对地方政府提供的公共产品的偏好。比如，如果一个城市里的不同行政区提供的教育水平有差异，对教育质量的偏好程度高的人就会去有高水平学校的行政区。总之，人们通过流动和迁移找到能提供最符合他们意愿的公共产品和税收组合的地方。蒂博为财政学特别是地方财政学的发展作出了重大贡献。

资料来源：根据《新帕尔格雷夫经济学大辞典》中的词条改写。

三、地方辖区的最佳规模：俱乐部理论的运用

如果像上面所说的，地方性公共产品由地方政府来提供更有效率，那么提供既定水平的公共产品，地方辖区的规模多大才是最佳的呢？这类似于俱乐部理论问题：在何种规模下居民有兴趣居住在一个辖区内？人数过多会产生拥挤成本，而人数太少又会使每个人分担过重的公共产品成本。从理论上讲，辖区内居民承担的边际成本和所获得的边际收益相等时，达到辖区规模的最佳状态。显然，地方辖区的规模和该地的居民数量是互相决定的。这可以从三个层次来分析。第一，既定公共产品水平下最佳居民规模的决定；第二，既定居民规模下最佳公共产品的决定；第三，最佳组合的决定。许多经济学家都对这个问题进行了研究，其中较有代表性的是桑德勒和祁哈特的研究（Sandler and Tschirhart，1980）。我们接下来介绍他们两人的研究成果，见图 2-3。

地方辖区的最佳规模：俱乐部理论的运用

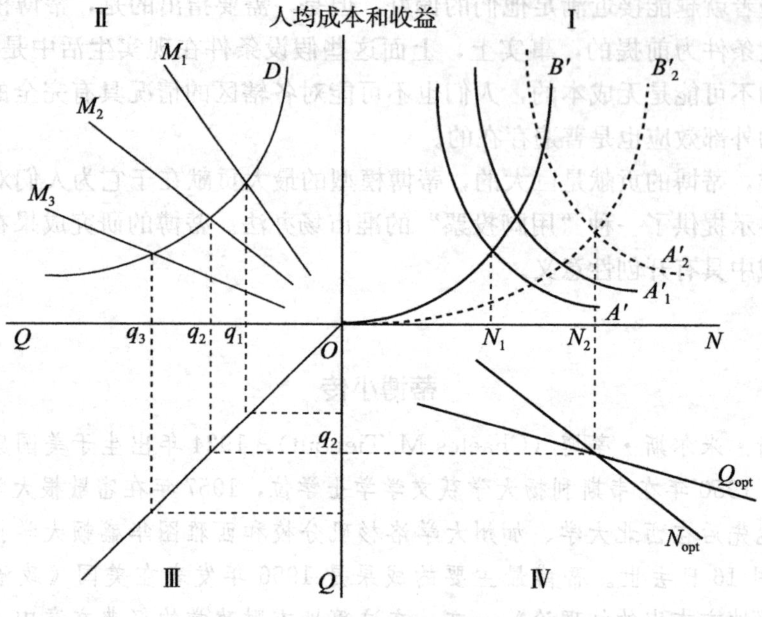

图 2-3　地方辖区的最佳规模

在图 2-3 的象限Ⅰ中，地方性公共产品的数量固定，横轴代表居民数，纵轴代表所提供的产品的人均成本和收益。这里所考虑的问题是：在一个地区内应有多少居民？提供某个地方性公共产品或服务（如街道路灯、消防服务、教育）的人均成本取决于分担成本的该地区的居民数。曲线 A 是人均成本线，随着该地居民人数的增加，每个居民所分担的生产既定水平公共产品的成本下降。曲线 A' 反映的是随着居民人数的增加而节约的人均成本，即边际人均成本。如果提供公共产品的总成本为 T，居民数为 N，边际人均成本就是

$$d(T/N)/dN=-T/N^2$$

增加居民人数固然可以降低固定产量公共产品的成本，但人数增加会产生拥挤成本。我们这里所讨论的地方性公共产品一般不是一种纯公共产品，因此，当消费人数达到一定程度时会出现拥挤成本。B 系列的曲线代表居民的人均拥挤成本，拥挤成本随人数的增加而提高。相应地，曲线 B' 表示边际人均拥挤成本。因此，我们可以把曲线 A' 理解为一条随着人口的增加而产生的边际收益线（即成本下降），把曲线 B' 理解为一条随着人口的增加而产生的边际成本线。最佳居民数应该是 N_1。人数小于 N_1，增加人数所带来的收益大于成本；人数大于 N_1，增加人数所带来的收益小于成本。

但是，最佳居民数的确定和提供的公共产品的总量有关。比如说，公共产品的产量增加了，其结果是总成本提高。曲线 A' 移到 A'_2 的位置。同样可能的是，增加了的支出将会减少拥挤成本，曲线 B' 也会作出反应，曲线 B' 移到 B'_2 的位置（由于公共产品增加引起拥挤成本减少）。最佳居民人数从 N_1 移到 N_2。由此可见，只有在地方性公共产品的产量决定后，才能确定最佳的居民人数。

现在来看图 2-3 中的象限Ⅱ，这里可根据居民人数来确定公共产品的最佳产量。为简便起见，我们假定该辖区内所有居民的收入和偏好是一样的，因此，曲线 D 表示该辖区一个典型个人对地方性公共产品的需求，M_1 是边际人均成本曲线，它表示，当地方性

公共产品增加时，每个居民承担的成本是如何提高的。从表面上看，地方性公共产品的确定是非常容易解决的。D 和 M_1 的交点就决定了公共产品的产量，其产量为 q_1。但是，我们已经知道，边际人均成本是辖区居民人数的函数，如果居民人数变动了，边际人均成本曲线也将发生变动。M_1、M_2、M_3 分别表示在不同居民数下的边际人均成本曲线。此时，我们发现，在辖区居民人数确定之前，是不可能确定究竟应该生产多少地方性公共产品的。

由此可见，如果不首先确定辖区的居民人数，就无法决定应该提供多少公共产品，这就形成了两难困境：一方面，最佳居民人数由现有公共产品的水平决定；另一方面，公共产品的最佳产量由现有的居民人数决定。因此这两个问题必须同时解决。在象限Ⅲ中使用一条 45°线，把横轴的数据转换成纵轴的数据。象限Ⅳ的信息根据象限Ⅰ和象限Ⅱ的资料得到。Q_{opt} 是指在任何居民人数下公共产品的最佳产量（根据象限Ⅱ得到）；N_{opt} 是指在任何既定公共产品的产量下的最佳居民人数（根据象限Ⅰ得到）。Q_{opt} 和 N_{opt} 的交点意味着公共产品的最佳产量和居民人数的最佳规模同时确定，即最佳产量为 q_2，最佳人数为 N_2。

上述模型的分析虽然有吸引力，但有几点需要指出：

第一，该模型假定地方性公共产品的收益只限于本地区的居民，即收益没有溢出到其他辖区。而事实上，各地区间通常存在外部效应问题，有些收益可能溢外到其他辖区，而使其他辖区的居民受益。这对辖区内最佳居民人数也许不会产生影响，但它可能影响到最佳公共产品的提供。外部效应的存在意味着需要一个补偿机制。

第二，上述分析中，我们假定辖区内的全体居民都具有相同的偏好，但是，即使同一个辖区内的居民对有关的公共产品具有相同的偏好，偏好的程度也可能在种类和数量上存在着差别。

第三，地方辖区的最佳规模取决于其所提供的公共产品的种类。上面的模型中所涉及的地方性公共产品不是纯公共产品，它会随着消费人数的增加而产生拥挤成本，而正是这个拥挤成本决定了地方辖区的规模必须受到限制。如果是纯公共产品，从理论上讲，地方辖区的规模可以是无限制的。也就是说，如果没有拥挤成本，地方辖区的最佳规模是无限的。不管怎样，一个地方辖区可能要提供不止一种公共产品，而每种公共产品产生拥挤成本的情况各不相同，因此，在现实中，不能指望对每一种公共产品都由不同规模的地方辖区去提供。

第四，上述模型假定随着公共产品产量的增加，其边际成本是递增的，这就忽视了产量增加可能发生规模经济的情况。

第三节 地方财政的收入分配职能和稳定经济职能

地方财政的收入分配职能和稳定经济职能

一般说来，地方财政在收入分配和稳定经济这两个职能上的作用不大或者不应该在这两个方面起作用，这是因为一国内部要素的流动性和地方政府缺乏可供其操作的政策工具。

一、地方财政和收入分配职能

财政收入分配职能调节收入与财富的分配，使之符合社会上认为的“公平”或“公正”的分配状态。从内容上看，它包括两个方面：一个是直接的人与人之间的收入再分配，即低收入者与高收入者之间的收入再分配；另一个是地区间的收入再分配，即贫困地区与富裕地区的收入再分配。但最终的着眼点是人与人之间的收入再分配，地区间的收入再分配的最终目的也是实现人与人之间的收入再分配。

地区间的收入再分配是不可能通过地方财政来实现的。其道理很简单，各地区之间的关系是平等和独立的。贫困地区不具备强迫富裕地区转交其一部分收入的权力，也难以想象富裕地区会从自身利益出发自愿地给予贫困地区单方面的援助。地区间的财政关系总是建立在平等互利的基础上，但这又往往难以改变现存的贫富不均、差距过大的现状。

我们同样可以论证人与人之间的收入再分配也不可能由地方财政来实现。因为在市场经济中，一国内部各地区之间的商品、资金和人员的流动应该是没有任何障碍的，在这些生产要素可以自由流动的情况下，我们怎能期望地方财政来实现再分配职能？假定一个地方想加大本地区的收入再分配力度，也就是从富人那里多征税，多给予本地区穷人各种补助，或是改善本地区各类公共设施，增加对诸如教育、住房、公共交通等方面的投资。这样做的结果必然是：一方面，本地的富人不堪承受对他们的重税，而外迁到其他税负较轻的地区，这意味着税源的流失；另一方面，其他地区的穷人就会蜂拥而至，享受本地区再分配政策的好处，这意味着支出的增加。当然还有一种情况，即对外来人员采取区别待遇，如对非本地居民的子女的入学采取额外收费等歧视政策。但对同一国家的人采取差别待遇政策不符合国民待遇原则。所以，随着社会的发展，这种区别性的歧视政策最终都会被废除。因此，从长远看，地方政府的财政再分配政策的结果注定要失灵，将被迫取消或调整。从我国的实践来看，最初各地对外来务工人员子女入学的歧视性政策基本被消除，外来务工人员小孩可享受当地小孩的同等待遇。

从经济效率的角度看，如果地方财政的再分配措施起作用，也会损失资源的配置效率。因为各地方政府间收入分配政策的差异会影响人们对生产和居住地的选择。这时，劳动力和资本在各地区之间的配置不再仅仅受其要素收益高低的引导，还要受到这些不同的再分配政策的诱导，其结果是有可能使资源从最有效使用的地区流出，而转到其他使用效率不高的地方，从而造成资源的低效或无效配置。如对渔民来说，最适合发挥其作用的地方应该是在海边地区，从事捕鱼行业。但由于某个地区实行了非常有吸引力的再分配计划，使得渔民从原来的地区迁出，来到这个地方居住，他原来的捕鱼技术得不到发挥，造成资源的浪费。

在市场经济中，地方政府很难具备有效的资金筹措手段来实行再分配政策。具有再分配性的累进所得税一般都属于中央税，地方政府虽然也有地方所得税，但往往税率很低，收入也不多。

当然，地方政府并不是一点收入再分配功能都发挥不了。特别是在商品、资本和人员等要素地区间流动受到限制时，地方财政的再分配功能是很强的。比如在我国，当还不完全具备市场经济的条件时，各类要素在地区间的自由流动还存在一定障碍的情况下，如户籍制度的存在、有些地方设置的城市增容费、对外来人员在打工就业等方面的歧视政策等都不同程度地阻碍了生产要素的流动性。因此，如果说中央政府执行财政收入分配职能有效与地方政府执行财政收入分配职能无效是以生产要素的完全自由流动为前提的，那么，当这个前提不具备或不完全具备时，地方财政发挥收入再分配职能还是有余地的，其在这方面的作用大小视生产要素跨地区流动的难易程度而定。生产要素跨地区流动的障碍越少，流动性越大，地方政府发挥财政收入分配职能的可能性和空间范围就越小，反之则越大。

因此，我们应该看到，随着我国市场经济体制的建立和逐步完善，阻碍地区间各种要素流动的各种体制性因素或人为因素造成的障碍的消失，地方财政的收入再分配职能将逐步减弱，中央财政在这方面必将发挥越来越大的作用。

专栏 2.2

香港调整 2012 年内地孕妇赴港生子限额：关于政府财政职能分工的思考

一群跨境学童每天过关到香港上学

2001 年 7 月，以“庄丰源案”为开端，父母双方皆无香港居留权的中国内地居民在香港所生子女，可享有香港永久性居民身份，为赴港生子打开了闸门。2003 年开启的“内地居民香港自由行”，放松了入境限制，赴港生子人数出现井喷式增长。据统计，2011 年约有 8.8 万名婴儿在香港出生，其中内地孕妇在港所生婴儿约 4.3 万，占全港新生儿的 48%。

为什么要去香港生子？为何高昂的费用没能挡住内地孕妇赴港生产的脚步？

“一个香港居民身份，是妈妈给孩子的最好礼物。”不少办理赴港生子服务的中介机构打出这样的广告语。香港生子的最大好处是所生子女可享有香港永久性居民身份，从而可以享受香港社会提供的高福利待遇。比如香港为全体市民设立近乎免费的公立医疗服务，公立医疗机构 92% 以上的经费由政府财政拨款。香港政府开支的一半用于社会服务，包括教育、医疗、房屋、社会保障、个人社会服务、劳工服务。不少准妈妈畅想，孩子在香港出生就可以拿到香港的居留权和身份证，日后有需要随时可以赴港读书、看病、就业甚至申请公屋等。

提供高福利的待遇是政府收入分配职能的具体体现，按照政府职能的划分，收入分配职能应该由中央政府来履行。如果在一个人员可以自由流动的国家内，收入分配职能由地方政府来履行，最终会因为大量外地人员的涌入而使当地财政不堪重负。香港虽然是中国的一部分，但它是中国的特别行政区，长期以来内地人员赴港生子受到严格控制。作为一个相对独立的政府，香港特区政府行使着资源配置、收入分配和稳定经济的职能，而香港的高福利待遇也只限于香港居民享受。但是，一旦人员流动的限制有所松动，外来人员的大量流入就会使当地的高福利政策难以为继。面对蜂拥而至的内地孕妇，迫于无奈，香港特区政府拟设定2012年公立医院接收内地孕妇实行限额及进行收费。这道敞开数年之久的铁闸，似乎又在慢慢拉紧。

内地发达地区外来务工人员子女就地读书也同样存在着类似的问题。发达地方高质量的教育资源如果对外来务工人员子女一视同仁地开放，也会使当地财政不堪重负。香港是特别行政区，人员的自由流动还存在一定的难度，相对独立的特别行政区还可以制定一些特殊的限制条件。但内地各地方政府如果要出台针对外来务工人员子女的歧视性政策，难度会越来越大。如果说以前有的话，以后也会越来越少。与本地小孩享有同等待遇的呼声已成为历史的必然选择和发展趋势。

总之，一个地方政府如果过度行使收入分配职能，会因为人员的流动而趋于无效。

资料来源：香港将调整明年内地孕妇赴港生子限额．都市快报，2012-02-06，笔者做了改动。

二、地方财政和稳定经济职能

稳定经济职能是针对宏观经济周期波动的不可避免性而言的，它的目标就是调节经济运行，实现物价水平的稳定、充分就业和国际收支平衡，最终实现经济稳定增长。财政的政策工具主要通过支出和收入的变化来实现其稳定经济的职能。由于在一国内，各地区之间的经济是完全开放的，生产要素可以在各地自由流动，因此从理论和实践的角度来讲，稳定经济的职能只能由中央政府来执行。

首先，地方政府旨在稳定本地经济的财政措施最终会使贸易条件改变和对其他地方的经济产生外部效应而变得无效。比如，当某地区想采取扩大本地区需求、刺激经济的扩张性财政政策时，结果必将会造成本地区进口的大量增加，从而使扩张性财政政策的乘数趋近于零，扩张性财政政策的效果也就丧失殆尽。相反，当采用紧缩性财政政策以控制通货膨胀时，又会由于进口的大量减少而使政策失效。

其次，地方财政也由于缺少可用于稳定经济的政策工具而难以承担此重任。稳定经济往往需要财政政策和货币政策的相互配合才能起作用，但一方面，货币的发行和利率的调整都是由中央银行根据全国的经济形势来操作的，地方政府没有权力和能力来实行货币政策。不难想象，如果由各地政府自行发行货币，全国的货币流通必将形成混乱局面，从而使地方政府的货币政策完全失效。另一方面，就财政政策而言，宏观调控需要周期性的财政盈余和赤字，这就涉及相应的预算融资，即在赤字时借债而在盈余时偿债，这对地方政府来说困难重重：第一，地方政府很难进入全国性的资本市场，从而难以使用这个市场为地方预算盈亏进行融资；第二，地方政府也无力操纵货币政策以支持其财政政策的执行。

当然，地方财政在稳定经济方面的作用很小，并不意味着地方财政与稳定经济之间没有任何联系。一方面，地方财政的收支是国家财政收支的一个重要组成部分，它也会对整个国家财政的收支规模、结构以及由此形成的宏观经济产生影响。中央财政在采取调控经济的措施时也必然会考虑到对地方财政活动的影响。另一方面，地方财政在发展本地经济中还是可以有所作为的。如通过轻税政策吸引外来投资；对本地的主导产业或企业给予直接的财政支持等。

第四节 政府间财政事权与支出责任的划分

政府财政在经济社会中作用的发挥总体上看主要体现在财政的三大职能上，但财政职能的落实则要体现在具体的财政事权[①]上及完成财政事权所需相应支出的保障上。财政事权是一级政府应承担的运用财政资金提供基本公共服务的任务和职责，支出责任是政府履行财政事权的支出义务和保障。在明确了财政职能在各级政府间合理分工的基础上，接下来就要确定政府财政事权的划分和相应的支出责任的划分。

一、中央和地方政府间财政事权与支出责任的划分

根据前面对财政职能的论述，以及有关公共产品的层次性特点，中央和地方政府间财政事权与支出责任的划分框架应该是这样的：

（1）由全国居民享用的公共产品和服务应完全由中央政府来提供。这些产品和服务主要包括国防、外交、外贸管理、全国性的立法和司法、中央银行和中央税的征管等。宏观经济稳定（通过财政政策和货币政策）是一种特殊的全国性的公共产品，其支出责任也应由中央政府来承担。

（2）地方政府应提供本地居民享用的地方性公共产品和服务。这些产品和服务是：地区性交通、警察、消防、教育、环保、绿化、城市供水、下水道、垃圾处理、公园、地方性法律的制定和实施等。为了达到资源配置最优的目标，地方性公共产品和服务的决策应尽可能地留给该层次的政府。

（3）对具有跨地区外部效应的公共项目和工程，中央政府应在一定程度上参与。比如，跨地区的公路、铁路、水路运输、邮政、通信等项目。另外，有些项目虽然位于一

---

① 2016年8月，国务院出台《关于推进中央与地方财政事权和支出责任划分改革的指导意见》（国发〔2016〕49号），首次提出财政事权的概念。

个地区，但受益者不限于本地居民，邻近地区的居民也能受益，如防洪设施、兴修水利、控制环境污染、教育等项目。从理论上讲，这些项目在多大程度上使外地居民受益应成为中央政府在多大程度上参与的主要依据。但在实践中，这个程度很难判断。因而，各国的做法也不尽相同。比如，教育项目的外部效应主要在于一些受教育者在学业结束后会移居其他地区，但究竟这些人的比例有多大、本地损失的效益有多少则几乎无法估计。如果中央政府参与，一个常见的做法是中央政府按一定的比例支付该项目的成本，即通过财政拨款使外部效应内部化。当然，拨款不是为受补政府提供一般性的财政补助，拨款是有条件的，比如项目的配套拨款，地方政府必须用于特定的公共产品或服务项目。

（4）调节地区间和居民间收入分配在很大程度上是中央政府的职责，如与社会保障制度相关的职责，应在全国范围内实行统一标准的社会保障制度，因为地区间标准和计划的不一致会由于人口的流动而使各地的计划难以实现。但在人口不能做到自由地、无成本地流动时，地方政府在这方面还是可以有所作为的。比如，我国基本养老保险制度不统一，各地的最低生活费标准不一致，社会统筹层次低。目前，社会保障一下子还难以做到在全国范围的统一，但应该逐步提高统筹的层次和扩大统筹的范围，要逐步从县、市一级提高和扩大到省、自治区一级，最后扩大到全国范围。

（5）跨省（区、市）的基本公共服务由中央与地方共同负责。共同财政事权的多少取决于一国人口、民族、幅员等情况，中央政府通过向困难地区倾斜的差别化分担政策在保障公民基本权利、提供基本公共服务方面能够发挥积极作用。我国将义务教育、高等教育、科技研发、公共文化、基本养老保险、基本医疗和公共卫生、城乡居民基本医疗保险、就业、粮食安全、跨省（区、市）重大基础设施项目建设和环境保护与治理等体现中央战略意图、跨省（区、市）且具有地域管理信息优势的基本公共服务确定为中央与地方共同财政事权，根据基本公共服务的受益范围、影响程度，区分情况确定中央和地方的支出责任以及承担方式。

综上所述，中央和地方财政事权和支出责任划分的具体内容如表 2-1 所示。

表 2-1　中央和地方财政事权和支出责任划分的基本框架

内容	责任归属	理由
国防	中央	全国性公共产品或服务
外交	中央	全国性公共产品或服务
国际贸易	中央	全国性公共产品或服务
财政与货币政策	中央	全国性公共产品或服务
管制地区间贸易	中央	全国性公共产品或服务
对个人的福利补贴	中央、地方	收入再分配、地区性服务
失业保险	中央、地方	收入再分配、地区性服务
全国性交通	中央、地方	全国性服务、外部效应
地区性交通	地方	地区性服务
环境保护	地方、中央	地区性服务、外部效应
对工业、农业、科研的支持	地方、中央	地区性服务、外部效应
教育	地方、中央	地区性服务、外部效应
卫生	地方	地区性服务

续表

内容	责任归属	理由
公共住宅	地方	地区性服务
供水、下水道、垃圾	地方	地区性服务
警察	地方	地区性服务
消防	地方	地区性服务
公园、娱乐设施	地方	地区性服务

资料来源：马骏．论转移支付．北京：中国财政经济出版社，1998.

在各国实践中，国防、外交、国际贸易、中央银行、全国性的立法和司法等均为中央政府的职责。而交通、教育、卫生、环保、警察、消防、公园、社会福利等的大部分（或至少一部分）为地方政府的职责。不同国家之间的区别只是在于中央政府在多大程度上介入上述地方政府的职能，这通常与财政分权程度（以地方可自主动用的财力占总支出的比例来衡量）有关。财政分权程度较高的国家，中央政府在这些项目上支出的比重较小。而在财政分权程度较低的国家，中央政府在这些项目上的支出比重较大，其形式包括中央直接投资、各种拨款等。

各国支出责任划分的区别还体现在某些具体的项目上。如教育，在澳大利亚、印度、阿根廷主要是省（州）级政府的责任，在美国是州和县市地方政府的共同责任，在巴西和墨西哥则是中央与省级政府的共同责任，在中国中小学教育主要由县市政府来承担，大学教育则由省政府和中央政府来共同承担，但有些地级市也承担部分高等教育经费。社会保障和社会福利在澳大利亚、德国、瑞典等国是中央政府的责任，在巴西为各级政府的共同责任，而在印度则为州政府的责任。表 2－2 是部分国家划归地方的支出职能表。

表 2－2　部分国家划归地方的支出职能表

项目	国家													
	奥地利	比利时	丹麦	法国	德国	爱尔兰	意大利	卢森堡	荷兰	挪威	瑞典	瑞士	土耳其	英国
学前教育	R, L	L	L	L	L	R, L	L						L	
初等教育	R, L	R, L	R, L	L	R, L		R, L	L	L	L	L	R, L		L
职业教育与技校	R	R, L		R, L			R, L	L	L	R, L	L	R, L	R	L
高等教育		R, L			R		R, L					R	L	
成人教育	L	L	L	L	R, L		R		L	R, L	R, L	R, L		L
医院	R, L	R, L	R	L, D	R, L		R, P, L	L	R, L	R, L	R	R, L	R, L	
保健	R, L	L	R, L	L	R, L		R, P, L	L	L	L	R	R	R	
家庭福利服务	R, L	R, L	L	L, D	R, L		R, L		L	L	L	R, L	L	L
福利院	R, L	L	L	L	L		R, L	L	L	L	L	R, L	R, L	L
住房	R, L	L		L	R, L	L	R, L	L	R, L	L	L	L	L	L
垃圾清理	L	L	L	L	L	L	L	L	L	L	L	R, L	L	L
供热	L	L	L	L	L		L		L		L	R, L	R, L	L

续表

项目	国家													
	奥地利	比利时	丹麦	法国	德国	爱尔兰	意大利	卢森堡	荷兰	挪威	瑞典	瑞士	土耳其	英国
供水	L	L	L	L	L	L	R, P, L		L	R, L	L	R, L	R, L	L

注：R=州或地区政府；D=法国的郡；L=地方政府；P=意大利的省。

资料来源：[美] 乔治·马丁·瓦克斯．财政支出职能的划分（讲稿）．

专栏 2.3

我国政府间财政事权划分的原则和改革的主要内容

我国政府间财政事权划分的原则是：

(1) 体现基本公共服务受益范围。体现国家主权、维护统一市场以及受益范围覆盖全国的基本公共服务由中央负责，地区性基本公共服务由地方负责，跨省（区、市）的基本公共服务由中央与地方共同负责。

(2) 兼顾政府职能和行政效率。结合我国现有中央与地方政府职能配置和机构设置，更多、更好地发挥地方政府尤其是县级政府组织能力强、贴近基层、获取信息便利的优势，将所需信息量大、信息复杂且获取困难的基本公共服务优先作为地方的财政事权，以提高行政效率，降低行政成本。信息比较容易获取和甄别的全国性基本公共服务宜作为中央的财政事权。

(3) 实现权、责、利相统一。在中央统一领导下，适宜由中央承担的财政事权执行权要上划，加强中央的财政事权执行能力；适宜由地方承担的财政事权决策权要下放，减少中央部门代地方决策事项，保证地方有效管理区域内事务。要明确共同财政事权中央与地方各自承担的职责，将财政事权履行涉及的战略规划、政策决定、执行实施、监督评价等各环节在中央与地方间作出合理安排，做到财政事权履行权责明确和全过程覆盖。

(4) 激励地方政府主动作为。通过有效授权，合理确定地方财政事权，使基本公共服务受益范围与政府管辖区域保持一致，激励地方各级政府尽力做好辖区范围内的基本公共服务提供和保障，避免出现地方政府不作为或因追求局部利益而损害其他地区利益或整体利益的行为。

(5) 做到支出责任与财政事权相适应。按照“谁的财政事权谁承担支出责任”的原则，确定各级政府的支出责任。对属于中央并由中央组织实施的财政事权，原则上由中央承担支出责任；对属于地方并由地方组织实施的财政事权，原则上由地方承担支出责任；对属于中央与地方共同的财政事权，根据基本公共服务的受益范围、影响程度，区分情况确定中央和地方的支出责任以及承担方式。

改革的主要内容是：逐步将国防、外交、国家安全、出入境管理、国防公路、国界河湖治理、全国性重大传染病防治、全国性大通道、全国性战略性自然资源使用和保护等基本公共服务确定或上划为中央的财政事权。逐步将社会治安、市政交通、农村公路、城乡社区事务等受益范围地域性强、信息较为复杂且主要与当地居民密切相关的基本公共服务确定为地方的财政事权。逐步将义务教育、高等教育、科技研发、公共文化、基本养老保险、基本医疗和公共卫生、城乡居民基本医疗保险、就业、粮食安全、跨省（区、市）重大基础设施项目建设和环境保护与治理等体现中央战略意图、跨省（区、市）且具有地域管理信息优势的基本公共服务确定为中央与地方共同的财政事权，并明确各承担主体的职责。

资料来源：摘自国务院《关于推进中央与地方财政事权和支出责任划分改革的指导意见》（国发〔2016〕49号）。

专栏 2.4

中央与地方共同财政事权和支出责任划分原则和改革的主要内容

我国中央与地方共同财政事权和支出责任划分的原则是：

(1) 坚持以人民为中心。从解决人民最关心最直接最现实的利益问题入手，首先将教育、医疗卫生、社会保障等领域中与人直接相关的主要基本公共服务事项明确为中央与地方共同财政事权，并合理划分支出责任，同时完善相关转移支付制度，确保更好地为人民群众提供基本公共服务。

(2) 坚持财政事权划分由中央决定。完善中央决策、地方落实的机制。基本公共服务领域共同财政事权范围、支出责任分担方式、国家基础标准由中央确定；明确地方政府职责，充分发挥地方政府区域管理优势和积极性，保障政策落实。

(3) 坚持保障标准合理适度。既要尽力而为，加快推进基本公共服务均等化，适时调整国家基础标准，逐步提高保障水平；又要量力而行，兼顾各级财政承受能力，不超越经济社会发展阶段，兜牢基本民生保障底线。

(4) 坚持差别化分担。充分考虑我国各地经济社会发展不平衡、基本公共服务成本和财力差异较大的国情，中央承担的支出责任要有所区别，体现向困难地区倾斜，并逐步规范、适当简化基本公共服务领域共同财政事权支出责任的分担方式。

(5) 坚持积极稳妥推进。基本公共服务领域中央与地方共同财政事权和支出责任划分是一个动态调整、不断完善的过程，既要加强顶层设计，明确改革路径和方式，又要加强与各领域管理体制改革的衔接，在管理体制和相关政策比较明确、支出责任分担机制相对稳定的民生领域首先实现突破。

改革的主要内容是：

(1) 明确基本公共服务领域中央与地方共同财政事权范围。将涉及人民群众基本生活和发展需要、现有管理体制和政策比较清晰、由中央与地方共同承担支出责任、以人员或家庭为补助对象或分配依据、需要优先和重点保障的主要基本公共服务事项，首先纳入中央与地方共同财政事权范围，目前暂定为八大类18项。

(2) 制定基本公共服务保障国家基础标准。国家基础标准由中央制定和调整，要保障人民群众基本生活和发展需要，兼顾财力可能，并根据经济社会发展逐步提高，所需资金按中央确定的支出责任分担方式负担。地方在确保国家基础标准落实到位的前提下，因地制宜制定高于国家基础标准的地区标准，应事先按程序报上级备案后执行，高出部分所需资金自行负担。

（3）规范基本公共服务领域中央与地方共同财政事权的支出责任分担方式。根据地区经济社会发展总体格局、各项基本公共服务的不同属性以及财力实际状况，基本公共服务领域中央与地方共同财政事权的支出责任主要实行中央与地方按比例分担，并保持基本稳定。

（4）调整完善转移支付制度。在一般性转移支付下设立共同财政事权分类分档转移支付，原则上将改革前一般性转移支付和专项转移支付安排的基本公共服务领域共同财政事权事项，统一纳入共同财政事权分类分档转移支付，完整反映和切实履行中央承担的基本公共服务领域共同财政事权的支出责任。

资料来源：摘自《国务院办公厅关于印发基本公共服务领域中央与地方共同财政事权和支出责任划分改革方案的通知》（国办发〔2018〕6号）。

二、地方政府[①]间的财政事权和支出责任分工

除了中央政府与地方政府之间有必要进行财政事权和支出责任的分工外，由于地方政府本身也是由多个政府组成的，因此，政府间财政事权和支出责任的分工还涉及地方政府间的分工。

地方各级政府间财政事权和支出责任划分的框架是：

（1）中央政府制定政策和规范，省（州）政府监督和指导，省或州以下政府具体实施。

（2）在决定某项公共服务由哪一级地方政府具体实施时，应考虑规模效益和受益范围。如每个数百人的村都修建一所医院，人均成本很高，利用率却很低，缺乏规模效益，因此，不如在辖数万人的乡镇修建合算。我国某些地区都纷纷取消村小，集中建好乡中心小学，既保证了教学质量，也提高了办学的规模效益。另外，如一条公路通过一个县的几个村，由于其受益范围超出了任何一个村，修建该公路的责任应由乡或县政府来承担。

根据目前有关的研究成果，市（县）政府与基层政府（城镇街道和农村乡镇）之间的分工可参考如下办法：消防、警察、垃圾处理、居民区绿化和公园、道路维护、交通管制、基层图书馆、部分初等教育和中等教育的责任应由基层政府承担；公共交通、水供应、废物处理、污水处理、大气污染处理、公共卫生、医院、供电、特种警察、地区性图书馆、地区性公园和娱乐设施等主要由市（县）政府来承担。

（3）某些服务若由私营部门来生产和提供，可能会更有效率。私营部门的参与形式包括竞价承包（如城市垃圾处理、绿化）、由地方政府发证营业、政府拨款支持（如对某些文化、艺术和娱乐活动）、居民义务活动（如医疗服务）、居民自助（如社区防盗）、民间非营利机构等。表 2－3 列出了 2018 年美国州政府与地方政府之间在主要项目上的支

① 这里的地方政府是指除中央政府之外的其他各级政府的统称，即包括省政府在内的地方各级政府。

出及比例。

表 2-3　美国州政府与地方政府之间在主要项目上的支出及比例（2018 年）

项目	州和地方政府总额（百万美元）	地方政府	
		总额（百万美元）	占比（%）
总支出	3 810 632	1 960 984	51.46
教育	1 046 262	724 011	69.20
公共福利	718 128	59 361	8.27
保险信托支出	361 012	55 936	15.49
公用事业支出	239 237	208 086	86.98
医院	199 312	110 748	55.57
公路	186 752	75 110	40.22
警察	118 800	102 701	86.45
一般债务利息	111 279	65 378	58.75
健康	101 841	57 616	56.57

资料来源：U. S. Census Bureau.

专栏 2.5

“浙江省教育领域财政事权与支出责任划分改革”义务教育部分的实施方案

义务教育总体为省与市县共同财政事权，并按具体事项细化，其中：涉及学校日常运转、校舍安全、学生学习生活等经常性事项，省级统筹资金，根据相关经费标准与市县财政按照分档负担比例，通过共同事权转移支付安排省级财政承担的部分资金；涉及阶段性任务和专项性工作的事项，除明确由中央或省承担的部分外，所需经费主要由市县统筹安排，省级财政通过转移支付予以适度支持。具体包括：

1. 公用经费保障。省在国家基础标准上制定省级标准，所需经费省与市县按省级标准，以分类分档的比例分担（现阶段标准附后，下同）。

2. 家庭经济困难学生生活补助。省在国家基础标准上制定省级标准，所需经费省与市县按省级标准，以分类分档的比例分担。

3. 农村义务教育学生营养改善计划。省参考国家试点标准制定省级标准，所需经费省与市县按省级标准，以分类分档的比例分担。

4. 外来务工子女入学。按照输入地政府负责、公办学校接纳为主的原则，由市县合理配置教育资源，满足随迁子女入学的基本需求。省级根据各地吸纳外来务工子女入学总人数和在公办学校就读比例等因素，安排转移支付补助。

5. 免费提供教科书。免费提供义务教育阶段国家课程教材、免费提供小学一年级新生学生字典，所需经费由中央财政承担；免费提供省级通用地方课程教材，所需经费由省级财政承担；免费提供与国家课程教材相关的学生辅助学习资源等，所需经费由省与市县以分类分档比例分担。其余由市县财政承担。

6. 校舍安全保障。辖区内校舍安全保障经费由市县财政统筹安排，省级根据市县学生、学校数等因素，安排转移支付补助。

7. 其他经常性事项，主要是教师工资待遇、农村义务教育学校教师特岗津贴、农村任教津贴等教师待遇保障支出等，由市县财政承担，省财政通过转移支付予以支持。

8. 阶段性任务事项。当前，继续实施义务教育薄弱环节改善与能力提升工作，由省和市县共同分担，省级统筹资金，根据市县学校、项目等因素，安排转移支付补助。今后，根据国家和省有关要求，对类似项目或其他阶段性任务结合我省省级适时调整。

资料来源：摘自《浙江省教育领域财政事权与支出责任划分改革实施方案》。

第五节　本章小结

（1）财政职能起作用的出发点就是要克服市场缺陷，市场缺陷的领域正好是财政职能发挥作用的空间，是划分“公办”和“私办”的界限。市场缺陷主要包括公共产品的供应、外部效应、自然垄断、信息不对称、有益或有害产品的提供、收入分配不公和宏观经济失衡等几大领域。

（2）在多级政府组成的体制中，财政的职能是由各级政府共同完成的，但各有其侧重点，中央政府主要承担收入分配和稳定经济的职能，在资源配置职能方面，负责提供全国性的公共产品及对在全国范围内具有自然垄断性的产品和行业进行管理，对收益溢外性的由地方政府提供的公共产品给予一定的财政拨款，以便使溢外收益内在化。地方政府更主要地在资源配置这个职能上发挥作用，重点是负责提供大量的地方性公共产品。

（3）蒂博把地方性公共产品在一个由众多辖区组成的体制中的提供看成类似于私人产品在一个竞争性市场上的提供。他认为，在竞争性的地方辖区之间，居民的流动性（“用脚投票”）可以导致地方性公共产品的有效提供。但是，蒂博模型是以一系列严格的假设条件为前提的，事实上，这些假设条件在现实生活中很难完全成立。

（4）运用俱乐部理论可以帮助我们确定地方辖区的最佳规模，但是，只有在最佳居民人数和公共产品的最佳产量同时确定时，才能确定地方辖区的最佳规模。

（5）地方财政在收入分配职能和稳定经济职能方面所起的作用有限。这主要是因为在一国内部，各地区的经济是完全开放的，生产要素的流动没有任何障碍。

（6）政府间支出责任的划分建立在财政职能在各级政府间的合理分工基础上。

重要概念

财政职能	资源配置职能	收入分配职能
稳定经济职能	蒂博模型	地方辖区的最佳规模
地方性公共产品	拥挤性成本	财政事权

复习与思考题

1. 为什么说财政职能起作用的出发点就是要克服市场缺陷?
2. 各级政府的财政职能是如何分配的?
3. 论述蒂博模型的主要内容和其理论价值。
4. 地方辖区的最佳规模是如何决定的?
5. 简述各级政府支出责任划分的基本框架。

参考文献

1. Tiebout, Chaeles M., 1956, "A Pure Theory of Local Expenditures," *Journal of Political Economy*, Vol. 64, No. 5 (October)

2. Rosen, H. S., 2002, *Public Finance*, Irwin: McGraw-Hill

3. Oates, W. E., 1972, *Fiscal Federalism*, New York: Harcourt Brace Jovanovich

4. Samuelson, Paul, 1954, "The Pure Theory of Public Expenditure," *Review of Economics and Statistics*, 36 (November)

5. Sandler, T., Tschirhart, J. T., 1980, "The Economic Theory of Club: An Evaluative Survey," *The Journal of Economic Literature*, pp. 1481-1521, 18 (December)

6. 钟晓敏．我国过渡期财政职能的特点．财政研究，1998 (7)

7. 马骏．论转移支付．北京：中国财政经济出版社，1998

8. [美] 乔治·马丁·瓦克斯．财政支出职能的划分（讲稿）

9. 新帕尔格雷夫经济学大辞典．北京：经济科学出版社，1992

推荐阅读文献

1. Fritz Breuss, Markus Eller, 2004, "The Optimal Decentralisation of Government Activity: Normative Recommendations for the European Constitution," *Constitutional Political Economy*, 15, 27-76.

2.《国务院关于推进中央与地方财政事权和支出责任划分改革的指导意见》（国发〔2016〕49号）

3.《国务院办公厅关于印发基本公共服务领域中央与地方共同财政事权和支出责任划分改革方案的通知》（国办发〔2018〕6号）

第三章

政府间税收划分理论

本章学习目标

1. 掌握马斯格雷夫的税收划分七原则及其内在的经济学原理；
2. 掌握政府间税种划分的基本框架；
3. 了解我国现行的政府间税收划分状况及其利弊；
4. 分析下一步我国政府间税收划分与税制改革的方向。

正如前几章所述，公共产品由不同级别的政府提供。那么，不同级别政府的资金是怎样来的？2019 年，中国政府总共征收了 158 000 亿元的税收，占 GDP 的比例高达 16%。其中，国内增值税 62 347 亿元，国内消费税 12 564 亿元，企业所得税 37 304 亿元，个人所得税 10 389 亿元，四项共计 12 万多亿元的税收收入，是如何在各级政府之间进行分配的？这种分配合理吗？各个税种应该如何在各级政府之间进行划分？分税的原则是什么？这些都是政策性和理论性很强的问题，需要深入分析。

第一节　税收划分的原则

税收划分的原则

各级政府之间应该如何分税？学者们从不同的视角提出了一些指导税收划分的基本原则。本节我们首先考察马斯格雷夫（R. Musgrave）等国外学者关于税收划分原则的经典论述，在此基础上，提出我国政府间税收划分应遵循的基本原则。

一、国外学者关于税收划分原则的论述

（一）马斯格雷夫的七原则

美国著名财政经济学家马斯格雷夫提出过税收的划分应该遵循以下七项原则：

（1）以收入再分配为目标的累进税应划归中央，因为对收入的再分配应该由中央政府在全国范围内进行调节，实现公平目标应该以全国为疆界；

（2）作为稳定经济手段的税收应划归中央，而具有周期性稳定特征、收入起伏不大

的税收应划归地方，因为稳定经济是全国性的职责，应由中央政府履行；

（3）地区间分布不均的税源划归中央，否则会引起地区间税收收入不平衡；

（4）课征于流动性生产要素的税收最好划归中央，否则会引起资源在地区间流动，扭曲资源在地区间的优化配置；

（5）依附于居住地的税收（如销售税和消费税）较适合划归地方；

（6）课征于非流动性生产要素的税收最好划归地方，因为这不会引起资源在地区间的流动；

（7）受益性税收及收费对各级政府都适用。

分析马斯格雷夫的七原则可以看出，划分税种应该有利于政府实现收入再分配的公平目标、稳定经济的宏观调控目标、资源配置的效率目标，这是与其关于财政的三大职能的思想相一致的，反映了近代社会经济中的政府职责要求：期望税种的设立和划分应该有利于政府职能的履行和政府目标的实现。马斯格雷夫的分税原则在税收划分理论中处于核心地位，但这些原则都是单纯从经济学方面进行分析和提炼的，没有更广泛、全面地从政府构成的政治学和行政管理要求方面进行分析。

专栏 3.1

马斯格雷夫小传

理查德·A. 马斯格雷夫（Richard A. Musgrave），1910 年出生于德国，2007 年在美国去世，享年 97 岁。早年在德国学习经济学并获经济学硕士学位。1933 年，他被选为德国的交换学者到美国罗切斯特大学学习，并获得了他的第二个硕士学位。1937 年，马斯格雷夫在哈佛大学获得了经济学博士学位并在哈佛大学任教一直到 1941 年，然后作为美国联邦储备委员会的经济学家工作到 1948 年。1947—1981 年，他先后在霍普金斯大学、普林斯顿大学、哈佛大学和加州大学伯克利分校任教。1965 年被哈佛大学的文理学院和法学院同时聘为教授，成为该所大学中被两个学院聘为教授的第一人。他在这两个学院中为同学们讲授财政学、税收政策与经济发展和税制改革，直到 1981 年退休。

马斯格雷夫对财政学的贡献是多方面的。他最早提出财政具有资源配置、收入分配和稳定经济三大职能，他提出了有益产品的概念，主张政府应积极提供有益产品；在税收方面，他提出了税收划分的七项基本原则。他的著作《财政学原理》《财政理论与实践》是现代财政学的经典著作，影响深远。由于他对财政学的杰出贡献，他被誉为现代财政学的真正开拓者之一。

（二）杰克·明孜的五原则

加拿大学者杰克·明孜（Jack Mintz）也提出过税收划分的五原则：

（1）效率原则：税收划分要尽量减少对资源优化配置的影响；

（2）简化原则：应使税制简化，便于公众理解和执行，提高税务行政效率；

（3）灵活原则：有利于各级政府灵活地运用包括预算支出、税收补贴等措施在内的一系列政策工具，使税收与事权相适应；

（4）责任原则：各级政府的支出与税收的责任关系应协调；

（5）公平原则：要使全国各地区间的税种结构、税基、税率大体上平衡，即各地居民的税负应平衡。

杰克·明孜虽然没有从当代财政学的原则理论出发来提出税收划分的原则，因而从经济学的角度来看是不完整的，但他从政府构成的政治学和行政管理方面提出了税收划分的原则，从这个意义上讲，杰克·明孜的原则更完整、全面。

（三）罗宾·鲍德威等人的六原则

世界银行专家罗宾·鲍德威（Robin Boadway）等人在考察研究了世界各国的财税体制以后，提出了六条指导性建议：

（1）所得税关系到全社会的公平，应划归中央；

（2）为保证全国统一市场的形成与资源在全国范围内自由流动和优化配置，对与此相关的资本税、财产转移税等税种也应划归中央；

（3）对资源课税涉及公平与效率目标之间的权衡，应由中央与地方共享；

（4）具有非流动性特征的税收是地方所辖市政府收入的理想来源；

（5）作为受益性税收的社会保障税，可由中央与地方协同征收管理；

（6）多环节征收的增值税、销售税应划归中央，单一销售税、零售税等较适宜划归地方。

罗宾·鲍德威等人的原则实际上是针对特定税种的划分提出的一些具体意见，但其所反映出的思想与马斯格雷夫的七原则大体上是一致的，基本上也符合当代财政学理论。

（四）塞力格曼的三原则

美国财政学家塞力格曼（E. R. A. Seligman）对税收划分提出了效率、适应、恰当三项原则。

（1）效率原则：按照划归哪一级政府可以更有效地征税为标准来确定税种的归属，即如果某种税由地方政府征收效率更高，更有利于及时足额地把税款征收入库，则就将这种税划归地方税，相反，应划归中央税。

（2）适应原则：税基较宽的税种划归中央税，税基窄的税种应划归地方税。

（3）恰当原则：税种的划分应有利于至少不损害税收负担的公平，这就要求税源遍及全国范围、在全国范围内征收的税种，应该划归中央，而税源只在部分地区存在，因而只在部分地区征收的税种，应该划归地方。

塞力格曼的税收划分原则只是为了提高税收行政效率，有利于政府实现财政收入目标和公平目标，而没有关于资源优化配置和稳定经济这些核心目标，这不能不说是严重的不足。塞力格曼提出的税收划分原则的侧重点和局限性取决于他所处的时代，塞力格曼处在19世纪末20世纪初，那时，资源配置和稳定经济，特别是稳定经济还不是政府的主要目标和职责，在财政经济学界也还未主张政府积极干预经济，自由放任的财政经济思想还比较盛行，因而塞力格曼不可能超越社会现实需要而提出更丰富的税收划分原则。

专栏3.2

塞力格曼与他的中国学生——马寅初

塞力格曼教授在哥伦比亚大学任教期间，曾指导过多位来自中国的留学生。其中，有一位就是后来成为中国著名经济学家、教育家和人口学家的马寅初先生。马寅初(1882—1982)，浙江嵊县人（今浙江省嵊州市），1907年以优异成绩毕业于天津北洋大学矿冶专业，被清政府保送到美国耶鲁大学去官费留学。经过艰苦的努力，马寅初于1910年5月以出色的学习成绩取得耶鲁大学经济学硕士学位，并考取哥伦比亚大学博士研究生。然而，由于国内的时局变化，北洋政府停发官费留学的资助，在哥伦比亚大学求学的马寅初面临着学费无着而即将辍学的困境。此时，塞力格曼教授向马寅初伸出了援助之手，慷慨地资助学费，让他得以顺利地完成学业。

马寅初留学美国期间正值“进步时代”末期，财政体制经历了由乱到治的转型，而作为美国经济中心的纽约市在美国当年的财政体制改革中扮演了先锋的角色。纽约市财政改革的巨大成就，引起了正在哥伦比亚大学攻读博士学位的马寅初的关注。1914年，他在塞力格曼教授的指导下完成了博士论文《纽约市的财政》(The Finance of the City of New York)；同年，由哥伦比亚大学政治学院出版，随即被指定为哥伦比亚大学经济系一年级本科生的教科书。他在自序中写道：“在现在这部专著中，我试图对纽约市财政收支情况（一九一三实际现金收入为八点四一亿美元，支出八点四亿元美元）的各个方面作一深入细致的研究，对该市财政如何得以维持作一说明。这样的研究能使人明了纽约市所以在财政上已经或正在从一种乱境进入治境的道理，也能为中国上一堂有益的课”（马寅初全集：第一卷．杭州：浙江人民出版社，1999：1）。

1948年，马寅初出版《财政学与中国财政——理论与现实》一书。在书中，马寅初还专门提及了塞力格曼关于税收划分的三原则，并将其与当时的中国实际相结合，“据塞力格曼的见解，国地税收应依效率、合适与相当三大原则而划分（这里的国地税收划分是当时的说法，也就是我们现在所说的中央与地方税收划分——引者注）。何谓效率原则？我们已说土地税应划归县市地方，因地方税吏熟悉当地情形，对于地价之查报，较易办理。又如所得税，以所得之地址不宜确定，划归国家征收，比较便利。何谓合适原则？凡税基甚狭者宜归地方，例如房屋税之税基较狭，其范围只限于房屋所在之区域，故应划入地方税范围之内。又如消费税，其税基遍于全国，应划入中央税之内。何谓相当原则？即视其租税收入之相当与否以定其归属。例如某区税收已十分充分，原无开辟新税之必要。但为求负担更公平起见，不能不开辟之。如收支相抵而有余，可以其溢出之数划归税收短少之区所有”（财政学与中国财政——理论与现实．北京：商务印书馆，2001：185）。

虽然现在已是时过境迁，马寅初当初提出的改革方案不再适用于当下的中国，但是他将理论与实际相结合，致力于解决中国实际问题的精神却非常值得我们学习。正如他在上书的自序中所说：“余对于治经济学的感想既如此，故着手著此书之前，应把关于既有财政之纯粹理论与现实合冶一炉，得出一种经验理论，使读者容易明了，不致发生理论与事实脱节之感。社会是一个大实习室而学校是一个小训练所，在训练所中所学的，必须与实习室中所做的趋于一致，庶不违反‘学以致用’之原则。余总以为中国研究经济学的青年，应多注意中国的实际情形，社会环境，与历史背景。我们生在这个社会之中，决不能离开这个真实社会，而高谈空论。但我们同时亦生在这个时代，与这个时代的潮流亦不能脱节，故事实与理论有合冶一炉之必要”（财政学与中国财政——理论与现实．北京：商务印书馆，2001：2-3）。

二、我国税收划分中应该遵循的原则

税收是各级政府最主要的收入来源。在我国分税制财政体制下，各级政府间如何划分税种，反映了各级政府如何履行其职责的基本财力保障问题。我国税收划分的基本原则主要有：适应政府行政权力体制划分中央税与地方税规模的原则、受益原则、资源有效配置原则、体现政府职能分工原则、税务行政效率原则五个方面。下面进行具体阐述。

（一）适应政府行政权力体制划分中央税与地方税规模的原则

这里所说的政府行政权力体制是指中央与地方的分权或集权的模式。划分税种需要解决的第一层次的问题是确定中央税收收入和地方税收收入占全部税收收入的比例，至于各个税种的具体划分是属于第二层次的问题；在总体规模上确定了中央税和地方税这个大的框架比例，就相应地要求确定应有多少税种和哪些税种归中央，剩余的哪些税种归地方，如果政府权力体制比较集中，要求财政集中程度也比较高，则要求较多的税种、支柱性的税种都划归中央，反之亦然。从一般理论逻辑上讲，以税收划分为主体的财政收入体制本身就是政府行政体制的组成部分，后者决定前者。当然，前者对后者也有很大的制约作用，因为它是保证后者实现其职能的必要物质手段。如果一个国家处于特定的社会经济形态和历史阶段，面临着特定的政治经济形势，需要实现特定的社会经济目标，中央需要有较高的集权才能维护国家的统一和进行国民经济建设，相应地，就需要财政收入有较高的集中程度。一个国家的中央究竟应该集中多少收入，还要视这个国家的民族构成情况。一般来说，一个国家由宗教信仰差别较大的多民族国家组成，而且各地区之间的经济发达程度差异很大，中央政府就需要集中较多的财政税收收入，实行较大规模的财政转移支付，以解决地区间的社会经济发展不平衡问题，否则就有国家分裂的危险。比如，前南斯拉夫在解体之前的中央财政所拥有的财政收入不到全国财政收入的20%，地区间经济发达程度差异又很大，致使潜伏着的民族矛盾激化时，中央政府已无力解决和平息，以致国家最终瓦解。国家财力的过度分散将会削弱政府的能力，最终可能会导致社会经济动荡。所以政府应该集中适当的、必要的财力，同样，税收划分应该保证中央财政的税收收入和财政收入占全部税收收入和全部财政收入的恰当比重。

（二）受益原则

受益原则是指如果纳税人缴纳的某种税收与政府提供的某种公共产品之间存在较为明确的受益关系，且如果该种公共产品是由中央政府提供的，那么作为这种公共产品成本的税收就应该缴纳给中央政府，即把该税种划归为中央税；相反，这种公共产品如果是由地方政府提供的，则作为这种公共产品成本补偿的税收应该划归地方税。从政府构成及其职能分工来分析，从国内和国外各级政府提供的公共产品和公共服务的实际情况来看，根据受益原则来划分税种具有一定的合理性和实际意义：由于地方政府提供的公共产品一般具有比较明确的受益区域和受益对象范围，有大致可测量的受益数量，溢外性不是很强，因而向这些特定的受益对象征收的受益性税收就应该归为地方税，例如用于市政建设和保护当地居民财产安全的税种就应该由归属地方的城市维护建设税和房产税来筹资；而某些公共产品如果受益范围广及全国，原则上这种公共产品就应该由中央政府提供，相应地，就应该向全国的居民征收相应的税收，这种税就应该属于中央税，例如用于国防、空间探测等方面的公共支出，就应该用向全国征收的消费税和增值税来补偿。

（三）资源有效配置原则

这一原则可以体现在多方面，其一，税种划分应该有利于至少不损害或少损害资源的优化配置。因此在一般情况下，如果是对资源本身进行征税，或者是对资源运用所产生的税源进行征税，若资源是可以轻易流动转移的，则应将此种税划归中央税，并且对这种税应该在全国范围内统一税收政策和税收负担，以免由于各地征与不征或征多征少、税负轻重而导致资源的非合理流动，损失效率；但若由于历史的原因或当前的某种特殊需要，期望促使资源在地区间作某种流动时，则可以将对这种资源征收的税或对这种资源产生的税源征收的税划归地方，或者可以划作中央税但在不同地区实行轻重不同的税收政策；而凡是资源只在某个和某些地区内存在，并且这种资源又不易流动，或者拥有这些资源的地区具有特别的经济优势，对资源有较强的吸引力，对这种资源和这种资源的运用所产生的税源进行征税不会导致资源转移的，则可将这种税划归地方税。其二，影响到产业、部门结构的税种应该划归中央税。因为在整个国家内应该形成全国统一市场，产业和部门结构应该在全国范围内进行优化，实现资源在全国范围内的优化配置，而实现这一战略意图的主体应该是中央政府，所以对产业、部门经济结构有影响，或者说能够调节产业和部门结构的税种应该划归中央税，否则，如果划归地方税，地方政府就可能会利用这种税来“优化”自己本地区的产业和部门结构，建立本地区门类齐全的产业、部门结构，而这就会促成封闭式的地方经济体系的形成，割裂全国统一的经济整体，资源并没有在全国范围内实现在产业、部门间的优化配置。其三，凡是由中央政府提供更有效、投入产出效益更高的公共产品，作为相应财源的税种应该划归中央税；凡是由地方政府提供更有效、投入产出效益更高的地方性公共产品，作为相应财源的税种就应该划归地方税。

（四）体现政府职能分工原则

与财政的收入分配职能和稳定经济职能主要由中央政府财政来承担相适应，体现收入分配职能和政府用于调控宏观经济的税种应划归中央税。

政府需要运用税收来调节经济，这是在任何社会、任何国家中都存在的事实，只不过程度和范围有差异而已。但政府运用哪些税种来调节经济取决于两个方面。一是各级政府的职能分工差异。一个范围稍大的国家中政府总是由多级构成的，而这多级政府必然有分工，其职责必然有差异。属于全国性的社会经济目标的实现就应该由中央政府承担，通过中央政府的政策措施才能有效实现；而另一些属于解决地方社会经济矛盾的任务则应由地方政府完成。二是税种的功能差异。有些税种政策的制定和调整会在全国范围内发生作用和影响，这样的税种就适宜于划归中央税。例如，具有稳定经济功能的税种和调节收入差别的税种（主要是采用累进税率的所得税）就应该划归中央税，因为稳定经济是全国的经济目标，而不可能作为地方政府的目标。因为全国是一个统一市场，地区间的经济是处在完全开放的环境中，在一个地区范围内是无法实现稳定经济的目标的，只能由中央政府在全国范围内实现；再如，关税是保护全国产业和国民利益的对外经济政策，所以应该划归中央税；直接调节产业、部门结构的固定资产投资方向调节税[①]应该划归中央。而有的税种可以在较小的范围内发生影响，例如车船税、土地使用税的征收，只会对本地区的车船拥有者和土地使用者的利益发生影响，而不会对其他地区的个人和企业发生影响，而且征收这两种税也不会引起这些税源的明显转移。

在此我们还想说明，有助于实现全国社会经济目标的税种不一定要将这种税的收入划归中央收入，我们知道，税种的收入享有权和管理权是两种权利，而且这两种权利可以分离，而实现某种社会经济目标的作用力是税收政策措施，所以只要制定和调整税收政策的管理权掌握在中央政府手中，做到该税种的政策在全国范围内统一，就可以实现全国的社会经济目标，而可以将该税种的收入划归地方。当然，税收收入的享有权和管理权分离以后，必须有可靠的政治体制、法规和其他机制来保证中央政府政策方针的有效贯彻实施，否则会被地方从本地利益出发，削弱、歪曲中央的税政税制，影响全国社会经济目标的实现。

（五）税务行政效率原则

税收收入的征集、税收政策的贯彻都需要通过税收征收管理工作来实现。从极端的

① 我国曾自 1991 年起开征固定资产投资方向调节税，但从 2000 年起暂停征收，最终于 2012 正式废除该税种。

角度讲，如果不惜成本代价，那么无论哪一种税，无论划归哪一级政府，总是可以足额地征收。但是税种科学划归以后，就可以用较少的成本来有效地征收。所以实行分税制，划分税种还必须遵循税务行政效率原则。应该将税源遍布全国且又是大宗性税收，征管环节比较集中，容易征收的税种划归中央税，而将税源比较分散零星，而且具有地区差别，征收难度比较大的税种划归地方税。这是因为：一方面，地方对本地税源特点更为了解，它们可以制定更为科学的、切实可行的征收方法，将税款有效地征收起来；另一方面，有利于调动地方的积极性，地方会从本地利益出发，及时足额地征收这些税收。据此原则，应该将流转税、所得税等划归中央税，而将农业税、土地税、财产税等划归地方税。

应该指出，分别根据以上各个原则进行的税种划分的结果并不是完全统一的，有时会有矛盾，即根据某一原则划分的结果，应该将某税种划归地方税，而根据另一原则划分的结果，可能是应该将这种税划归中央税，这就要求政策制定者进行权衡取舍，从中作出选择。

第二节 政府间的税种划分

从西方国家对分税原则的讨论及分税实践看，政府间税种划分的基本框架在各国是趋于一致的。

（一）关税 （进口关税与出口关税）

关税是对进口商品所课征的国际贸易税，只适合于划归中央或联邦政府。

（二）所得税

所得税包括个人所得税和公司所得税两个税种，都属于税基流动性较大的税种，同时，还具有收入再分配和稳定经济的功能，所以，所得税适合于划归中央政府。

在一些国家的分税实践中，个人所得税也给地方各级政府在中央税收的基础上进行税收寄征和税收附加提供了机会。从这个角度看，个人所得税具有税收共享的性质。例如，在加拿大，联邦政府在课征个人所得税时税率定得较低，为各省在联邦政府个人所得税税基基础上征收地方附加税腾出了空间。公司所得税若划归地方分散征收，公司就有可能通过转移定价的办法将收入由高税率地区转移到低税率地区，甚至出现公司迁移。因此，最好的办法也应和个人所得税一样，在中央集中征税的基础上，让各级政府在中央或联邦税基的基础上进行税收寄征，并且不允许按居住地所定的总体公司所得税税率有很大的差异，公司收入可按某一公式在各地方政府辖区之间进行合理分配。如加拿大，七个省份以附加税的形式在7%的联邦公司税之上再征收9%～17%的省公司税。

需要指出的是，在个人所得税作为主体税种且征管手段发达的西方国家，因个人所得税的税基流动性大以及调节经济和收入再分配的功能强，将其划归中央（联邦）政府较为适宜。但在许多发展中国家，因个人所得税占全部财政收入的比例很小，征管难度大，偷逃税现象严重，事实上所得税起不到稳定经济和收入再分配的作用。另外，考虑到地方政府在相当程度上承担着收入再分配的职能，发展中国家将个人所得税作为共享税或者在中央税基基础上由地方寄征或附征一部分税款的办法，可能是更好的选择。

（三）销售税

销售税分为单一环节销售税和多环节销售税。在单一环节征收的销售税，如在商品零售、批发或产制环节征收销售税，因税基容易确认和协调，可由任意一级政府来征收。而多重环节的销售税，如增值税，若让各级地方政府来征收，要对各地方辖区间流通的商品或劳务征税会有较大的征管难度。因为在增值税制度下的税款抵免制要求确认各地在边境上发生的交易，以便抵免在前面销售环节缴纳的税款，倘若各地方辖区的税基和税率有差异，那么税收征管就变得非常困难。因此，增值税划归中央，由中央集中征管（税款也可按一定比例与地方共享）是适宜的。

（四）财富税

对资本、财富、财富的转移及继承和遗产等所课征的税收，比较适合于中央集中课征，因为若由各级地方政府分散课征，就可能因各辖区之间的税收竞争而引起资本的不合理流动，降低资源的整体配置效率。

（五）资源税

自然资源具有不可流动性，因此，由各个地方政府分散课征资源税是很便利的。但是，由于一国的资源在各地辖区间的分布很不均匀，所以，让各地方政府来分散征收和支配资源税，会使地区间的不平衡永久化，还可能会助长因财政因素而导致要素向资源富饶地区的不合理流动，降低资源配置的整体效率。另外，由于自然资源多数具有不可再生性，课自资源的税收也具有不稳定性和不可预见性特征，所以，资源税作为地方政府长期稳定的收入来源也是不可靠的。因此，将自然资源收归国有，并由中央政府来课征资源税，中央与地方按一定比例分享有关的税金是一种合情合理的制度安排。总之，对那些在地区间分布不均匀的资源课征的资源税应划归中央，以避免地区间税源的不均衡；对在地区间分布较为均匀的自然资源课征的资源税，因其不可流动性，划归地方政府比较合适。

（六）财产税

对不动产这类税基流动性很小的资产课征税收，最适合划归地方。其理由是：地方政府有可能对财产价值作出较为准确、客观的审核、评估，并具有连贯性和一致性；地方政府在改进基础设施和完善投资环境方面的投入也会使财产价值发生变化，因此，财产税划归地方税符合受益原则，它有助于地方政府从长远的角度重视本地区的基础设施建设，培育自己的财源。同时，从税收征管效率考虑，由地方政府分散课征相比由中央政府集中课征，征税和纳税的成本更低。类似的税种，除房产税、土地税、土地增值税外，还有车船税等。

（七）“有害产品”税

对某些有害产品，如烟、酒、鞭炮、焚化品等（这类物品过量生产与消费不利于资源合理配置和人们的健康）课征的国内消费税，以及为控制环境方面的外部效应（如拥挤和污染）而课征的税收，适合由各级政府来征收，如排污税、汽车燃料税等适合由地方政府课征。

（八）使用费和规费

使用费和规费，亦即管理费和收费，属于非税财政收入的主要内容。主要项目有：政府医院和诊所的收费，政府学校的学费，政府博物馆、公园以及不作为公共企业、组织的文化和娱乐场所的入场费、许可证费，驾驶执照费，法庭费、法院裁定费等，这些收费因其能够按受益原则确定特定的消费者，适合于各级政府尤其是基层地方政府征收。

需要说明的是，上述税种在中央与地方之间的划分，主要是从税基流动性大小以及税收的调控作用作出的，在财政实践中有很大的局限性。一个税种是划归中央税，还是划归地方税，抑或中央地方共享税，在财政实践中，需要根据该税的税基流动性、调控功能、财政功能、征管效率等多种因素综合权衡。有时出于其他方面的考虑，把流动性大的税基划归地方，但税基的流动性最终会对各地的税收产生影响，并使各地的实际税率趋于一致，即地区间的实际税率差别不可能太大。因为若一个地区开征的税率过高，而其他地区的税率较低，在资源充分、自由流动的情况下，其居民和企业就会纷纷移出该地，该地区政府为了保持税源就会自动降低税率，最终使各地税负趋于一致。

政府间税种划分的一般情况见表3－1。若干国家中央与地方之间主要税种的划分见表3－2。

表3－1　税种划分的一般情况

税种	税基的决定权	税率的决定权	税收征管权	税收功能与特征
关税	C	C	C	进出口贸易税
个人所得税	C	C，P，L	C	流动性要素，再分配和稳定工具
公司所得税	C	C，P	C，P，L	流动性要素，稳定工具
销售税				
A. 单一环节	C，P	C，P	C，P，L	税基可协调，遵从成本较低
B. 多环节	C	C	C	税基可协调，遵从成本较高
财富税	C	C，P	C	再分配功能，税基流动
资源税				
A. 地区间分布不均匀的资源	C	C	C	调节税源不均衡功能
B. 地区间分布均匀的资源	C，P	C，P	C，L	税源分布均衡，且具有不可流动性
财产税	P，L	P，L	L	税基流动性小，地方征管效率高
“有害产品”税	C，P，L	C，P，L	C，P，L	“有害产品”的影响可能是全国性、地区或地方性的
使用费和规费	P，L	P，L	P，L	能确定特定消费者

注：表中C代表中央政府；P代表省或州等中间层次的政府；L代表省（州）以下的地方政府。

表 3-2 若干国家中央与地方之间主要税种的划分

税种	美国	加拿大	德国	日本
关税	联邦	联邦	联邦	中央
公司所得税	联邦、州、地方	联邦、省	各级	中央、地方
个人所得税	联邦、州、地方	联邦、省	各级	中央、地方
增值税		联邦	各级	中央
销售税	州、地方	省	—	中央、地方
财产税	地方、州	地方、省	州、地方	地方、中央
对用户收费	各级	各级	地方	各级

第三节 世界部分国家中央税与地方税划分情况

世界上多数国家的中央与地方，以及地方各级之间财政收入划分的主要形式是税种的划分，即以税种为依据划分各级政府之间的财政收入，把税种划分为中央税、地方税、中央地方共享税。但是，不同国家划分税种的方法又有很大差别。下面介绍一些主要发达国家和发展中国家的税收划分方法，以作为我国划分税收的借鉴。

一、美国的中央税与地方税划分情况

美国是联邦制国家，政府机构分联邦、州、地方三级。三级政府的财政收入主要都是税收形式，尤其是联邦政府的财政收入中，税收收入更是占有绝对比重。2019 年联邦政府的税收收入（含社保税）占全部财政收入的 95%。① 美国是以直接税为主的国家：联邦政府的税种主要是个人所得税、公司所得税、社会保障税三大直接税，也有消费税、遗产税、赠予税及关税；州政府以所得税和销售税为主，也有财产税；地方政府的税种主要是财产税，也有所得税和销售税。

2018 年美国主要税种在联邦与州和地方政府之间的分税情况如表 3-3 所示。

表 3-3 2018 年美国联邦与州和地方政府主要税种分税情况（%）

税种	联邦	州	地方
全部收入（含社保收入）	56.6	24.0	19.4
个人所得税	79.8	18.5	1.7
公司所得税	78.5	18.3	3.2
一般销售税	0.0	76.9	23.1
财产税	0.0	3.2	96.8
社会保障税	100.0	0.0	0.0

资料来源：地方和州数据来源于美国人口普查局（U.S. Census Bureau），联邦数据来源于 *Economic Report of the President 2020*.

① IMF. Government Finance Statistics Database.

美国的税收划分有以下特点：

(1) 分税较为彻底，税种归属较为明确。尽管有共享税源、名称相同的税种，但各级政府都是分率定征的，如个人所得税，虽然是联邦政府的主要税种，但也有40多个州和11个州的3 850个左右的地方政府都征收所得税，而且各级政府都依自己的税率征收。这既可以提高征收管理效率，也便于各级政府运用自己的税种来实现各自的社会经济目标。

(2) 调节全国宏观经济和收入分配、实现全国性社会经济政策目标的税种归中央，如调节收入、稳定经济的个人所得税的约80%归联邦政府，社会保障收入则全部归联邦政府。

(3) 全部收入中，联邦政府所占比重较高，达56.6%，州和地方政府合计占43.4%，其中州占24%，地方一级的政府占比19.4%。

二、德国的中央税与地方税划分情况

德国也是以直接税为主的联邦制国家，实行以共享税为主体的联邦、州、地方三级征税制度。共享税税种主要包括：增值税、个人所得税、公司所得税等；联邦专享税包括：关税、消费税（石油税、咖啡税、盐税、香槟酒税）、社会保障税等；州专享税包括：土地购置税、遗产（赠予）税、机动车税、啤酒税等；地方专享税包括：工商税、土地税、娱乐税、饮料税等。

2019年主要税种在联邦与州和地方政府之间的分税情况如表3-4所示。

表3-4 2019年德国联邦与州和地方政府主要税种分税情况（%）

税种	联邦	州	地方
全部税收（含社保收入）	67.3	24.6	8.1
个人与公司所得税	41.1	38.7	20.2
商品与服务税（含增值税）	61.8	35.5	2.7
财产税	0.0	39.6	60.4
社会保障税	95.0	4.4	0.6

资料来源：IMF. Government Finance Statistics Database.

德国的税收划分有以下特点：

(1) 分税较为集中。全部税收中，联邦政府所占比重相当高，达67.3%，州和地方政府合计占32.7%，其中州占24.6%，地方一级的政府只占8.1%。

(2) 德国的税收管理权限也比较集中，大部分税收立法权限都集中在联邦一级，甚至地方一级的税种立法权限也在中央，即使少数地方税种的立法权限交给了地方，也要受到联邦政府的控制监督。一般情况下，地方政府只负责税收的征收。

三、日本的中央税与地方税划分情况

与政府的级次构成相适应，日本的财政级次也分为中央、都道府县、市町村三级。日本是以直接税为主的国家，现行的主要税种有：法人税（公司所得税）、个人所得税、继承和赠予税、增值税、财产税、酒税、烟税、印花税、居民税、法人事业税、不动产购置税等。此外，日本没有开征社会保障税，而是实行社保缴费制度。

2018 年日本主要税种在中央与地方（含都道府县和市町村）之间的分税情况如表 3－5 所示。

表 3－5　2018 年日本中央与地方政府主要税种分税情况（%）

税种	中央	地方
全部税收（不含社保收入）	61.4	38.6
个人与公司所得税	64.7	35.3
商品和服务税（含增值税）	71.9	28.1
财产税	18.4	81.6

资料来源：IMF. Government Finance Statistics Database.

日本的税收划分有以下特点：

（1）税收收入集中程度与美国近似。全部税收中，中央政府所占的比例为 61.4%。

（2）日本地方政府有相当的税收立法权，地方政府有权决定开征何种税。当然，中央政府对不恰当的地方税收立法有否决权。

四、巴西的中央税与地方税划分情况

巴西是重要的发展中国家。与美国、德国等国家相似，巴西也是联邦制国家，财政税收体制实行联邦、邦和地方三级征税制度。现行的主要税种有：公司所得税、个人所得税、工业产品税、商品流通税、金融交易税、社会保障税等。

2019 年巴西主要税种在联邦与地方政府（包括邦和地方）之间的分税情况如表 3－6 所示。

表 3－6　2019 年巴西联邦与邦和地方政府主要税种分税情况（%）

税种	联邦	邦	地方
全部税收（含社保收入）	66.8	25.0	8.2
个人与公司所得税	100.0	0.0	0.0
商品与服务税	39.9	51.8	8.3
财产税	1.4	47.6	51.0
社会保障税	86.0	6.0	8.0

资料来源：IMF. Government Finance Statistics Database.

巴西税收划分的特点是联邦政府所占的比重为 66.8%，与德国较为接近。与其他国家对所得税实行共享不同，巴西的个人所得税和公司所得税都是纯粹的中央税。

五、韩国的中央税与地方税划分情况

韩国是一个中央集权的国家，并且由于地方政府（由道、郡两级组成）的职责由中央法律规定，所以全国各级地方政府的职责权限基本上都是统一的。韩国也是以直接税为主的国家，实行中央、道、郡（市、县）三级课税制度。现行的主要税种有：中央税，包括个人所得税、公司所得税、社会保障税、增值税、特别消费税、遗产和赠予税、酒税、印花税、证券交易税、交通税、教育税、农村开发特别税、综合不动产税等；道税，包括财产取得税、注册税、闲暇税、许可证税、公用设施税、地区开发税、地方教育税等；郡（市、县）税，包括居民税、财产税、机动车税、农业所得税、屠宰税、烟草消费税、汽车燃料税等。

2018年韩国主要税种在中央与地方政府（含道和郡）之间的分税情况如表3-7所示。

表3-7 2018年韩国中央与地方政府主要税种分税情况（%）

税种	中央	地方
全部税收（含社保收入）	83.3	16.7
个人与公司所得税	90.4	9.6
商品与服务税（含增值税）	74.1	25.9
财产税	30.7	69.3
社会保障税	100.0	0.0

资料来源：IMF. Government Finance Statistics Database.

韩国的税收划分有以下特点：

（1）财政税收收入分配的管理体制高度集中。中央政府的税收占全部税收的比重为83.3%，远高于其他国家。

（2）管理权限上也体现了高度集中。尽管韩国的税收划分是较彻底的分税制，地方政府有自己的税种，但地方税的立法权限基本上归中央，中央政府规定了所有地方税种的税目、税率、税基、扣除项目等，所以，地方政府实际上只有收入的归属权和税种的征收权。需要指出，韩国道以下的地方政府郡也有自己独立的税种，这与中国不同，中国省以下的地、市、县地方政府没有独立的税种，省以下的地方政府与省级政府的税收收入划分的形式多种多样，这种不一样不仅是不同省之间的不一样，而且在同一个省内，省级政府对下级地方政府的税收划分方法也不一样。

专栏3.3

美国的财产税制度变革

美国财产税始于17世纪英属北美殖民地政府对“可见财产”的征税。独立战争期间，财产税对赢得胜利发挥了重要作用。美国建国后，财产税由各州管理，并逐步走向统一和规范。

殖民主义时期和独立战争时期，美国各地的财产税是不相同的。各州主要以列举方式对不同的财产按不同的税率征收。战争期间，由于税率提高了数倍，曾引发了激烈的抗税行为。战争结束后，自由、民主和平等观念流行，联邦宪法也明确规定居民可以自由组成各种社区、学区、教区等组织并获取用于服务当地民众的税收（主要是财产税）。鉴于各地财产税不统一和官员不受约束征税、引起居民反抗的问题，社会要求制定统一的财产税条款和普遍条款的呼声很高。1818年，伊利诺伊州率先制定了财产税统一条款；到19世纪末，已有33个州在宪法中规定统一条款，要求州立法机构和地方政府对财产按价值和相同税率征收财产税。

由于工业化、经济增长和家庭财富的增加，到20世纪20—30年代，财产税已成为美国州和地方政府的主要收入来源。与此同时，社会对财产税的指责越来越多，主要原因是：(1) 财产税征收中无法把财产和财富区分开来，财产税和所得税会发生对同一财产重复征税问题；(2) 由于市、县、镇、学区、教区等地方政府和组织为提供相应的地方公共服务都需要通过财产税筹集资金，从而导致了同一财产被多次征税，居民综合财产税的税负增加；(3) 随着经济发展，居民财产中以股票、债券、票据等形式持有的财产日益增多，地方税务官员无法对这些财产进行合理估价征税；(4) 有稳定收入但拥有较少不动产的人越来越多，财产税的能力原则被破坏。这些在客观上要求对财产税进行改革。一是人们建议各州政府减少对财产税的依赖；二是设立专业估价师对财产进行独立估价；三是对财产分类评估并运用不同的税率。20世纪30年代大危机爆发后，大量企业倒闭、工人失业，居民收入下降达33%，抗税现象大量出现。针对这种现状，有16个州通过《财产税税收限制法案》对财产税设置税率上限，并设置财产税优惠政策。同时，一些州加强销售税和所得税，进行税收结构调整，减少对财产税的过度依赖。20世纪后半期，特别是70年代的滞胀导致房产价格不断上升，而收入增长停滞，财产税成为居民沉重的负担，导致人们对政府的不信任和对财产税的强烈指责。1978年加利福尼亚州通过《第13号提案》即《"人民倡议限制财产税"宪法修正案》，64.8%的公民赞成限制财产税。该提案要求将不动产评估价值限定在1975年3月1日前或建造日的实际价值；限定财产税最高税率为1%；没有本地区2/3居民的同意，州和地方政府不得新开征任何财产税。加利福尼亚州《第13号提案》通过后，其他各州纷纷效仿。1981年有16个州实行财产税限制。到2006年，只有5个州没有明确的限制措施。这些限制主要是对财产税的税率限制，冻结财产税收增长，对财产评估价值增长的限制等。目前，在美国各州的收入中，财产税的收入比重已不超过1%；而在地方政府的收入中，财产税的收入比重约占1/4。

根据经典的税收理论和原则，地方政府征收财产税用于稳定提供地方公共服务、满足居民的偏好，既十分必要又符合公平、受益和按能力负担的原则。同时，地方征管的成本低、效率高且难以规避，因而可以认为财产税是一种好的地方税。然而，美国财产税在规范、完善的过程中却受到越来越多的批评，被称为"文明社会最糟糕的税收"，Tax Foundation 在2009年初公布的调查显示，美国居民认为财产税和地方所得税是最不公平的地方税，理论和现实的反差为何如此之大？从表面来看，原因似乎是财产税负担重，但地方不是也提供了优质的公共服务吗？为何联邦所得税高、联邦政府又未向居民直接提供服务，而居民的反应却没有如此强烈？这需要作深入研究。它发出的信号可能是：即使是用于公共服务，地方支出规模也必须控制；同时，地方税必须透明、必须有利于经济增长；随着直接税的增加，公众对地方政府的期望值越来越高。

资料来源：改编自王德祥，袁建国．美国财产税制度变革及其启示．世界经济研究，2010 (5)。

第四节 我国中央与地方税收划分现状与完善方向

由于我国中央与地方税收划分的沿革情况将在财政体制变迁的介绍中阐述，所以这里不再重复，本节只叙述中国税收划分的现状与完善方向。

一、我国税收的划分

截至 2020 年，我国共有 18 个税种，税收划分状况如表 3-8 所示。

表 3-8 中国的税收划分状况（2020 年）

税种	类型	共享方式
增值税	共享税	进口货物增值税归中央；国内增值税中央 50%，地方 50%
消费税	中央税	
企业所得税	共享税	铁路、邮政、国有银行、石油等企业所得税归中央；其余企业所得税中央 60%，地方 40%
个人所得税	共享税	中央 60%，地方 40%
资源税	共享税	海洋石油资源税归中央；其余资源税归地方
城市维护建设税	共享税	铁道系统、各银行总行和各保险总公司集中缴纳的城建税归中央；其余城建税归地方
房产税	地方税	
印花税	共享税	证券交易印花税 97%归中央，3%归地方；其余印花税归地方
城镇土地使用税	地方税	
土地增值税	地方税	
车船税	地方税	
船舶吨税	中央税	
车辆购置税	中央税	
关税	中央税	
耕地占用税	地方税	
契税	地方税	
烟叶税	地方税	
环境保护税	地方税	

从表 3-8 可见，我国现行税种中从税种数量上看专属中央的税种并不多，而共享的税种数量却较大。

二、分税制改革以来的税收划分：意义及其发展

（一）税收划分的积极意义

我国现行的中央与地方之间的税收划分主要是 1994 年我国实行分税制财政体制后确

定的，其后也进行过部分调整，如企业和个人所得税实行中央地方共享、全面推行营业税改征增值税、开征环境保护税等改革。1994 年开始实行的税收划分在以下几个方面取得了成绩：

1. 为分税制财政体制奠定了基础

尽管在财政体制中，收入体制的确定以支出体制——其背后实际上是各级政府间职责范围的界定——为依据，但是支出职责确定以后，各级政府更关心的是收入的划分，即各级政府间的分税问题。税收划分是否科学决定了财政体制能否健康运行。所以，我们应将税种划分放到整个财政体制的大体系中来看待，因此，我们可以认为，税收划分是分税制财政体制的基础。

2. 促进了税收收入的稳步增长

分税制构筑了比较健康、规范的政府间收入分配制度，促使各级政府、各级税务机关加强依法治税，努力组织收入，以保障各级政府履行公共职能的需要。同时，在划分税种的基础上，也硬化了税收征收、入库、划解过程中的法制约束，减少了在基层征收和入库划解中的收入截留和流失，从而保证了税收收入的连年大幅度增长，1994 年分税制改革以来，税收收入占 GDP 的比重呈现稳步提高并趋于稳定的态势。具体情况见表 3-9。

表 3-9　税收增长与税收收入占 GDP 的比重（1990—2019 年）

年份	税收收入（亿元）	税收增长率（%）	税收收入占 GDP 的比重（%）
1990	2 821.86	—	14.95
1991	2 990.17	5.96	13.59
1992	3 296.91	10.26	12.12
1993	4 255.30	29.07	11.93
1994	5 126.88	20.48	10.54
1995	6 038.04	17.77	9.84
1996	6 909.82	14.44	9.62
1997	8 234.04	19.16	10.33
1998	9 262.80	12.49	10.87
1999	10 682.58	15.33	11.80
2000	12 581.51	17.78	12.55
2001	15 301.38	21.62	13.80
2002	17 636.45	15.26	14.56
2003	20 017.31	13.50	14.57
2004	24 165.68	20.72	14.93
2005	28 778.54	19.09	15.36
2006	34 804.35	20.94	15.86
2007	45 621.97	31.08	16.88
2008	54 223.79	18.85	16.97
2009	59 521.59	9.77	17.05
2010	73 210.79	23.00	17.73
2011	89 738.39	22.58	18.34
2012	100 614.28	12.12	18.62

续表

年份	税收收入（亿元）	税收增长率（%）	税收收入占 GDP 的比重（%）
2013	110 530.70	9.86	18.57
2014	119 175.31	7.82	18.51
2015	124 922.20	4.82	18.22
2016	130 360.73	4.35	17.47
2017	144 369.87	10.75	17.35
2018	156 402.86	8.33	17.01
2019	158 000.46	1.02	15.84

资料来源：根据《中国统计年鉴 2016》和《中国统计年鉴 2020》计算税收增长率和税收收入占 GDP 的比重。

从表 3-9 中，我们可以得出两个结论：一是税收增长率有明显提高，但近年来有下降趋势。1991 年和 1992 年的税收收入增长率分别只有 5.96%和 10.26%，1993 年由于各地为应对分税制改革而有突击性行为，增长率异常而不可比，但 1994 年以来的税收增长率大幅提高，1994—2012 年期间，除 2009 年受金融危机影响，其余年份的税收增长率均在两位数以上。2013 年以来，总体经济增长进入新的发展阶段后，除 2017 年外，税收增长率回落到 10%以内。二是阻止了税收收入占 GDP 的比重的急剧下滑：1985 年税收收入占 GDP 的比重是 22.6%，到 1992 年只有 12.12%，下滑了 10.48 个百分点，到 1996 年下降到最低，税收收入占 GDP 的比重仅为 9.62%。此后，税收收入占 GDP 的比重逐步提高，到 2000 年税收收入占 GDP 的比重已达到 12.55%，2011 年以后超过 18%，2016 年“营改增”改革之后开始出现下降趋势，体现了减税的效果。

（二）所得税分享改革

1994 年分税制实行之初，个人所得税和企业所得税主要划归地方所有。这样的税收划分尽管有助于维持地方财力，却并不符合马斯格雷夫所提出的分税原则。根据分税原则，有助于调节宏观经济和收入分配的所得税应该主要划归中央。

此外，在分税制实行早期，企业所得税是按照隶属关系在各级政府之间划分的，这种方法不符合市场经济的最终发展方向。在市场经济中，企业作为一个独立的经济主体，有自己独立的利益，它必须成为不受政府控制的独立经济实体。而按行政隶属关系划分企业所得税的归属，难以割断企业和政府的亲缘关系，难以克服各级政府对所属企业的特殊保护而形成的经济封锁、地区割据。

对于上述问题，我国于 2001 年发布了《国务院关于印发所得税收入分享改革方案的通知》（国发〔2001〕37 号），决定实行所得税分享改革。从 2002 年开始，企业所得税实行中央与地方共享，中央与地方各得 50%。从 2003 年起，中央得 60%，地方得 40%。

（三）“营改增”改革

我国的增值税从分税制改革初期时的生产型增值税经过十多年的发展，于 2009 年转变为消费型增值税，但适用的范围还局限于商品的生产流通领域，对服务领域的税收还是征收营业税。这不仅造成了税制的不统一和税负的不公平，而且不利于企业之间的分工深化，阻碍了资源的有效配置。

在此背景下，财政部和国家税务总局从 2012 年开始在上海等地试行增值税扩围改革，即在原来征收营业税的部分领域（交通运输业和部分现代服务业）改为征收增值税。从 2013 年 8 月起，进一步开始在全国范围内推行交通运输业和部分现代服务业的“营改增”试点。

在一系列试点改革的基础上，2016 年 3 月，财政部和国家税务总局联合发布了《关于全面推开营业税改征增值税试点的通知》（财税〔2016〕36 号），并自 2016 年 5 月 1 日起，在全国范围内全面推广营业税改征增值税试点改革，建筑业、房地产业、金融业、生活服务业等全部营业税纳税人纳入试点改革范围，由缴纳营业税改为缴纳增值税。这项改革在我国的税制改革进程中意义重大，意味着生产流通领域和服务领域的所有纳税人全面缴纳增值税，从此营业税逐步退出了历史舞台。

由于营业税主要为地方税，而增值税虽然为共享税，但中央的分享比例高达 75%，“营改增”改革势必对中央和地方政府之间的税收收入划分产生重大影响。为了尽可能降低这方面的影响，国务院又发布了《关于印发全面推开营改增试点后调整中央与地方增值税收入划分过渡方案的通知》（国发〔2016〕26 号），重新确定了增值税分享比例，中央政府和地方政府各分享 50%。同时规定，以 2014 年为基数，将中央从地方上划的收入通过税收返还的方式返还给地方，以确保地方既有财力不变。

经过“营改增”改革之后，由于生产流通和服务领域全面缴纳增值税，使得税制趋于统一，税负趋于公平，特别是增值税的抵扣链条得到延长，促进了企业之间的分工深化，改善了资源配置效率。

三、现行税收划分的弊端及改革方向

（一）现行税收划分的弊端

尽管取得了不少成绩，但现行的税收划分仍存在不足之处，主要表现在现行税收划分导致地方财权缩小，财力不能满足事权所需的支出需要。

总的来说，财权和财力是两个既有联系又有区别的概念，财权通常是指政府拥有的征收权及由此获得的收入。地方政府的财力是指实际可以支配的收入，这个收入既可以是由自己的财权所得到的收入，即本级征收收入，也可以是从其他政府那里获得的收入，如各种转移支付收入。财权与事权匹配很难，所以更科学的提法是财力要满足完成事权的支出需要。如果财权缩小了，转移支付收入增加，那么财力不一定减少。但财权缩小的同时，转移支付收入并没有同步增加，那么实际的可支配财力就要减少，如果事权不变，支出需要就难以保证。如表 3-10 所示，1994 年分税制改革后地方政府的财权明显缩小了，但支出并没有相应减少。如分税制改革当年地方税占全国税收的比重从 1993 年的 78.3%下降为 44.8%，之后该比例大致维持在 41%～50%之间。受税收下降的影响，1994 年地方财政收入占全国财政收入的比重也从 1993 年的 78.0%下降为 44.3%，之后有所上升，2011 年以来维持在 50%～55%之间。由于一般预算收入中的非税收入地方政府的占比要高于中央政府，所以地方一般公共预算收入占全国一般公共预算收入的比例要比地方税收收入占全部税收收入的比例高几个百分点。与此同时，地方财政支出占全国财政支出的比重并未下降，事实上，该比例呈现上升趋势，1993 年为 71.7%，2012 年以来提高到 85%以上，上升幅度接近 15 个百分点。

表 3-10 地方税与地方财政收支的比重（1991—2019 年）（%）

年份	地方税占全国税收的比重	地方财政收入占全国财政收入的比重	地方财政支出占全国财政支出的比重	地方财政收支缺口
1991	72.1	70.2	67.8	2.4
1992	72.8	71.9	68.7	3.2
1993	78.3	78.0	71.7	6.3
1994	44.8	44.3	69.7	−25.4
1995	44.9	47.8	70.8	−23.0
1996	49.9	50.6	72.9	−22.3
1997	48.6	51.1	72.6	−21.5
1998	47.9	50.5	71.1	−20.6
1999	46.2	48.9	68.5	−19.6
2000	45.2	47.8	65.3	−17.5
2001	45.5	47.6	69.5	−21.9
2002	42.0	45.0	69.3	−24.3
2003	42.0	45.4	69.9	−24.5
2004	41.4	45.1	72.3	−27.2
2005	44.2	47.7	74.1	−26.4
2006	43.8	47.2	75.3	−28.1
2007	42.2	45.9	77.0	−31.1
2008	42.9	46.7	78.7	−32.0
2009	43.9	47.6	80.0	−32.4
2010	44.7	48.9	82.2	−33.3
2011	45.8	50.6	84.9	−34.3
2012	47.0	52.1	85.1	−33.0
2013	48.8	53.4	85.4	−32.0
2014	47.3	54.1	85.1	−31.0
2015	50.2	54.5	85.5	−31.0
2016	49.6	54.7	85.4	−30.7
2017	47.6	53.0	85.3	−32.3
2018	48.6	53.4	85.2	−31.8
2019	48.7	53.1	85.3	−32.2

注：这里财政收支的口径为一般公共预算的收入和支出。

资料来源：历年《中国统计年鉴》和《中国财政年鉴》。

上述变化导致的一个问题是：地方本级财政收支出现了很大的缺口，而且这一缺口正在不断扩大。我们以地方财政收入占全国财政收入的比重减去地方财政支出占全国财政支出的比重的差额来衡量这一缺口。1993 年，该差额为正，说明不存在缺口。1994 年，缺口开始出现，为 25.4%。后来该缺口逐渐缩小，2000 年时缩小为 17.5%，但之后该缺口越来越大，2007 年以来均超过 30%。

在现行分税制财政体制下，这种纵向财政缺口主要通过政府间转移支付来加以弥补（详见第四章的相关分析）。中央政府从 2016 年开始陆续出台了《国务院关于推进中央与地方财政事权和支出责任划分改革的指导意见》（国发〔2016〕49 号）等一系列改革方案，旨在科学合理划分中央与地方政府之间的事权与支出责任，并通过不断完善中央对地方转移支付制度，理顺中央与地方的财政分配关系，形成财力与事权相匹配的财政体制。

尽管中央政府通过各种转移支付试图维持地方政府的财力，但地方政府的财权无疑被大大削弱了，这使得地方政府的主动性和积极性受到了很大打击。由于缺乏财权保障，办事的资金要仰仗上级政府的资金支持，很被动。所以近些年来，为了地方社会经济发展的需要，地方政府需要不断开辟新的财力来源，因此，土地财政、地方融资平台等现象就应运而生。

（二）政府间税收划分的改革思路

综上分析，分税制改革以来，现行税收划分虽然取得了一些重要的成绩，也进行了一些重大的改革，但仍存在弊端。下一步，我国仍然需要对现行分税制进行大幅度改革，重建地方税体系，并根据事权和支出责任重新确定中央与地方的收入划分。下面简单谈一下我国各级政府间的税收划分和税制改革及完善的主要思路，主要体现在以下几个方面。

1. 关于税制改革和税收划分

（1）尽早开设社会保障税。

随着经济增长和社会发展，健康和生活保障将成为人类的主要需求，提供社会保障将是政府的主要职责，政府的社会保障支出也将成为其支出中十分重要的组成部分，开征社会保障税也就十分有必要。在许多发达国家，社会保障税是仅次于个人所得税的第二大税种，在有的国家甚至超过个人所得税。我国原有的社会保障体系摊子很大，而在深化企业改革中取消了企业承担的保障体系，改为政府承担的保障体系以后，各地社保基金入不敷出的情况十分严重，有的地方甚至政府已无法承受，有巨额亏空。所以开征社会保障税是税制建设中十分迫切的任务，而且从政府职能划分的角度，收入分配职能应主要由中央来执行，相应地，社会保障税适宜作为全国性开征的中央税。

（2）逐步建立以消费税与房地产税为主的地方税体系。

“营改增”之后，我国地方政府实际上失去了主体税种，现行主要税源均来自共享税，如增值税和企业所得税。为了形成财力与事权相匹配的财政体制，提高地方政府的积极性，我国应进一步完善地方税制，培育地方主体税种，合理配置地方税权。一个可行的发展方向是，逐步建立以消费税与房地产税为主体的地方税体系。一方面，消费税当前为中央税。但根据税收原则，单一环节的销售税适合作为地方税。下一步的改革中，我们可以通过后移消费税征收环节（从生产环节后移至零售环节），将消费税稳步下划到地方，使之成为地方政府的主体税种之一。另一方面，我国应逐步稳妥推进房地产税立法和改革，开征房地产税是世界各国普遍的做法，也是筹措地方政府收入的主要手段之一。开征房地产税可以使地方政府关心投资环境，涵养税源，从而增加地方财力。我国现行也有房产税，但主要是针对企业经营用房征收的，不包括居民住宅。目前，地方政府主要通过收取土地出让金获取相应收入，但这种做法既不规范，也不能持续，而且推动了房价的不断攀升，受到社会的广泛诟病。如何稳步实施房地产税改革，一方面为地方政府建立一个可靠的财源，另一方面也要有利于稳定房价，是财税改革的一个重要议题。

（3）改革印花税的分成数额，逐步开征证券交易税。

证券交易印花税只由设立证券交易所的个别地方与中央分成没有充分的经济理由，要么各个交易地同等地参与分成，要么全部集中在中央，但彻底的解决办法是开征证券交易税。但改征为证券交易税后不应划归为地方税，而应划归为中央税，因为如果划归为地方税，理想的地方税模式应该是地方拥有相当的税法制定和管理权，但如果各地的证券交易税负担有较大差异，则可能会使交易大户转移到税负较轻的地方，导致税源不合理的流动。

2. 关于税收管理权限的划分

应根据权和利相结合的原则来划分税收管理权限。税收管理权限包括税收政策制定权、税收立法权、税法解释权、税种开征权、税目增减和税率调整权、减免税权、税收征收权和日常的管理权。目前我国税收管理权限主要集中在中央，地方几乎没有权限。在下一步的改革中，应在中央统一立法和税种开征权的前提下，通过立法授权，适当扩大省级税收管理权限。

第五节　本章小结

（1）对税收在各级政府间如何划分，国外的学者从不同的角度提出了一些划分税种的原则。各国学者所提出的原则都取决于当时的社会经济条件及其在这种社会经济条件下所确立的政府职能和政策目标。这是因为从税收产生以后，随着税收、国家和社会经济条件的发展，税收越来越不单纯是政府筹集财政收入的形式，而被用作实现政府多重目标的手段。这表现为两方面：一方面是税收规模越来越大，税种越来越多，即可以被利用来实现政府目标的工具手段越来越多了；另一方面，随着社会经济形势的发展变化，政府的职能也发生了重大变化，而且不同级次的政府职能既有相同的方面，也有不同的地方。各级政府需要有不同的税种来实现各自不同的社会、经济目标。所以不同的时代、不同的财政经济学家就会提出不完全一样的税收划分原则。

（2）从理论上讲，划归中央政府的税收应该具有再分配和稳定经济的功能；对流动性要素征收的税收应划归中央税；课征于非流动性生产要素的税收及依附于居住地的税收最好划归地方；具有收益性特征的税收和收费视其适用的级次可划归相应级次的政府。从实践的角度讲，税种的划分还要考虑实际的征收和管理上的便利性。

（3）在我国各级政府之间划分税种时应该遵循的原则有：适应政府行政权力体制划分中央税与地方税规模的原则，受益原则，资源有效配置原则，体现政府职能分工原则，税务行政效率原则。

（4）世界部分发达国家和发展中国家的中央税和地方税划分情况表明，各国的税收划分都具有各自的特点。每个国家的具体国情不一样，税种设置不一样，税种划分的结果也就有较大差异。

（5）我国现行的税收划分制度，既有其积极的一面，同时也存在许多有待改进的地方。今后的趋势是开征社会保障税、建立以消费税和房地产税为主的地方税体系并根据财力和事权相匹配的原则重新确定中央和地方政府的收入划分。

重要概念

税收划分原则　中央税　地方税　共享税　财权与财力

复习与思考题

1. 简述马斯格雷夫的税收划分七原则，并分析其背后的经济学原理。
2. 税种的性质和特点对税种划分有何影响？
3. 为什么所得税在世界各发达国家是中央财政的主要收入来源？
4. 我国现行中央和地方之间的税种划分情况有何利弊？
5. 如何进一步完善我国的中央税和地方税的划分？

参考文献

1. 钟晓敏．财政学．3版．北京：高等教育出版社，2020
2. 王德祥，袁建国．美国财产税制度变革及其启示．世界经济研究，2010（5）
3. 卢洪友．政府职能与财政体制研究．北京：中国财政经济出版社，1999
4. 中国统计年鉴（历年）
5. 中国财政年鉴（历年）

推荐阅读文献

1. 理查德·马斯格雷夫，佩吉·马斯格雷夫．财政理论与实践．北京：中国财政经济出版社，2003

第四章

政府间财政转移支付理论

本章学习目标

1. 掌握政府间财政转移支付的基本概念，了解转移支付的目的、种类及其效应；

2. 了解财政的横向不平衡与纵向不平衡及其产生的原因；

3. 了解财政拨款中的粘蝇纸效应。

政府间财政转移支付是指政府间的一种财力和资金的无偿转移，这种财力和资金无偿转移的程序、规则和方法构成政府间财政转移支付制度。它通常是作为各级政府间责权关系和利益关系的一种协调机制而存在的，因此，政府间的财政转移支付制度是财政体制的一个组成部分。政府间的财政转移支付既是中央政府或上级政府调控经济，实现资源在全国范围内或区域范围内优化配置、实现收入在地区间再分配的手段，同时，也是受补政府的一个重要的收入来源。财政转移支付有多种形式，不同的转移支付会产生不同的效应，不同的目标需要有与之相适应的转移支付形式，这正是本章所要阐述的内容。

第一节　财政转移支付的概念和类型

一、财政转移支付的概念

在一个多级财政体制中，根据政府职能的分工，各级政府都承担着一定的经济职能。为了履行经济职能，各级政府必须要有一定的收入作为物质保证。各级政府的收入来源可以按多种方法来划分，但最基本的一种划分是看收入是来自其他政府还是本级政府。本级政府直接筹措的收入主要包括税收、收费和举债三种来源。对来自其他政府的收入，我们称之为财政转移支付收入。转移支付在财政支出中是与购买支出相对应的，它是指公共部门无偿地将一部分资金的所有权转让给他人所形成的支出，无偿性是其最基本的特征。在我们一般的财政支出理论的研究中，特别是在分析财政支出对经济的影响时，财政的转移支付仅限于对微观经济主体如个人或企业的无偿性支出，如各种补助、补贴、公债的利息支出、税式支出和公共定价等。但我们这里所指的转移支付是指发生在各级政府之间的资金的无偿转移，即政府间的财政转移支付。在各国的具体实践中，政府间的财政转移支付最常见的流向是从高一级次的政府流向低一级次的政府，如从中央流向地方，从省或州流向县市，但也存在处在同一级次的不同政府间的转移支付，或者从较低级次的政府向较高层次的政府转移财政资金。一般通常把只涉及上级政府对下级政府的财政转移支付称为狭义的财政转移支付，而把既包括上级政府对下级政府的财政转移支付，也包括下级政府对上级政府的收入转移称为广义的财政转移支付。我们常说的转移支付一般是指狭义的财政转移支付。

有时，我们经常把财政转移支付和财政拨款混合使用，在大多数场合，它们所指的是一回事，但从更精细的角度来分析，它们之间还是存在一些区别的。如果从狭义的角度来理解财政转移支付，那么，转移支付和拨款基本上是同一个概念。但如果是从广义的角度来理解，两者不完全相同，拨款通常只是指上级政府对下级政府的财政转移支付。由于本章所讨论的主要是狭义的财政转移支付，所以，为了论述和行文方便，在下面的论述中，转移支付和拨款等同使用。

财政转移支付的概念和类型

政府间的财政转移支付是由一系列的财政拨款来完成的，从这层意义上来说，对财政转移支付理论的研究实际上就是对财政拨款理论的研究。

在设计一个合理的转移支付体制前，必须首先考虑两个政策性问题。一个是拨款目标的确定，另一个是为每个拨款目标选择一个最合适的拨款类型。但如果不首先了解拨款的种类以及各种拨款对受补政府支出的不同影响，就无法设计出一个有效而合理的转移支付体制。

二、拨款的类型

最基本的拨款类型有两种：一种是有条件拨款（专项转移支付），一种是无条件拨款（一般转移支付）。除此之外，还有分类拨款，这是介于有条件拨款和无条件拨款之间的一种拨款形式。

（一）有条件拨款

有条件拨款（conditional grant）也称专项拨款、专项转移支付（specific grant），或叫选择性拨款（selective grant），是指附带条件的拨款。拨款提供者在某种程度上指定了资金的用途，拨款接受者必须按规定的方式使用拨款资金，比如说，专门用于教育、公路建设、环境保护等特殊用途。专款专用是该类拨款最基本的特征。俗话说："买酱油的钱不能用于买醋。"

有条件拨款可分为配套拨款（matching grant）和非配套拨款（non-matching grant）。非配套拨款是指拨款者提供一笔固定资金（a lump-sum grant），并规定它必须用于指定的项目。配套拨款是指接受拨款的政府必须自己筹集到一定的款项，拨款政府再按某个比例给予配套资金以进行补助，因此，配套拨款也称百分比拨款（percentage grant）。因为配套额可以确定为占受补政府自己支出额的某个百分比，比如说 50%的配套拨款意味着受补政府每支出 1 元钱，可获得 5 毛钱的拨款金。有条件的配套拨款又可分为封顶配套拨款（closed-ended grant）和不封顶配套拨款（open-ended grant）。前者规定接受拨款的政府可以得到的最高拨款的数量界限。比如说受补政府的支出额在 100 万元以下的按其支出额的 50%提供拨款，如果支出额超过 100 万元，则最多也只能拿到 50 万元拨款金。不封顶配套拨款不规定拨款接受者可以得到拨款的最高限额，只要有自有资金，就一直可以按自有资金投入的某个百分比从拨款者那里获取配套资金。在配套拨款的情况下，拨款额是变化的，它取决于拨款接受者的行为，特别是在不封顶配套拨款的情况下。在现实中，配套的概念有时也指这样一种情况：上级政府拨给下级政府一笔钱，但要求下级政府给予一定的配套资金，比如，上级政府拨了 100 万元，同时要求下级政府提供不低于 1∶1 的配套资金，那么，下级政府必须要自筹资金，提供不少于 100 万元的配套资金。

（二）无条件拨款

无条件拨款（unconditional grant）也称一般转移支付（general grant）、非选择性拨款（non-selective grant）或收入分享（revenue-sharing）。它不规定拨款的使用范围和要求，拨款接受者可按自己的意愿使用拨款。无条件拨款可以是一笔固定的款项，但也可能取决于拨款接受者的行为。比如说根据拨款接受者自有收入的情况给予拨款额。这种拨款额的多少取决于接受者的收入努力程度的拨款也叫努力相关性拨款（effort-related grant）。在现实中，收入努力通常由纳税努力（tax-effort）来表示。

（三）分类拨款

需要指出的是，介于有条件拨款和无条件拨款之间，还有一种拨款类型即分类拨款（block grant）。和无条件拨款相比较，它是有条件的，拨款者规定这种拨款的使用方向。但它又不同于有条件拨款，即它不具体指明接受者应该使用该款项的细目与用途，比如，提供拨款的上级政府向下级政府拨出一笔款项作为教育经费，下级政府可以用它来给教员发薪水、为学生提供免费午餐、购买图书资料、购置教学仪器或修建校舍等等，在保证拨款资金用于教育的前提下，下级政府拥有资金使用的自主权。但这笔资金只能在教育这个大范围内使用，绝不能用来兴建公路或举办其他事业。因此，分类拨款实际上是一种使用范围较宽的有条件拨款形式（wide-specific grant）。我国的浙江省已经把这类拨款称作专项性一般转移支付。①

政府间拨款的主要类型可由图 4－1 表示。

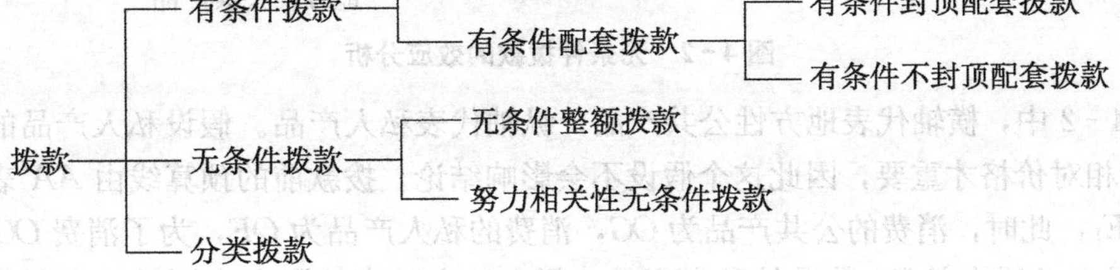

图 4－1　拨款的类型

① 参见浙江省财政厅文件（浙财预〔2011〕43 号）：《关于实施省级专项性一般转移支付管理改革的通知》。

第二节　拨款的效应分析

为了给每个特定目的的拨款选择一个合适的拨款形式，了解各种类型拨款的效应，特别是对受补政府的支出将产生什么影响是至关重要的。拨款对接受拨款的政府会产生收入效应和替代效应。收入效应意味着受补政府拥有更多的资源归其支配使用。替代效应则表示由于拨款降低了受补项目的成本，从而使资源从非拨款项目转移到受补项目，扩大了受补项目的支出。

传统的对拨款的效应分析是以标准的无差异曲线为分析工具的。但在分析政府间财政拨款时我们使用社区无差异曲线，虽然不同学者对什么人的偏好代表社区无差异曲线上有分歧，但基本都认为它应该是反映社区典型个人即中位数选民的偏好。本节所假定的社区无差异曲线能反映当地大多数人的偏好。下面我们将借助于无差异曲线等工具对各种拨款的经济效应逐一进行分析。

拨款的效应分析

一、无条件拨款（一般转移支付）

无条件拨款对拨款的使用没有任何限制，它在影响受补地区公共产品的同时，也会对私人产品的供求产生影响。实际上，这是对受补地区的一笔整额拨款，这种拨款的经济效应如图 4-2 所示。

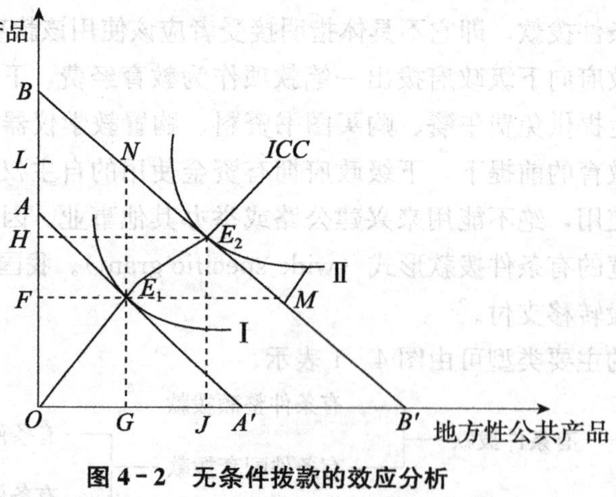

图 4-2　无条件拨款的效应分析

图 4-2 中，横轴代表地方性公共产品，纵轴代表私人产品。假设私人产品的价格为 1，因为相对价格才重要，因此这个假设不会影响结论。拨款前的预算线由 AA' 表示，均衡点为 E_1，此时，消费的公共产品为 OG，消费的私人产品为 OF，为了消费 OG 数量的公共产品，必须放弃 FA 数量的私人产品，假定地方政府的资金来源是地方税收，这意味着要课以 FA 的税收，税率为 FA/OA。来自中央政府的一笔价值为 AB 的无条件拨款使预算线变成 BB'，新的均衡点为 E_2，现在该地方的公共产品和私人产品的消费分别为

OJ 和 OH。公共产品的消费提高了 GJ，私人产品的消费提高了 FH。值得注意的是，并非全部拨款都用于增加公共产品的消费，部分拨款额漏入了私人产品，从而增加了私人产品的消费。由图 4-2 可知，只要 E_2 位于 MN 之间，就有 $0<GA'/A'B'<1$。这意味着，给予地方政府的一笔无条件拨款所具有的收入效应使拨款额的一部分会流向私人产品的生产和消费。均衡点 E_2 越靠近 M 点，拨款对公共产品消费的刺激越大；均衡点越靠近 N 点，则对私人产品消费的刺激越大。这种对地方政府的拨款转化为对私人产品消费的增加是通过地方税收的减少来实现的。从图 4-2 中可以看出，由于私人产品的消费从 OF 增加到 OH，应支付的税收量就从 FA 降低到 HA。税率也就从 FA/OA 下降到 HA/OA。税收的降低量相当于 FH。由于给地方政府的拨款额等于 AB（全部用私人产品来表示），令 $LB=FH$，即 LB 为税收的降低量，AL 部分则用于公共产品的增加。

最后，需要指出的是，过 E_1 点和 E_2 点的 OICC 曲线是收入消费曲线。随着拨款额的增加，该地区对公共产品和私人产品消费的均衡点沿着这条曲线移动，拨款额漏入对私人产品的消费的多少随收入消费曲线的斜率而变化。

二、有条件无配套封顶拨款（有条件整额拨款）

图 4-3 是有条件无配套封顶拨款的效应分析。受补地区政府所获得的全部拨款必须用在受补项目上。如图 4-3 所示，预算约束线为 AE_2B'。在这种情况下，受补政府的最佳选择在 E_2 点上。如果没有条件限制，受补政府的选择应该在 E_3 点上。显而易见，E_3 点的福利程度要高于 E_2 点。但是，这是在受补政府自己并没有提供自有资金的情况下。如果除了拨款政府的拨款外，受补政府也提供自有资金，即用在受补项目上的总资金超过拨款数，均衡点落在 E_2 和 B' 之间，此时，有无条件限制对拨款产生的效应没有影响。

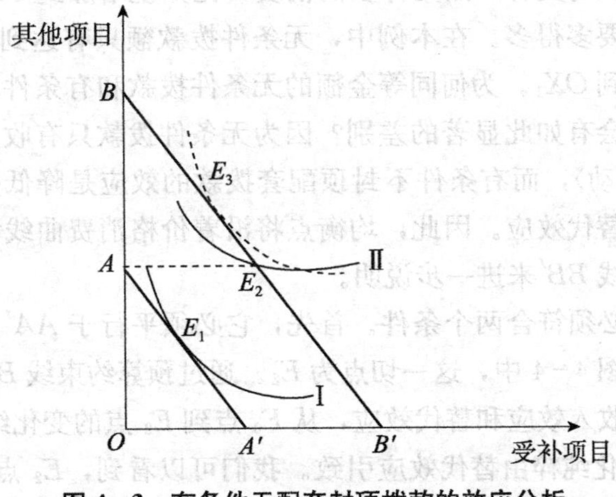

图 4-3　有条件无配套封顶拨款的效应分析

三、有条件不封顶配套拨款

有条件不封顶配套拨款通常是指上级政府或中央政府就某个项目对下级政府或地

方政府提供一笔占总项目资金一定比例的拨款。这实际上是对受补项目的价格补贴。假如中央对地方上一个农田水利项目提供25%的不封顶的配套拨款，其效应如图4-4所示。

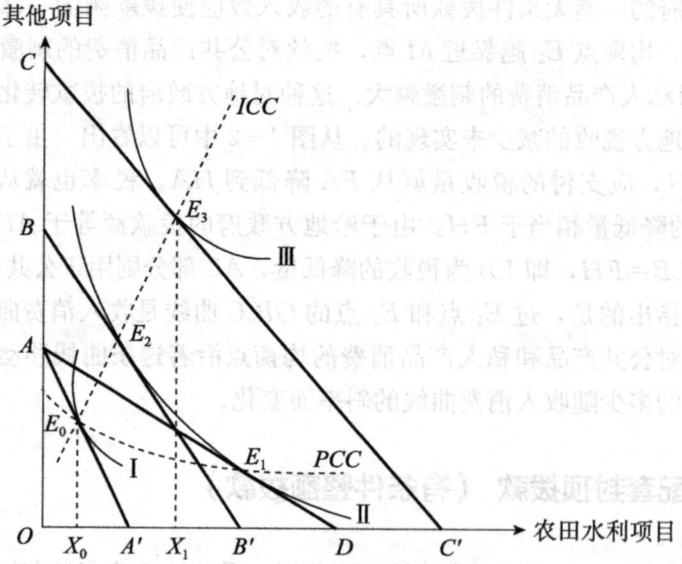

图4-4 有条件不封顶配套拨款的效应分析

在没有拨款时，地方政府用于该项目的预算约束线为AA'，均衡点为AA'线和无差异曲线Ⅰ的切点E_0。如果引入一笔配套率为$A'D/OD=25\%$的配套拨款，预算线变为AD，均衡点沿着价格消费曲线PCC从E_0点移至E_1点，此时对受补产品的需求量为OX_1。与无条件拨款相比，有条件不封顶配套拨款总是会使受补政府增加受补产品的支出。因此，如果要增加与受补产品同样多的消费，比如说增加到OX_1，无条件拨款比有条件不封顶配套拨款要多得多。在本例中，无条件拨款额只有达到AC的额度，才可以使受补项目的支出达到OX_1。为何同等金额的无条件拨款和有条件不封顶配套拨款引致的农田水利项目支出会有如此显著的差别？因为无条件拨款只有收入效应（均衡点沿着收入消费曲线ICC移动），而有条件不封顶配套拨款的效应是降低受补产品的价格，它既有收入效应，也有替代效应。因此，均衡点将沿着价格消费曲线移动。我们可以通过一条虚拟的预算约束线BB'来进一步说明。

预算约束线BB'必须符合两个条件。首先，它必须平行于AA'；其次，它必须和无差异曲线Ⅱ相切，在图4-4中，这一切点为E_2。通过预算约束线BB'，我们将有条件不封顶配套拨款分解为收入效应和替代效应，从E_0点到E_2点的变化纯粹由收入效应引致，从E_2点到E_1点的变化纯粹由替代效应引致。我们可以看到，E_2点和E_1点具有同样的效用水平，受补政府是如何做到这一点的呢？就是通过在相对价格较低的项目上多支出。在本例中，相对价格较低的项目就是由于上级政府拨款而被降低了相对价格的农田水利项目。

在实行有条件不封顶配套拨款时，拨款者的拨款数额最终取决于受补者的行为。如果拨款计划大大刺激了受补者对补助产品的支出，那么拨款额将是巨大的，这将会引起拨款者预算上的困难。因此，为了把拨款额限制在一定的范围内，拨款者可以确定一个它愿意提供的最高额，即实行有条件封顶配套拨款。

四、有条件封顶配套拨款

由于预算上的限制，上级政府的拨款更多的是采用有条件封顶配套拨款，其效应如图 4－5 所示。

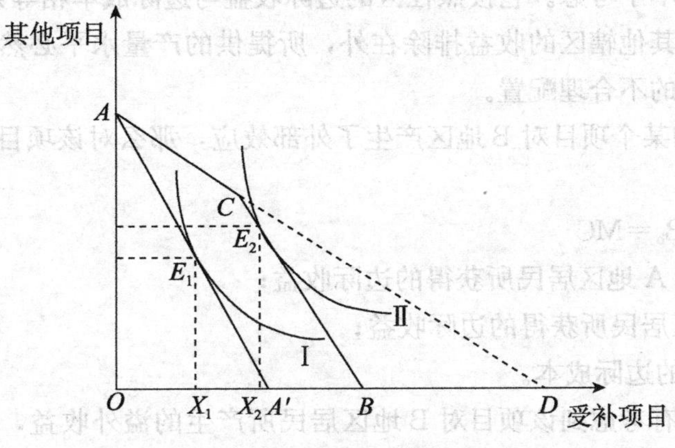

图 4－5　有条件封顶配套拨款的效应分析

受补政府在获得拨款前的预算线为 AA'，均衡点在 E_1。在有条件封顶配套拨款计划下，预算线变为折线 ACB。在 AC 段，拨款政府按 $A'D/OD$ 的比例提供拨款。但在 C 点以下的部分即 CB 段，拨款者不愿再按该比例来供应配套资金了。由于有条件封顶配套拨款有利于拨款者对预算的控制，因此在实践中，拨款者更愿意采用。但有一点值得注意：在某些场合，配套拨款是否规定限额无关紧要。如果对受补产品 X 的支出低于最高限额，规定最高限额就起不了什么作用。从图 4－5 中可以看出，如果拨款后新的均衡点落在 AC 段上，那么，尽管 CB 段上的点得不到拨款，也无关紧要。

第三节　拨款的理由和相应的拨款形式

本节将讨论政府间拨款的理由和相应的拨款种类。

拨款的理由和相应的拨款形式

一、使外部效应内部化

外部效应现象不仅存在于私人产品中，由地方政府提供的地方性公共产品也有外部效应问题。当某个地方政府提供的某些地方性公共产品的受益面超出其本地区范围而扩散到邻近其他地区，从而使其他地区的居民在不承担任何费用的情况下也同样获得收益时，便产生了公共产品的外部效应问题。比如说兴修水利、对空气和污染的控制、对病虫害的防治、在当地享受良好教育的学生以后流动到其他地区工作或定居等都有地方性公共产品的收益溢外问题。地方性公共产品的收益溢外还表现在非本地居民到本地来享受本地的公共服务设施，如公园、文化娱乐、交通设施、地方性公立学校、本地的一些社会福利与健康保障等。

正如私人产品的外部效应将导致资源的低效或无效配置，公共产品的外部效应同样也会造成资源的不合理配置。因为在市场经济条件下，地方政府作为代表本地区利益的团体利益主体，它只考虑本地居民的利益，在对利益部分溢外的地方性公共产品或服务进行成本—收益比较时，只计算该产品或服务在本辖区内产生的收益与成本，而对溢外到其他辖区的利益不予考虑。它按照社区的边际收益与边际成本相等条件来决定供应量。由于把部分溢外到其他辖区的收益排除在外，所提供的产量水平必然要小于最佳产量水平，从而导致资源的不合理配置。

如果A地区的某个项目对B地区产生了外部效应，那么对该项目的最佳提供量应该满足以下条件：

$$MB_a + MB_b = MC$$

其中：MB_a 是A地区居民所获得的边际收益；

MB_b 是B地区居民所获得的边际收益；

MC是该项目的边际成本。

但是，如果没有考虑到该项目对B地区居民所产生的溢外收益，A地区的决策者只会按照 $MB_a = MC$ 来提供该项目。在这种情况下，按 $MB_b/(MB_a + MB_b)$ 的比率提供一笔配套拨款就可以使该项目达到最佳规模。在这里，配套比例的大小要根据项目的溢外收益与地方收益的比较而定。溢外收益越大，上级政府拨款的配套比例就越大，反之就越小。某个地区水利设施的兴建不仅能预防本地的洪涝灾害，而且会对邻近地区的防洪产生有利的影响。因此兴建这样的水利设施不仅仅需要当地政府出钱投资，而且应该由中央政府或上一级政府提供一定的拨款投资。如果该地兴建的水利设施对邻近地区的防洪效果比较大，那么拨款的配套比例就应该大。

由上可知，使外部效应内部化的拨款的合适类型应该是配套拨款。

二、弥合财政缺口

财政缺口（fiscal gap）是指不同政府之间各自承担的事权所需要的支出与收入之间的差额，也称财政纵向不平衡（vertical imbalance）。它反映的是一个多级政府间支出职责和收入能力之间的结构性失衡。

在一个多级制政府结构中，有些级次的政府财政收入多是因为有较广的税基，因而比其他级次的政府能征收到更多的税收。一个有效率的、公平的收支体系往往是某些政府擅长于收入的征收而另外一些政府则更需要支出。一般来说，中央政府的收入相对于自己的支出来说是收大于支，而地方一级的政府通常是支大于收，存在赤字。当然，中央政府可以鼓励地方政府通过开征新税、增加收费、借款等办法来弥补地方财政的赤字。但是，中央政府也可以用收入分享拨款的办法来弥补地方财政赤字，即拨款政府从自己的财政收入中拿出一定数额用于补助受补政府，受补政府分享拨款政府的一部分收入。

当使用收入分享拨款时，显然应选择一般性的无条件拨款，因为对这类拨款的需要并不和某些特定的服务有联系。而拨款的确定则取决于各种参数。比如说以人均为指标，或者以支出需要、纳税能力或收入努力为指标。

三、解决财政的横向不平衡

财政的横向不平衡是指各地区间财政地位的差别，即各地区满足本地公共支出需要的能力不同。如有些贫困地区在提供某些地方性公共产品或服务时会碰到资金不足，而对一些富裕的地区，资金就不存在问题。这种财政的横向不平衡既违背公平原则，也会对效率产生不利的影响。从公平的角度讲，同样的人应同等对待，不管其居住在哪个地区。但事实上，由于各地财政地位的差异，同样的人不可能得到同等对待。富裕地区的人总比贫困地区相同的人享受到更多的财政利益：或是在交纳相同的税收时享受到更多或更高水平的公共产品或服务；或是在享受同样水平的公共产品或服务时交纳较低的税收。

财政的横向不平衡不仅违背了同等状况的人同等待遇的公平原则，而且会导致效率的损失。其对效率的影响主要表现在以下几个方面：首先，在其他条件相同的情况下，人们往往会迁移到较富裕的地区，以较少的税收成本消费公共产品和服务。因此，地区间财政地位的不同产生的财政的横向不平衡会诱导人们重新选择居住地，而这种由于财政待遇不同所致的财政诱导性迁移并不反映实际要素成本的差异或其他和资源有效使用相关的因素，因此，这种迁移会造成效率的损失。① 比如，一个渔民，他的特长是出海捕鱼，应该生活在海边才能发挥他的特长，但是，由于该地的财政地位相对较弱，在提供地方性公共产品和服务方面，无论在数量上还是在质量上都落后于其他富裕的地区，因此，导致当地渔民往外地流动。而渔民的特长是捕鱼，他不从事自己所擅长的职业，而做其他不擅长的工作，显然是一种资源的浪费。其次，迁移本身会带来一定的资源浪费。总而言之，人口往相对富裕的地区的过度迁移会趋向于造成对资源配置的扭曲，从而产生效率损失。

消除因各地财政地位的差异所造成的不公平和低效率需要中央政府或上级政府提供一种旨在均等化各地财政地位的均等化拨款，这种拨款应该是一种无条件拨款，在具体制定拨款数额时都要以一些客观性指标作为参数，如人均收入、人均税基、单位服务成本等。由于实现财政纵向平衡和财政横向平衡目标所适用的拨款形式都是无条件拨款，因此，各国在确定拨款时，往往同时考虑。

四、确保全国统一的最低服务标准

确保最低服务标准主要是出于对公平和效率两方面的考虑。就公平来说，资源在各地区的分配要遵循“生存条件一致”的原则，任何人无论生活在一个国家的什么地方，

---

① Oates，W. E.，1972，*Fiscal Federalism*，p. 83，New York：Harcourt Jovanovich.

其最基本的生存条件都必须得到满足。比如说社会保险、卫生保健、教育和社会福利等服务项目。从效率的角度考虑，共同的最低服务标准有助于减少地区间要素和商品流动的壁垒，促使国内统一市场的形成，增进地区间资源配置的效率。例如，建立社会服务的某些最低标准将会有助于劳动力的合理流动，而建立社会基础设施的某些最低标准会促进资本和商品的合理流动。另外，对最低服务标准的需要还基于政府间合作的考虑。[①]当两个政府共同提供某类产品或服务时，像教育、道路、老年公寓和补助金等，一级政府的低支出会增加对另一级政府支出的需要。在这种情况下，政府间的合作是必需的，而保证最低标准是合作的基础。

当用拨款来保证各地区之间某些公共产品或服务的最低服务标准时，合适的拨款类型应该是有条件整额拨款或有条件封顶配套拨款。有条件整额拨款因其具有非强迫性而更受欢迎。对受补政府来说，只要最低服务标准得到满足，就可以自由支配拨款金的使用。而对拨款政府来说，只要对受补政府提供的服务标准是否符合要求进行监督就行了。

五、提供地方性公共产品中的有益产品

所谓地方性公共产品中的有益产品是指那些中央政府对该地方性公共产品的评价高于地方政府评价的产品。当地方政府和中央政府的评价一致时，地方政府的决策不仅符合本地区的利益，也符合全社会的利益。但当两者之间的评价发生分歧时，地方政府的决策就会与全社会所要求的资源配置相背离，从地方的角度来看，它符合地方利益的最大化，但从全社会的利益来看，它没有实现资源的最优配置。因此，为了鼓励地方政府增加对这类地方性公共产品中的有益产品的生产，需要中央政府提供财政拨款来引导地方政府的行为。这类拨款可用于只对少数人产生利益因而提供量较少的服务项目，如临海防洪设施、博物馆、图书馆、美术馆等。这样的一些项目如果没有拨款资助，很难保证有一个合意的生产水平。事实上，对有益产品拨款的原因一方面是由该产品自身的特征所决定的，如对该产品的消费过程中产生的利益不能全部考虑在内，一些新的对社会有益的活动或项目在刚推广时就需要这样的支持；另一方面是由于制度上的原因产生的对拨款的需要，比如说，在实现多数制原则的民主制下，少数人的利益有可能得不到满足，成为“倒霉的少数”（the disadvantaged minority）。在私人产品市场上人们用金钱投票时，在多数口味相同的人获得满足的同时，少数具有特殊口味的人的特殊需要也会得到满足。但是在投票进行公共选择以决定地方性公共产品或服务提供的数量和种类的时候，多数票原则将仅满足多数人的需要。在迁移成本较高，少数人集团的利益因政治、社会、民族等原因确实需要得到保护时，可以给地方政府提供附带条件的财政拨款。比如说拨款条件中包括禁止对性别、种族和宗教等的歧视。地方政府要么改变做法，要么放弃拨款。另外也可以直接对少数人集团所偏爱的，但在地方上无法通过的项目提供拨款。

---

① King, D. N., 1984, *Fiscal Tiers: The Economics of Multi-Level Government*, p. 132, George Allen & Unwin Ltd.

对有益产品的拨款主要基于拨款者和受补者对某种产品的评价不同，拨款者认为要鼓励和提高该产品的消费，因而合适的拨款类型应该是有条件不封顶配套拨款。当然，如果拨款者认为某个有益产品的消费已经达到了一个它认为相对高但离它所期望的水平还有差距的水平，也可以使用封顶拨款。

六、体现拨款者的意图

在其他条件相同的情况下，一般来说，上级政府对下级政府的拨款与下级政府的本级财政收入呈负相关关系，即本级财政收入多，获得拨款的数额就要相对减少；本级财政收入少，获得拨款的数额就会相对提高。这样的拨款分配不利于地方政府增加自己的财政收入，因为财政收入的增加会减少从上级政府获得的拨款额，中央和地方、上级政府和下级政府之间因此会产生逆向思维，中央或上级政府希望地方或下级政府增加自己本级财政收入，减少对拨款的依赖；而地方或下级政府希望减少本级财政收入，获得较多的拨款收入。为了变逆向思维为同向思维，使拨款额与本级财政收入呈正相关关系，即本级财政收入增加反而能得到更多的拨款收入，可以使用体现拨款者意图的拨款，这样就会刺激获得拨款的政府增加自己财政收入的积极性。

当拨款者的意图是鼓励受补政府增加自己的财政收入时，最合适的拨款类型应该是无条件拨款。因为在各类拨款中，最受受补政府欢迎的是不受任何条件约束的、可以由它们自由支配使用的拨款。只有这样的拨款才能最大限度地刺激受补政府提高本级财政收入的积极性。由于这类拨款与受补政府提高自己收入的努力程度有关，在设计这类拨款时，通常把收入努力或税收努力因素考虑在内，即实际征收到的税收与可能征收到的税收的比率。它体现了这样一种思想：如果一个地方积极努力地去征税，但仍然不能满足当地提供公共服务的资金，那么，这样的地方应该得到补助。

七、补偿中央委托地方事务的资金需求

在政府间事权划分清楚的前提下，一些本来由中央承担的事务，出于各种原因可能会委托给地方去完成。严格来说，中央和地方共担事务不属于此类范围。因为既然已经划清了共担事务的范围，必然形成了各自的支出责任。中央委托地方事务通常指那些具有地域性的但是又影响面比较大的事务，例如戍边、重大疫情防范、拦截毒品等。此类事务如果以地域为准由地方提供，可能造成两种后果：第一，地方积极性不高，导致事务不能积极履行；第二，故意引起中央注意，以寻求更多的转移支付。因此，此类事务应该在转移支付制度设计中固定下来，有利于提高效率，避免上下博弈造成的损耗。

我国一般性转移支付下设立的共同财政事权分类分档转移支付体现了补偿中央委托地方事务资金的安排。在德国，联邦与州一起完成一些特定任务，德国称之为共同任务。这些任务支出较大，涉及范围较广，主要有三项：高等学校包括医学院附属医院的扩建和新建；地区经济结构的调整和改善；农业结构和海岸保护。完成共同任务所需的支出，原则上由联邦和州按比例共同负担。在一般情况下，联邦政府分担共同任务所需要的财

政支出的一半，但具体的拨款则根据所涉领域的不同而不同。例如，在改善农业结构方面，联邦和州分别负担 60%和 40%；在海岸保护方面则分别负担 70%和 30%。共同任务拨款是一种有条件的联邦对州的财政转移支付，通过这一形式，增强了联邦政府对州和地方政府干预的程度，对全国各地经济的协调发展起到了积极的作用。共同任务拨款额的大小取决于联邦和州政府之间的协议，一般每年讨论一次，并在预算中做出安排。

第四节 粘蝇纸效应

一、概念和解释

粘蝇纸效应

在前面对无条件拨款的分析中，我们知道，无条件拨款对地方支出的影响相当于给地方政府增加了一笔收入，如图 4-2 所示。拨款使预算线从原来的 AA'线向外平移到 BB'线，结果在增加地方性公共产品的同时（如果它们是正常产品），也增加了对私人产品的消费，这意味着中央政府降低了该地区的税收。反过来说，如果不是采用政府间拨款，而是通过降低该地区税收来增加该地区居民的个人收入，也会使预算线向外平移。因此，提供一笔拨款和削减一笔等值的税收应该具有相同的效应。从这一点来说，无条件拨款是税收削减的面纱（a veil for tax cuts）。但是，实证分析表明，两者对受补政府支出的影响有较大的区别。在这方面具有权威性的研究成果首推美国经济学家爱德加·M. 格雷利奇（Edward M. Gramlich），他在其论文《政府间拨款：经验实证研究的回顾》中指出，在长期内，中央政府的拨款比中央政府税收的削减对刺激受补政府支出的效应大得多。他的研究表明，辖区成员的净收入增加 1 美元可以使地方政府支出增加 0.05～0.1 美元，而 1 美元的整额拨款将使地方政府支出增加 0.4～1 美元。[①] 这个结论表明，无条件拨款并非税收削减的面纱。人们把这种现象称为“粘蝇纸效应”或“归宿的粘蝇纸理论”，即钱粘在它所到达的地方，也就是说，对地方公共部门的拨款将刺激地方公共部门扩大支出。

对粘蝇纸效应大多是从选民（中位数选民）对信息掌握不完全而产生的财政幻觉角度来解释的。当然，政府官员对自身福利最大化的追求助长了选民财政幻觉的形成。这种幻觉使得中位数选民错误地认识无条件拨款的性质，认为拨款降低了地方性公共产品的价格。我们可以用图 4-6 来描述这种情况。

假定中位数选民最初的预算线是图 4-6 上的 AA'线，均衡点为 E_1，消费 OX_1 的地方性公共产品和 OY_1 的其他产品。如果现在给地方政府一笔无条件整额拨款，经济理论将告诉我们拨款只产生收入效应，中位数选民的预算线将向外平移到比如 BB'线。这时，新的均衡点为 E_2，他消费 OX_2 的地方性公共产品和 OY_2 的其他产品（假定 X 和 Y 都是正常产品）。这和中位数选民获得一笔数额为 AB 的收入所产生的结果是一样的。但假定

---

① Edward M. Gramlich, “Intergovernmental Grants: A Review of the Empirical Literature,” in Oates, W. E. (ed.), 1977, *The Political Economy of Federalism*, pp. 219-239, Heath D. C. Company.

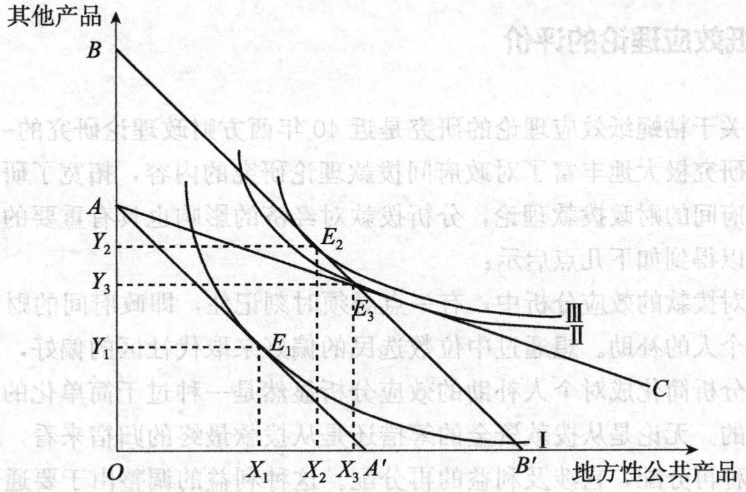

图 4-6　粘蝇纸效应

中位数选民错误地认识拨款的性质，认为这降低了公共产品 X 的价格。这种错觉或者说幻觉的产生是有原因的：

首先，拨款是支付给地方政府的，而这意味着由地方政府提供的公共产品的成本会降低。

其次，地方政府官员从自身利益出发，也希望或千方百计地想把更多的拨款留在公共部门，用在包括能增加他们利益的地方性公共产品的生产和提供上。官员们的福利取决于许多因素，包括工资、办公津贴、公众名誉、权力、管理上的方便以及作出改变的方便等。所有这些因素都是官员办公总预算的正函数。因此，政府官员们对自身福利最大化的追求最终将以预算最大化的形式体现出来。

最后，信息不对称也为政府官员极大化自身利益创造了条件。社区成员（选民）只知道自己对地方性公共产品的需求，但并不知道资金的供给情况。而政府官员不但知晓社区成员（选民）对地方性公共产品的需求情况，而且知道资金的供给情况。由于官员们追求预算最大化，他们不愿意让社区成员（选民）知道社区获得的真实拨款额。隐匿真实信息后，官员们就可以“骗”社区成员投票支持比原来更高的预算水平。这样拨款就会比社区成员（选民）的收入增加对地方预算的刺激作用更大。

因此，无条件整额拨款在社区成员的心里就变成了配套拨款。如果是配套拨款，那么拨款后的预算线应该变成 AC 线。这样，应该的预算线 BB' 在社区成员的心目中就变成了 AC。尽管预算线的形状有所改变，但中位数选民的实际预算必须保持平衡，这就意味着均衡点必定落在两条预算线的交点处，如图 4-6 上的 E_3 点。根据通常的无差异曲线的特征，E_3 点比 E_2 点将导致更多的地方性公共产品 X 的生产和消费。这样便产生了粘蝇纸效应：给予政府的无条件整额拨款与一笔等值的社区成员（选民）个人收入的增加相比，前者将产生更多的地方性公共产品的生产和消费。至于粘蝇纸效应的大小，则取决于社区成员（选民）在多大程度上把拨款误认为是降低了地方性公共产品的价格。极端的情况是把无条件整额拨款完全等同于一笔等值的配套拨款。而一般的情况是，把部分拨款看作是降低了地方性公共产品的价格。

二、对粘蝇纸效应理论的评价

西方学者关于粘蝇纸效应理论的研究是近40年西方财政理论研究的一个新的领域。粘蝇纸效应的研究极大地丰富了对政府间拨款理论研究的内容，拓宽了研究的视野。它对研究我国政府间的财政拨款理论，分析拨款对经济的影响也具有重要的参考价值。从中我们至少可以得到如下几点启示：

首先，在对拨款的效应分析中，有一点必须时刻记住，即政府间的财政拨款毕竟不同于直接给予个人的补助。想通过中位数选民的偏好来取代社区的偏好，从而把对政府间拨款的效应分析简化成对个人补助的效应分析显然是一种过于简单化的办法，其结论肯定是不全面的。无论是从拨款资金的筹措还是从拨款最终的归宿来看，政府间的拨款实际上都是一种再分配，它涉及利益的再分配。这种利益的调整由于要通过一个集体决策的程序并由政府官员来具体操办而变得复杂。不管你愿意与否，都必须要考虑政府官员的行为。这在我们过去的研究中是比较欠缺的：或者是根本不考虑，或者是把政府和政府官员混为一谈，并把政府看成是一个无私地追求社会利益，把最大化社会利益作为自身政策目标的慈善的独裁者。由于这种大公无私的存在，人们无须对政府的行为进行约束。这样的结果是，谁都可以代表政府（特别是那些领导官员）对社会经济活动进行调节，而且是在最大化社会利益的崇高动机下进行的，因而不会有人出来对他们的行为进行约束。但是，政府毕竟与组成政府的人是两个不同的概念。政府是一种组织形式、一种工具，是人们为了自己的利益协调相互之间的活动而创造出来的一个东西。它既不善也不恶，本质上是中性的。而政府官员则不同，他们是一个个活生生的和其他人并没有什么不同的人，他们也有其自身利益，并且也是以极大化自身利益为目标的。这种关于政府官员的经济人假定应该说是符合实际情况的。当我们肯定了这种假定的合理性后，在分析涉及政府官员的经济问题（政府间的拨款当然是其中的一个）时，自然要把他们对自身利益的追求考虑进去。要想实现社会福利的最大化，就应该从制度完善的角度去考虑如何设计出一个能把政府官员对自身利益追求的结果和实现整个社会福利最大化相结合的制度。

其次，既然政府间的拨款（无论是有条件拨款还是无条件拨款）从本质上说是一种利益的再调整，那么我们就不能不考虑各种利益团体的行为对拨款的影响。随着我国市场经济体制的逐步完善，各经济主体都具有独立的利益，并以追求自身利益的最大化作为其经济活动的准则。这必将驱使各利益集团利用各种手段来促成有利于它们的拨款的分配和使用，从而很可能导致不利于极大化社区成员福利的拨款使用结果。

最后，从粘蝇纸效应产生的条件来看，信息不对称、政府官员和利益集团对自身利益的追求是产生粘蝇纸效应的主要原因。在我国现有的公共决策体制中，信息不对称情况是相当普遍的，公共决策的透明度还有待提高，监督机制也不完善。因此，我国同样存在粘蝇纸效应。范子英、张军（2010）发现这种转移支付会产生非常强的粘蝇纸效应，即转移支付相对于本地的财政收入而言会使得地方政府规模出现更严重的膨胀。文章表明，中国每一个单位的转移支付会使得支出水平上升0.6～1.3个单位，而相同的GDP

或者居民收入的增长效应仅为0.1～0.2。吕炜、赵佳佳（2015）使用中国1998—2012年的面板联立方程模型对政府间转移支付的影响进行检验，发现过高的转移支付依存度会带来粘蝇纸效应，刺激地方政府扩大支出规模并降低财政资金的使用效率，西部和东北部高转移支付依存度区域的粘蝇纸效应更大。

第五节　本章小结

（1）政府间财政转移支付是财政体制的一个组成部分，财政拨款是地方财政收入的重要来源。拨款的类型有有条件拨款、无条件拨款和分类拨款三大类。具体又可细分为有条件整额拨款、有条件封顶配套拨款、有条件不封顶配套拨款、无条件整额拨款、努力相关性无条件拨款等。

（2）拨款对接受拨款的政府会产生收入效应和替代效应。收入效应意味着受补政府拥有更多的资源归其支配使用。替代效应则表示由于拨款降低了受补项目的成本，从而使资源从非拨款项目转移到受补项目，扩大受补项目的支出。

（3）拨款的理由主要有：使外部效应内部化、弥合财政缺口、解决财政的横向不平衡、确保全国统一的最低服务标准、提供地方性公共产品中的有益产品、体现拨款者的意图和补偿中央委托地方事务的资金需求。

（4）不同目的的拨款需要相应的拨款类型相配合。有条件封顶配套拨款用于弥补具有溢外收益的地方性公共产品；无条件拨款主要用于弥合财政缺口和解决财政的横向不平衡。有条件整额拨款或封顶配套拨款主要用于确保全国统一的最低服务标准；有条件不封顶配套拨款用于对地方性公共产品中有益产品的补助。为了鼓励受补政府增加其收入，最合适的拨款形式应该是无条件拨款。委托事务拨款的合适类型是有条件拨款。

（5）粘蝇纸效应是指，拨款与税收削减相比，其对受补政府支出的作用要大得多。信息不对称、政府官员和利益集团对自身利益的追求是产生粘蝇纸效应的主要原因。由于在我国现有的公共决策体制中，信息不对称情况相当普遍，公共决策的透明度有待提高，监督机制也不完善，因此，我国同样存在粘蝇纸效应。

重要概念

有条件拨款　无条件拨款　分类拨款　配套拨款
财政缺口　财政的横向不平衡　粘蝇纸效应

复习与思考题

1. 政府间财政转移支付有哪些类型？
2. 拨款接受政府最喜欢的拨款类型是什么？为什么？
3. 简述政府间财政转移支付的理由。

4. 请简要说明各种拨款类型和拨款目标之间的联系。

5. 西方学者是如何解释粘蝇纸效应的？

参考文献

1. Rosen，H. S.，2002，*Public Finance*，Irwin：McGraw-Hill

2. Oates，W. E.，1972，*Fiscal Federalism*，p. 83，New York：Harcourt Jovanovich

3. King，D. N.，1984，*Fiscal Tiers：The Economics of Multi-Level Government*. p. 132，George Allen & Unwin Ltd.

4. Edward M. Gramlich，1977，“Intergovernmental Grants：A Review of the Empirical Literature，” in Oates，W. E. （ed.），*The Political Economy of Federalism*. pp. 219－239，Heath D. C. Company

5. Niskanen，W. A.，1968，“Nonmarket Decision Making：The Peculiar Economics of Bureaucracy，” *American Economic Review*，pp. 293－305，Vol. 58，No. 2（May）

6. 钟晓敏．政府间财政转移支付论．上海：立信会计出版社，1998

7. 范子英，张军．粘蝇纸效应：对地方政府规模膨胀的一种解释．中国工业经济，2010（12）

8. 吕炜，赵佳佳．中国转移支付的粘蝇纸效应与经济绩效．财政研究，2015（9）

推荐阅读文献

1. 李永友．转移支付与地方政府间财政竞争．中国社会科学，2015（10）

2. 解垩．税收和转移支付对收入再分配的贡献．经济研究，2018（8）

3. 杜彤伟，张屹山，杨成荣．财政纵向失衡、转移支付与地方财政可持续性．财贸经济，2019（11）

4. Kim，K.，and P. Lambert，2009，“Redistributive Effect of U. S.：Taxes and Public Transfers，1994—2004，” *Public Finance Review*，37：3－26

5. Bird，R.，2000，“Transfers and Incentives in Intergovernmental Fiscal Relations，” International Center for Public Policy Working Paper Series 1201

第五章
财政体制

本章学习目标

1. 掌握财政体制和财政联邦主义的含义；
2. 了解我国财政体制的演变历史；
3. 理解分税制财政体制的内容；
4. 了解我国省以下财政体制设计的难点。

财政体制是处理各级政府之间财政关系的一种制度安排，它是中央与地方的利益关系在财政领域中的具体反映。从其具体的内容构成来看，主要涉及各级政府间事权、财力的划分以及政府间的财政转移支付制度这三个方面。在前面的第二章、第三章和第四章中，我们已分别就财政体制的三个方面作了理论上的论述。本章将具体分析财政体制的特点，介绍我国财政体制的演变和发展以及省以下财政体制。

第一节　财政体制定位

静态地看，财政体制的确立在一定程度上反映了中央政府与地方政府关系的模式；而从动态的意义上讲，财政体制的变化体现了中央政府与地方政府关系模式的转变。这里所谓的政府间关系的模式，实际上反映的是集权和分权的问题。而集权和分权的程度又受到国家政体组织形式的影响。国家政体组织形式通常从集中和分散的角度划分成单一制国家和联邦制国家两种形式。

财政体制定位

一、单一制国家

单一制国家是由若干个行政区域单位或自治单位组成的单一主权的国家，其基本特征是：

(1) 从法律体系上看，国家只有一部宪法，由统一的中央立法机构根据宪法制定法律。

（2）从国家机构的组成看，国家只有一个最高立法机关、一个中央政府、一套完整的司法系统。

（3）从中央和地方的权力划分看，实行中央统一集权，地方接受中央的统一领导，地方政府的权力由中央政府授予，地方行政区域单位和自治单位没有脱离中央而独立拥有的权力。

（4）在中央集权的同时，实行某种程度的地方自治或分级管理。

（5）从对外关系看，单一制国家作为一个国际法主体出现。

从世界范围内看，多数国家采用单一制的国家政体组织形式。建立在城市基础之上的新加坡和摩纳哥只有一级政府，是典型的单一制国家。日本、英国、法国、意大利、西班牙、葡萄牙、瑞典、荷兰、芬兰、丹麦、希腊、卢森堡、新西兰、土耳其、印度尼西亚、埃及、菲律宾、韩国、中国等国家，均设立了多级政府，但都属于单一制国家。

二、联邦制国家

联邦制是一种区域政治组织形式。它通过受宪法保障的中央政府与地方政府之间的分权而将统一性与地区多样性同等地纳入一个单一的政治体制之中。联邦制国家的内部必然会存在多级政府，但值得指出的是，这里的决策权却极大地分散了，各级政府均拥有决策的自主权。因此，联邦制被看成是划分权力的方式，以便使全国性的政府与地方性的政府各自在一定的范围内是同等与独立的。在联邦制国家中，中央政府与地方政府之间是一种合伙型的关系。地方政府在本质上仍然被理解为社区在国家组织中的一种自我表现形式，也就是说，一种允许国家内各地方居民为自身利益掌握必要的行政事务的机构，只有当一项行政事务被确凿无疑地确定为非地方社区的能力所及，而且又不得不做时，才将从事该事务的权力移交给更高一级的政府。联邦制国家的主要特点可归结为：

（1）从国家的法律体系看，除有联邦宪法、法律外，各成员单位还有各自的宪法和法律。

（2）从国家机构的组成看，除设有联邦立法机关、联邦政府和联邦司法外，各成员还设有各自的立法机关、政府和司法系统。

（3）从联邦和各成员的权力划分看，宪法明确规定了各自的权力范围，各级政府都被限制在自己的职权范围内，在此范围内自主行动。这种权力的划分，任何成员单位和中央政府都无权擅自改变。保护各级不同政府自治权的宪法条款可以说是联邦制国家的核心特征。

（4）从解决权限争议的角度看，联邦制国家均设有仲裁机关（最高法院或宪法法院），对中央和地方就各自的宪法权力所发生的争议作出仲裁。

美国、澳大利亚、加拿大、德国、瑞士、比利时、巴西和奥地利是典型的联邦制国家。此外，印度、马来西亚、墨西哥、巴基斯坦和尼日利亚等国也可以归入联邦制类型的国家。

需要指出的是，在单一制和联邦制外，还有一种叫邦联制（confederation），在这种体制下，中央是作为各主权成员的协调机构而存在的。美国历史上在 1781—1789 年间曾实行过邦联制，现在欧盟也有点儿朝邦联制的方向发展的趋势。但就具体的某个国家来说，目前似乎还没有哪个国家采用邦联制的模式。

三、财政的集权和分权

根据通常的标准，单一制国家与财政集权体制相联系，联邦制国家与财政分权体制相联系。然而，我们认为，虽然国家政体的组织形式对财政的集权和分权、财政体制的模式和运行有着重要的影响，但是，要准确地反映财政的集权和分权，还需要从更加具体的角度来把握。

对财政集权和分权的把握可以从两个角度来衡量，第一是从性质上来看，主要是看中央和地方政府之间的经济利益关系与地方政府的行为方式。如果中央政府和地方政府间的利益关系表现为片面强调中央政府的利益，地方无相对独立的利益，在局部服从整体、地方服从中央的指导思想下，牺牲地方利益，或者地方利益无法得到有效保障，地方政府的行为体现出一种非自主的奉命行事的方式，那么，这肯定是一种财政集权型体制。反之，如果地方有自身相对独立的且受到保护的地方利益，其行为也表现为一种自主的行为，那么，这必然是与分权财政类型有关的财政体制。第二是从数量上来分析，可根据地方政府的财政收支情况来判断财政体制的集权与分权程度，从财政收入方面看，某一地方政府的财政收入可分成地方自有收入与来自上级政府转移收入两个部分。如果地方自有收入占地方财政收入的比重大，那么，在其他条件相同的情况下，其财政分权的程度就比较高；反之，如果地方自有收入占地方财政收入的比重较低，其财政集权的程度就比较高。从财政支出的角度来看，要考虑到中央对地方支出的控制程度，如果中央对地方支出的控制程度高，则财政集权的程度就高；如果中央对地方支出的控制程度低，则财政分权的程度就高。

另外，财政的集权与分权不仅涉及中央与地方关系中财政职能的行使有没有分工以及分工的程度，而且涉及财政集权与分权的结构状况。例如，有两个国家，都实行由中央、省和县三级政府构成的财政体制，其中一个国家可能在中央与省政府之间在财政上相对集中，而省级与县级政府之间在财政上相对分散，但另一个国家则正好相反。在这种情况下，两国的财政集权与分权关系显然是有区别的。

四、财政联邦主义

财政联邦主义（fiscal federalism）是与财政分权有关的一个概念。它最初是从政治学中的联邦制这个概念引申来的。如前所述，在政治学中，联邦制被看成是划分权力的方式，以便使全国性的政府与地方性的政府各自在一定的范围内是同等和独立的。因此，政治学中联邦制的最主要特征是保护各级不同政府自治权的宪法条款。按此标准，真正的联邦制国家就很有限了。但是，经济学中的财政联邦制概念与政治学中的联邦制概念是有一定区别的。对财政联邦制应该从经济学而不是政治学的角度去理解，经济学中对政府结构之所以感兴趣，是因为它所具有的与资源利用和收入分配的某种内在联系。所谓的财政联邦制是指从经济学的角度去寻找为有效地行使财政职能所需的财政支出和收入在中央到地方的各级政府之间的最优分工。在一个由中央与地方等级次组成的政治结构中，每级政府不是致力于执行公共部门的所有职能，而是去做各自能做得最好的事。中央政府的职责是实行宏观调控，稳定经济，实现一个公平的收入分配格局，以及提供某些对全体成员的福利均产生重大影响的公共产品和服务。地方政府则提供那些仅仅对各自辖区内的居民有切身利益的地方性公共产品和服务。奥茨（Oates，1972）对财政联邦制的定义是："联邦制政府是一个既有集中决策又有分散决策的公共部门，这个公共部门中各级政府有关公共服务的决策主要决定于各自管辖区内的居民（以及在辖区内从事活动的其他人）对公共服务的需求。"海曼（Hyman，1993）则更直截了当地指出："财政联邦制是指各级政府的税收与支出责任的分工。"因此，一个国家是否具有联邦制的财政体制不在于其政体上的特征是中央集权的还是地方分权的，或者说在政体上是联邦制还是单一制，而在于各级政府在财政的收与支上是否有明确的分工，各级政府的决策是否反映各自辖区内居民的需求与偏好。尽管有些国家的政体是中央集权型的单一制国家，有些国家是地方分权型的联邦制国家，但从各级政府都有明确的财政职能的分工这一角度来看，大多数国家在财政体制上都可以被称为财政联邦主义，特别是西方市场经济国家的财政体制几乎毫无例外地都是财政联邦制。财政联邦制具有如下一般特征：

第一，各级政府财政主要对相应的各级议会负责。这一特征包括两层含义：一是中央与各级地方财政之间相对独立；二是没有"统一的"国家预算。各级财政都在法律规定的体制框架下制定本级预算，以支定收，自求平衡，上下级财政之间，或者平级财政之间根本不存在资金的平调。地方财政与中央财政一样，都是一级独立的预算主体，各编各的预算，上级预算一般不包括下级预算。

第二，各级政府之间有比较明确的事权与财权的划分。事权与财权的划分一般是按照效率原则与公平原则来进行的，即某类经济活动或某项收入究竟归哪级政府取决于由哪级政府来从事该项活动或取得该项收入在资源配置上更有效率，在收入分配上更加体现公平性，在稳定经济方面更有利于国家对经济的宏观调控。对各级政府事权或支出范围的界定通常是根据公共产品的受益范围来确定。全国性公共产品由中央政府来提供，地方性公共产品由地方政府来提供。另外，在一个统一的国内市场上，由于劳动力、资金和商品等生产要素的自由流动，稳定经济、收入分配等经济职能也基本上应由中央政府来承担。就财权或者说收入的划分来看，各级政府也都有属于自己独立的固定财源。中央与地方不仅各有各的主体税种，而且在体制上设立中央与地方两套税收征收机构，各征各的税。地方财政也可以在一定限度内独立地决定开征、停征或取消地方税，提高或降低地方税的税率。

第三，政府间的财政转移支付制度是财政体制的一个重要组成部分。财政转移支付已成为中央财政对地方财政实行宏观调控、体现中央政府的意图、均等各地财政地位的有效手段。同时，财政转移支付也构成地方或下级政府的一个重要收入来源。可以说，在财政联邦制国家中，财政转移支付也是把各地联合在一个统一的财政体系中的黏合剂。

第二节 我国财政体制的演变（1949—1993年）

我国是实行中央集权型的单一制国家。虽然从改革开放以来，特别是提出在我国实行社会主义市场经济体制后，地方政府相对独立的经济利益和相当程度的行为自主为地方财政分权奠定了经济基础。但从目前的情况看，我国还不具备财政联邦主义的特点，各级地方政府的预算还被统一在国家预算中。在实行分税制财政体制之前，我国财政体制经历了统收统支，统一领导、分级管理，分级包干三个阶段，三个阶段的重要体制变动以及对应时间见表5-1。

我国财政体制的演变 1949－1993年

表5-1 财政管理体制改革年表（1949—1993年）

	实行时间	基本内容
统收统支阶段	1949—1950年	高度集中、统收统支
统一领导、分级管理阶段	1951—1957年	划分收支、分级管理
	1958年	以收定支、五年不变
	1959—1970年	收支下放、计划包干、地区调剂、总额分成、一年一变
	1971—1973年	定支定收、收支包干、保证上缴（或差额补贴）、结余留用、一年一定
	1974—1975年	收入按固定比例留成，超收另定分成比例，支出按指标包干
	1976—1979年	定收定支、收支挂钩、总额分成、一年一变；部分省（市）试行“收支挂钩、增收分成”
分级包干阶段	1980—1984年	划分收支、分级包干
	1985—1987年	划分税种、核定收支、分级包干
	1988—1993年	财政包干

一、统收统支的财政体制

统收统支的财政体制的主要特征是收支两条线，地方代理中央负责组织收入，并一律解缴中央金库。没有中央的拨付命令，不得动用。地方政府所需的一切开支均需中央统一审核，逐级拨付。地方财政收入与地方财政支出不发生直接联系。国家财政制度，包括财政收支程序、税收制度、经费供给标准以及全国的总预算与决算，均由财政部统一制定，报政务院批准后实施。对各项收支实行严格的预算管理。在这样一种财政体制下，地方财政并非一级真正独立的财政，它只是中央在地方上的一个派出机构，负责组织收入。完全收支两条线的统收统支的财政体制在我国历史上也只是在中华人民共和国成立初期的很短一段时间内存在过，以后就被统一领导、分级管理的财政体制所取代。

二、统一领导、分级管理的财政体制

在改革开放以前相当长的一段时期内，我国实行的是一种统一领导、分级管理的财

政体制。虽然在方法上屡经调整，并且各种具体形式之间总存在或大或小的差异，但体制类型从总体上说基本保持不变。这种体制的基本内容是：

（1）在中央统一政策、统一计划和统一制度的前提下，按照国家行政区划分预算级次，实行分级管理，原则上是一级政府、一级预算，但实际上，地方预算的收支支配权和管理权很小，并不构成一级独立的预算主体。

（2）虽然中央与地方之间在职责上有分工，也有各级政府的预算支出范围，但支出指标是由中央确定的。

（3）主要税种的立法权、税率调整权和减免权集中于中央，并由中央确定地方的收入指标；全部收入分为固定收入和比例分成收入，由地方统一组织征收，分别入库。为调动地方组织收入的积极性，有时对超收部分另定分成比例，使地方多收多留。

（4）由中央统一进行地区间的财力调剂，凡收大于支的地方上解收入，凡支大于收的地方由中央补助。中央预算另设的专项拨款，由中央集中支配。

（5）地方预算的收支平衡，从总量上说，基本上是以支定收，结余可以留用；从结构上说，基本上由中央“条条”下达指标，地方无权调剂，有时是中央总额控制，分项下达指导性指标，地方有权统筹安排。

（6）体制的有效期是“一年一定”或“几年不变”，不是长期相对稳定。

统一领导、分级管理的财政体制的具体演变情况如下：

从第一个五年计划起，为了在中央统一领导下，充分发挥地方的积极性，适应经济发展的需要，国家首先改地方财政的大行政区和省两级为省、县两级，从而将国家财政划分为中央、省和县（市）三级财政，并由此奠定了我国财政分级管理的基础。同时，县级财政的建立，也进一步扩大了地方财政的管理权。

在确定中央、省（市）、县（市）三级财政体制的同时，明确划分了三级之间的收支范围，将各种收入划分为中央收入、省（市）收入和调剂收入，调剂收入由中央用以对省（市）地方预算入不敷出时的调剂。县级预算是新建立的，其收支范围第一次有了明确的规定：（1）县预算收入：屠宰税，城市房地产税，契税，特种消费行为税，车船使用牌照税，县管国营企业利润及折旧，县级及乡（村）镇的行政、事业、公产等其他收入及上年结余。（2）县预算支出：县区行政经费、党派团体补助费、县区人民代表会议费、司法费、干部培训费、各项事业费、社会抚恤救济费等。乡（村）镇的行政费等列入乡（村）镇单位预算。

“一五”期间，我国的财政体制总的来说是集中型的。这和我国当时要保证国家集中主要财力进行重点建设的目标有关。但地方上也有固定收入来源和一定的机动财力。这一时期，中央财政收入占全国财政收入的比重为77.7%，地方财政收入占全国财政收入的比重为22.3%。中央财政支出（包括用中央直接组织收入和地方上解收入解决的支出）占73.2%，地方财政支出占26.8%。

1958年第二个五年计划开始实行时，根据当时的实际情况，对财政体制进行了一次较大的改革。其主要精神是：在把大部分中央企业下放给地方管理的同时，相应扩大地方财权。在《关于改进财政管理体制的规定》中，决定从1958年起实行“以收定支，三年不变（后改为五年不变）”的财政管理体制。改变了以前“以支定收，一年一变”的办法。这样，既解决了每年安排预算时地方争指标的不合理现象，又有利于地方根据本地区的情况统筹安排经济建设和文化事业。1958—1961 年间，中央财政支出所占的比重比“一五”期间大幅下降，一般在 45%左右。

但是 1958 年以放权为主的财政体制改革只执行了一年就因受“大跃进”运动的影响而停止了。“大跃进”给经济带来了巨大的负面影响，出现了“高指标、瞎指挥和浮夸风”，地方财政虚报收入，忽视了综合平衡，冲垮了管理体制。这一年，地方分得的机动财力大大超过了原来的设想，而且各地区很不平衡，地方钱多了就扩大基本建设规模，同国家经济建设的统一布局发生了矛盾。同时，中央直接管理的企业、事业单位大批下放给地方管理，再加上在农村不适当地推行“两放、三统、一包”等措施①，过多地扩大了地方的财权，相对缩小了中央财政的机动财力，不利于国家有计划地发展国民经济。

针对 1958 年地方财政管理中存在的问题，国务院于 1958 年 9 月通过了《关于进一步改进财政管理体制和改革银行信贷管理体制的几项规定》，决定从 1959 年起，实行“收支下放，计划包干，地区调剂，总额分成，一年一变”的财政管理体制，简称“总额分成，一年一变”。其基本精神是：在继续下放收支项目的同时，适当收缩一部分地方的机动财力。同 1958 年相比，这一办法的主要变化是，把“以收定支，五年不变”改变为“总额分成，一年一变”，把地方负责组织的全部收入和地方财政支出挂起钩来，把基本建设支出由中央专案拨款改为列入地方预算支出，参与收入分成，国家通过预算指标一年一定的办法，适当地集中财力。但是，从实际执行结果看，1959 年和 1960 年财力并未适当集中，仍然很分散。地方财政工作中存在着许多严重问题，如财政纪律松弛、财政管理偏松、乱挤生产成本、偷漏欠国家税款、化大公为小公、任意改变资金用途、用流动资金搞基本建设、乱上计划外建设项目等。所有这些问题都影响了国家财政收入的增长，影响了财政资金的使用效果，不利于国家经济建设的顺利进行。

为了克服国民经济失调状况，中央于 1961 年提出了“调整、巩固、充实、提高”的八字方针，强调财政管理的集中统一，对地方财政加以调整和整顿。1961 年 1 月，中央批转了财政部党组《关于改进财政体制，加强财政管理的报告》，并决定：

（1）国家财权集中到中央、大区和省、市、自治区三级，缩小专区、县、公社的财权，但仍给予一定机动，专区、县（市）以下的基本建设投资，国家支援人民公社的投资等，由省、市、自治区专案拨款解决。

（2）国家对省、市、自治区财政，继续实行“收支下放，地区调剂，总额分成，一年一变”的办法，但在收入上收回了一部分重点企事业单位收入，作为中央固定收入；在支出上将基本建设拨款改由中央专案拨款，以利于当时对基本建设资金的严格控制。

（3）国家预算从中央到地方实行一本账，坚持“全国一盘棋”，各级预算的安排要坚持收支平衡，略有结余，不打赤字预算。

（4）当年地方财政的超收分成和支出结余以及地方的上年结余资金，如用于基本建

---

① “两放、三统、一包”是农村人民公社建立后实行的农村财贸体制。“两放”是放人员、放机构。把国家在农村的粮食、企业、财政、银行等部门的基层机构全部下放给公社领导和管理。“三统”是统一政策、统一计划、统一流动资金管理。“一包”是包财政任务。

设的，必须纳入国家基本建设计划，报经有关部门批准，不准用于提高工资。

(5) 对预算外资金进行整顿，采取纳、减、管的办法，即有的纳入预算，有的减少数额，都要加强管理。

(6) 加强财政管理和监督，严格财经纪律。

(7) 改进城乡人民公社的财政管理体制，划清国家财政收支同公社财务收支的界限，对公社中属于国家的财政收支部分，实行“收入分项计算，分别上交；支出下拨，包干使用，结余归社”的办法，对收入和支出分别进行管理。

1962年以后的几年内，根据加强财政集中管理的精神，对地方财政又进行了一定的调整：

(1) 适当缩小地方财权。如1963年在财政收支范围的划分中，将其他商业收入改为“三七”分成，地方仅得三成。1964年规定地方企业收入、商业收入、工商统一税、工商业所得税、各项地方税收的其他收入作为中央和地方的总额分成收入，分成比例一年一定。基建拨款、特大防汛抗寒救灾经费等仍由中央专案拨款解决。另外，从1963年起，对天津、沈阳、武汉、广州、重庆、西安、哈尔滨等7大城市的财政收支范围比照中央对省划分收支的办法办理，实行预算单列，目的是便于中央直接控制，提高城市财政增收节支的自觉性。

(2) 加强财政统一管理。1963年对各项未纳入预算管理的资金进行整顿：将纳入预算管理的全民所有制企业收入纳入国家预算；地方财政的各项附加收入和自定支出纳入地方预算。

(3) 压缩预算外资金。1962年起，地方各级财政的所有预算外资金均纳入预算内管理，纳入各级财政总预算，纳入后仍属地方的机动财力，但应按国家政策要求和当年平衡的原则合理安排。

(4) 改进公社财政。从1962年起，公社财务由财政部门改为农业部门管理，公社财政集中精力抓增收节支工作。此外，国家还对企业财务、基本建设财务、税收征管等方面加强了集中管理。1962—1965年，中央财政支出的比重比前一时期提高了十多个百分点，大概为60%。

十年动乱期间（1966—1976年），国民经济遭受了严重破坏，各级地方财政的财政收入一直起伏不稳。为了满足地方各级政府的需要，在财政体制方面采取了各种维持的办法。1967年和1968年，有些地方连正常经费也无法解决，为了保证地方正常支出，被迫暂时采取收入全部上缴中央、支出全部由中央拨付的收支两条线办法。1969年，政局相对稳定，又恢复了“收支挂钩、总额分成”的办法，但并非完全的“收支挂钩”，因为实际实行的是，凡是超收分成或收支结余均归地方留用，而收入完不成任务的，中央负责保证已经批准的支出预算，不因短收而影响地方支出。1970年财政管理权限又层层下放，为适应其需要，将收支指标分解为中央、省、县三级管理，地方财政在国家预算中的比重扩大了，名义上中央对省级预算实行的是“定收定支，总额分成”，实际上对省级财政约束无力，而中央财政却受到限制。

1971—1973年，为适应中央企业、基本建设和物质管理权限下放地方的要求，财政也实行收支包干制度。即中央对省级“定收定支、收支包干、保证上缴（或差额补贴）、结余留用、一年一定，”地方（省级财政）则对地（市）、县（市）两级财政实行收支包干管理体制，县财政可以从县级国营“五小”企业的利润中分成50%～60%作为县机动财力。这种办法扩大了地方的财政收支范围，地方的机动财力可随超收节支而大量增加。实际执行中，由于时局的动荡和一些意想不到的因素的影响，有的地区超收很多，有的地区没有收入可超，甚至短收，造成地区间机动财力的悬殊。而按体制要求，超收全部归地方，短收中央要补，从而加重了国家预算平衡的压力。

1974—1975 年两年，由于生产遭到破坏，包干办法行不通了，实行了“收入按固定比例留成，超收另定分成比例，支出按指标包干”的体制。该体制 1973 年先在华北、东北地区和江苏省试行，后在全国推开，其主要内容有：

（1）地方负责组织的财政收入，按固定比例给地方留用，留用比例各省不一样，平均为 2.3%，作为地方一笔稳定的机动财力。

（2）地方财政收入的超收部分，另定分成比例，地方所留一般不超过 30%。

（3）地方的财政支出，按中央核定的指标包干。

（4）地方年终结余，留归地方财政使用。这是一种“旱涝保收”的办法，地方有一笔比较稳定的机动财力，它虽然避免了地区之间机动财力悬殊的矛盾，但收支不挂钩，不论收入完成好坏，支出不减，机动财力照拿，同样不利于调动地方增收节支和平衡预算的积极性。

针对固定比例留成体制存在的收支不挂钩、权责利不联系问题，1976 年起，再次实行了收支挂钩、总额分成的体制。每年由中央分别核定省、市、自治区的收入任务和支出总额，按照支出占收入的比例，作为地方分成比例。在执行中，超收可以按分成比例相应地多分收入，地方总额分成比例在 30%以下的，超收部分按 30%分成；总额分成比例在 70%以上和受补助的地区，超收部分按 70%分成。短收则相应地减少支出，自求平衡。这一体制在恢复总额分成的同时，又保留了地方原有的既得利益，而且地方既得利益仍然未同地方的收入任务相联系，不利于增产增收。

为了解决这个问题，1978 年在部分省（市）试行了“增收分成、收支挂钩”的办法，其主要做法是：

（1）地方收支仍然挂钩，实行总额分成。

（2）地方机动财力的取得，按当年实际收入比上年增长的部分和确定的增收分成比例进行分成。

（3）取消按固定数额留给地方的机动财力。该体制的特点是：既保留了总额分成的优点，使地方权责结合，又对地方机动财力实行增收分成，能促进地方年年增产增收。

三、分级包干的财政体制

（一）分级包干的财政体制的内容及演变

分级包干的财政体制是党的十一届三中全会以来我国开始实行经济体制改革到 1994 年实行分税制财政体制之前所实施的财政体制的总称。虽然在 1980 年、1985 年、1988

年进行了三次重大的改革与调整，但它们的共同特点是：在划分收支的基础上，分级包干，自求平衡，所以俗称分级包干制，或称“分灶吃饭”体制。

1980年2月，国务院颁发了《关于实行“划分收支、分级包干”财政管理体制的暂行规定》，决定除京、津、沪三个直辖市外，其余地方均实行形式各异的“分灶吃饭”办法。其要旨是：对收入进行分类分成，划分固定收入、固定比例分成收入和调剂收入三类，财政支出主要按照企业和事业单位的隶属关系进行划分，地方财政在划分的收支范围内多收可多支，少收则少支，自求平衡。视各地情况的不同，当时实行了四种“分灶吃饭”的办法。

（1）对四川等15个省实行典型的“划分收支、分级包干”办法。按照收支划分的范围，以1979年收支预计数作为基数，地方收大于支的，多余部分按比例上交；支大于收的，不足部分由中央从工商税中确定某一比例进行调节。在一定五年的有效期内，地方靠自身努力求得财政平衡。

（2）对新疆等五个民族自治区和几个视同民族自治区待遇的省，实行特殊的民族自治地方预算体制，除保留原有的特殊照顾外，也参照上述第一种办法划分收支范围，确定中央的补助数额，并由一年一定改为五年不变，中央补助额每年递增10%，地方收入增长部分全部留归地方。

（3）对广东、福建两省实行“划分收支、定额上交或定额补助”的特殊优惠办法。

（4）对江苏继续试行从1977年起试行的固定比例包干办法，即根据该省历史上地方预算支出占收入的比例，确定一个上交与留用的比例，一定四年不变。但从1981年起，江苏也开始实行四川等省的办法。

实行分级包干的财政体制，是国家财政管理体制的重大改革。其特点是：由过去的“一灶吃饭”改为“分灶吃饭”，由“条条”分配为主改为“块块”分配为主，分成比例和补助数额由“一年一定”改为“五年一定”，由“总额分成”改为“分类分成”。实践证明，“分灶吃饭”的新的财政体制显示了它的优越性。它不仅扩大了地方的财权，同时也加强了地方的经济责任，因而促使地方各级领导加强了对财政工作的领导。它使地方有了发展本地经济的内在动力和能力。由于节余归己，促使地方在狠抓增产增收的同时，注意节约支出，做到精打细算，防止资金的浪费。但是，在执行这种体制的过程中，也暴露了一些缺点。比如，统收的局面被打破了，统支的局面却没有被打破，地方财力解决不了的问题还是要向中央要钱，加重了中央财政的负担，收支难以平衡。另外，由于当时经济调整和改革刚刚开始进行，减收增支的措施较多，对“分灶吃饭”的地方财政有一定的冲击，等等。

1983年在总结前三年实践经验的基础上，又对“划分收支、分级包干”体制做了如下调整：（1）除广东、福建两省外，其他省、市、自治区一律实行收入按固定比例总额分成的包干办法。（2）将中央财政向地方财政的借款改为调减地方的支出包干基数。（3）将卷烟、酒两种产品的工商税上划中央，以限制其盲目发展。（4）中央投资兴建的大中型企业收入归中央；中央与地方共同投资的，按投资比例分成。（5）县办工业企业的亏损由二八分担办法（中央财政负担80%，县财政负担20%）改为中央和县财政各负担一半。

伴随着财政体制的变革，我国于1983年和1984年相继推行了第一步和第二步利改税。这使分配关系发生了新的变化。于是，从1985年起开始实行"划分税种、核定收支、分级包干"的办法。该办法在以下两个方面对原先的"分灶吃饭"体制作了改进：一是基本上以第二步利改税后的税种设置作为划分收入的依据，收入分为中央税、地方税和共享税三类；二是重新核定基数，地方财政支出基数按照1983年的既得财力确定，地方财政收入的包干基数以1983年的决算收入数为依据。凡地方固定收入大于地方支出的，定额上解中央；凡地方固定收入小于地方支出的，从中央、地方共享收入中确定一个分成比例，留给地方；凡地方固定收入和中央、地方共享收入全部留给地方还不足以抵拨支出的，由中央定额补助。收入的分成比例或上解、补助数额确定后，一定五年不变。地方多收可多支，少收则少支，自求平衡。

为了适应经济体制改革中变化因素较多的情况，在1985—1987年，暂时实行"总额分成"的过渡办法，除了中央财政固定收入不参与分成外，把地方财政固定收入和中央、地方财政共享收入加在一起，同地方财政支出挂钩，确定一个比例，实行总额分成。

对广东、福建以及民族自治区地区仍实行原体制。

从1988年起，财政体制又一次进行了比较大的改革，全方位地推行财政承包制。全国39个省、自治区、直辖市和计划单列市，除广州、西安两市的预算关系仍与广东、陕西两省联系外，对其余的37个地区分别实行了六种不同形式的财政承包制。

(1) 收入递增包干。以1987年的决算收入和地方应得预算支出作为基数，参照各地区几年的收入增长情况，确定各地区的收入递增率（环比）和地方留成、上解比例；在递增率以内的收入，按确定的留成、上解比例，实行中央与地方分成，超过递增率的收入，全部留给地方，收入达不到递增率而影响上解中央的部分，由地方的自有财力补足。实行这种办法的有北京市等10个省（市）。

(2) 总额分成。根据各地区前两年的预算收支情况核定收支基数，以地方支出占总收入的比重，确定地方留成、上解中央比例。实行这种办法的有天津、山西、安徽等3个省（市）。

(3) 总额分成加增长分成。以上年实际收入作为基数，基数以内部分按总额分成比例分成；实际收入比上一年增长部分，除按总额分成比例分成外，另加增长分成比例。实行这种包干办法的地方有大连、青岛、武汉等3个计划单列市。

(4) 上解额递增包干。它以1987年上解中央的收入为基数，每年按照一定比例递增上解。实行这种包干办法的有广东、湖南两省。

(5) 定额上解。按原来核定的收支基数的收入大于支出的部分，确定固定的上解数额。上海、山东、黑龙江等3个地方实行这种办法。

(6) 定额补助。按原来核定的收支基数的支大于收的部分，实行固定数额补助。实行这种包干办法的有吉林省等16个省（自治区）。

上述各种办法，除总额分成外，其余各种办法都有一个共同特点，即地方可以从增收或超收中多留，这样就调动了地方特别是上解比例大的地区组织收入的积极性，保证了财政收入的稳步增长。有一点需要补充说明，即各种类型的包干基数均不包括中央对地方的专项拨款。在每年的预算执行中，这部分财政资金根据专款的用途和各地的实际情况另行分配。

这六种不同形式的承包合同方案的具体内容参见表 5－2。

表 5－2 我国中央与地方收入分享承包合同（1988—1992 年）

	收入递增包干①		总额分成（%）	总额分成加增长分成		上解额递增包干		定额上解（人民币亿元）	定额补助（人民币亿元）
	合同规定的增长率（%）	地方留成比率（%）		总额分成比例（%）	增长分成比例（%）	上解额（人民币亿元）	递增包干比例（%）		
北京	4.0	50.0	—	—	—	—	—	—	—
河北	4.5	70.0	—	—	—	—	—	—	—
辽宁	3.5	58.3	—	—	—	—	—	—	—
沈阳	4.0	30.3	—	—	—	—	—	—	—
江苏	5.0	41.0	—	—	—	—	—	—	—
浙江	6.5	61.5	—	—	—	—	—	—	—
宁波	5.3	27.9	—	—	—	—	—	—	—
河南	5.0	80.0	—	—	—	—	—	—	—
重庆②	4.0	33.5	—	—	—	—	—	—	—
哈尔滨	5.0	45.0	—	—	—	—	—	—	—
天津	—	—	46.5	—	—	—	—	—	—
山西	—	—	87.6	—	—	—	—	—	—
安徽	—	—	77.5	—	—	—	—	—	—
大连	—	—	—	27.7	27.3	—	—	—	—
青岛	—	—	—	16.0	34.0	—	—	—	—
武汉②	—	—	—	17.0	25.0	—	—	—	—
广东（包括广州）	—	—	—	—	—	14.1	9.0	—	—
湖南	—	—	—	—	—	8.0	7.0	—	—
上海	—	—	—	—	—	—	—	105.0	—
黑龙江	—	—	—	—	—	—	—	2.9	—
山东	—	—	—	—	—	—	—	3.0	—
吉林	—	—	—	—	—	—	—	—	1.1
江西	—	—	—	—	—	—	—	—	0.5
陕西（包括西安）	—	—	—	—	—	—	—	—	1.2
甘肃	—	—	—	—	—	—	—	—	1.3
福建（始于1989年）	—	—	—	—	—	—	—	—	0.5
内蒙古	—	—	—	—	—	—	—	—	18.4
广西	—	—	—	—	—	—	—	—	6.1
西藏	—	—	—	—	—	—	—	—	9.0
宁夏	—	—	—	—	—	—	—	—	5.3

续表

	收入递增包干①		总额分成（%）	总额分成加增长分成		上解额递增包干		定额上解（人民币亿元）	定额补助（人民币亿元）
	合同规定的增长率（%）	地方留成比率（%）		总额分成比例（%）	增长分成比例（%）	上解额（人民币亿元）	递增包干比例（%）		
新疆	—	—	—	—	—	—	—	—	15.3
贵州	—	—	—	—	—	—	—	—	7.4
云南	—	—	—	—	—	—	—	—	6.7
青海	—	—	—	—	—	—	—	—	6.6
海南	—	—	—	—	—	—	—	—	1.4

注：①地方的收入留成率低于或等于合同规定的增长率，任何超过这一数额的收入均由地方保留。

②当武汉和重庆从湖北和四川省分离出来后，这些省从向国家提供净税收变为从国家得到净补贴的省份。它们的收支差额由武汉和重庆向省上缴的收入作为中央政府给地方政府的补贴来加以补偿。武汉和重庆上缴给省的百分比分别是4.6%和10.7%。

（二）分级包干的财政体制的特征及评价

1. 分级包干的财政体制的特征

从1994年我国实行分税制财政体制以前的财政体制的演变来看，有几个值得注意的特点：

第一，中央、省、地方这三级政府都征收相同的一套税种，不论是在市级、县级还是在省级，都没有真正的地方税。一般来说，所有的税率和税基均由中央决定，中央具有决策权，就连所谓的“地方税”也是如此。虽然地方有时也有一定的权限暂缓征收，但从根本上看，这是由中央决定的。而税款的核定和征收基本上都由地方政府管。绝大部分收入首先由地方征收起来，然后再按体制规定上解一部分或全部给中央财政或上级财政。

第二，虽然在各级政府间也有对事权和财权的划分，但不够透明，也没有在制度上加以保障，经常在所谓的局部服从全局、地方服从中央的思想指导下进行调整或变动。在各级财政都拥有对所属的国营企业的收支任务的情况下，各级财政之间要明确划分收支缺乏应有的客观依据。这样，财政体制经常变动，或是一年一定，或是五年一变，重新在各级财政之间划分收支和确定基数比例。同时，在体制执行过程中，还伴随着国营企业隶属关系的变动而在相关财政之间划转有关收支等等。

第三，对财政收支数的核定采用“基数法”，通常以上一年的实际执行数或以前两年的平均数作为确定预算年度财政收支的主要参考指标。

2. 对分级包干的财政体制的评价

分级包干的财政体制或叫“分灶吃饭”的财政体制，在我国从传统计划经济体制向社会主义市场经济体制过渡的早期阶段即20世纪80年代，对促进经济建设发挥了积极作用。因为当时改革的主要目的是打破旧体制，要把过去统得过死的体制加以支解，通过适当分散财权，使地方成为具有相对独立利益的利益主体，充分发挥它们在经济建设中的积极性。分级包干的财政体制正是适应了这种改革的需要，因而显示出它强大的生命力。但是，进入20世纪90年代以来，随着改革不断向纵深发展，市场经济因素不断增多，市场经济呼唤法制和规范性的内在要求，与分级包干的财政体制非规范性特征的冲突不断加深。这种矛盾冲突是经济改革与发展达到一定阶段的客观表现。因此，随着社会主义市场经济的发展，财政包干制与市场经济不相适应的地方越来越突出，并日益成为社会主义市场经济健康运行和发展的桎梏。

第一，财政分配关系越来越不规范。在分级包干的财政体制下，中央财政收入的一头被包死了，一些地方完成包干任务后，通过自行制定各种优惠政策、减免税办法，不断地将预算收入转向预算外收入，躲过预算监督，造成分配秩序紊乱，财政收入大量流失。

第二，分级包干的财政体制随意性大，往往导致地区间、企业间竞争不平等。分级包干的财政体制是由中央政府通过与省、自治区、直辖市谈判确定的，讨价还价的因素较多，政策不统一，体制不规范，各地区间、企业间享受的包干条件不一样，造成苦乐不均、竞争不平等。这与建立社会主义市场经济体制，体现法制化、公开化、制度化、公平化的要求很不适应。

第三，无法发挥财政调控手段。在分级包干的财政体制下，税种税率的设计徒有虚名，其特殊的调节功能不起作用，将各项税收汇总在分级包干的财政体制下，定死上交中央财政一头，使中央财政收入的增长缺乏弹性，在变化的环境中处于累退状态。如从1988年以来地方财政每年新增加的收入上交中央的还不到10%，90%以上的新增收入留在地方。同时，由于税收收入基本上都靠地方税务机构征收，地方政府又掌握了相当大的减免税的权力，也难免造成中央政府分享收入的下降，其结果是，中央财政困难加大，无法行使宏观调控的职能，同时因发生赤字而不断地向中央银行透支借款，加大了通货膨胀的潜在压力，最终对国民经济的稳定增长构成威胁。当时，财政困难的最直接表现形式就是两个比重的下降：财政收入占GDP的比重和中央财政收入占全国财政收入的比重分别从1980年的25.5%和24.5%下降到1993年的12.3%和22.0%，如图5-1所示。

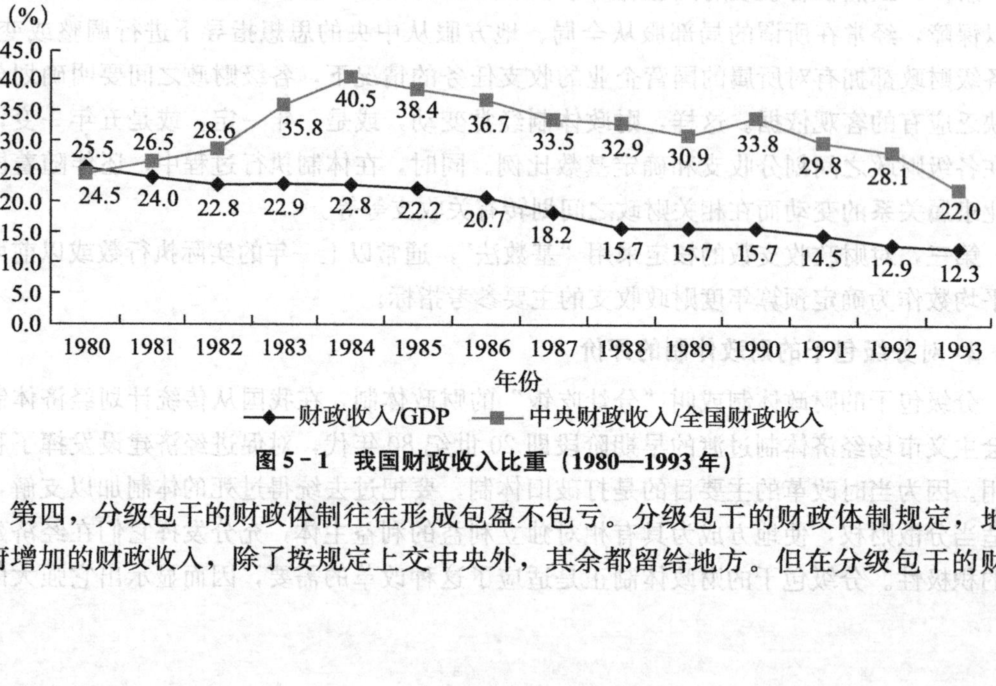

图5-1 我国财政收入比重（1980—1993年）

第四，分级包干的财政体制往往形成包盈不包亏。分级包干的财政体制规定，地方政府增加的财政收入，除了按规定上交中央外，其余都留给地方。但在分级包干的财政体制中，有的地区因某种原因财政收入达不到递增包干水平（如 1991 年我国华东部分地区遭受水灾），中央也只得给予照顾，减免它们应上交的数额。同时，属于地方政府财政支出包干范围之内的开支事项，也要求中央给予专项拨款补助，更加重了中央财政的困难。

第五，不利于全国统一市场的形成。分级包干的财政体制是按企业隶属关系划分企业所得税，按属地原则划分流转税，把工商企业的税收状况同地方财政收入紧密联系起来。这样，分级包干制一方面使各地都具有相对独立的经济利益，形成大大小小的局部利益集团；另一方面，各地为了扩大自己的财源，往往以本地区财政最大收益为目标，竞相发展见效快、税高利大的项目，并保护这些本地产品的销售。这不仅助长了地区保护和封锁，分割了市场，阻碍了全国统一市场的形成，而且造成了重复建设、产业结构的趋同和资源浪费。

综上所述，分级包干的财政体制的这些弊端，与发展市场经济的基本要求背道而驰。从 1992 年下半年起，在全国选择了部分地区进行分税制财政体制改革试点。试行中的分税制财政体制，既具备了一般分税制的某些因素，又保留着分级包干的财政体制的某些做法，其基本结构是：将现有财政收入项目划分为中央财政固定收入、地方财政固定收入、中央与地方共享收入三大类。中央和地方共享收入包括产品税、增值税、营业税、工商统一税和资源税。对共享收入规定了两类分成比例，即一般地区实行中央和地方“五五”分成，少数民族地区实行“二八”分成。对试点地区，凡地方财政固定收入加上分享收入大于地方财政支出基数的部分，一律按 5%的递增比例包干上解；凡地方财政固定收入加上分享收入小于地方财政支出基数的部分，由中央财政给予定额补助；对少数民族地区，给予适当照顾。从试点情况来看，这一方案还存在着某些不足之处，主要是共享税数额过大，中央、地方各自的主体税种不明确，中央财政的宏观调控能力没有明显增强。为了促进社会主义市场经济的建立，国务院决定加大分税制改革的力度，从 1994 年起在全国全面推进分税制财政体制。

第三节 分税制财政体制

分税制财政体制

分税制从严格的意义上讲，并不是一种预算体制类型，它只是中央与地方政府之间划分税收收入的各种制度的总称。但由于税收的划分涉及财力在各级政府之间的分配，是各级政府履行其职能的物质保证，而且，在各级政府间合理地划分税收对于资源的有效配置、政府对经济的有效调控都具有重要作用，因此，分税制成了财政体制的名称。在国外实行市场经济国家的财政体制中，虽然政府间分享税收收入的具体形式不一定完全一样，但无不包括分税制的内容。因此，对分税制的理解不应只限于税收收入的划分，而应把它看成是一种和处理政府间财政关系密切联系在一起的财政体制。

一、分税制的形式

分税制的形式主要有三种：分税种式分税制、分税源式分税制和分权分税制。

（一）分税种式分税制

分税种式分税制是以税种作为划分各级财政收入的依据。其主要特征是：（1）税种由中央统一立法设立。（2）全部税种通常分为中央税、地方税和中央与地方共享税。（3）中央与地方都有自己的固定收入来源。（4）地方固定收入不能抵补支出的部分以共享税调剂。（5）共享税全部划归地方仍不能抵补支出的，由中央财政拨款补足。我国的分税制具有分税种式分税制的一些特点，但是对于地方固定收入不能抵补支出的部分，没有用共享收入来调剂，各地都是通过中央对地方的财政转移支付来解决的。

分税种式分税制比较强调国家的集权性。表现在：（1）税收的立法权集中在中央，地方一般无税收立法权，但有权制定某些税种的实施办法；（2）地方与中央在经济利益上的联系相对紧密，利益关系的连接点表现在中央与地方共享税的分成比例和拨款补助上。

（二）分税源式分税制

分税源式分税制是在划分税源的基础上中央与地方各自具有对税收的立法权，即中央税由中央立法，地方税由地方立法。中央税由中央税务机构征收，地方税由地方税务机构征收。当然，在不设中央税务机构时，中央税也可由地方税务机构代征。在地方财政发生收不抵支时，由中央拨款补助。分税源式分税制赋予地方较大的自主权，实行联邦制的国家多采用分税源式分税制。

（三）分权分税制

分权分税制是一种复合型税制。它集分税种、分税源、分课税权于一体，具有分税种式分税制和分税源式分税制的一般特征，同时又具有自身的特点。主要表现在：（1）对一部分税种是按税种划分中央税和地方税；（2）对一部分税源，通过法律规定划分中央与地方各自的征税权，不得交叉征税；（3）对一部分税源，规定中央和地方都可以行使征税权，但课税权的行使有一定限制，各级政府的征税权有主次之分。美国的分税制财政体制具有分权分税制的特点。

二、我国分税制财政体制的内容

从 1994 年开始，我国对财政体制进行了重大改革，开始实行分税制财政体制。促使实行分税制财政体制改革的直接动因是“两个比重”过低。由图 5－1 可见，从 1980 年开始，财政收入占 GDP 比重基本呈现下降态势。1993 年，财政收入占 GDP 比重仅为 12.3%，严重影响了政府职能的发挥。分税制财政体制改革就是要扭转当时财力过度分散的倾向，通过明确中央和地方之间的事权和财权来划分各自的支出范围和收入来源。下面对我国分税制财政体制的内容做一简要介绍。

(一)按照中央和地方政府的事权，划分各级财政的支出范围

中央财政主要负担国家安全、外交和中央机关运转所需经费，调整国民经济结构、协调地区发展、实施宏观调控必需的支出以及由中央直接管理的事业发展支出。具体包括：中央统管的基本建设投资，中央直属企业的技术改造和新产品试制经费，地质勘探费、由中央财政安排的支农支出，国防费、武警经费，外交和援外支出，中央级行政管理费，由中央负担的国内外债务还本付息支出，以及中央本级负担的公检法支出和文化、教育、卫生、科学等各项事业费支出。地方财政主要负担本地区政权机关运转以及本地区经济、事业发展所需的支出。包括地方统筹的基本建设投资，地方企业的技术改造和新产品试制经费，支农支出，城市维护和建设经费，地方文化、教育、卫生、科学等各项事业费和行政经费，公检法支出，部分武警经费，民兵事业费，价格补贴支出以及其他支出。

(二)根据财权与事权相结合原则，合理划分中央与地方收入

按照税制改革后的税种设置，将维护国家权益、实施宏观调控所必需的税种划为中央税；将适宜地方征管的税种划为地方税，并充实地方税税种，增加地方税收入；将与经济发展直接相联系的主要税种划为中央与地方共享税。具体划分如下：

中央固定收入包括：关税，海关代征消费税和增值税，中央企业所得税，地方银行和外资银行及非银行金融企业所得税，铁道部门、各银行总行、各保险总公司等集中缴纳的收入（包括营业税、所得税、利润和城市维护建设税），中央企业上缴利润等。外贸企业出口退税，除1993年地方已经负担的20%部分列入地方上交中央基数外，以后发生的出口退税全部由中央财政负担。

地方固定收入包括：营业税（不包括铁道部门、各银行总行、各保险总公司等集中缴纳的营业税），地方企业所得税（不含上述地方银行和外资银行及非银行金融企业所得税），地方企业上缴利润，城镇土地使用税，个人所得税，固定资产投资方向调节税，城市维护建设税（不含铁道部门、各银行总行、各保险总公司等集中缴纳的部分），房产税，车船使用税，印花税，屠宰税，农牧业税，农业特产税，耕地占用税，契税，遗产和赠予税，土地增值税，国有土地有偿使用收入等。

中央与地方共享税包括：增值税、资源税、证券交易税。增值税中央分享75%，地方分享25%；资源税按不同的资源品种划分，大部分资源税作为地方收入，海洋石油资源税作为中央收入；证券交易税，中央地方各分享50%。

在划分税种的同时，分设中央税务机构和地方税务机构，实行分别征税。中央税种和共享税种由国税局负责征收，其中共享收入按比例分给地方；地方税种由地税局征收。

(三)中央财政对地方税收返还数额的确定

为了保持地方既得利益，中央财政对地方税收返还数额以1993年为基期年核定。

1993 年中央从地方净上划的收入数额（即消费税和 75%的增值税之和减去中央下划地方收入），全额返还地方，保证地方既得财力，并以此作为中央财政对地方的税收返还基数。1994 年以后，税收返还额在 1993 年的基数上逐年递增，递增率按全国增值税和消费税的平均增长率 1∶0.3 确定，即上述两税全国平均每增长 1%，中央财政对地方税收返还增加 0.3%。若 1994 年以后中央净上划收入达不到 1993 年基数，则相应扣减税收返还数额。

（四）原体制中央补助、地方上解及有关结算事项的处理

为顺利推行分税制改革，1994 年实行分税制以后，原体制的分配格局暂时不变，过渡一段时间再逐步规范化。原体制中央对地方的补助继续按规定执行。原体制地方上解按不同体制类型执行：对实行递增上解的地区，按原规定继续递增上解；对实行定额上解的地区，按规定的上解额，继续定额上解；实行总额分成和原分税制试点地区，暂按递增上解办法，即按 1993 年实际上解数，并核定一个递增率，每年递增上解，1994 年的递增率为 4%。但从 1995 年起，为了规范分税制体制，凡实行递增上解的地区，一律取消递增上解，改为按各地区 1994 年实际上解额实行定额上解。

原来中央拨给地方的各项专款，该下拨的继续下拨。地方 1993 年承担的 20%部分出口退税以及其他年度结算的上解和补助项目相抵后，确定一个数额，作为一般上解或一般补助处理，以后年度按此定额结算。

随着时间的推移，财政体制在 1994 年的框架上做了一些局部调整和改革。在事权和支出责任的划分上，多年以来几乎未做变动。然而，诸如政府与市场边界不清、中央与地方职责交叉重叠等问题影响到了市场、中央和地方各自职能的发挥。2016 年，国务院出台了《关于推进中央与地方财政事权和支出责任划分改革的指导意见》。财政事权和支出责任划分在以下框架进行：根据财政联邦制的相关理论，划分中央和地方的事权，减少共同事权，建立事权划分的动态调整机制；事权与支出责任相匹配。2018 年，国务院办公厅印发《基本公共服务领域中央与地方共同财政事权和支出责任划分改革方案》，将涉及人民群众基本生活和发展需要、现有管理体制和政策比较清晰、由中央与地方共同承担支出责任、以人员或家庭为补助对象或分配依据、需要优先和重点保障的主要基本公共服务事项，首先纳入中央与地方共同财政事权范围。

在收入划分上，企业所得税和个人所得税已经调整为中央与地方六四分成的共享税；出口退税从 2004 年开始由中央与地方共同负担，以 2003 年为基数，超过基数部分的出口退税额，中央与地方各承担一部分，2005 年开始中央承担 92.5%、地方承担 7.5%，2015 年 1 月 1 日起，出口退税全部由中央负担；2016 年 5 月 1 日起，全面推开“营改增”试点，增值税调整为中央与地方五五分成。

转移支付方面也进行了较大改革：1995 年开始实行的过渡期转移支付现在调整为均衡性转移支付，用客观因素作为财政转移支付的依据；2014 年，国务院发布了《关于改革和完善中央对地方转移支付制度的意见》；2019 年，转移支付新增共同财政事权转移支付；2020 年，新增特殊转移支付。

1994 年以来，具体税种改革比较频繁，有一些是影响深远的改革，例如 2006 年全

面取消农业税。再例如：2009 年起，在全国所有地区、所有行业推行增值税转型改革，由生产型增值税转为国际上通用的消费型增值税；2016 年 5 月 1 日起，全面推开“营改增”试点。本章主要阐述财政体制的内容，因此，不涉及政府间收入划分调整的具体税种改革未列入图 5－2。

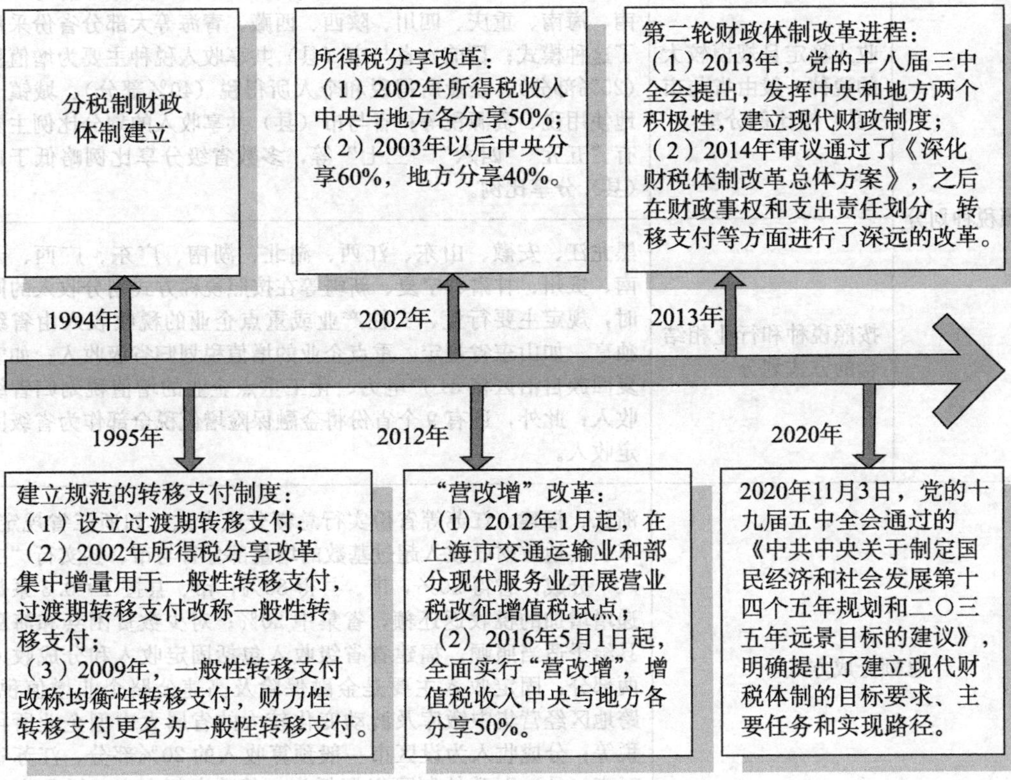

图 5－2　分税制改革进程

三、省以下财政体制概况

省以下财政体制又被称为地方财政体制，指的是省与市（县）、市（县）与乡镇之间的关系。由于各种原因，我国各级政府基本复制了中央政府的格局，各层财政体制都以中央和省之间的财政体制为参照。然而，各地又有不同的做法。下面简要介绍我国省以下政府间财政收支划分，更多关于地方财政收支的内容将在第六章和第七章中阐述。

（一）省以下政府间收入划分

受经济发展水平和产业结构差异的影响，囿于体制的传承，各地省以下政府间收入划分形式多样，差别较大。绝大多数省区采用按税种划分收入的方式，收入稳定且规模较大的税种一般由省与市（县）按比例分享，收入较少的税种，比如城建税、耕地占用税、印花税等由市（县）独享。在此种收入划分类型中，有些省区又将一些支柱产业或重点企业的税收完全收归省级独享。少数省份，例如浙江省、福建省和江苏省实行总额分成方式。三个省份增量定比分成的比例都是20%。分成的基数是税收收入的总和，可以理解为所有的税种都按照相同的比例分成（见表5-3）。

表5-3 省以下收入划分概况

按照税种划分	收入稳定且规模较大的税种一般由省与市（县）按比例分享	北京、天津、河北、山西、内蒙古、辽宁、吉林、上海、河南、海南、重庆、四川、陕西、西藏、青海等大部分省份采用了这种模式；目前，省与市（县）共享收入税种主要为增值税（25%部分）、企业所得税和个人所得税（40%部分）、城镇土地使用税、资源税等；省与市（县）共享收入的划分比例主要有“五五”“四六”“三七”等，多数省级分享比例略低于市（县）分享比例。
	按照税种和行业相结合的方式划分	黑龙江、安徽、山东、江西、湖北、湖南、广东、广西、云南、贵州、甘肃、宁夏、新疆等在按照税种方式划分收入的同时，规定主要行业、支柱产业或重点企业的税收收入由省级独享。如山东省规定，重点企业的增值税划归省级收入；如宁夏回族自治区将31户电力、化工重点企业的增值税划归省级收入；此外，还有9个省份将金融保险增值税全部作为省级固定收入。
总额分成方式		浙江、福建、江苏等省份实行总额分成方式。如浙江省规定：市、县地方财政收入超过基数的增量部分省与市、县实行“二八”分成，省得20%，市、县得80%；市、县按1∶0.3系数递增增加的税收返还额，省集中20%；对少数贫困县和海岛县给予适当照顾。福建省省级收入包括固定收入和分成收入两部分：固定收入主要是金融保险及高速公路企业增值税、跨地区经营集中缴库及波动变化较大的省属大中型企业所得税等；分成收入为设区市一般预算收入的20%部分。江苏省对市（县）财政体制可以概括为：基数定额上交，增量定比分成。

（二）省以下政府间财政事权和支出责任划分

财政事权是地方政府负责的具体事务，是对职能的具体化。我国地方各级政府的财政事权是由历史传承下来的，1994年分税制改革的时候对中央和省之间的财政事权划分没有做出重大的调整，省以下各级政府的财政事权划分也基本承袭了之前的格局。后来，中央出台了一系列社会事业改革，比如农村义务教育经费保障机制改革和政法经费分类保障机制改革，新型农村合作医疗和农村养老保险试点等，省、市财政负担重点民生支出的比例大幅增加，保基本民生、保工资、保运转成为地方政府的重要责任。

2016年，国务院出台了《关于推进中央与地方财政事权和支出责任划分改革的指导意见》。财政事权和支出责任划分在以下框架下进行：根据财政联邦制的相关理论，划分中央和地方的事权，减少共同事权，建立事权划分的动态调整机制；事权与支出责任相匹配。之后，各省份纷纷出台了省以下政府间财政事权和支出责任划分的文件，在此基础上，各个领域内具体财政事权划分改革正在如火如荼地进行。

（三）“省直管县”和“乡财县管”财政体制改革

“省直管县”财政体制改革和“乡财县管”财政体制改革是21世纪初我国省以下财政体制的重大改革。“省直管县”财政体制改革以缓解县乡财政困难为初衷，改革直接的效果是简化了财政级次，提高了管理效率，同时通过扩大县级财政管理权限，在一定程度上促进了县域经济发展。“乡财县管”财政体制改革是在乡镇财政收入规模大幅下降、债务负担过重背景下推出的，目的是规范乡镇收支行为，防范和化解乡镇债务风险，维护基层政权和社会稳定。

1.“省直管县”财政体制改革

所谓“省直管县”财政体制，即市本级财政和县（市）财政一样直接同省在体制上挂钩，市一级不与所辖县（市）在财政体制上产生结算关系。相比较其他省份，从1953年开始，除“文化大革命”后期的一段时期以外，浙江省一直实行“省直管县”财政体制，这一经验被推广到全国。其中，北京等四个直辖市、大连等五个计划单列市和海南省与行政管理体制相衔接，直接实行“省直管县”财政体制，其他地区进展不一。2009年6月，财政部出台了《关于推进省直接管理县财政改革的意见》，改革的总体目标是在2012年底前，全国除民族自治地区外，将全部实行“省直管县”财政体制。由于各地差异较大，在推行“省直管县”财政体制改革上，各地也是根据具体情况进行。

关于改革的内容，各地做法虽然各不相同，但以下几个方面的具体操作基本一致。一是预算管理体制。实行“省直管县”财政体制，主要是改变省管市、市管县的财政管理模式，基本上不调整财政收支范围。二是转移支付及专项资金补助。省对下各项转移支付直接分配到县，同时抄送市。三是财政结算。年终财政结算项目和结算数额由省财政直接结算到县。市对县的原各项结算、转移支付和资金往来扣款等，由省财政根据市财政有关文件规定固定数额，分别与县财政办理结算。四是资金报解及调度。各市、县国库根据财政体制规定，直接对中央、省报解财政库款，同时，省财政直接确定各县的资金留解比例。五是债务偿还。原县举借国际金融组织贷款、外国政府贷款、国债转贷资金和中央、省级政府债务等，由市与县两级核实后，由省财政分别转账到县，到期后由省财政直接对县扣款。

“省直管县”财政体制改革以缓解县乡财政困难为初衷，改革预期目的是通过简化财政级次提高管理效率，通过扩大县级财政管理权限促进县域经济发展。然而，各省情况不同，简化财政级次也可能降低管理效率。四川省下辖181个市县，浙江省下辖58个市县，如果制度“一刀切”，对四川省省级财政管理能力是一个巨大的挑战。

2.“乡财县管”财政体制改革

“乡财县管”是指在乡镇政府管理财政的法律主体地位不变、财政资金所有权和使用权不变、乡镇债权及债务不变的前提下，乡镇政府在县级财政部门指导下编制本级预算、决算草案和本级预算的调整方案，组织本级预算的执行。财政部要求，各地根据乡镇经济和财政情况确定乡财县管的实施范围，不搞“一刀切”。除财政收支规模大，并且具有一定管理水平的乡镇外，原则上推行“乡财县管”。

“乡财县管”财政体制改革的主要内容包括：一是预算共编。县级财政部门明确预算安排顺序和重点，提出乡镇财政预算安排的指导意见，乡镇政府根据县级财政部门的指导意见，编制本级预算草案并按程序报批。二是账户统设。取消乡镇财政总预算会计，由县级财政部门代理乡镇财政总会计账务，核算乡镇各项会计业务。相应取消乡镇财政在各金融机构的所有账户，由县级财政部门在各乡镇金融机构统一开设财政账户，并结合实际设置有关结算明细账户。三是集中收付。乡镇财政预算收入全部纳入县级财政管理，乡镇支出以乡镇年度预算为依据，按照先重点后一般的原则，优先保障人员工资，逐步实行工资统发。四是采购统办。凡纳入政府集中采购目录的乡镇各项采购支出，由乡镇提出申请和计划，经县级财政部门审核后，交县政府采购中心集中统一办理，采购资金由县级财政部门直接拨付供应商。五是票据统管。县级财政部门管理乡镇行政事业性收费票据，票款同行，以票管收。六是县乡联网。乡镇财政要与县级财政联网，财政支出实行网上申请、审核、支付和查询，提高财政管理水平和工作效率。

四、建立现代财税体制

我国 1994 年进行的分税制改革，初步确定了市场经济体制下中央与地方财政分配关系的基本框架。但是，由于这次改革是在不调整地方既得利益的基础上进行的，尚未完全合理划分中央政府与地方政府各自的事权和财权，还保留了原体制的一些痕迹。而且，随着经济社会发展和国内外形势变化，实行了 20 多年的分税制财税体制存在的问题日益显现：预算管理制度不规范、不透明，不适应国家治理现代化要求；税收制度不健全、不完善，不利于发展方式转变、社会公平和市场统一；中央和地方事权与支出责任划分不清晰、不合理，不利于建立健全财力与事权相匹配的财政体制。党的十八届三中全会以来，财税体制改革全面发力、多点突破、纵深推进，预算管理制度更加完善，财政体制进一步健全，税收制度改革取得重大进展，现代财政制度框架基本确立。接下来的改革将在此基础上进一步深化和拓展，建立现代财税体制，提升预算配置财政资源的科学性、规范性和有效性，更好推进中央和地方各级政府分工协作、有序运转、有效履职，增强税制促进高质量发展、社会公平和市场统一的作用。

（一）进一步理顺各级政府间收入划分

要健全地方税体系，培育地方税源。完善地方税税制，培育地方主体税种，合理配置地方税权，积极稳妥推进房地产税立法和改革，理顺税费关系。按照中央与地方收入划分改革方案，后移消费税征收环节并稳步下划地方，结合消费税立法统筹研究推进改革。在中央统一立法和税种开征权的前提下，通过立法授权，适当扩大省级税收管理权限。统筹推进非税收入改革。

（二）合理划分各级政府间财政事权与支出责任

在市场经济条件下，从政府的职能是提供公共产品这一点来考虑，按照公共产品的层次性来规范各级政府间的财政事权及支出范围，全国性公共产品由中央政府来提供，地方性公共产品由地方政府来提供。另外，从财政的收入分配职能和稳定经济职能来看，一般来说，这两方面的职能均由中央政府来承担。但考虑到我国的特殊情况，地方政府在发挥收入分配职能方面还将继续发挥一定的作用。至于稳定经济职能，应完全由中央政府来承担，地方政府只能贯彻执行中央宏观调控的任务。在各级政府职能和事权划分合理的基础上，科学地调整中央与地方的支出范围，将属于中央政府事权范围但由地方财政承担的支出，上划为中央财政支出；将属于地方事权范围但由中央财政安排的支出，下划给地方财政承担。

中央和地方财政关系是政府间权责划分的基本组成部分，是现代国家治理的重要方面。“十四五”时期，要着力建立权责清晰、财力协调、区域均衡的中央和地方财政关系，推动形成稳定的各级政府事权、支出责任和财力相适应的制度。明确中央和地方政府事权与支出责任。适当上移并强化中央财政事权和支出责任，重点将涉及生产要素全国流动和市场统一的事务，以及跨区域、外部性强的事务明确为中央财政事权，减少委托事务，加强中央直接履行的事权和支出责任；按照地方优先的原则，将涉及区域性公共产品和服务的事务明确为地方财政事权。合理确定中央和地方共同财政事权，由中央和地方按照规范的办法共同承担支出责任，进一步明晰中央和地方职责范围。①

（三）建立规范的财政转移支付制度

规范的财政转移支付制度要求用一些能反映各地财政能力和支出需要的不被人们所控制的客观性因素作为分配转移支付额的依据。这些客观性因素可考虑包括人口、人均GDP、城镇化程度、人口密度等一般性因素以及少数民族、特区、首都等特殊性因素。根据这些客观因素，按照一定的公式求出各地标准财政收入和标准财政支出，并用它们来测量各地财政收支差额。中央在对各地区进行综合平衡后，就可设计出合理的转移支付数额。这样的转移支付制度最大的特点是科学规范和具有可预见性，不受主观人为因素的影响，从而避免互相攀比、扯皮以及通过一些不正当手段获取更多转移支付收入的弊端。

改革和完善现有财政转移支付制度，形成以均衡地区间基本财力、由地方政府统筹安排使用的一般性转移支付为主体，一般性转移支付和专项转移支付相结合的转移支付制度。根据财政事权属性，厘清各类转移支付的功能定位，加大对财力薄弱地区的支持力度，增强基层公共服务保障能力。健全转移支付定期评估机制。结合落实政策需要与财力可能，合理安排共同财政事权转移支付和专项转移支付规模，重点加强对诸如基本民生、污染防治等领域的资金保障，支持地方落实中央重大决策部署。完善地区间支出成本差异体系，转移支付资金分配与政府提供公共服务的成本相衔接，加大常住人口因素的权重，增强资金分配的科学性、合理性。

（四）健全省以下财政体制

在进一步理顺中央和地方收入划分的基础上，各地按照分税制原则科学确定地方各

---

① 刘昆．建立现代财税体制．人民日报，2020-12-23.

级政府收入划分。同时推进省以下财政事权和支出责任划分改革，适度加强省级在维护本地经济社会协调发展、防范化解债务风险等方面的责任。地方政府切实担负起保基本民生、保工资、保运转“三保”主体责任，加快完善省以下转移支付制度，推动财力向困难地区和基层倾斜，逐步建立基层“三保”长效保障机制。

第四节　本章小结

(1) 财政体制是处理各级政府之间财政关系的一种制度安排，它是中央与地方的利益关系在财政领域中的具体反映，财政体制的确立反映了一个国家的集权和分权的程度。从其具体的内容构成来看，主要涉及各级政府间事权、财力的划分以及政府间的财政转移支付制度这三个方面。

(2) 财政联邦主义，从经济学的角度来看，就是要求有效地履行财政职能所需的财政支出和收入在中央到地方的各级政府之间的最优分工。西方市场经济国家的财政体制绝大多数都是财政联邦主义。

(3) 我国是实行中央集权型的单一制国家。改革开放前的财政体制在中华人民共和国成立初期经历了短暂的统收统支体制后，基本上是以统一领导、分级管理为主的财政体制。改革开放后的前 15 年左右实行了在划分收支的基础上分级包干、自求平衡的分级包干的财政体制，也叫“分灶吃饭”的财政体制。1994 年后我国开始实行分税制财政体制。

(4) 分税制的形式主要有三种：分税种式分税制、分税源式分税制和分权分税制。我国的分税制具有分税种式分税制的特点。

(5) 省直管县财政体制是指县（市）财政和市本级财政一样直接同省在体制上挂钩，市一级不再与所辖县（市）在财政体制上产生结算关系。主要体现在预算管理体制、转移支付及专项资金补助、财政结算、资金报解及调度和债务偿还等五个方面。

(6) 分税制财政体制的完善需要从理顺各级政府间收入划分、合理划分各级政府间财政事权与支出责任、建立规范的财政转移支付制度和健全省以下财政体制四个方面进行。

重要概念

财政体制	财政联邦主义	分税制财政体制
包干制的财政体制	“省直管县”财政体制	“乡财县管”财政体制

复习与思考题

1. 下列活动是中央政府还是地方政府的事权？请说明理由。

(1) 天气预报；

(2) 义务教育；

(3) 收入分配；

(4) 河流污染治理。

2. 试述单一制国家和联邦制国家的区别。

3. 分析我国财政包干体制的利弊。

4. 如何建立现代财税体制？

参考文献

1. Oates, W. E., 1972, *Fiscal Federalism*, New York: Harcourt Brace Jovanovich

2. Hyman, David D., 1993, *Public Finance: A Contemporary Application of Theory to Policy* (Fourth Edition), The Dryden Press

3. 李萍，等．财政体制简明图解．北京：中国财政经济出版社，2010

4. 钟晓敏，等．公共财政之路——浙江的实践与探索．杭州：浙江大学出版社，2008

5. 钟晓敏．政府间财政转移支付论．上海：立信会计出版社，1998

6. 蒋洪．财政学教程．上海：上海三联书店，1996

7. 卢洪友．政府职能与财政体制研究．北京：中国财政经济出版社，1999

8. 解学智，安福仁，赵白羽．走向市场经济的中国地方财政．沈阳：辽宁人民出版社，1994

9. 楼继伟．深化财税体制改革 建立现代财政制度．求是，2014 (20)

10. 财政部预算司．中国省以下财政体制 2006．北京：中国财政经济出版社，2007

11. 刘昆．建立现代财税体制．人民日报，2020-12-23

推荐阅读文献

1. 张芬，赵晓军．中国财政分权度量指标的比较研究．经济研究参考，2016 (6)

2. 刘晓路．财政分权与经济增长：第二代财政分权理论．财贸经济，2007 (3)

3. 詹新宇，刘文彬．中国式财政分权与地方经济增长目标管理——来自省、市政府工作报告的经验证据．管理世界，2020 (3)

4. 冯俊诚．财权与事权不匹配和经济增长：来自省以下财政体制改革的经验证据．财贸经济，2020 (8)

第六章

地方财政支出

本章学习目标

1. 掌握地方财政支出的概念、范围与分类；

2. 了解地方财政支出的规模与结构变化，以及地方财政支出的分级构成；

3. 能够分析地方公共安全支出、教育支出、社会保障支出以及政府投资等支出项目；

4. 了解我国地方政府支出（全口径）的主要内容。

从2009年起，浙江省德清县启动了校车项目，由财政出资2 000余万元，三年中分三批购置了79辆校车。至2019年8月，德清县政府共购置了校车96辆。德清校车项目的主要目的是保证学生出行安全。校车一律被喷上醒目的黄色，在行驶中享有各种优先通行权利，被称为“黄色特权”。在这些校车中，还包括不少美式“长鼻子”校车（卡车车头加客车车身）。“长鼻子”校车的最大好处是安全，即便发动机起火，孩子们也可以从容逃生；万一与其他车辆碰撞，还有缓冲作用，最大限度保障乘车学生的安全。相比普通客车，“长鼻子”校车的价格也更为昂贵，按2009年价格，一辆平头车价格为29万元，而“长鼻子”校车价格为39万元。自2009年首批学生校车投入运营以来，没有发生一起校车交通安全事故。德清校车覆盖全县11个乡镇的所有小学，共开设接送线路150余条，承载全县6 000多名12周岁以下小学生的上学放学接送任务。为了保证服务质量，德清县教育局专门委托永安学生交通管理服务有限公司进行管理和接送，并由政府进行集中采购。校车项目运营过程中，由于每个学生每天来回只需支付2元，车费收入顶多只能占运营成本的1/3，连油费都不够。为了维持这90多辆校车的安全运行，德清县政府还需要每年投入600万～700万元的财政补贴。

德清县用于校车项目的各项投入，包括购买校车的资金和日常运行的补贴，其实都是典型的地方财政支出。那么，究竟什么是地方财政支出？它具体包括哪些项目？在不同的地方政府级次之间，它又是如何分配的？本章我们将围绕关于地方财政支出的一系列主题进行系统考察。

第一节　地方财政支出概述

地方政府支出是地方政府为了履行地方政府职能，执行地方公共政策的成本，是计入地方政府经常性账户和资本性账户的全部支出。①

我国实行复式预算，主要包括一般公共预算②、社会保险基金预算、政府性基金预算和国有资本经营预算。相应地，地方政府支出也包括地方一般公共预算支出、地方社会保险基金支出、地方政府性基金支出和地方国有资本经营支出。此外，2011 年以前还有地方预算外资金支出，2011 年之后预算外资金支出已经全部纳入预算。其中，地方一般公共预算支出也简称地方财政支出，是地方政府支出中最重要的内容，也是统计上最为完整、管理上最为规范的内容。因此，本章我们重点考察地方财政支出及其主要项目。在第五节，我们再进一步考察其他方面的地方政府支出。

一、地方财政支出的范围

在社会经济生活中发生着大量的支出行为，哪些支出行为该由中央政府负责，哪些支出行为该由地方政府负责，这涉及各级政府财政支出范围的确定。在市场经济体制下，各级政府之间的职能范围和相应的支出范围应有明确的划分，以利于各方各司其职，实现资源的优化配置。

正如在第二章有关政府间财政职能的划分中所指出的，各级政府间职能范围划分的首要问题涉及各级政府应当履行哪些公共职能。总的说来，中央政府提供使全国公众受益的公共产品和服务，而地方政府提供在地理上可以分割的公共产品和服务，在此基础上来确定各级政府的职能，把特定的职能分配给能最好地执行这一职能的一级政府，然后根据各级政府行使其职能的需要，相应地划分财政管理权限③，为各级政府履行其职能提供资金保证。从我国地方财政的实际情况和今后发展的趋势看，地方财政支出范围包括以下几类：

（1）维持地方政府部门正常运行方面的支出。

（2）提供本地居民享用的地方性公共产品和服务的支出。这些产品和服务主要包括：地区性交通、警察、消防、教育、环保、绿化、城市供水、下水道、垃圾处理、公园、地方性法律的制定和实施等。

（3）配合中央政府调节本地区居民的收入分配，提供地区性社会保障。

（4）其他与地方政府履行职能有关的支出。

---

① 这个概念实际上是地方政府本级支出的概念。如果在此基础上，再加上地方政府用于政府间转移支付的支出，就构成了地方政府总支出。如无明确说明，本章所谓的地方政府支出和地方财政支出均为地方本级支出。

② 一般公共预算就是原来的财政预算，或者叫公共财政预算。

③ 也叫财政事权。

二、地方财政支出分类：按职能

在现代市场经济背景下，随着地方政府职能的扩大，地方财政支出的项目亦越来越多。通过从不同的角度对地方财政支出项目进行分类，可以使我们从不同的侧面理解地方政府的财政活动，有助于提高地方财政支出的使用绩效。

本章我们重点探讨地方财政支出的两种分类方法：按职能分类和按经济性质分类。本小节首先介绍按职能分类的地方财政支出，下一小节再介绍按经济性质分类的地方财政支出。

我们在第二章已经全面考察了政府的经济职能，包括资源配置、收入分配和稳定经济职能。从职能分工来看，地方政府主要执行资源配置职能，提供地方性公共产品与服务，同时协助中央政府执行收入分配职能。

为了从职能的角度对政府支出进行更细致的分类，同时规范和统一世界各国的支出分类，国际货币基金组织（IMF）先后发布了《2001 年政府财政统计手册》和《2014 年政府财政统计手册》，将政府支出按职能划分为十个类别，分别为：

（1）一般公共服务。包括行政和立法机关、金融和财政事务、对外事务、对外经济援助、一般服务、基础研究、一般公共服务“研究和发展”、公共债务交易等。

（2）国防。包括军事防御、民防、对外军事援助、国防“研究和发展”等。

（3）公共秩序和安全。包括警察服务、消防服务、法庭、监狱、公共秩序和安全“研究和发展”等。

（4）经济事务。包括一般经济、商业和劳工事务，农业、林业、渔业和狩猎业，燃料和能源，采矿业，制造业和建筑业，运输，通信，其他行业，经济事务“研究和发展”等。

（5）环境保护。包括废物管理，废水管理，减轻污染，保护生物多样性和自然景观，环境保护“研究和发展”等。

（6）住房和社会福利设施。包括住房开发、社区发展、供水、街道照明、住房和社会福利设施“研究和发展”等。

（7）医疗保健。包括医疗产品、器械和设备，门诊服务，医院服务，公共医疗保健服务，医疗保健“研究和发展”等。

（8）娱乐、文化和宗教。包括娱乐和体育服务，文化服务，广播和出版服务，宗教和其他社区服务，娱乐、文化和宗教“研究和发展”等。

（9）教育。包括学前和初等教育、中等教育、中等教育后的非高等教育、高等教育、无法定级的教育、教育的辅助服务、教育“研究和发展”等。

（10）社会保护。包括伤病和残疾、老龄、遗属、家庭和儿童、失业、住房、社会保护“研究和发展”等。

为了与国际接轨，中国政府于 2006 年参照 IMF 的分类方法，进行了一次较为彻底的科目分类改革，并于 2007 年开始正式实行。在这次改革之前，中国的财政支出是按照经费性质进行分类的，类级科目主要包括：基本建设支出、企业挖潜改造支出、科技三项费用、流动资金、地质勘探费、支农支出、文教科学卫生事业费、抚恤和社会福利救济费、社会保障补助支出、国防支出、行政管理费、公检法支出、外交外事支出、政策性补贴支出等。这样的分类方式总体上是与传统的计划经济体制相适应的，但是与现代市场经济不相适应。

2006年政府收支分类科目改革从职能（功能）和经济性质两个角度，对政府支出进行了重新分类。按照职能分类，共分17类：（1）一般公共服务；（2）外交；（3）国防；（4）公共安全；（5）教育；（6）科学技术；（7）文化体育与传媒；（8）社会保障和就业；（9）社会保险基金支出；（10）医疗卫生；（11）环境保护；（12）城乡社区事务；（13）农林水事务；（14）交通运输；（15）工业商业金融等事务；（16）其他支出；（17）转移性支出（指政府间转移）。

其中，外交和国防主要是中央政府职能，因此外交支出和国防支出也主要是中央政府支出，地方政府基本不承担。第（9）项社会保险基金支出属于地方政府支出，但不计入地方财政支出，而是另外归入社会保险基金支出中。另外，最后一项为政府间转移性支出，当我们把关注点放在地方本级财政支出时，可以不考虑这一项支出。

之后财政部门又陆续对支出科目进行了一些调整，如将债务利息支出从一般公共服务支出中单列出来，将工业商业金融等事务支出分设为若干项，又增设了援助其他地区支出。这样，根据2019年全国一般公共预算决算表，我国公共财政支出（不含社会保险基金支出）按照职能分类，共分为25项，分别为：（1）一般公共服务；（2）外交；（3）国防；（4）公共安全；（5）教育；（6）科学技术；（7）文化旅游体育与传媒；（8）社会保障和就业；（9）卫生健康；（10）节能环保；（11）城乡社区；（12）农林水；（13）交通运输；（14）资源勘探信息等；（15）商业服务业等；（16）金融；（17）援助其他地区；（18）自然资源海洋气象等；（19）住房保障；（20）粮油物资储备；（21）灾害防治及应急管理；（22）其他；（23）债务付息；（24）债务发行费用；（25）预备费。[①]

三、地方财政支出分类：按经济性质

按照地方财政支出的经济性质，或者说是否体现了地方财政支出对经济中实际资源的所有权，可以将地方财政支出划分为地方购买性支出和地方转移性支出两大类。

地方购买性支出是地方政府购买商品与服务的成本。这类支出体现了地方政府的消费和投资行为。地方购买性支出主要包括对地方政府雇员的工资支付、对地方性公共产品和公共服务的提供以及固定资本投资等。

地方转移性支出是指地方政府部门无偿转移给私人部门的那部分支出。它是一种单方面的无偿支付，地方政府不能从对这部分资金的使用中获取相应的商品和服务。地方转移性支出主要包括政府补贴、赠予、社会保障支出和债券利息支出等。

将地方财政支出划分为购买性支出和转移性支出是理论研究中最为常用的做法。实践中，国际货币基金组织先后发布的《2001年政府财政统计手册》和《2014年政府财政

① 需要说明的是，财政部门对支出分类科目时有调整。某种程度上，这种调整反映了政府职能的变化。

统计手册》，按照经济性质分类，将政府支出划分为 8 个类别，分别为：

（1）雇员补偿（即支付给政府雇员的工资和薪金以及社会缴款）；

（2）商品和服务的使用（不包含投资性支出）；

（3）固定资本的消耗（固定资产价值的减少）；

（4）利息；

（5）补贴（面向公共和私人企业）；

（6）赠予（面向外国政府、国际组织和其他政府单位）；

（7）社会福利（面向个人）；

（8）其他开支。

参照 IMF 的分类方式，我国政府在 2006 年科目分类改革中，按照经济性质，将政府支出划分为 12 个类别：（1）工资福利支出；（2）商品和服务支出；（3）对个人和家庭的补助；（4）对企事业单位的补贴；（5）转移性支出（指政府间转移）；（6）赠予；（7）债务利息支出；（8）债务还本支出；（9）基本建设支出；（10）其他资本性支出；（11）贷款转贷及产权参股；（12）其他支出。

此后，又经过了多次的改革和调整。根据《支出经济分类科目改革方案》（财预〔2017〕98 号）修订后的支出经济分类科目分为政府预算支出经济分类科目和部门预算支出经济分类科目。其中，政府预算支出经济分类科目反映的是一级政府发生的各项预算支出所对应的经济分类；部门预算支出经济分类科目反映的是一级政府内部的各个预算部门发生的各项预算支出所对应的经济分类。

根据 2021 年政府收支分类科目，政府预算支出经济分类分为 15 个类别：（1）机关工资福利支出；（2）机关商品和服务支出；（3）机关资本性支出（一）；（4）机关资本性支出（二）；（5）对事业单位经常性补助；（6）对事业单位资本性补助；（7）对企业补助；（8）对企业资本性支出；（9）对个人和家庭的补助；（10）对社会保障基金补助；（11）债务利息及费用支出；（12）债务还本支出；（13）转移性支出；（14）预备费及预留；（15）其他支出。

部门预算支出经济分类分为 10 个类别：（1）工资福利支出；（2）商品和服务支出；（3）对个人和家庭补助；（4）债务利息及费用支出；（5）资本性支出（基本建设）；（6）资本性支出；（7）对企业补助（基本建设）；（8）对企业补助；（9）对社会保障基金补助；（10）其他支出。

第二节　中国地方财政支出的规模与结构

一、地方财政支出的规模

本节我们将具体考察我国地方财政支出的规模与结构。首先考察地方财政支出的规模，下一小节考察地方财政支出的结构。

1978 年改革开放以前，我国实行计划经济体制，在财政体制上实行中央集权，地方政府的财政自主权很小。改革开放以后，我国逐步实行了财政分权改革，地方政府也获得了较大的财政自主权。因此，我们把注意力重点放在1978年以来地方财政支出（以及中央财政支出）的规模演变上。地方财政支出、中央财政支出具体数据见第一章的表1－2。

如表1－2所示，1978年以来，我国的地方财政支出规模增长速度十分迅速，从1978年的不足600亿元上升到2010年的突破7万亿元（名义价格），2019年更是达到了20万亿元以上，41年间扩张了340多倍，年均增长15%。

从地方财政支出占全国财政支出的比重来看，1978—1984年间，地方财政支出占比在45%～52%之间。1985年我国在两次利改税改革的基础上，实行了“划分税种、核定收支、分级包干”的财政体制改革，使得当年的地方财政支出比重增大到60%，相比1984年，猛增了13%。1985年以后，地方财政支出占全国财政支出的比重总体上呈现了不断上升的趋势，即使1994年的分税制财政体制改革也没有改变这一趋势，2012年以来，地方财政支出的占比已经提高到了85%。地方财政支出占比的不断提高，反映出地方政府的可用财力与相应的财政职能保持了不断扩张的趋势。

二、地方财政支出的结构

下面，我们进一步考察地方财政支出的结构。表6－1给出了2003年与2005年（收支科目分类改革以前）地方财政支出的分项目数据。

表6－1 地方财政支出项目（2003年与2005年）

2003年地方财政支出				2005年地方财政支出			
项目	数额（亿元）	比重（%）	排序	项目	数额（亿元）	比重（%）	排序
合计	17 226.88	100		合计	25 141.31	100	
1. 基本建设支出	1 906.53	11.07	2	1. 基本建设支出	2 675.78	10.64	2
2. 挖潜改造和科技三项费用	824.63	4.79	10	2. 挖潜改造和科技三项费用	1 156.70	4.60	10
3. 流动资金	1.40	0.00		3. 流动资金	1.07	0.00	
4. 地质勘探费	81.36	0.47		4. 地质勘探费	92.75	0.37	
5. 工交商部门事业费	200.72	1.16		5. 工交商部门事业费	352.77	1.40	
6. 支农支出	999.27	5.80	7	6. 支农支出	1 644.87	6.54	6
7. 城市维护建设支出	850.78	4.94	9	7. 城市维护建设支出	1 393.61	5.54	8
8. 文教科学卫生事业费	3 997.57	23.20	1	8. 文教科学卫生事业费	5 516.51	21.93	1
9. 抚恤和社会救济费	493.69	2.87		9. 抚恤和社会救济费	711.05	2.83	
10. 社会保障补助支出	1 117.72	6.49	6	10. 社会保障补助支出	1 580.93	6.28	7
11. 国防支出	22.58	0.13		11. 国防支出	27.93	0.11	
12. 行政管理费	1 657.72	9.62	3	12. 行政管理费	2 419.23	9.62	4
13. 公检法司支出	1 230.59	7.14	5	13. 公检法司支出	1 764.06	7.01	5
14. 武装警察部队支出	24.24	0.14		14. 武装警察部队支出	41.07	0.16	
15. 外交外事支出	9.87	0.06		15. 外交外事支出	12.35	0.05	

续表

2003 年地方财政支出				2005 年地方财政支出			
项目	数额（亿元）	比重（%）	排序	项目	数额（亿元）	比重（%）	排序
16. 支援经济不发达地区支出	155.99	0.91		16. 支援经济不发达地区支出	188.76	0.75	
17. 政策性补贴支出	379.79	2.20		17. 政策性补贴支出	407.03	1.62	
18. 税务等部门事业费	886.62	5.15	8	18. 其他部门事业费	1 166.25	4.64	9
19. 其他各项支出	1 368.72	7.94	4	19. 其他各项支出	2 468.00	9.81	3
20. 地方预备费	—	—		20. 地方预备费	—	—	
21. 教育费附加支出	202.77	1.18		21. 教育费附加支出	315.15	1.25	
22. 行政事业单位离退休经费	805.64	4.68		22. 车购税收入安排支出	152.46	0.61	
23. 债务付息支出	8.68	0.05		23. 行政事业单位离退休经费	1 065.98	4.24	

资料来源：中国财政年鉴 2004. 中国财政年鉴 2006.

如表 6－1 所示，2006 年收支科目分类改革之前，地方政府最重要的财政支出项目是文教科学卫生事业费支出，占地方财政支出的比重超过 20%。第二是基本建设支出，占比超过 10%。第三是行政管理费，所占比重也接近 10%。第四是公检法司支出，占比超过 7%。①

2006 年，我国实行了收支分类改革，对科目体系进行了调整。表 6－2 进一步给出了 2007 年与 2019 年地方财政支出的分项目数据。

表 6－2 地方财政支出项目（2007 年与 2019 年）

2007 年地方财政支出				2019 年地方财政支出			
项目	数额（亿元）	比重（%）	排序	项目	数额（亿元）	比重（%）	排序
合计	38 339.30	100		合计	203 743.22	100	
1. 一般公共服务	6 354.07	16.57	2	1. 一般公共服务	18 359.50	9.01	5
2. 外交	1.50	0.00		2. 外交	2.11	0.00	
3. 国防	72.59	0.19		3. 国防	225.54	0.11	
4. 公共安全	2 878.33	7.51	7	4. 公共安全	12 062.48	5.92	7
5. 教育	6 727.06	17.55	1	5. 教育	32 961.06	16.18	1
6. 科学技术	858.44	2.24	12	6. 科学技术	5 954.61	2.92	10
7. 文化体育和传媒	771.43	2.01	13	7. 文化体育和传媒	3 777.47	1.85	14
8. 社会保障和就业	5 104.53	13.31	3	8. 社会保障和就业	28 147.55	13.82	2
9. 医疗卫生	1 955.75	5.10	9	9. 卫生健康	16 417.62	8.06	6
10. 环境保护	890.70	2.32	11	10. 节能环保	6 969.01	3.42	9
11. 城乡社区事务	3 238.49	8.45	4	11. 城乡社区	24 803.63	12.17	3
12. 农林水事务	3 091.01	8.06	5	12. 农林水	22 330.46	10.96	4

① 我们在分析时忽略了其他支出。

续表

2007年地方财政支出				2019年地方财政支出			
项目	数额（亿元）	比重（%）	排序	项目	数额（亿元）	比重（%）	排序
13. 交通运输	1 133.13	2.96	10	13. 交通运输	10 395.23	5.10	8
14. 工业商业金融等事务	2 885.57	7.53	6	14. 资源勘探信息等	4 559.14	2.24	12
15. 其他支出	2 376.70	6.20	8	15. 商业服务业等	1 157.28	0.57	
				16. 金融	671.64	0.33	
				17. 援助其他地区	471.31	0.23	
				18. 自然资源海洋气象等	1 868.53	0.92	
				19. 住房保障	5 839.35	2.87	11
				20. 粮油物资储备	693.06	0.34	
				21. 灾害防治与应急管理	1 063.55	0.52	
				22. 其他支出	1 116.56	0.55	
				23. 债务付息	3 875.91	1.90	13
				24. 债务发行费用	20.62	0.01	

注：由于四舍五入的原因，表中数据合计和其后各列相加之和略有出入。书中其余表中类似情况不再另行说明。

资料来源：2007年数据来源为《中国财政年鉴2008》，2019年数据来源为财政部网站《2019年地方一般公共预算支出决算表》。

如表6-2所示，2007年实行新科目体系以来，随着情况的变化，支出科目在总体一致的情况下，部分科目有所变化或增加，如前13项的支出科目基本一致，但2019年又增加了几项因经济社会发展需要而新增的支出科目。从表6-2中可以看到，地方政府最大的财政支出项目是教育支出。2007年的教育支出占地方财政支出的比重为17.55%，2019年也达到16.18%。社会保障和就业支出的比重略有上升，排名也上升了一位，列第二位。教育支出与社会保障和就业支出占比合计30%，构成了地方财政支出最重要的内容。此外，城乡社区支出和农林水支出均出现了较大幅度上升，占比上升了3个百分点左右，排名也分别从第四位和第五位上升到第三位和第四位。一般公共服务支出所占比重从2007年的16.57%下降到2019年的9.01%，排名从第二位下降到第五位（这在一定程度上是因为债务付息支出从一般公共服务支出中单列出来）。卫生健康支出的上升幅度也比较大，排名从第九位上升到第六位，占总支出的比重从5.10%提高到8.06%。公共安全支出占比有所下降，排名保持不变，仍为第七位。

第三节 地方财政支出主要项目分析

1776年，启蒙经济学家亚当·斯密出版了经典名著《国民财富的性质和原因的研究》，这本书不仅开创了现代经济学的体系，也奠定了现代财政学的理论框架。其中，亚当·斯密列举了政府最为重要的三项义务。他写道："按照自然自由的制度，君主只有三个应尽的义务——这三个义务虽很重要，但都是一般人所能理解的。第一，保护社会，使不受其他独立社会的侵犯。第二，尽可能保护社会上各个人，使不受社会上任何其他人的侵害或压迫，这就是说，要设立严正的司法机关。第三，建设并维持某些公共事业及某些设施（其建设和维持绝不是为着任何个人或任何少数人的利益），这种事业和设施，在由大社会经营时，其利润常能补偿其所费而有余，但若由个人或少数人经营，就决不能补偿所费。"①

用现代经济学语言来说，上述第一项义务也就是国防，这是一项中央政府职能。第二项义务是维护公共秩序与安全，这主要是一项地方政府职能，对应的支出项目主要为地方公共安全支出。第三项义务是提供某些重要的公共服务，这其中最为重要的公共服务，无疑是教育，这当然也主要是一项地方政府职能，对应的支出项目主要是地方教育支出。

本节将介绍两项重要的地方公共财政支出项目：地方公共安全支出与地方教育支出。

一、地方公共安全支出

地方公共安全支出（public safety expense）源于地方政府"保护社会上各个人，使不受社会上任何其他人的侵害或压迫"这一基本义务，其目的在于维护公共秩序和安全。相应地，地方公共安全支出就是地方政府用于维护公共秩序和安全所消耗的成本。

国际货币基金组织为了规范各国的政府财政统计，发布了《2001 年政府财政统计手册》，与之相对应的支出类别为"公共秩序和安全"（public order and safety）。

在中国国内，2006 年收支科目分类改革之前，与这一职能相对应的支出科目大致为"公检法司支出"。而收支分类改革之后，现行科目体系下相对应的科目为"公共安全（含武装警察）"支出。这里特别需要说明的是，新旧体系科目设置有所出入，新旧数据在统计上存在一定差异。

表 6－3 给出了 2000—2006 年中国地方公检法司支出的相关数据。

表 6－3 地方公检法司支出及其占比（2000—2006 年）

年份	地方公检法司支出（亿元）	增长率（%）	全国公检法司支出（亿元）	地方公检法司支出占全国公检法司支出的比重（%）	地方财政支出（亿元）	地方公检法司支出占地方财政支出的比重（%）
2000	713.99	—	760.50	93.88	11 071.37	6.45
2001	866.15	21.31	916.19	94.54	13 134.56	6.59
2002	1 041.16	20.21	1 101.57	94.52	15 281.45	6.81
2003	1 230.59	18.19	1 301.33	94.56	17 229.85	7.14
2004	1 466.12	19.14	1 548.06	94.71	20 592.81	7.12
2005	1 764.06	20.32	1 852.89	95.21	25 154.31	7.01
2006	2 075.55	17.66	2 174.23	95.46	30 431.33	6.82

资料来源：2001—2007 年《中国财政年鉴》。

① 亚当．斯密．国民财富的性质和原因的研究：下卷．北京：商务印书馆，1972.

如表 6-3 所示，2000—2006 年，地方公检法司支出年增长率保持在 20%左右，保持了较高的增长率。从地方公检法司支出占全国公检法司支出的比例看，这一比例维持在 94%～95%之间，说明公共安全这一职能绝大部分是由地方政府来承担的。从其占地方财政支出的比重来看，约为 7%，说明地方政府在其支出清单中投入了一个相当大的比例来履行维护公共秩序和公共安全这一政府部门的基本义务。

表 6-4 进一步给出了 2007—2019 年地方公共安全支出的相关数据。

表 6-4 地方公共安全支出及其占比（2007—2019 年）

年份	地方公共安全支出（亿元）	增长率（%）	全国公共安全支出（亿元）	地方公共安全支出占全国公共安全支出的比重（%）	地方财政支出（亿元）	地方公共安全支出占地方财政支出的比重（%）
2007	2 878.33	—	3 486.16	82.56	38 339.29	7.51
2008	3 411.13	18.51	4 059.76	84.02	49 248.49	6.93
2009	3 898.30	14.28	4 744.09	82.17	61 044.14	6.39
2010	4 642.50	19.09	5 517.70	84.14	73 884.43	6.28
2011	5 267.26	13.46	6 304.27	83.55	92 733.68	5.68
2012	5 928.13	12.55	7 111.60	83.36	107 188.34	5.53
2013	6 489.75	9.47	7 786.78	83.34	119 740.34	5.42
2014	6 879.47	6.01	8 357.23	82.32	129 215.49	5.32
2015	7 795.79	13.32	9 379.96	83.11	150 335.62	5.19
2016	9 290.07	19.17	11 031.98	84.21	160 351.36	5.79
2017	10 612.33	14.23	12 461.27	85.16	173 228.34	6.13
2018	11 739.97	10.63	13 781.48	85.19	188 196.32	6.24
2019	12 062.48	2.75	13 901.93	86.77	203 743.22	5.92

资料来源：2008—2020 年《中国统计年鉴》。

如表 6-4 所示，2007—2016 年间，除 2013 年和 2014 年两年，地方公共安全支出总体上保持了两位数的增长率。2016 年以后，地方公共安全支出的增长率开始逐年下降，2019 年增长率仅为 2.75%。同时，地方公共安全支出占地方财政支出的比重也出现了较为明显的下降。2007 年，这一比重高达 7.51%。从 2008 年开始，这一比重开始出现下降趋势，至 2015 年为 5.19%。之后略有回升，2019 年，地方公共安全支出占地方财政支出的比重为 5.92%。从地方公共安全支出占全国公共安全支出的比重来看，大致维持在 85%，与表 6-3 相比，出现了系统性下降，这说明 2007 年以后的公共安全支出与 2006 年以前的公检法司支出这两个指标存在统计上的差异。但 85%这一比重仍然足以说明，公共安全这一政府基本职能主要是由地方政府来承担的。

根据前文表 6-2 的分析，地方公共安全支出占比的下降使得地方财政支出可以更多用于城乡社区事务、农林水事务和公共卫生健康领域。

从地区经济的发展趋势而言，这样的变化具有其合理性。政府开列地方公共安全支出是为了履行政府的基本职能，即维护社会秩序，保护公民的生命和财产安全。近年来，我国的社会秩序趋于稳定，公共安全不断得到巩固。在这一前提下，地方政府有能力也有必要将更多的资源运用于其他能够改善社会福利、提高居民生活质量和缩小城乡差距的领域，比如公共卫生、城乡社区与农林水事务。

二、地方教育支出

地方教育支出是地方政府用于本地区教育发展的全部支出，它也是地方政府最重要的财政支出项目之一。

（一）政府介入教育的原因与分工

1. 教育具有很强的正外部性

根据有无竞争性和排他性的判断标准，教育在很大程度上是一种私人产品。但是，教育被视为人力资本投资的最主要形式，而人力资本投资过程中将产生强大的正外部性，美国著名经济学家罗伯特·卢卡斯（Robert Lucas）曾经写道："整个人类智慧的发展历史实际上就是人力资本外部性的传播历史。"

教育的强大正外部性在某种意义上使得教育具有了一定的公共产品性质，显然，教育所带来的外部性本身是非竞争和非排他的。基于此，人们有时候根据不同教育类型所具有的外部性强弱程度不同，（不太严格地）将不同类型的教育划分为具有公共产品性质的教育、具有准公共产品性质的教育和具有私人产品性质的教育三种类型。

具有公共产品性质的教育类型主要是指基础教育。相比其他教育类型，基础教育的外部性是最强的，这是因为基础教育的私人收益很低而社会收益很高（主要表现在国民素质的提高上）。当然，从严格意义上讲，基础教育并不完全符合纯公共产品的属性，但实践中多数国家一般通过一种制度安排（主要是实行公共免费教育）而将其定位于公共产品，因此基础教育的经费主要来自政府财政拨款。

具有准公共产品性质的教育类型包括基础教育阶段以上的各类教育，如高等教育、职业教育、成人教育等。这些教育类型可以提高受教育者的终生收入，带来明显的私人经济利益，而且随着受教育程度的提高，这种私人收益一般呈现出增长的态势。在这种前提下，由这些教育类型的受教育者个人承担教育成本是合乎情理的。但是由于这类教育一般具有广泛的社会收益，受教育者个人所获得的知识、技能、态度等等不仅可以为个人带来正的收益，而且会溢外到全社会，促进社会经济发展，最终使其他社会成员受益。因此，从矫正外部性的角度考虑，政府对于这类教育也应给予适当的补贴。

需要特别说明的是，中等教育位于初等教育和高等教育之间，其外部性程度也介于二者之间。各国对中等教育的定位也有所不同。比如美国等很多西方国家都实行十二年免费教育，实际上是将中等教育也定位于公共产品。而在中国，我们将中等教育划分为初级中等教育和高级中等教育两个部分，其中初中教育定位于公共产品，和小学教育共同作为"义务教育"，对全国所有适龄儿童实行强制性公共免费教育；高中教育则定位于准公共产品，通过向学生收取学费和政府补贴的形式实行混合提供。

具有较强的私人产品性质的教育类型主要是各种为满足个人自身发展或消遣而开办的兴趣班的教育，企业对员工进行的各种技能培训等等。这些教育类型的收益主要体现在个人方面，这些形式的教育可以通过市场的运作自行发展而不需要政府补贴。

2. 教育是促进社会公平的重要途径

受教育权是公民的一项基本权利，是每一个公民的生活和发展共同具有的部分，也是必备的部分。如果一个公民缺少了这一部分，就无法保证其谋生所必需的基本条件。美国经济学家詹姆斯·托宾（James Tobin）提出的商品平均主义（commodity egalitarianism）观点就是建立在对公民基本权利保障的基础之上，他认为对某些特定的商品应当进行平均主义的分配。因为这些商品对生命和公民权利是至关重要的，这些商品（包括教育、医疗照顾、食品券）的平均分配不仅有助于改善未来人力资本和收入的分配，而且在实践中往往易于操作。基于商品平均主义的观点，政府介入教育领域有助于促进社会公平。①

3. 地方与中央政府的分工

在教育领域，中央与地方政府的分工是根据教育的受益范围不同而界定的。一般而言，小学、中学和地方性高校的受益范围主要是本地区，这些学校的公共教育经费应主要由地方政府承担；相应地，全国性高校的受益范围是整个国家，这类学校的公共教育经费应主要由中央政府承担。

（二）教育支出的统计口径

一国的全部教育支出包括公共教育支出和私人教育支出。其中私人教育支出是私人部门用于教育的全部支出，主要是私人承担的学杂费支出和捐赠支出。公共教育支出是政府部门用于教育的全部支出，包括中央教育支出和地方教育支出。

从中国的实践来看，公共教育支出主要以财政性教育经费来衡量，财政性教育经费包括公共财政预算教育经费、各级政府征收用于教育的税费、企业办学中的企业拨款、校办产业和社会服务收入用于教育的经费等。在财政性教育经费中，公共财政预算教育经费又是绝对的主体，占90%左右。因此，有时候在财政性教育经费数据难以获得的情况下，人们常常用公共财政预算教育经费替代财政性教育经费，作为衡量公共教育支出的小口径。公共财政预算教育经费中又包括教育事业费拨款、基本建设拨款以及科研拨款等内容。

表 6-5 显示了 2018 年全国教育经费的构成。

表 6-5 全国教育经费构成（2018 年）

项目	合计（亿元）	中央（亿元）	地方（亿元）	地方所占比重（%）
总教育经费	46 142.99	4 168.73	41 974.26	90.97
一、财政性教育经费	36 995.77	2 918.63	34 077.14	92.11
其中：一般公共预算教育经费	31 992.73	1 706.71	30 286.02	94.67
二、民办学校举办者投入	240.62	0	240.62	100
三、社会捐赠经费	94.76	35.74	59.02	62.28
四、事业收入	7 738.25	971.52	6 766.73	87.45
其中：学杂费	5 895.83	330.94	5 564.89	94.39
五、其他收入	1 073.60	242.85	830.75	77.38

资料来源：中经网统计数据库。

① 金戈，赵海利．公共支出分析．杭州：浙江大学出版社，2011.

如表 6 - 5 所示，2018 年全国总教育经费为 46 142.99 亿元，财政性教育经费为 36 995.77 亿元，占全部教育经费的 80.2%。财政性教育经费占当年 GDP 的比例为 4.02%，这一比例虽然低于发达国家水平，但基本符合我国发展中国家的特征。

在财政性教育经费中，一般公共预算教育经费为 31 992.73 亿元，占财政性教育经费的比例达到 86.5%，这表明全部公共教育经费的绝大部分是通过各级政府的一般公共预算账户投入的。

从公共教育经费的分级结构来看，地方财政性总教育经费为 34 077.14 亿元，地方一般公共预算教育经费为 30 286.02 亿元，占全国财政性教育经费和一般公共预算教育经费的比例分别为 92.1%和 94.7%，说明全国的公共教育经费主要是由地方政府承担的。换句话说，公共教育这项重要的政府职能主要是由地方政府来履行的。

（三）地方一般公共预算教育经费的变化趋势

地方一般公共预算教育经费反映了地方政府通过一般公共预算账户投入教育领域的财政支出，是衡量地方政府教育投入的重要指标。下面我们重点考察地方一般公共预算教育经费及相关指标的变化趋势。

表 6 - 6 给出了 2006—2018 年地方一般公共预算教育经费及其占全国一般公共预算教育经费的比重以及占地方财政支出比重的变动趋势。

表 6 - 6　地方一般公共预算教育经费支出及其占比（2006—2018 年）

年份	地方公共预算教育经费（亿元）	增长率（%）	全国公共预算教育经费（亿元）	地方一般公共预算教育经费占全国公共预算教育经费的比重（%）	地方财政支出（亿元）	地方一般公共预算教育经费占地方财政支出的比重（%）
2006	5 131.37	—	6 135.35	83.64	30 431.33	16.86
2007	6 892.43	34.32	8 094.34	85.15	38 339.29	17.98
2008	8 722.94	26.56	10 212.97	85.41	49 248.49	17.71
2009	10 247.62	17.48	11 974.98	85.58	61 044.14	16.79
2010	12 086.06	17.94	14 163.90	85.33	73 884.43	16.36
2011	15 363.21	27.12	17 821.74	86.20	92 733.68	16.57
2012	18 870.38*	22.83	20 314.17	92.89	107 188.3	17.60
2013	20 225.88	7.18	21 405.67	94.49	119 740.3	16.89
2014	21 341.80	5.52	22 576.01	94.53	129 215.5	16.52
2015	24 482.11	14.71	25 861.87	94.66	150 335.6	16.28
2016	26 212.30	7.07	27 700.63	94.63	160 351.4	16.35
2017	28 300.03	7.96	29 919.78	94.59	173 228.3	16.34
2018	30 286.02	7.02	31 992.73	94.67	188 196.3	16.09

注：* 为估算数。

资料来源：历年《中国教育经费统计年鉴》《中国统计年鉴》《中国财政年鉴》，中经网统计数据库。

如表 6 - 6 所示，2006—2012 年间，地方一般公共预算教育经费的绝对规模增长迅速，从 2006 年的 5 131.37 亿元上升到 2012 年的 18 870.38 亿元，年均增长 24%。在这样快速的增长下，我国的财政性教育经费占 GDP 的比例于 2012 年首次超过 4%，当年达到 4.30%。实际上，早在 1993 年，我国就提出了财政性教育经费占国民收入比例 4%的目标，但这一目标直到2006年也尚未实现。实际上，2006年财政性教育经费占GDP的比例仅为2.89%。为了尽快实现4%的目标，各级政府（特别是各级地方政府）都投入了大量公共财政资金用于教育，终于在2012年实现了这一历史性目标。之后，地方一般公共预算教育经费的增长速度有所减缓。2012—2018之间，年均增长率下降为8%。这一阶段，财政性教育经费占GDP的比例基本上保持在4%的水平，2018年这一比例为4.02%，2019年为4.04%。应该说，这一比例与我国当前的发展阶段是基本相匹配的。但是，随着我国经济的不断发展和国际地位的提升，有必要进一步提高这一比例。

表6-6还显示，地方一般公共预算教育经费占地方财政支出（即一般公共预算支出）的比例基本上维持在16%～17%之间，说明公共教育支出一直是地方政府最重要的财政支出项目。从地方一般公共预算教育经费占全国一般公共预算教育经费的比例来看，这一比例在2011年之前，基本上保持在85%左右；2012年以后，这一比例上升到94%左右。说明，地方政府在公共教育职能的分工中，其地位进一步增强了。

专栏6.1

"教育券"——地方教育支出的制度创新

"教育券"（school voucher）是政府发放给学生的具有固定面额的有价凭证，学生可以据此选择政府所认可的各种学校就读，教育券可以冲抵部分学费，学校凭券到政府部门换取教育经费。这一概念最早由美国经济学家米尔顿·弗里德曼（Milton Friedman，1955）在《政府在教育中的作用》一文中正式提出。当时美国公立学校的教育质量每况愈下，弗里德曼认为，根本原因在于政府将教育拨款直接给公立学校，而私立学校却没有得到政府经费支持，造成公立学校"集权过度症"，不利于教育市场的竞争。在弗里德曼看来，政府把原来直接投入公立学校的教育拨款按照生均成本折算后，以面额固定的教育券形式直接发放给学生，学生凭券可以自由选择政府所认可的公立或私立学校就读，这样可以引入竞争，从而大大提高公共资金的使用效率。为了实现充分竞争，弗里德曼还特别指出，教育券必须是"广泛地面对所有家长，其数额应当足够负担高质量的教育，并且不能对持券者的选择权附加任何限制条件，无论他们选择公立、私立还是教会学校。"

当然，弗里德曼提出的教育券制度因为没有考虑到社会公平因素而受到了一些学者的质疑。据此，经济学家皮科克（Peacock）、怀斯曼（Wiseman），社会学家詹克斯（Jencks），以及法学家昆斯（Conns）、许格曼（Surgman）等人从社会公平的角度发展了弗里德曼的教育券思想，主张教育券应该帮助弱势群体获得公平的教育机会，促进社会公平。

在教育券制度的实践中，存在着两条发展路线：一条是弗里德曼倡导的市场路线，通过教育券开拓教育竞争市场，提高教育效率；另一条是皮科克、詹克斯、昆斯等人倡导的政策机制路线，通过公共政策的有效控制，帮助弱势群体获得公平的受教育机会。后一条路线是前一条路线的延伸和发展，其引申意义在于市场与政策的契合。从20世纪60年代起，美国的一些州市开始进行教育券实验，此后，波兰、英国、瑞典、智利、哥伦比亚等国家也纷纷推出适合本国需要的教育券制度。

从2001年起，浙江的长兴、湖北的监利等地也陆续进行了教育券实验。以长兴为例，长兴教育局为鼓励更多的初中毕业生报读中等职业学校，在2001年秋季招生时，向报读中等职业学校的学生发放一张教育券，学生凭券抵交300元的学费。同时为扶持义务教育阶段的民办学校，对报读民办学校的学生发放价值500元的教育券。从2002年秋季开始，长兴教育券又进一步覆盖到了贫困家庭学生。长兴教育券对长兴职业教育和民办学校的发展起到了重要作用。据刘小蔓（2005）的调研报告，60%以上的学生认为教育券的发放代表了政府对于职业学校和民办学校的信任和支持，30%以上的学生则看重教育券的学费减免作用。这意味着，教育券从两个方面影响了学生和家长的择校行为：一方面是政府的导向作用，另一方面是学费减免作用。教育券制度的实施，使得长兴初中毕业生升高中段比例大幅度上升，由2000年的68.26%提升到2005年的89.63%。职业学校的招生形势大为好转，近几年长兴县的职业学校与普通高中招生比例达1∶1。民办教育的投资环境也得到了很大改善。同时扶贫教育券也在一定程度上降低了贫困生家庭的负担，有利于改善收入分配。

教育券制度的实施是地方政府在教育领域的一次创新，它突破了传统的公共教育资源配置方式，改变了地方政府对基础教育的投入方式。在教育经费并不宽裕的今天，把有限的经费投入最需要扶持的群体（贫困学生）和领域（职业类学校、民办学校），扶持弱势群体和弱势教育，提高公共财政的使用效益，促进了政府向每一所学校公用经费的均衡划拨，为基础教育阶段学校的均衡发展提供了支持。

资料来源：改编自钟晓敏，等．公共财政之路：浙江的实践与探索．杭州：浙江大学出版社，2008。

第四节　地方各级政府财政支出分析

一、地方财政支出的分级构成：总量

以上分析隐含着一个假定，即将地方政府视为一个整体。实际上，根据地方政府的行政级次，可以把全部地方财政支出划分为省、地市、县、乡四级支出。下面我们分别以位于我国东部的浙江省和位于西部的广西壮族自治区为例，考察省以下地方财政支出总量及分项目的分级构成。首先，表6-7和表6-8分别给出了两省（区）地方财政支出总量的分级构成。

表6-7　浙江各级公共财政支出额及比重（2019年）

	合计	省级	地级	县级	乡镇级
金额（亿元）	10 053.03	639.87	2 161.29	6 230.79	1 021.08
占比（%）	100.00	6.36	21.50	61.98	10.16

资料来源：浙江财政年鉴（2020）．杭州：浙江人民出版社，2020.

表 6-8　广西各级公共财政支出额及比重（2018 年）

	合计	省级	地级	县级	乡镇级
金额（亿元）	5 310.75	932.20	1 237.84	2 758.68	382.03
占比	100.00	17.55	23.31	51.95	7.19

资料来源：广西财政年鉴（2019）. 南宁：广西人民出版社，2019.

如表 6-7 所示，浙江省各级地方政府中，财政支出比重最大的是县级财政，占比达到了 61.98%，其次是地级财政，占比为 21.5%，第三位的是乡镇级财政，占比为 10.16%，比重最低的是省级财政，占地方财政支出的比重仅为 6.36%。

如表 6-8 所示，广西壮族自治区各级地方政府中，财政支出比重最大的也是县级财政，占比为 51.95%，其次是地级财政，占比为 23.31%，第三位的是省级财政，占比为 17.55%，比重最低的是乡镇级财政，占比仅为 7.19%。

综合浙江和广西的共同点来看，最突出的特征是县级财政支出比重一枝独秀，占到整个地方财政支出的半壁江山以上。其次是地级财政，占比超过 20%。相对而言，省级财政和乡镇级财政的占比是比较低的。特别值得一提的是，县级财政支出的一枝独秀体现了我国地方财政体制的两项重要改革——“省直管县”改革与“乡财县管”改革。“省直管县”改革加强了县级财政的重要性；而“乡财县管”改革则虚化了乡级财政，同时也强化了县级财政。因此，上述两项改革共同导致了县级财政的发展。

二、地方财政支出的分级构成：分项目

下面进一步考察分项目的地方财政支出分级构成。浙江和广西各级地方政府财政支出分级分项目构成分别见表 6-9 和表 6-10。

表 6-9　浙江公共财政支出分级分项目构成（2019 年）

	合计（亿元）	比重（%）	省级（亿元）	地级（亿元）	县级（亿元）	乡镇级（亿元）	省级比重（%）	地级比重（%）	县级比重（%）	乡镇级比重（%）
支出合计	10 053.03	100.00	639.87	2 161.29	6 230.79	1 021.08	6.36	21.50	61.98	10.16
1. 一般公共服务	1 009.95	10.05	47.40	211.46	551.06	200.03	4.69	20.94	54.56	19.81
2. 外交	0.00	0.00	0.00	0.00	0.00	0.00	/	/	/	/
3. 国防	9.36	0.09	1.21	2.39	5.40	0.36	12.94	25.51	57.68	3.87
4. 公共安全	662.70	6.59	78.09	156.52	412.96	15.13	11.78	23.62	62.31	2.28
5. 教育	1 764.69	17.55	160.82	289.30	1 165.03	149.54	9.11	16.39	66.02	8.47
6. 科学技术	516.06	5.13	33.67	175.93	286.68	19.78	6.52	34.09	55.55	3.83
7. 文化旅游体育与传媒	203.26	2.02	26.88	53.36	104.58	18.44	13.22	26.25	51.45	9.07
8. 社会保障和就业	1 073.95	10.68	47.05	215.14	736.85	74.91	4.38	20.03	68.61	6.97
9. 卫生健康	735.61	7.32	36.90	118.28	542.68	37.75	5.02	16.08	73.77	5.13
10. 节能环保	269.55	2.68	3.43	49.54	190.28	26.30	1.27	18.38	70.59	9.76
11. 城乡社区事务	1 627.68	16.19	1.13	395.65	996.81	234.09	0.07	24.31	61.24	14.38

续表

	合计（亿元）	比重（%）	省级（亿元）	地级（亿元）	县级（亿元）	乡镇级（亿元）	省级比重（%）	地级比重（%）	县级比重（%）	乡镇级比重（%）
12. 农林水支出	744.24	7.40	41.80	90.04	441.33	171.07	5.62	12.10	59.30	22.99
13. 交通运输	444.59	4.42	69.52	151.37	216.70	7.00	15.64	34.05	48.74	1.57
14. 资源勘探信息等	196.32	1.95	11.12	66.19	103.77	15.24	5.66	33.71	52.86	7.76
15. 商业服务业等	104.37	1.04	2.99	31.05	65.64	4.69	2.86	29.75	62.90	4.49
16. 金融支出	40.70	0.40	21.39	12.84	6.46	0.01	52.55	31.55	15.88	0.02
17. 援助其他地区	41.59	0.41	8.10	15.08	18.37	0.04	19.48	36.26	44.17	0.09
18. 自然资源海洋气象等	105.88	1.05	7.57	17.01	62.18	19.12	7.15	16.06	58.73	18.06
19. 住房保障支出	200.39	1.99	19.25	45.81	120.58	14.75	9.61	22.86	60.17	7.36
20. 粮油物资储备支出	22.85	0.23	10.43	3.64	8.62	0.16	45.65	15.95	37.72	0.68
21. 灾害防治及应急管理	54.05	0.54	3.01	11.19	32.26	7.59	5.59	20.68	59.66	14.08
22. 其他支出	18.65	0.19	0.37	5.61	9.86	2.81	1.99	30.08	52.85	15.08
23. 债务付息支出	205.73	2.05	7.70	43.66	152.10	2.27	3.74	21.22	73.93	1.10
24. 债务发行费用支出	0.86	0.01	0.04	0.23	0.59	0.00	4.59	27.04	68.33	0.03

资料来源：浙江财政年鉴（2020）. 杭州：浙江人民出版社，2020.

从表 6－9 的数据中我们可以看出：

（1）从全省来看，浙江省 2019 年最大的地方财政支出项目为教育支出，总额为 1 764.69 亿元，占浙江省全部地方财政支出的比重为 17.55%，教育支出的 66.02%是由县级财政承担的；全省第二大财政支出项目为城乡社区事务支出，总额为 1 627.68 亿元，占比为 16.19%，县级财政承担了支出的 61.24%；第三大财政支出项目为社会保障和就业支出，总额为 1 073.94 亿元，占比为 10.68%，县级财政承担了支出的 68.61%；第四大项目为一般公共服务支出，总额为 1 009.96 亿元，占比为 10.05%，县级财政承担了 54.56%；第五大支出项目为农林水支出，总额为 744.24 亿元，占比为 7.4%，县级财政承担了 59.3%；第六大支出项目为卫生健康支出，总额为 735.61 亿元，占比为 7.32%，县级财政承担了 73.77%；第七和第八大项目分别为公共安全支出与科学技术支出，支出总额分别为 662.7 亿元和 516.06 亿元，分别占 6.59%和 5.13%，县级财政分别承担了 62.31%和 55.55%。

（2）省级财政支出结构分析：浙江省级财政支出数额最大的项目为教育支出，金额为 160.82 亿元，占整个省本级财政支出的 25.13%；其次为公共安全支出 78.09 亿元，所占比重为 12.2%；第三为交通运输支出 69.52 亿元，所占比重为 10.86%；第四为一般公共服务支出 47.4 亿元，所占比重为 7.4%；第五是社会保障和就业支出 47.05 亿元，所占比重为 7.35%。

（3）地级财政支出结构分析：浙江省地级财政支出数额最大的项目为城乡社区事务

支出 395.65 亿元，占整个地级财政支出的比重为 18.3%；其次为教育支出 289.3 亿元，所占比重为 13.39%；第三为社会保障和就业支出 215.14 亿元，所占比重为 9.95%；第四为一般公共服务支出 211.46 亿元，所占比重为 9.78%；第五为科学技术支出 175.93 亿元，所占比重为 8.14%。

（4）县级财政支出结构分析：浙江省县级财政支出数额最大的项目为教育支出 1 165.03 亿元，占整个县级财政支出的比重为 18.7%；其次为城乡社区事务支出 996.81 亿元，所占比重为 16%，第三是社会保障和就业支出 736.85 亿元，所占比重为 11.83%；第四为一般公共服务支出 551.06 亿元，所占比重为 8.84%；第五是卫生健康支出 542.68 亿元，所占比重为 8.71%。

（5）乡镇级财政支出结构分析：浙江省乡镇级财政支出数额最大的项目为城乡社区事务支出 234.09 亿元，占整个乡镇级财政支出的比重为 22.93%；其次为一般公共服务支出 200.03 亿元，所占比重为 19.6%，第三是农林水支出 171.07 亿元，所占比重为 16.75%；第四是教育支出 149.54 亿元，所占比重为 14.64%；第五为社会保障和就业支出 74.91 亿元，所占比重为 7.34%。

表 6-10　广西公共财政支出分级分项目构成（2018 年）

	合计（亿元）	比重（%）	省级（亿元）	地级（亿元）	县级（亿元）	乡镇级（亿元）	省级比重（%）	地级比重（%）	县级比重（%）	乡镇级比重（%）
支出合计	5 310.75	100.00	932.20	1 237.84	2 758.68	382.03	17.55	23.31	51.95	7.19
1. 一般公共服务	527.25	9.93	84.04	122.73	233.78	86.70	15.94	23.28	44.34	16.44
2. 外交	−0.01	0.00	0.00	−0.01	0.00	0.00	0.00	100.00	0.00	0.00
3. 国防	8.22	0.15	2.39	2.79	2.98	0.07	29.01	33.97	36.21	0.81
4. 公共安全	313.38	5.90	53.60	118.49	140.69	0.60	17.10	37.81	44.89	0.19
5. 教育	933.22	17.57	128.30	146.84	566.49	91.59	13.75	15.73	60.70	9.81
6. 科学技术	64.43	1.21	33.32	17.32	13.69	0.10	51.71	26.88	21.25	0.15
7. 文化体育与传媒	63.59	1.20	17.39	19.81	23.97	2.42	27.34	31.16	37.69	3.81
8. 社会保障和就业	769.70	14.49	227.31	102.09	415.86	24.44	29.53	13.26	54.03	3.17
9. 医疗卫生与计划生育	546.52	10.29	45.70	78.85	401.90	20.07	8.36	14.43	73.54	3.67
10. 节能环保	79.44	1.50	5.10	31.48	37.52	5.34	6.42	39.63	47.23	6.72
11. 城乡社区事务	648.84	12.22	5.49	338.15	279.98	25.22	0.85	52.12	43.15	3.89
12. 农林水支出	656.59	12.36	76.81	64.15	412.73	102.90	11.70	9.77	62.86	15.67
13. 交通运输	282.04	5.31	170.40	45.67	63.89	2.08	60.42	16.19	22.65	0.74
14. 资源勘探信息等	70.44	1.33	17.50	31.91	20.62	0.41	24.84	45.30	29.27	0.59
15. 商业服务业等	31.70	0.60	3.77	10.32	17.14	0.47	11.89	32.55	54.08	1.47
16. 金融支出	4.16	0.08	2.60	1.29	0.27	0.00	62.60	30.92	6.43	0.04
17. 援助其他地区	0.00	0.00	0.00	0.00	0.00	0.00				
18. 国土海洋气象等	51.20	0.96	8.96	12.35	26.32	3.57	17.50	24.12	51.41	6.97
19. 住房保障支出	130.36	2.45	9.99	35.61	69.23	15.53	7.66	27.32	53.11	11.91

续表

	合计（亿元）	比重（%）	省级（亿元）	地级（亿元）	县级（亿元）	乡镇级（亿元）	省级比重（%）	地级比重（%）	县级比重（%）	乡镇级比重（%）
20. 粮油物资储备支出	21.26	0.40	14.25	2.04	4.93	0.04	67.05	9.61	23.17	0.17
21. 其他支出	9.91	0.19	2.28	7.17	−0.03	0.49	23.00	72.40	−0.30	4.91
22. 债务付息支出	97.61	1.84	22.70	48.42	26.49	0.00	23.26	49.60	27.14	0.00
23. 债务发行费用支出	0.92	0.02	0.32	0.36	0.24	0.00	34.41	39.57	26.02	0.00

资料来源：广西财政年鉴（2019）. 南宁：广西人民出版社，2019.

我们从表 6－10 的数据中可以看出：

（1）从全区来看，广西壮族自治区 2018 年最大的地方财政支出项目为教育支出，总额为 933.22 亿元，占广西壮族自治区全部地方财政支出的比重为 17.6%，教育支出的 60.7%是由县级财政承担的；全区第二大财政支出项目为社会保障和就业支出，总额为 769.7 亿元，占比为 14.5%，县级财政承担了支出的 54.03%；第三大财政支出项目为农林水支出，总额为 656.58 亿元，占比为 12.36%，县级财政承担了支出的 62.86%；第四大项目为城乡社区事务支出，总额为 648.84 亿元，占比为 12.22%，地级和县级财政分别承担了 52.12%和 43.15%；第五大支出项目为医疗卫生与计划生育支出，总额为 547 亿元，占比为 10.3%，县级财政承担了 73.54%；第六大支出项目为一般公共服务支出，总额为 527.25 亿元，占比为 9.93%，县级财政承担了 44.34%；第七大项目为公共安全支出，总额为 313.38 亿元，占比为 5.9%，县级财政承担了 44.89%；第八大项目为交通运输支出，总额为 282.03 亿元，所占比重为 5.31%，省级财政承担了 60.42%。

（2）省级财政支出结构分析：广西壮族自治区省级财政支出数额最大的项目为社会保障和就业支出，支出额为 227.31 亿元，占整个省本级财政支出的 24.4%；其次为交通运输支出 170.4 亿元，所占比重为 18.28%；第三为教育支出 128.3 亿元，所占比重为 13.8%；第四为一般公共服务支出 84.04 亿元，所占比重为 9.02%；第五是农林水支出 76.81 亿元，所占比重为 8.24%。

（3）地级财政支出结构分析：广西壮族自治区地级财政支出数额最大的项目为城乡社区事务支出 338.15 亿元，占整个地级财政支出的比重为 27.32%；其次为教育支出 146.84 亿元，所占比重为 11.86%；第三为一般公共服务支出 122.73 亿元，所占比重为 9.91%；第四为公共安全支出 118.49 亿元，所占比重为 9.57%；第五为社会保障和就业支出 102.09 亿元，所占比重为 8.25%。

（4）县级财政支出结构分析：广西壮族自治区县级财政支出数额最大的项目为教育支出 566.49 亿元，占整个县级财政支出的比重为 20.53%；其次为社会保障和就业支出 415.86 亿元，所占比重为 15.09%，第三是农林水支出 412.73 亿元，所占比重为 14.96%；第四为医疗卫生与计划生育支出 401.9 亿元，所占比重为 14.57%；第五是城乡社区事务支出 279.98 亿元，所占比重为 10.15%。

（5）乡镇级财政支出结构分析：广西壮族自治区乡镇级财政支出数额最大的项目为农林水支出 102.9 亿元，占整个乡镇级财政支出的比重为 26.94%；其次为教育支出 91.95 亿元，所占比重为 23.97%，第三是一般公共服务支出 86.7 亿元，所占比重为 22.7%；第四是城乡社区事务支出 25.22 亿元，所占比重为 6.6%；第五为社会保障和就业支出 24.44 亿元，所占比重为 6.4%。

表 6-11 和表 6-12 进一步列出了浙江和广西各级地方政府前五项财政支出项目的排名。

表 6-11　浙江各级政府公共财政支出项目前五位排序（2019 年）

级次 排序	省级	地级	县级	乡镇级
1	教育	城乡社区事务	教育	城乡社区事务
2	公共安全	教育	城乡社区事务	一般公共服务
3	交通运输	社会保障和就业	社会保障和就业	农林水支出
4	一般公共服务	一般公共服务	一般公共服务	教育
5	社会保障和就业	科学技术	卫生健康	社会保障和就业

表 6-12　广西各级政府公共财政支出项目前五位排序（2018 年）

级次 排序	省级	地级	县级	乡镇级
1	社会保障和就业	城乡社区事务	教育	农林水支出
2	交通运输	教育	社会保障和就业	教育
3	教育	一般公共服务	农林水支出	一般公共服务
4	一般公共服务	公共安全	医疗卫生与计划生育	城乡社区事务
5	农林水支出	社会保障和就业	城乡社区事务	社会保障和就业

综合表 6-11 和表 6-12 的信息可知，不同地区各级政府的财政投入重点有所差异。比如，浙江省级政府最重要的支出项目是教育支出，广西省级政府的最大项目为社会保障和就业支出。但是，两个地区的共同点也是比较突出的：（1）县级财政支出在全省（区）财政支出中所占比重最高；县级财政最重要的支出项目为教育支出；县级财政还有城乡社区事务支出、社会保障和就业支出等重要的地方财政支出项目。（2）地级财政支出在全省（区）财政支出中排第二位；地级财政支出中最重要的项目为城乡社区事务支出，其次为教育支出。（3）在各级地方政府的支出排序中，教育均占有重要地位。

第五节　其他地方政府支出及相关项目分析

以上我们围绕地方财政支出进行了系统分析。需要指出，地方财政支出仅仅是计入地方政府一般公共预算（公共财政预算）账户的支出。从完整性的角度看，除一般公共预算外，地方政府预算还包括社会保险基金预算、政府性基金预算和国有资本经营预算，相应的地方政府支出还包括社会保险基金预算支出、政府性基金预算支出和国有资本经营预算支出。本节我们将对这些其他支出作进一步分析，在此基础上重点考察两个综合性支出项目——地方社会保障支出与地方政府投资。

一、地方政府性基金预算支出

地方政府性基金预算支出是计入地方政府性基金预算账户的支出。我国从 2007 年起开始编制政府性基金预算，并将规模庞大的国有土地出让收入纳入政府性基金预算，因此，政府性基金预算支出是地方政府支出的一个重要组成部分。表 6－13 给出了 2010—2019 年全国地方政府性基金预算支出的相关数据。

表 6－13 地方政府性基金预算支出及其占比（2010—2019 年）

年份	地方政府性基金预算支出（亿元）	全国政府性基金预算支出（亿元）	地方政府性基金预算支出占全国的比例（%）	地方国有土地使用权出让金收入相关支出（亿元）	地方国有土地使用权出让金收入相关支出占地方政府性基金预算支出比例（%）
2010	31 667.11	33 951.16	93.27	26 622.12	84.07
2011	37 789.75	39 946.61	94.60	31 052.26	82.17
2012	34 155.70	36 330.87	94.01	26 663.87	78.07
2013	47 741.58	50 500.86	94.54	38 265.60	80.15
2014	48 499.96	51 463.83	94.24	38 700.72	79.80
2015	39 322.62	42 347.11	92.86	30 612.75	77.85
2016	43 988.46	46 878.32	93.84	36 722.08	83.48
2017	58 284.99	60 968.59	95.60	50 609.83	86.83
2018	77 512.33	80 601.62	96.17	68 138.81	87.91
2019	88 534.38	91 647.77	96.60	74 316.64	83.94

资料来源：财政部网站历年全国及地方《政府性基金支出决算表》。

如表 6－13 所示，全国政府性基金预算支出数额庞大，以 2019 年为例，全国政府性基金预算支出的规模为 91 647.77 亿元，相当于当年全国一般公共预算支出的 38%。其中，地方政府性基金预算支出为 88 534.38 亿元，占全国政府性基金预算支出的比重高达 96.6%，相当于当年地方一般公共预算支出的 43%。这说明：（1）我国的政府性基金预算支出绝大部分是被地方政府所花费的；（2）地方政府的一般公共预算远远不足以支付地方政府所要承担的事权，使得地方政府在履行其职能时越来越依赖于政府性基金预算支出。

另外，特别值得注意的是，在地方政府性基金预算支出中，有超过 80%的比例为国有土地出让收入安排的支出（2012 年、2014 年和 2015 年除外）。这说明，我国地方政府的支出在很大程度上依赖于土地财政，而且这一现象目前并未得到缓解。

下面我们仍以浙江和广西为例，来考察一下政府性基金预算支出在省级及以下各级政府之间是如何配置的（见表 6－14 和表 6－15）。

表 6-14　浙江政府性基金预算支出分级构成（2019 年）

	合计（亿元）	比重（%）	省级（亿元）	地级（亿元）	县级（亿元）	乡镇级（亿元）	省级比重（%）	地级比重（%）	县级比重（%）	乡镇级比重（%）
支出合计	10 384.69	100.00	196.35	3 895.11	5 698.63	594.60	1.89	37.51	54.88	5.73
1. 国有土地使用权出让相关支出	8 099.77	78.00	21.51	2 699.21	4 899.98	500.37	0.27	33.32	60.50	6.18

注：表中合计数和后面各项加总数不太一致，经核对统计年鉴，无误。书中其他个别表中数据也有类似情况，不再一一说明。

资料来源：浙江财政年鉴（2020）．杭州：浙江人民出版社，2020.

表 6-15　广西政府性基金预算支出分级构成（2018 年）

	合计（亿元）	比重（%）	省级（亿元）	地级（亿元）	县级（亿元）	乡镇级（亿元）	省级比重（%）	地级比重（%）	县级比重（%）	乡镇级比重（%）
支出合计	1 386.08	100.00	215.69	785.53	377.56	7.30	15.56	56.67	27.24	0.53
1. 国有土地使用权出让相关支出	1 075.23	77.57	23.46	715.17	330.04	6.56	2.18	66.51	30.70	0.61

资料来源：广西财政年鉴（2019）．南宁：广西人民出版社，2019.

综合表 6-14 和表 6-15 的信息，可以看出：（1）总体而言，浙江和广西的政府性基金预算支出分级构成均表现出两头小、中间大的特征。即省级和乡镇级支出占比相对较小，地级和县级占比相对较高。这一特征与一般公共预算支出的分级构成是相似的。（2）政府性基金预算支出的分级构成又存在着明显的区域差异。按支出的分级占比排序，浙江依次为县级、地级、乡镇级和省级；广西则依次为地级、县级、省级和乡镇级。这种区域差异的存在，是中国地方财政的重要特征。

二、地方社会保险基金预算支出

我国社会保险基金实行属地管理，因此全国的社会保险基金预算支出实际上都是地方性的。同时实行分账管理，即基本养老保险、失业保险、基本医疗保险、工伤保险及生育保险五大基本社会保险各一本账。从 2019 年起，生育保险基金并入基本医疗保险基金。表 6-16 给出了 2000—2019 年我国社会保险基金支出的相关数据。

表 6-16　全国社会保险基金支出（2000—2019 年）　单位：亿元

年份	合计	基本养老保险	失业保险	基本医疗保险	工伤保险	生育保险
2000	2 385.5	2 115.5	123.4	124.5	13.8	8.3
2001	2 748.1	2 321.3	156.6	244.1	16.5	9.6
2002	3 471.6	2 842.9	186.6	409.4	19.9	12.8
2003	4 016.4	3 122.1	199.8	653.9	27.1	13.5
2004	4 627.7	3 502.1	211.3	862.2	33.3	18.8
2005	5 400.8	4 040.3	206.9	1 078.7	47.5	27.4
2006	6 477.4	4 896.7	198.0	1 276.7	68.5	37.5
2007	7 887.8	5 964.9	217.6	1 561.8	87.9	55.6
2008	9 925.1	7 389.6	253.5	2 083.6	126.9	71.5

续表

年份	合计	基本养老保险	失业保险	基本医疗保险	工伤保险	生育保险
2009	12 302.6	8 894.4	366.8	2 797.4	155.7	88.3
2010	15 019.0	10 755.3	423.3	3 538.1	192.4	109.9
2011	18 653.0	13 363.2	432.8	4 431.4	286.4	139.2
2012	23 331.3	16 711.5	450.6	5 543.6	406.3	219.3
2013	27 916.2	19 818.7	531.6	6 801.0	482.1	282.8
2014	33 002.7	23 325.8	614.7	8 133.6	560.5	368.1
2015	38 988.1	27 929.4	736.4	9 312.1	598.7	411.5
2016	46 888.4	34 004.3	976.1	10 767.1	610.3	530.6
2017	57 145.7	40 423.8	893.8	14 421.8	662.3	744.0
2018	67 792.7	47 550.4	915.3	17 823.0	742.0	762.0
2019	75 346.6	52 432.3	1 333.2	20 854.2	816.9	—

注：(1) 2007 年及以后基本医疗保险基金中包括城镇职工基本医疗保险和城乡居民基本医疗保险。
(2) 2010 年及以后基本养老保险基金中包括城镇职工基本养老保险和城乡居民基本养老保险。
(3) 2019 年起基本医疗保险基金包含生育保险基金。
资料来源：中国统计年鉴（2020）. 北京：中国统计出版社，2020.

如表 6-16 所示，我国社会保险基金支出增长迅速，从 2000 年到 2019 年，社会保险基金支出总量增加了 30.6 倍，年均增长 20%。其中，基本养老保险基金支出规模最大，占全部社会保险基金支出的比例几乎达到 70%，其次是基本医疗保险基金支出，占比超过了 27%。这两项保险的支出总量达到了全部社会保险基金支出的 97%以上。

三、地方国有资本经营预算支出

2019 年全国国有资本经营预算支出为 2 295.41 亿元，其中，地方国有资本经营预算支出为 1 308.86 亿元，占全国国有资本经营预算支出的 57.02%。

四、地方社会保障支出

社会保障支出是一个综合性项目，它的来源包括一般预算账户（财政支出）和基金账户（社会保险基金和政府性基金），因此我们需要加以综合分析。

（一）社会保障概述

社会保障是指政府通过收入再分配，帮助公民应对生存风险，如疾病、衰老、失业、意外事故等，并且为低收入等特殊群体提供生活保障的一系列社会制度安排。社会保障对应的英文是 social security，因此也可以称为社会安全，它本质上是一张“安全网”(safety net)，是政府为公民应对生存问题时提供的一种保护。

在现代社会保障体系下，根据不同福利计划所面对的群体是全体公民还是某些特殊群体，可以划分为两大块内容：一是社会保险，二是对低收入者等特殊群体的生活保障。①

① 金戈，赵海利. 公共支出分析. 杭州：浙江大学出版社，2011.

1. 社会保险（social insurance）

社会保险本质上是政府实行的一种缴费型的强制性保险，旨在帮助公民应对各种生存风险，如疾病、衰老、丧失劳动能力、失业、意外事故等，其特点是面对所有公民。从各国的经验来看，社会保险构成了社会保障的主要内容。

中国的社会保险制度主要由以下五大保险构成：

（1）基本养老保险。我国于1991年开始正式推行基本养老保险制度改革，1997年确立了“统账结合”的职工基本养老保险，养老保险基金由用人单位和个人缴费以及政府财政补贴等组成。2009年我国开始确立了新型农村社会养老保险制度（简称“新农保”），其后在“新农保”制度的基础上，建立起全覆盖的一体化城乡居民社会养老保险制度，实行个人缴费和政府财政补贴相结合的筹资模式。2019年全国参加基本养老保险人数为9.68亿人，包含城镇职工基本养老保险人数4.35亿人、城乡居民基本养老保险参保人数5.33亿人。

（2）失业保险。在1986年开始实行的国营企业待业保险基础上，1999年正式开始实行覆盖所有城镇企事业单位及其职工，由用人单位和职工共同缴费的失业保险制度。2019年末，全国参加失业保险人数为2.05亿人。

（3）基本医疗保险。我国医疗保险制度的改革始于1994年职工医疗保险制度的“两江试点”，1998年建立了覆盖城镇所有用人单位及其职工的城镇职工基本医疗保险制度，实行社会统筹和个人账户相结合的模式，由用人单位和个人共同缴费。2002年，我国建立了以大病统筹为主的新型农村合作医疗保险制度（简称“新农合”），实行个人缴费、集体扶持和政策财政补贴的筹资模式。2007年，城镇居民基本医疗保险制度开始试行，将城镇医疗保险的覆盖范围扩展到非从业人员。2016年国务院发布《关于整合城乡居民基本医疗保险制度的意见》，标志着我国明确打破城乡二元化的壁垒，正式开始施行一体化的城乡居民医疗保险制度。截至2015年末，我国基本医疗保险参保人数达13.54亿人，参保率达到96.7%。其中，参加职工基本医疗保险人数为3.29亿人；参加城乡居民基本医疗保险人数为10.25亿人。

（4）工伤保险。工伤保险制度从1993年开始试行，2003年正式建立，面对城镇各类企业和有雇工的个体工商户，由雇主为职工购买工伤保险。2019年末全国参加工伤保险人数为2.55亿人。

（5）生育保险。生育保险制度从1994年开始建立，面对城镇各类企业及其职工，由企业缴费，实行社会统筹。2019年末全国参加生育保险人数为2.14亿人。从2019年起，生育保险基金并入基本医疗保险基金。

2. 特殊群体生活保障

特殊群体生活保障本质上是一种非缴费型的国家救助，是政府对符合条件的低收入者或其他特殊群体进行收入转移，以保障其基本生活权利，使其免于物质匮乏的困扰。它的特点是只面对某一特殊群体，其中最主要的群体就是低收入者，其身份需要通过收入调查来加以确定。

在我国目前的社会保障体系下，面向特殊群体的基本生活保障项目主要包括社会救助、社会福利、社会优抚和住房保障等方面。

(1) 社会救助。社会救助是政府对低收入者、生活无依靠者、遭受自然灾害者等需要救助的群体进行的收入转移计划，以保障其基本生活需求，主要包括经常性救助、紧急救助和临时性救助等内容。其中，经常性救助主要包括城乡最低生活保障、农村五保供养、农村特困户生活救助以及城乡医疗救助等专项救助；紧急救助主要是指发生自然灾害情况下对灾民的紧急救助和应急救助行动，也包括对灾民延续一段困难生活的救助和民房倒房重建与修复工作的救助；临时性救助主要是对低收入人群的救助工作和对城市生活无着的流浪乞讨人员，包括流浪儿童的救助。

(2) 社会福利。此处的“社会福利”是特定名词，而非社会福利函数中所指的广义的“社会福利”。在中国的社会保障体系里，社会福利特指政府向老人、儿童、残疾人等社会中特别需要关怀的人群提供的社会援助。

(3) 社会优抚。社会优抚制度是专门针对军人及其家属所提供的各种优待、抚恤、养老、就业安置等一系列保障项目。

(4) 住房保障。中国目前的住房保障制度主要包括保障性安居工程（廉租房、公共租赁房、棚户区改造等）以及住房公积金等一系列项目。

(二) 地方社会保障支出的构成

中国现行的社会保障制度实行属地管理原则，这意味着社会保障职能目前主要是由地方政府承担的。

根据社会保障的范围，地方政府的社会保障支出分散在不同的预算和不同的科目中，详见表 6-17。

表 6-17 地方社会保障支出构成（2013—2019 年） 单位：亿元

项目	2013 年	2015 年	2017 年	2019 年
一般公共预算账户				
社会保障和就业	13 849.72	18 295.62	23 610.57	28 147.55
对社会保险基金补助	4 314.37	6 478.23	7 308.05	8 472.07
行政事业单位离退休	2 936.76	3 990.00	7 102.76	9 027.68
就业补助	814.36	864.37	808.98	906.52
抚恤	680.21	762.58	932.50	1 066.63
退役安置	427.08	596.41	737.17	1 195.76
社会福利	336.88	566.19	681.15	841.93
城市最低生活保障	758.34	749.07	568.94	458.50
农村最低生活保障	861.04	911.36	903.59	991.43
医疗救助	186.04	229.51	320.04	516.85
住房保障支出	4 075.82	5 395.84	6 131.82	5 839.35
社会保险基金账户				
社会保险基金支出	27 916.2	38 988.1	57 145.7	75 346.6
基本养老保险	19 818.7	27 929.4	40 423.8	52 342.3
失业保险	531.6	736.4	893.8	1 333.2

续表

项目	2013 年	2015 年	2017 年	2019 年
基本医疗保险	6 801.0	9 312.1	14 421.8	20 854.2
工伤保险	482.1	598.7	662.3	816.9
生育保险	282.8	411.5	744.0	—
合计	41 713.41	56 430.84	79 899.98	101 378.28

注：(1) 为了避免重复计算，合计数中扣除了社会保障和就业科目中的对社会保险基金补助支出。

(2) 2019 年起基本医疗保险基金包含生育保险基金。

资料来源：历年《中国统计年鉴》和财政部网站。

如表 6－17 所示，地方社会保障支出主要包括一般公共预算账户中的社会保障和就业支出、医疗救助支出、住房保障支出，以及社会保险基金账户中的五大保险基金支出。为了避免重复计算，合计时扣除了财政对社会保险基金的补助支出。2019 年全口径统计的地方社会保障支出合计数约 10.14 万亿元，是地方政府金额最大的支出项目。①

一般而言，随着一国的经济发展，政府在收入分配和社会保障领域的职能会越来越重要。可以预期，我国的地方社会保障支出在未来一段时期内还将会持续上升。

五、地方政府投资

(一) 为什么地方政府热衷于投资?

改革开放以来，我国的基础设施和城市面貌（尤其是沿海地区）发生了翻天覆地的变化。交通运输、通信、能源供给和城市公共设施都日新月异。这一变化的背后是大量的政府投资。尽管公共财政预算支出中用于政府投资的比例不高，甚至有下降趋势，但是政府性基金预算支出被大量用于投资。可以说，地方政府投资的重要资金来源就是政府性基金。

为什么地方政府如此热衷于投资？主要有以下几个原因：

(1) 政府投资能够创造就业，拉动短期 GDP。根据凯恩斯宏观经济学理论，政府投资能够拉动社会总需求，进而对国民产出的增加产生乘数效应。在失业率较为严重的时候，政府的投资性项目还能创造大量的就业岗位。

(2) 政府基础设施投资能够促进长期经济增长。大量政府投资被用于基础设施领域。基础设施被定义为永久性的工程构筑、设备、设施以及它们所提供的为居民所用和用于经济生产的服务，主要包括公共设施、公共工程和其他交通部门。这些基础设施是国民经济赖以发展的基础，是长期经济增长必不可少的条件。一项国外的权威研究表明，政府的公共基础设施资本每增加 1%，能够带动经济增长率提高 0.39%。②

(3) 基础设施普遍存在外部效应。世界银行的研究表明，基础设施服务的提供与使用对整个经济产生了很强的正外部性。而外部性的存在会造成市场失灵，这也是政府介入基础设施领域的重要原因。

① 事实上，由于数据难以获得或不全面等原因，合计数难免存在疏漏。

② 世界银行．1994 年世界发展报告：为发展提供基础设施．北京：中国财政经济出版社，1994.

（4）市政工程的政绩效应。很多地方政府热衷于投资市政工程。市政工程一方面美化了城市环境，改善了居民生活；另一方面也体现了官员政绩，有利于官员职务晋升。

（二）杭州市政府投资分析

由于缺乏全国地方政府投资的完整数据，下面我们以杭州市为例，重点考察城市建设投资的范围与规模。表6-18给出了杭州市本级2019年城乡建设方面的投资数据。

表6-18 杭州市本级城市建设投资及其构成（2019年） 单位：亿元

项目	2019年
市本级城乡建设投资合计	244.45
城市交通等基础设施建设	126.35
生态环境建设	24.45
农村重点项目和人居环境建设	19.67
智慧城市与公交一体化建设	34.71
安全城市建设	33.47
公租房与廉租房建设	5.8
市本级一般公共预算支出	385.36
市本级政府性基金支出	976.44
市级新增债务（含市本级和钱塘新区）	102

资料来源：摘自《关于杭州市及市本级2019年财政预算执行情况和2020年财政预算草案的报告》。

如表6-18所示，2019年杭州市本级用于城乡建设的投资为244.45亿元，主要项目包括城市交通等基础设施建设、生态环境建设、农村重点项目和人居环境建设、智慧城市与公交一体化建设、安全城市建设以及公租房与廉租房建设等项目。其中城市交通等基础设施建设是最主要的支出项目，占比52%。用于建设的资金通常都不是由一般公共预算安排的。政府的投资很大程度上来源于政府性基金预算及各类融资平台。2019年，杭州市级新增地方债券102亿元。其中：一般债券14亿元均用于支持钱塘新区建设；专项债券88亿元均专项用于土地储备，包括市本级75亿元、钱塘新区13亿元。

专栏6.2

杭州市公共自行车项目

2008年杭州在国内率先推出公共自行车出行系统，以解决“最后一公里”出行的难题。2008年，杭州市政府购入公共自行车1万辆，截至2011年10月，杭州市的公共自行车总量已经达到了6.08万辆，日均租用突破25万人次，服务点2 411个。最初只在核心城区运营的公共自行车已覆盖全城，逐渐融入了市民和游客的出行，成为城市的一道亮丽风景线。2011年9月9日，杭州被英国广播公司（BBC）旅游频道评选为全球提供最佳公共自行车服务的八个城市之一。

杭州市公共自行车项目是一个典型的地方性公共基础设施投资项目。公共自行车作为一种绿色交通工具，不仅可以延伸公交服务范围、方便市民和游客出行，而且有助于促进节能减排和缓解城市交通压力。由于公共自行车网络是一种覆盖全城的公共服务，市场无法实现有效率提供，而且市场也不能对因减排和缓解交通压力而产生的正外部性进行补偿，因此公共自行车项目应该实行公共提供或以公共部门投入为主的混合提供。

杭州市政府对公共自行车项目的支持主要表现为：首先，所有杭州公共自行车服务点免收占道费；其次，自行车的购买，服务点的开挖、基建、设施设备等，全部由财政投入。据统计，2008—2011年间，杭州市政府在公共自行车项目上陆续投入3.5亿元，其中最主要的两项成本为购车成本与服务点建设成本。3年间购车总量为6.08万辆，按每辆车400元计价，合计购车成本约为2 432万元。3年内共建设服务点2 411个，每个服务点的建设成本由2008年的10万元升至2010年的22万元，据此测算，服务点的总建设成本约为30 194万元。

为了引导和鼓励市民及游客更多使用公共自行车服务，除了在全市范围内普及公共自行车服务点和增加公共自行车数量外，杭州市公交自行车交通服务发展有限公司采用阶梯性收费标准：1小时内免费租、之后1小时至2小时收取1元租车服务费，2小时以上至3小时租车服务费为2元，超过3小时按每小时3元计费（不足1小时的按1小时计）。为了鼓励公交车与公共自行车的无缝衔接，公司还规定，只要在公交车POS机上刷卡乘车起的90分钟内租用公共自行车，租车者的免费时间就可延长为一个半小时。根据气候组织“中国再设计”项目完成的《中国城市低碳行》显示，在实际运行中，杭州公共自行车90%以上的使用时间是免费的。

据测算，杭州市公共自行车项目的年运行成本约6 000万元，用于支付公司运营费用、信息网络和电力系统维护以及自行车维护和转运费用等。项目的年收益则包括租金收入、广告收入以及合作营运收入。鉴于杭州市采取了1小时内免费租车的形式，因此租金超时收入不足500万元。公共自行车项目的最主要收入实际上源于广告收入，随着公共自行车网络的迅速普及，能够吸引越来越多的广告投资，公共自行车车身以及站点的广告牌都可以成为投放广告的理想载体。2010年，公共自行车项目获得了2 800万元的广告收入。此外，公交自行车公司还可以通过在服务亭经营彩票、增加银行的ATM服务等与其他公司合作营运服务点的方式增加收入。通过这种方式，公共自行车项目在2010年获得了1 040万元的收入。以上三项收入合计约4 040万元，仍不足以弥补项目运行成本，差额需要通过财政加以补贴。当然，随着公共自行车项目的进一步发展，其广告及合作运营收入将不断增加，将来完全有可能实现“不花纳税人一分钱”而持续运行。

资料来源：气候组织．中国城市低碳行，2011－11.

（三）关于土地财政的进一步思考

关于杭州市城市建设投资的案例分析表明，地方政府投入了大量资金用于各种项目投资，其资金来源主要是政府性基金收入，而政府性基金收入的主要组成部分又是土地出让金收入，俗称土地财政。

然而，土地财政对地方经济发展是一把“双刃剑”。一方面，在土地财政支持下的政府投资拉动了GDP，促进了生产效率，改善了城市环境，同时提高了社会公众的福利。

但另一方面，土地财政必然会抬高土地使用权拍卖价格，进而推动房地产价格的不断攀升，高房价成为社会公众的沉重负担。进一步地，土地财政源于土地出让金收入，而土地总有卖完的时候，因此土地出让金收入是无法持续的。这意味着，我们必须在土地出让金收入枯竭之前改变土地财政。也就是说，在逐步降低土地出让金收入和压缩地方政府不必要的投资支出的同时，适时为地方政府找到一个更为稳定的收入来源。

第六节 本章小结

（1）地方政府支出是地方政府履行地方政府职能、执行地方公共政策的成本，是计入地方政府经常性账户和资本性账户的全部支出。

（2）地方财政支出的范围主要包括：维持地方政府部门正常运行；提供本地居民享用的地方性公共产品和服务；配合中央政府调节本地区居民的收入分配，提供地区性社会保障；以及其他与地方政府履行职能有关的支出。

（3）按经济性质分类，地方财政支出可分为地方购买性支出和地方转移性支出两大类。地方购买性支出是地方政府购买商品与服务的成本，它体现了地方政府的消费和投资行为。地方转移性支出是指地方政府部门无偿转移给私人部门的那部分支出，它是一种单方面的无偿支付，地方政府不能从对这部分资金的使用中获取相应的商品和服务。

（4）1978年以来，我国的地方财政支出规模增长速度十分迅速。地方财政支出占比的不断提高，反映出地方政府的可用财力与相应的财政职能保持了不断扩张的趋势。目前，教育支出与社会保障和就业支出是地方政府最主要的两项财政支出，两项合计占整个地方财政支出的30%。

（5）从地方财政支出的分级构成来看，县级财政支出最为重要，占半壁江山以上。其次是地级财政，占比也超过20%。省级和乡镇级的支出占比相对较低。从分项目来看，教育是各级地方政府支出的重头，特别是县级政府，地方教育财政支出的60%以上由县级政府承担。

（6）地方政府的一项最基本的职能是提供保护，维护本地区的公共安全与秩序。这一职能反映在支出层面，主要是地方公共安全支出。

（7）政府介入教育的重要原因之一在于教育具有很强的正外部性，另外，教育是促进社会公平的重要途径。

（8）社会保障是指政府通过收入再分配，帮助公民应对生存风险，如疾病、衰老、失业、意外事故等，并且为低收入等特殊群体提供生活保障的一系列社会制度安排。它本质上是一张“安全网”，是政府为公民应对生存问题时提供的一种保护。社会保障主要包括两大部分内容：一是社会保险，二是对低收入者等特殊群体的生活保障。

（9）除一般公共预算支出外，地方政府支出还包括社会保险基金预算支出、政府性基金预算支出和国有资本经营预算支出。

重要概念

地方财政支出	地方政府支出	购买性支出
转移性支出	地方公共安全支出	地方教育支出
地方政府性基金预算支出	地方社会保障支出	地方政府投资

复习与思考题

1. 根据中央与地方政府的职能分工，分析我国地方财政支出的范围。
2. 借鉴亚当·斯密的义务论，论述地方政府的基本义务是什么。
3. 地方政府为什么要投入大量资金用于发展教育？
4. 根据地方各级政府的支出情况，试分析各级政府所承担职能的差异性。
5. 试分析土地财政的利弊。

参考文献

1. 国际货币基金组织．2001年政府财政统计手册
2. 世界银行．1994年世界发展报告：为发展提供基础设施．北京：中国财政经济出版社，1994
3. 坦齐，舒克内希特．20世纪的公共支出．北京：商务印书馆，2005
4. 金戈，赵海利．公共支出分析．杭州：浙江大学出版社，2011
5. 钟晓敏，等．公共财政之路：浙江的实践与探索．杭州：浙江大学出版社，2008
6. 气候组织．中国城市低碳行，2011－11
7. 历年杭州市财政预算执行情况报告．杭州财税网
8. 中国统计年鉴（历年）
9. 中国财政年鉴（历年）
10. 中国教育经费统计年鉴（历年）
11. 浙江财政年鉴（2020）
12. 广西财政年鉴（2019）

推荐阅读文献

1. 亚当·斯密．国民财富的性质和原因的研究．北京：商务印书馆，1972

第七章
地方财政收入

本章学习目标

1. 掌握地方财政收入的类别；
2. 理解选择地方税主体税种的原则；
3. 了解我国现行地方税体系存在的问题及改革方向。

地方财政收入是地方政府履行职能的物质保障。某种程度上，地方财政收入的规模直接决定了地方财政支出、地方政府活动的范围和规模，从而对地方经济增长和社会发展有着重要的影响。因此，我国地方政府格外重视地方财政收入管理，通过各个渠道扩大财政收入的规模，地方政府对地方财政收入的强烈偏好已经成为中国地方财政的一大特色。本章内容分为三节：第一节对地方财政收入进行类别分析，构建对地方财政收入的整体认识；第二节详细阐述地方税及其相关改革，特别会提到“营改增”改革对地方政府财政收入的冲击；第三节是我国地方财政收入的规模与结构分析，这有助于形成对地方财政收入的直观印象。

第一节　地方政府财政收入类别分析

按照《2019 年政府收支分类科目》，我国地方财政收入主要有：税收收入、非税收入、地方债务收入、转移性收入、社会保险基金收入、政府性基金收入等。从全口径的角度看，地方政府的所有收入分别纳入地方一般公共预算、地方社保基金预算、地方政府性基金预算和地方国有资本经营预算四本预算中。下面对税收收入、社会保险基金收入、政府性基金收入、费收入、转移性收入、债务收入等做简要介绍。

一、税收收入

地方政府的税收收入包括两类：第一类是纯粹的地方税，第二类是共享税中分成归地方的收入。税收始终是各级政府的主要收入来源，对地方政府亦是。从理论上讲，首先，地方政府作为一级政府，其职能活动需要有稳定可靠、规范的财政收入来源，而税收是最恰当的形式，这一点与国家税收收入的原理是一样的；其次，地方政府作为地方公共权力的代表，有权向辖区内的居民和企业征税；最后，地方政府向其辖区内的个人和企业的生活和生产提供了公共产品和公共服务，根据成本和收益对称原则，有理由向辖区内的居民和企业征税。因此，税收作为地方政府财政收入的主要来源是应有之义。

表 7-1 反映了地方税收收入占地方财政收入的比重，即使是在占比最低的年份，税收收入的比重也超过了 74%。然而，从表 7-1 可知，地方财政收入中，来自税收收入的比重几乎呈逐年下降的态势。随着“营改增”改革的进行，这一比重在 2016 年达到了历史最低点，之后有所上升。

表 7-1 地方税收收入与地方财政收入的比较（2000—2019 年）

	2000 年	2006 年	2009 年	2011 年	2012 年	2015 年	2016 年	2017 年	2019 年
地方财政收入（亿元）	6 406	18 304	32 603	52 547	61 078	83 002	87 239	91 469	101 081
地方税收收入（亿元）	5 689	15 234	26 157	41 107	47 319	62 662	64 692	68 673	76 980
比重（%）	88.8	83.2	80.2	78.2	77.5	75.5	74.2	75.1	76.2

注：（1）地方财政收入为本级收入；
（2）本表数字不包括国内外债务。
资料来源：根据历年《中国统计年鉴》和财政部网站数据整理。

二、社会保险基金收入

我国社会保险制度主要通过个人和企业缴纳的社会保险费筹资，有单独的社会保险基金预算，是政府预算体系的一个组成部分。表 7-2 显示了 2005—2019 年间五项社会保险基金的收入及累计结余情况。2019 年的收入合计为 83 550.4 亿元，累计结余数近 10 万亿元。由于我国社会保险制度主要由县一级政府统筹，各地制度不一，因而缺乏地方层面的具体数据。

表 7-2 社会保险基金收入及累计结余（2005—2019 年） 单位：亿元

年份	社会保险基金收入	基本养老保险基金收入	失业保险基金收入	基本医疗保险基金收入	工伤保险基金收入	生育保险基金收入	社会保险基金累计结余
2005	6 975.2	5 093.3	340.3	1 405.3	92.5	43.8	6 073.7
2006	8 643.2	6 309.8	402.4	1 747.1	121.8	62.1	8 255.9
2007	10 812.3	7 834.2	471.7	2 257.2	165.6	83.6	11 236.6
2008	13 696.1	9 740.4	585.1	3 040.4	216.7	113.7	15 225.6
2009	16 115.6	11 490.8	580.4	3 671.9	240.1	132.4	19 006.5
2010	19 276.1	13 872.9	649.8	4 308.9	284.9	159.6	23 407.5
2011	25 153.3	18 004.8	923.1	5 539.2	466.4	219.8	30 233.1
2012	30 738.8	21 830.2	1 138.9	6 938.7	526.7	304.2	38 106.6
2013	35 252.9	24 732.6	1 288.9	8 248.3	614.8	368.4	45 588.1
2014	39 827.7	27 619.9	1 379.8	9 687.2	694.8	446.1	52 462.3

续表

年份	社会保险基金收入	基本养老保险基金收入	失业保险基金收入	基本医疗保险基金收入	工伤保险基金收入	生育保险基金收入	社会保险基金累计结余
2015	46 012.1	32 195.5	1 367.8	11 992.9	754.2	501.7	59 532.5
2016	53 562.8	37 990.8	1 228.9	13 084.3	736.9	521.9	66 349.7
2017	67 154.5	46 613.8	1 112.6	17 931.3	853.8	643	77 312.1
2018	79 254.8	55 005.3	1 171.1	21 384.4	913	781	89 775.5
2019	83 550.4	57 025.9	1 284.2	24 420.9	819.4	—	96 977.8

注：(1) 2007 年及以后城镇基本医疗保险基金中包括城镇职工基本医疗保险和城镇居民基本医疗保险；

(2) 工伤保险累计结余中含储备金；

(3) 2010 年及以后基本养老保险基金中包含城镇职工基本养老保险和城乡居民基本养老保险。

(4) 2019 年起生育保险合并到基本医疗保险中。

资料来源：中国统计年鉴 2020. 北京：中国统计出版社，2020.

三、政府性基金收入

政府性基金反映各级政府及其所属部门根据法律、行政法规规定并经国务院或财政部批准，向公民、法人和其他组织征收的政府性基金，以及参照政府性基金管理或纳入基金预算、具有特定用途的财政资金。2019 年全国政府性基金收入为 84 517.72 亿元，地方政府性基金本级收入为 81 543.39 亿元，占 96.48%，这表明政府性基金在地方财政中的作用巨大。在地方政府性基金中，国有土地使用权出让收入即通常所说的土地出让金是最重要的收入来源（见图 7-1），2019 年全国国有土地有偿出让收入为 7 万多亿，占地方本级财政收入的 70%左右（见图 7-2）。

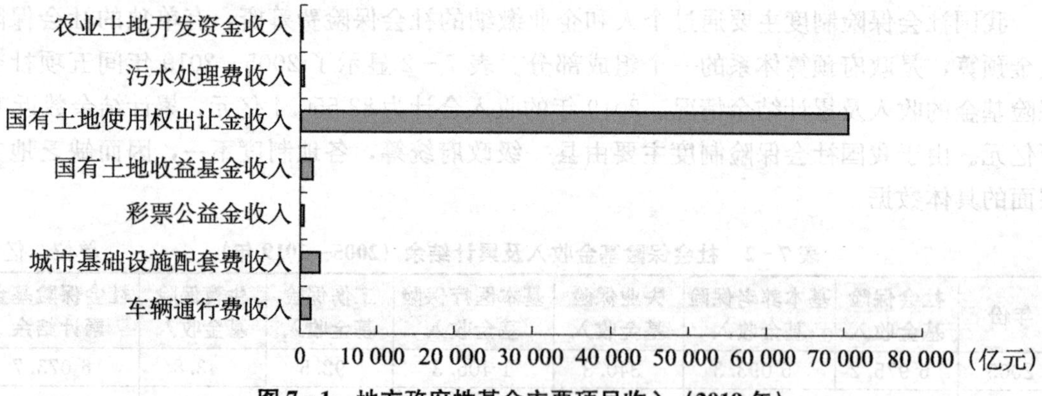

图 7-1 地方政府性基金主要项目收入（2019 年）

过去一段时间，国有土地使用权出让收入的迅猛增长说明中国房地产业发展迅速，房地产业的发展不仅提升了城镇居民住房水平，推动了经济发展，也为地方财政收入提供了巨大支撑。但是，地方政府强烈依赖土地财政，也引起了很多问题，诸如地方财政收入不可持续，与经济社会发展不相适应的房价过快增长等。从图 7-2 可见，2010 年以来，国有土地出让收入回落又上升，一方面和土地供应量有关，另一方面也反映了房地产市场和经济冷暖紧密关联的事实。

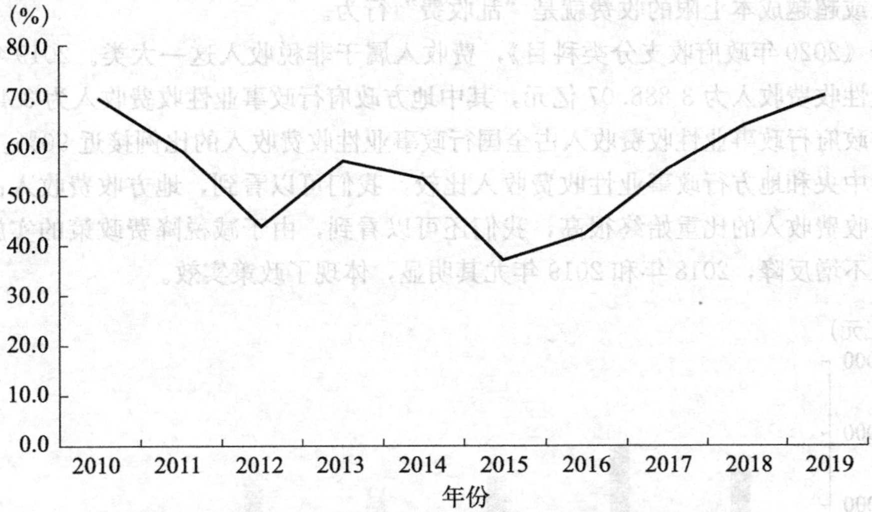

图 7-2 国有土地使用权出让收入占地方本级财政收入的比重

四、费收入

地方性公共产品分为纯公共产品和准公共产品两类。地方纯公共产品因其效用具有完全的整体性，因而消费具有完全的非竞争性和完全的非排他性。例如地方的治安、政府制定实施法规政策等法制服务、地方基础设施、地方社会保障、地方基础教育等。由于这类地方纯公共产品在消费上的非竞争性和非排他性，在公共产品可提供的限度内，供给者或者是由于技术上的原因而不能排斥不付费的人消费，或者是由于排斥的成本太高，排斥反而不经济、不合算，所以无意排斥，从而使得每一个消费者都可以不付费消费，于是每一个消费者就都不会付费，即都成了“免费搭车者”。所以这类公共产品的成本就无法以有偿的方式补偿，因而只能以税收的形式来筹集和供给资金。可见，纯公共产品必须用税收保证资金供应，或者说，税收是纯公共产品的成本。

地方准公共产品因其效用具有不完全的整体性，因而消费就有一定的竞争性和一定的可排他性。例如地方道路建设、城市公用事业、文化事业、地方医疗保健、地方高等教育等。也就是说，供给者可以排斥不付费的人的消费，例如公园可以收门票而排斥不买票的人进入，高速公路可以设置收费站来阻止不付费的车辆通行。对于准公共产品实行收费必须具有三个条件：一是受益对象能够明确，从而能够确定向谁收费；二是受益的数量能够大致测定，以便确定收取多少费用；三是“排斥”在技术上可行、在经济上合理。地方政府的费收入就是地方政府提供准公共产品的部分补偿，因此，费收入也是地方政府的一项重要收入。世界上许多国家的政府财政收入中也都有费收入。

当然，承认收费的必然性和合理性并不意味着现实经济生活中的所有收费都是合理的。这就涉及收费标准的确定问题。理论上，我们可以用受益原则来鉴定一项收费的合理性，但实践中，如何来制定政府收费的合理标准呢？我们认为成本原则是一个重要原则。因为公共部门不能像私人部门那样追求利润目标，所以高于公共服务成本的收费就是不合理的。因此，政府性收费应尽量以成本为标准，服务项目不发生追加成本而设立收费项目或超越成本上限的收费就是“乱收费”行为。

根据《2020 年政府收支分类科目》，费收入属于非税收入这一大类。2019 年，全国行政事业性收费收入为 3 888.07 亿元，其中地方政府行政事业性收费收入为 3 483.38 亿元。地方政府行政事业性收费收入占全国行政事业性收费收入的比例接近 90%。图 7－3 是近几年中央和地方行政事业性收费收入比较，我们可以看到，地方收费收入占全国行政事业性收费收入的比重始终很高，我们还可以看到，由于减税降费政策的实施，地方收费收入不增反降，2018 年和 2019 年尤其明显，体现了政策实效。

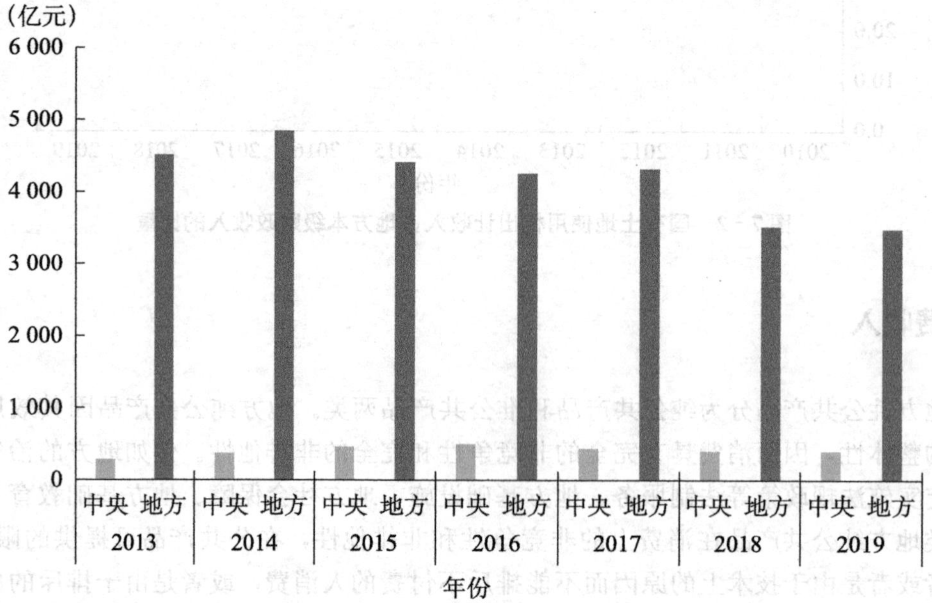

图 7－3　中央和地方行政事业性收费收入（2013—2019 年）

五、转移性收入

转移性收入[①]反映政府间的转移支付以及不同性质资金之间的调拨收入，它包括上级税收返还和转移支付、下级上解收入、上年结余收入、调入资金以及按照财政部规定列入转移性收入的无隶属关系政府的无偿援助。其中，转移支付收入是地方政府收入的重要来源，尤其是在分税制财政体制下，由于收入集中在中央，而支出分散在地方，转移支付收入对于弥补纵向财政不平衡、平衡地方差异具有非常重要的作用。2019 年，地方一般公共预算收入为 175 440.47 亿元，其中地方本级收入为 101 080.61 亿元，转移支付收入为 74 359.86 亿元，转移支付收入占地方一般公共预算收入的比重为 42.4%。

近几年，在财政紧平衡状态下，地方财政使用结转结余及调入资金增加较多，见图 7－4。主要原因是地方财政按照跨年度预算平衡机制、财政资金统筹使用和盘活存量资

① 转移性收入和转移支付收入是不同的概念，转移支付收入通常指一般性转移支付和专项转移支付，税收返还亦包含其中，转移支付收入是转移性收入的最重要组成部分。通常情况下，我们说的转移性收入指的是一般公共预算的转移性收入。事实上，政府性基金和国有资本经营收入也都有相应的转移性收入，只是数额较小而被忽略。

金等有关要求，加大从预算稳定调节基金、政府性基金预算、国有资本经营预算调入资金的力度，以及进一步加快使用结转结余资金。

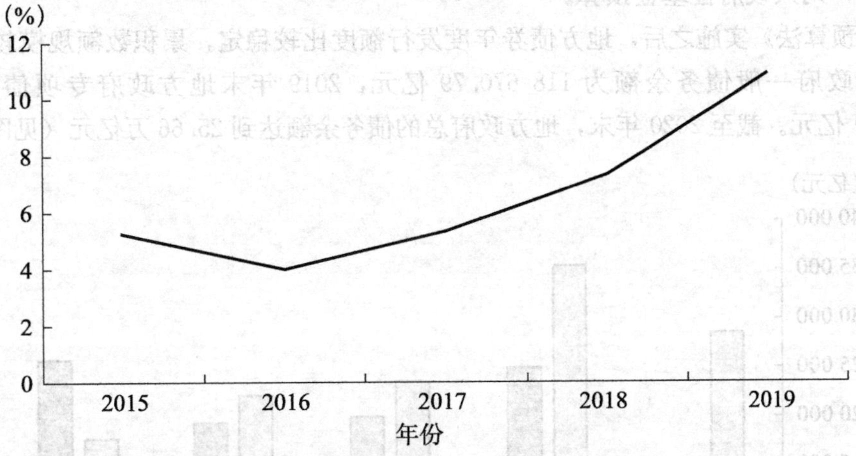

图 7-4　地方调入资金及使用结转结余收入占地方一般公共预算收入的比重

资料来源：财政部网站。

六、债务收入

地方财政债务收入是指地方政府向国内外举借的债务收入。1995 年出台的《中华人民共和国预算法》规定，地方政府不得发行债券，但地方经济社会发展对资金的大量需求迫使地方政府想尽各种办法解决资金短缺问题。如各地政府建立了一系列专业投融资公司或事业单位承担建设任务，并利用这些单位法人承接银行或信托资金，这些单位成为地方政府获取资金的主要平台。以地方投融资平台出现的公司或单位，往往能够获得政府划拨的土地或财政补贴或财政担保，进而以此为条件向银行等金融机构要求贷款或发行企业债，以用于市政建设、公用事业等项目。因此，事实上不少地区在发展地方经济、建设地方公用事业的过程中已经有了相当规模的准地方公债，其形式可能多种多样，如有的专门设立实质上属于地方政府的投融资机构来举借债务，并进行建设，但还债资金的来源是地方政府以后年度的财政收入；有的地方则是在实施一些规模较大的项目（如高速公路、地铁、大桥、铁路建设）的过程中，投融资机构虽不以政府名义设立，但由地方政府担保。事实也表明，的确有一些项目的债务的最终偿还者是地方政府。但是，很多地方政府投融资平台资本金很少、杠杆率高，大部分资金使用在自偿能力比较低的基础设施和其他公共建设项目之上，因此投融资平台贷款实质上也已成为地方政府的隐形债务，造成财政结构性风险。

2018 年 12 月 29 日第十三届全国人民代表大会常务委员会第七次会议通过并于当日开始实行的新《预算法》对旧《预算法》进行了修订，经国务院批准的省、自治区、直辖市的预算中必需的建设投资的部分资金，可以在国务院确定的限额内，通过发行地方政府债券举借债务的方式筹措。新《预算法》要求建立规范的地方政府举债融资机制，将地方政府债务分类纳入预算，实行限额管理。地方政府债券全面实现了省级政府自发自还。2015 年地方债发行包括两部分：一部分用来置换原有债务①，一部分是新增债务。发行用于置换原有债务的地方债券 3.2 万亿元，新增债券 6 000 亿元，其中 1 000 亿元为专项债券，列入政府性基金预算。

新《预算法》实施之后，地方债券年度发行额度比较稳定，累积数额规模较大，2019 年末地方政府一般债务余额为 118 670.79 亿元，2019 年末地方政府专项债务余额为 94 426.99 亿元。截至 2020 年末，地方政府总的债务余额达到 25.66 万亿元（见图 7－5）。

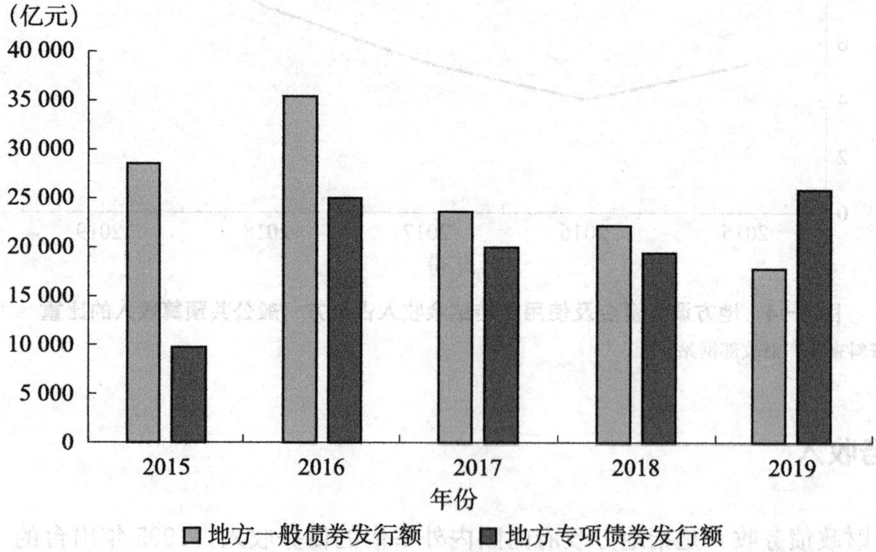

图 7－5 地方债券发行额

第二节 地方税

地方税是指收入和管理权限归地方的税种。但是，由于不同国家划分中央和地方税收收入的方法不一样，所以地方税的外延不一样。在彻底的分税制下，中央税和地方税的归属和外延范围是清楚的，但在不彻底的分税制和其他形式的财政收入分配体制下，中央税和地方税的划分就可能没有统一的标准。在我国当前的分税制下，收入全部归中央的税种划为中央税，收入全部归地方的税种划为地方税，这一点是没有分歧的，但对于收入以不同比例分成的共享税就难以判断，意见也不完全统一。例如，原来个人所得税全部归地方，所以个人所得税属于地方税无疑，但自从将其中的对个人存款利息所得征收的税款划归中央以后，个人所得税是否仍属于地方税就发生了分歧。当然，2002 年后个人所得税实行中央与地方分享后，它只能算是共享税了。同样，在我国实行“营改

① 原有债务是指新《预算法》实施前所形成的债务。债务置换是指地方政府通过发行地方债券来置换原有到期的债务。全国人大常委会专题调研组提交的调研报告显示，从债务期限看，地方政府债务 2015 年到期 3.1 万亿元，占 20%；2016 年到期 2.8 万亿元，占 18%；2017 年到期 2.4 万亿元，占 16%；2018 年及以后年度到期 6.2 万亿元，占 40%；以前年度逾期债务 0.9 万亿元，占 6%。

增”以前，营业税是地方税中的主体税种，但营业税的金融保险业税目中3%的税率部分也属于中央收入。所以在实际工作中，管理部门习惯上将收入大头归地方的共享税种也归为地方税。

一、地方商品税

地方商品税是地方政府对一般工商业活动中的商品流转额征收的税种。商品包括有形商品和无形商品即劳务，所以对商品课税实际上包括对商品征税和对劳务征税。许多发展中国家的地方政府都普遍对商品和劳务征税，但名称和形式多种多样，如销售税、货物入市税、娱乐税、工商业税等。从理论上讲，商品课税的征税依据是政府强制权，征税的目的只是筹集财政收入，而不是参与经营者的营利成果分配和作为调节收入的手段。为此，只要社会组织和个人有营业活动就要征税。这从征收权理论上说有更充分的依据：地方政府对各种行业均有管辖权（这里指征税权），地方政府对本地区的各种经营活动都提供了公共服务，所以应该进行普遍征税。

在“营改增”全面实施之后，地方商品税的主要税种是城市维护建设税。城市维护建设税是对缴纳增值税、消费税的单位和个人，按其缴纳的增值税、消费税的税款之和按一定比例征收的一种附加税。城市维护建设税的税款具有特定用途，专用于城镇的公用事业和公共设施的维护和建设，是一种具有地方附加税性质的税种。2019年地方城市维护建设税共征收4 614.44亿元，占地方财政本级收入的4.6%和地方税收收入的6.0%。

二、地方所得税

地方所得税是以地方政府为课税主体，对企业（法人）和个人的所得征收的税收。所得税实行多级征收的情况在发达国家较普遍，但发展中国家的地方政府征收所得税并不普遍。世界银行专家巴尔和林所提供的专题研究报告表明，23个发展中国家的63个城市中，只有7个国家的16个城市征收地方所得税。其主要原因是：首先，发展中国家的产业层次和技术含量、劳动生产率低，经济效益差，所得税税源窄，企业和个人所得在承受了中央所得税后已无力再承受地方所得税；其次是由于许多落后的发展中国家的地方税务机构的征管能力较弱。

我国的所得税主要有企业所得税和个人所得税。在1994年分税制改革中，企业所得税实行按企业所属关系划分财政收入级次，个人所得税除存款利息所得税归中央外，其余归地方财政。2002年，对所得税划分进行了修改。以2001年地方所获得的实际所得税额为基数，超过基数部分，所得税收入实行中央和地方分享。2002年的分享比例是中央和地方五五分成，2003年中央和地方的分享比例调整为中央得六成，地方得四成。2003年，地方财政收入中，企业所得税为1 178.8亿元，占地方财政收入的比重为12%，仅次于营业税和增值税收入；2019年企业所得税为13 517.75亿元，占地方本级财政收入的比重为13.4%，占比与2003年基本相同。2003年地方个人所得税占地方本级财政收入的比重为5.8%，2019年为4.1%。

三、地方财产税

地方财产税是地方政府对当地持有财产和财产所有权发生转移时征收的税收，包括个别财产税和一般财产税。个别财产税指以具体存在的某项资产为课税对象所征收的税，如房产税、车船税等。一般财产税指的是以一般财产价值为课税对象所征收的税。财产税又可根据财产价值的不同特点，分为静态财产税和动态财产税。静态财产税是对纳税人在课征所得税之后之所得的积聚征税，而动态财产税是在上述税后所得的积聚发生转移时对之征税。

财产税是许多国家地方政府征收的重要税类，在发达国家地方政府的财政收入中，财产税也稳定地居于一个较高水平。在发展中国家，财产税的征收也十分普遍。世界银行专家巴尔和林所提供的专题研究报告表明，23 个发展中国家的 63 个城市中，几乎所有国家的所有城市都征收财产税，而且其收入占全部税收收入的比重是第一位的。

我国现行财产税的种类主要有房产税、土地增值税、契税和车船税，这几个税种的收入都归地方财政所有。2019 年，房产税、土地增值税和契税收入分别为 2 988.43 亿元、6 465.14 亿元和 6 212.86 亿元，分别占当年地方本级财政收入的 3.0%、6.4%和 6.1%。2019 年，财产税收入占地方本级财政收入的比重是 16.4%，占地方政府税收收入的比重是 21.5%。伴随着营业税的取消，我国地方政府失去了最重要的一个地方税，未来地方税主体税种的重担将会更多地落在财产税上。但我国现行财产税体系很不完善，其调节作用远未发挥到位，还应进行以下几方面的改革：

（1）完善现行的房地产税。从本来意义上说，财产税的目的是筹集财政资金，调节财富差异及由此产生的收入差异。根据这一目的，应对我国现行的房产税实施改造，首先是对纳税人及其税基范围作调整，应免除对企业作为生产经营资产的征税，因为对资本征税有碍资本投入与形成，从而阻碍经济增长；相反，应将个人拥有的房产全部纳入征收范围，如果需要照顾到最低居住条件和考虑纳税能力，可以确定一定数额的免征额，而不应像现行税制那样将所有“自有自住”的房产都排除在征税之外。目前某些居民已拥有数额十分可观的房产，有的甚至已经将购置房产作为一种长期投资，在我国目前还没有开征资本利得税的情况下，更有必要对此类居民征收房地产税来调节收入差距。同时，房地产税征税范围应扩大到农村和其他地区，而不应只限于城镇和工矿区。事实上，从世界各国的实践来看，房地产税是最主要的财产税，也是地方政府最重要的收入来源。为了调节收入分配和财富差距，更是为了地方政府有一个稳定的收入来源，对个人拥有的房产征收房地产税是大势所趋。

（2）适当简化合并税种并且取消一些不适应经济发展的税种，如将房产税、城市房地产税合并，取消土地增值税，并取消有关收费。

（3）开征遗产税。从必要性上看，一是遗产税可以促进消费、刺激需求，可用作过剩经济状态下促进经济增长的手段；二是“没收”一部分非勤劳所得可以促使继承者勤劳工作，刺激劳动要素的投入；三是可以调节人们的财富及其收入差别，促进起点公平。从可行性上看，我国目前的收入和财富分配不均状况已是有目共睹，不少人的财产积累已相当可观，将有大量财产遗留给后代，所以从税源基础上看有了征收遗产税的可能性；

同时，在实行存款实名制和其他管理手段后，也有了税收征管上的保障。但是，与房产税相比，遗产税的开征将是更长时间内考虑的事。

专栏 7.1

房产税——改还是不改?

从 2011 年起，我国的重庆市和上海市率先在全国试点房产税改革，对个人拥有的房产开征房产税。

重庆的做法是：对于独栋商品住宅和高档住房建筑面积交易单价为上两年主城九区新建商品住房成交建筑面积均价 2～3 倍的房产，将按房产价值的 0.5%征税；对于房价达到当地均价 3～4 倍的房产，将按房产价值的 1%征税；4 倍以上，按 1.2%的税率征税。在重庆市同时无户籍、无企业、无工作的个人新购第二套（含第二套）以上的普通住房，税率为 0.5%。房产税的征收应允许扣除一定的免税面积，扣除免税面积以家庭为单位，一个家庭只能对一套应税住房扣除免税面积。纳税人在本办法施行前拥有的独栋商品住宅，免税面积为 180 平方米；新购的独栋商品住宅、高档住房，免税面积为 100 平方米。纳税人家庭拥有多套新购应税住房的，按时间顺序对先购的应税住房计算扣除免税面积。在重庆市同时无户籍、无企业、无工作的个人的应税住房均不扣除免税面积。另外，对农民在宅基地上建造的自有住房，暂免征收房产税。在重庆市同时无户籍、无企业、无工作的个人拥有的普通应税住房，如纳税人在重庆市具备有户籍、有企业、有工作任一条件的，从当年起免征税，如已缴纳税款的，退还当年已缴税款。

上海的做法是：对上海居民家庭新购第二套及以上住房和非上海居民家庭的新购住房征收房产税，税率因房价高低分别暂定为 0.6%和 0.4%。同时，对上海居民家庭给予人均 60 平方米的免税住房面积（住房建筑面积）扣除。即：对居民家庭新购且属于第二套及以上住房的，合并计算的家庭全部住房面积人均不超过 60 平方米（含 60 平方米）的，其新购的住房暂免征收房产税；人均超过 60 平方米的，对属新购住房超出部分的面积，按规定计算征收房产税。

重庆和上海房产税改革试点的最初原因可能与对楼市的调控有关，而且主要是对增量房征税，未涉及大量的存量房。然而，房产税本身是一种非常适合做地方主体税的税种，一直以来，地方对于建立连续、稳定的税源呼声强烈，而最有可能成为稳定税源的当属房产税。从增量房入手、逐步过渡到存量房，从少数城市试点到今后各地全面推广，是我国房产税改革的渐进步伐。

2016 年 7 月 23 日，在成都开幕的 G20 财长和央行行长第三次会议上，当时的财政部部长楼继伟说，要义无反顾地推进房地产税改革，但是还涉及很多利益问题，可以说这是最难达成共识的税制改革项目。Cabral 和 Hoxby（2012）认为，有些证据表明，财产税不受欢迎的原因是其高可见度。也就是说，财产税由纳税人直接缴纳，且在财产持有期间必须不断缴纳，给人以较大的冲击。党的十九届五中全会又再次提出要稳妥推进房地产税的立法和改革，要按照“立法先行、充分授权、分步推进”的原则，积极稳妥推进房地产税立法和改革。

四、地方其他税收

在我国现行地方税中，除上述三大类外，还有其他地方税，主要是资源税和行为税类。这些税种由于收入规模不大，税源比较零散，征收难度大，都划归为地方税收。

五、地方税体系建设与完善

我国1994年分税制改革中初步建立的中央税与地方税体系为政府间转移支付制度的建立奠定了基础，也对地方经济增长和社会发展发挥了重要的推动作用。但是，随着体制改革的深化和社会经济的发展，现行地方税体系也暴露出了不少问题，需要改进。

（一）现行地方税体系存在的问题

1. 地方税税种多，收入规模小，纯地方税收入占全部税收收入的比重低

我国目前共有18个税种，地方税种（包括分享中大头归地方的税种）有11个，占61.1%。但地方税收入规模相对较小，2019年全国税收总收入为158 000.46亿元，按体制划分后的地方税收收入为76 980.13亿元，占全部税收收入的48.7%，其中国内增值税、企业所得税和个人所得税地方分成部分占全部税收的比例为30%左右，占地方税收收入的比例为63%左右。

2. 地方税体系功能不协调、不科学，在发挥调节作用方面也不尽如人意

房产税、土地税的征收范围划定不合理、衔接不科学。其结果是：对纳税人来说，征用农村耕地不利，征用城镇土地有利；占有城镇土地不利，占有农村耕地（非农业建设）有利；农村的房产无税，而城镇的房产负税。尽管这些税种设计的初衷是调节某些行为，却带来了不公平的税负。投资者和消费者在这样的税制下行为不能自主，负税具有被迫性，例如城镇居民不可能到农村建房，而只能在城镇购房，农村企业只能在农村征地建厂房，而难以到城市购建厂房等。同时，对投资和消费行为并未起到理想的调节作用。

（二）地方税体系建设的总体要求

现行地方税体系存在的问题与财政体制和政治体制相关，在地方税体系框架内进行微调并不能解决现有地方税体系的所有问题。例如，要解决地方税收入规模偏小的问题涉及中央和地方税权和财力的划分，也与地方税主体税种的确立有关，而地方税主体税种的确立又牵涉到是否开征新税种以及如何改革已有税种的问题。因此，建立科学的地方税体系功夫还在税制改革之外。我们期望的地方税应该符合以下要求：

1. 除共享税外，地方还应该有自己的主体税并成为地方政府重要的收入来源

2015年，国内增值税、企业所得税和个人所得税这三大共享税收入占地方税收收入的比重为36.79%，营业税占比30.58%。2016年全面实行“营改增”。2017—2019年，三大共享收入的占地方税收入的平均比重为64.53%，说明地方税收收入整体规模偏低且分散。

培育地方税源和地方主体税种，使地方税成为地方政府收入的重要来源首先需要理顺税费关系。2019年，我国地方本级财政收入中非税收入占比23.84%，除去国内增值税、企业所得税和个人所得税，其他地方税收收入占地方本级财政收入的比重仅为28%左右。如果既要扩大地方税体系的规模，又要在总体上不加重甚或能减轻企业和个人的负担，就要求改革健全地方税体系的过程必须与理顺税费关系同步进行，使理顺税费关系成为重建地方税体系、健全地方财政体系的有机组成部分。其次，培育地方税源和地方主体税种，使地方税成为地方政府收入的主体还需要配合以税制结构的调整，健全直接税体系，逐步提高直接税比重。因为三大共享税中，增值税占比63.83%，如果不降低增值税占税收收入的比重而提高地方税比重，将增加企业和个人的整体税收负担。直接税中的财产税是地方税，积极稳妥推进房地产税改革将有利于提升地方税占地方本级财政收入的比重。

2. 地方税应充分体现受益原则

虽然从现代税收的本质来看，政府提供公共产品与人民纳税在总体上都有一定的受益补偿关系，但由于地方政府更接近人民，地方政府提供的公共产品中有更多的项目和比重具有在地域上、人群上的针对性，受益的量也具有较确切的可测定性。

3. 地方税不应以调节产业结构、稳定经济为主要政策目标

第一，如果地方税以调节产业结构、稳定经济为主要政策目标，就会由于全国各个地方关于这些目标的认识判断的分歧，从而在确定政府目标和调节方向上产生抵触，就会扰乱中央的宏观调控战略，这就是说，地方政府不具备单独确立和实施宏观调控战略的资格。第二，当今全球经济一体化的趋势正日益增强，更何况在没有关境的一国之内，更应建立全国统一的产业结构体系，而没有必要也没有理由在各个地方利用地方税制来促成封闭式的、小而全的产业结构体系的建立。否则，全国统一市场就要被分割，地区间的低水平重复、无谓的竞争就不可避免，就不能实现真正的资源优化配置。所以地方税不应有较强的产业结构调节的功能和任务，这一功能和任务应贯彻在中央税中，成为中央调节产业结构的重要手段。由此可见，地方税中的流转税应以筹集财政收入为主要目标，而不应以调节产业结构为主要目标。

4. 地方税的收入调节目标也应是适度的

一方面，由于我国幅员广阔，地区差别太大，要缩小地区收入和财富的差距，在财政体系范围内，只能依赖于政府间的财政转移支付制度的渐进完善。由于劳动力等生产要素在地区间的易流动性，地方政府在调节收入分配上的功能非常有限，因此，不能期望通过地方税来实现调节收入分配的目标。

5. 赋予地方政府适当的税收立法权，增加地方政府正式的收入自主权

在分税制下，要求每级政府都掌握较为稳定的收入，包括地方税收、上级政府的转移支付、合理的收费以及地方债务收入等，以便满足本级政府的支出需要。但现在我国地方政府在这几方面的收入都是不稳定的，或是欠缺的。所得税的中央地方分享、农业税的取消等，都使地方收支矛盾更加突出。地方政府在不能满足支出需要的情况下，只好采取不同的应对措施来满足其支出需要。如转向其他政府部门的违规收费，通过地方政府融资平台贷款，更加依赖于土地出让金收入等，这就容易引发一系列问题。如高房价、地方政府的高负债风险等。因此，未来将在中央统一立法和税种开征权的前提下，通过立法授权，适当扩大省级税收管理权限，授权省级根据本地经济社会发展实际和需要，依法确定地方税具体税率、税收优惠政策等事项。

（三）构建完善的地方税体系

1. 赋予地方政府税收立法权

赋予地方政府地方税税收立法权，是完善分税制财政体制的前提，也是构建完善的地方税体系的必然要求。我国是单一制国家，税权不宜过度分散，可以采用适度分权的模式。

（1）对涉及全局的税种，立法权、开征停征决定权、税率税目调整权继续集中在中央。

（2）全国统一开征的地方税，应由中央立法，但在税目、税率调整上可以设置一些弹性区间，允许地方政府在规定区间内确定本地区的执行标准。

（3）在地方本级管辖范围内的地方税税种，立法权归地方，由地方政府决定其税基、税率，开征、停征、减免等管理事宜。

（4）经中央政府授权后，地方政府自主决定对其有区域性特点的税源开征新的地方税种。

（5）在中央统一立法和税种开征权的前提下，通过立法授权，适当扩大省级税收管理权限。

需要说明的是，我国税权下放还受到两个因素的制约：首先是缺乏成熟的监督机制。如果税权下放到了地方，却没有相应的机制监督地方政府，税权就不应该下放。这也是现在税权迟迟没有下放地方的一个重要原因。其次是在现有的中央和地方财力划分格局下，谈税权下放没有意义，因为事实上的收入分成制度使中央和地方成为一个整体，地方只有少量的地方税。

2. 明确地方税的主体税种

明确地方税的主体税种，是保证地方政府有稳定的地方财政收入的来源，建立稳定的地方税收体系的重要保证。地方税的主体税种必须具备地方税的基本特征，同时又必须具有不同于一般地方税的特点。具体而言，地方税的主体税种应具备以下特征：

（1）税基的非流动性。地方政府征收税基流动性强的税种，就可能引起税基以税收负担的高低为标准而不是以经济效率的高低为标准的流动，从而造成资源配置效率的损失。同时，也容易导致地方政府为吸引投资而进行低税竞争，造成国家税收流失。因此，在地方政府拥有相应税权时，税基流动性强的税种不适宜作为地方税种，自然也不适宜作为地方税的主体税种。

（2）税收规模较大。主体税种是地方财政收入的主要来源，应具有较广泛的税基和较大规模的收入来源，才能保证地方政府的收入。因此，主体税种的收入规模应在地方税体系中占有相当大的比重，对地方财政收入具有充分的保证作用。

(3) 税额稳定。地方政府筹集收入的途径和能力有限，税额变动较大、收入容易产生周期波动的税种会对地方财政的收入产生较大的影响，不宜作为主体税种。而税额稳定、收入周期性波动较小的税种对稳定地方政府收入有较大的保证作用，适宜作为主体税种。

(4) 具有适度的弹性。地方税的主体税种应当对经济运行具有适度的弹性。若弹性太小，税额不能随经济的增长而相应增加，则不能满足因经济增长而增加的地方财政支出的需求；若弹性太大，则税额波动过大，税额不稳定，也不适合作为主体税种。

(5) 适合地方征管。对于税源分散、计税依据和税率的确定较为复杂的税种，地方财政及各部门的协助对税收的征管较为重要，而且地方政府接近税源，熟悉纳税人情况，由地方政府征收较为合适，可以降低征管成本，提高征管效率。

总之，地方税主体税种只有税基较广、收入稳定、规模较大、具有非流动性且税负不能转嫁，本地的税负才能真正落实到本地居民身上，才能把地方性公共产品的成本和收益较好地联系起来。

从世界大多数国家的地方税结构来看，地方税的主体税种一般是在所得税或财产税中选择。市场经济国家地方政府的主体税种一般设置为财产税。财产税在历史上曾经是整个税收体系中最重要的税种，但在现代社会中，逐步被个人所得税代替。财产税由于其地域性较强的原因，逐渐从中央税体系中退出，成为地方政府收入的主要来源。在美国，地方税主体税种是财产税，其征税对象是各类财产，包括动产（有形动产和无形动产）和不动产（土地和建筑）。英国地方政府只有财产税一种税，其管理权限也仅限于对财产税的征管。澳大利亚地方政府征收的主体税种也是财产税。

因此，无论从税收理论上讲，还是从各国实践来看，房地产税都比较适合担当地方税的主体税种。因此，从今后的发展来看，房地产税是我国地方政府潜在的可持续的地方财源。房地产税的收入归地方，其税收管理权限也应下放到地方。省级及以上政府不参与房地产税收入的分享。

从我国的情况来看，营业税曾是地方财政的主要收入来源，毫无疑问也是地方税的主体税种。但是，随着营业税被增值税所替代，它已经退出历史舞台，从现有地方税收收入来源来看，最大的收入来源是增值税的分享收入，但它并不是地方税。严格意义上的地方税只有契税、土地增值税和城市维护建设税。但这些税显然不适合担当起地方主体税种的重任。根据我国税制的特点，通过后移征收环节，逐步将消费税变成地方税。

3. 健全地方税体系

健全地方税体系是税制改革的重要内容，其主要任务是完善地方税种，建立科学、合理的地方税体系。与中央税税种不同，地方税收税源分散、税额较小，因此，除了确立地方税主体税种外，还要有一定数量的辅助税种，这是建立合理的地方税体系的需要。总的设置目标应该是以财产税、消费税为主体，以所得税和其他税种为辅，构建收入稳定的地方税体系。

地方税体系的建立与完善，要通过对现有地方税制的改革来完成。对现有地方税中不合适的税种应取消或合并，需要并开征的税种应及时设置并开征。

首先，应积极研究推进房地产税改革试点，调节居民收入水平差异，将房地产税、土地使用税合并为房地产税后，由于计税依据、税率、课税范围等发生变化，数量将会有显著增加。同时，随着经济的发展和市场机制的不断完善，作为财产税类主体税种的房地产税的收入将迅速增加。其次，改革消费税，通过后移消费税的征收环节，使消费税从中央税变成地方税主体税种。再次，适时实施资源税改革，扩大资源税的征税范围，提高税收标准，使资源税起到避免对自然资源过度开发及其对环境的不利影响，发挥资源税促进地方经济发展和保护环境的作用。最后，加强地方税税制建设。地方税体系的建立要向规范化发展，税种设定要规范，税收制度要规范，税种名称要规范，征收制度更要规范。不能因为地方税为小税种就忽视其制度建设。相反，正由于是小税种，增加了税收征管的难度，需要更为细致规范的规定。要在中央制定国家税收基本法的基础上，制定地方税收的征收法，从法律和制度上保证地方税体系的规范和稳定。

总之，地方税体系的改革与完善，一方面是要科学地设计总体框架，建立科学的地方税体系；另一方面是要分别对商品与服务课税、所得课税、财产课税进行完善，要结合税费改革统筹推进地方税体系改革。我们将上述改革设想归纳如下（见图 7－6）：

- 地方税体系
  - 商品与服务税：消费税等
  - 所得税
    - 企业所得税
    - 个人所得税
    - 资本利得税
  - 财产税
    - 房地产税
    - 契税
    - 遗产与赠予税

图 7－6　地方税体系构想

第三节　地方财政收入规模与结构分析

我们已经了解了地方财政收入的总体框架，并且对地方税进行了比较深入的学习，接下来我们将引用一系列数据对地方财政收入进行分析。

一、地方财政收入规模

我国地方财政收入规模总体情况如表 7－3 所示。表 7－3 所列数据皆为地方一般公共预算中地方财政本级收入，未包含转移性收入，也未包含一般公共预算账户之外的数据。

表 7－3　地方财政收入及比重（1980—2019 年）

年份	全国财政收入（亿元）	地方财政收入			
		总量（亿元）	占 GDP 比重（%）	占全国财政收入比重（%）	比上年增长幅度（%）
1980	1 159.93	875.48	19.4	75.5	—

续表

年份	全国财政收入（亿元）	地方财政收入			
		总量（亿元）	占 GDP 比重（%）	占全国财政收入比重（%）	比上年增长幅度（%）
1985	2 004.82	1 235.19	13.8	61.6	41.1
1990	2 937.10	1 944.68	10.5	66.2	57.4
1991	3 149.48	2 211.23	10.2	70.2	13.7
1992	3 483.37	2 503.86	9.4	71.9	13.2
1993	4 348.95	3 391.44	9.8	78.0	35.4
1994	5 218.10	2 311.60	4.9	44.3	−31.8
1995	6 242.20	2 985.58	5.1	47.8	29.2
1996	7 407.99	3 746.92	5.5	50.6	25.5
1997	8 651.14	4 424.22	5.9	51.1	18.1
1998	9 875.95	4 983.95	6.4	50.5	12.7
1999	11 444.08	5 594.87	6.8	48.9	12.3
2000	13 395.23	6 406.06	7.2	47.8	14.5
2001	16 386.04	7 803.30	8.0	47.6	21.8
2002	18 903.64	8 515.00	8.1	45.0	9.1
2003	21 715.25	9 849.98	8.4	45.4	15.7
2004	26 396.47	11 893.37	7.4	45.1	20.7
2005	31 649.29	15 100.76	8.2	47.7	27.0
2006	38 760.20	18 303.58	8.4	47.2	21.2
2007	51 321.78	23 572.62	8.9	45.9	28.8
2008	61 330.35	28 649.79	9.1	46.7	21.5
2009	68 518.30	32 602.59	9.6	47.6	13.8
2010	83 101.51	40 613.04	10.1	48.9	24.6
2011	103 874.43	52 547.11	11.1	50.6	29.4
2012	117 253.52	61 078.29	11.4	52.1	16.2
2013	129 209.64	69 011.16	11.7	53.4	13.0
2014	140 370.03	75 876.58	11.9	54.1	9.9
2015	152 269.23	83 002.04	12.0	54.5	9.4
2016	159 604.97	87 239.35	11.7	54.7	5.1
2017	172 592.77	91 469.41	11.1	53.0	4.8
2018	183 359.84	97 903.38	10.9	53.4	7.0
2019	190 390.08	101 080.61	10.2	53.1	3.2

注：(1) 地方财政收入为本级收入；

(2) 本表数字不包括国内外债务。

资料来源：中国统计年鉴 2020. 北京：中国统计出版社，2020.

由表 7－3 可知，1978 年以来，我国的地方财政收入的绝对规模增长迅速，从 1978 年的不足 1 000 亿元上升到 2019 年的 101 080.61 亿元（名义价格）。1980—1992 年间，地方财政收入绝对额逐年增加，但其占 GDP 的比重逐年下降。1993 年收入大幅上升与 1994 年实行的分税制财政体制改革有关。在改革实施之前，地方政府为扩大收入基数采取突击收入的方式，1993 年的地方财政收入因而比上一年增长 35.4%。而 1994 年由于调整了中央与地方的收入分配，地方财政收入直线下降，占 GDP 的比重为 4.9%，成为历史最低点。1994 年以后地方财政收入占 GDP 的比重开始上升，至 2019 年已经达到 10.2%。地方财政收入占全国财政收入的比重有自己的变化趋势。从图 7-7 可见，实行分税制财政体制之前，地方财政收入占全国财政收入的比重都在 60%以上，高的时候超过 75%。1994 年以后，地方财政收入占全国财政收入的比重降了一个档次，近几年有增长趋势。当然，如果将转移性收入和一般公共预算收入之外的社会保险基金收入以及土地出让金收入等统计在内，这一比重将被改写。

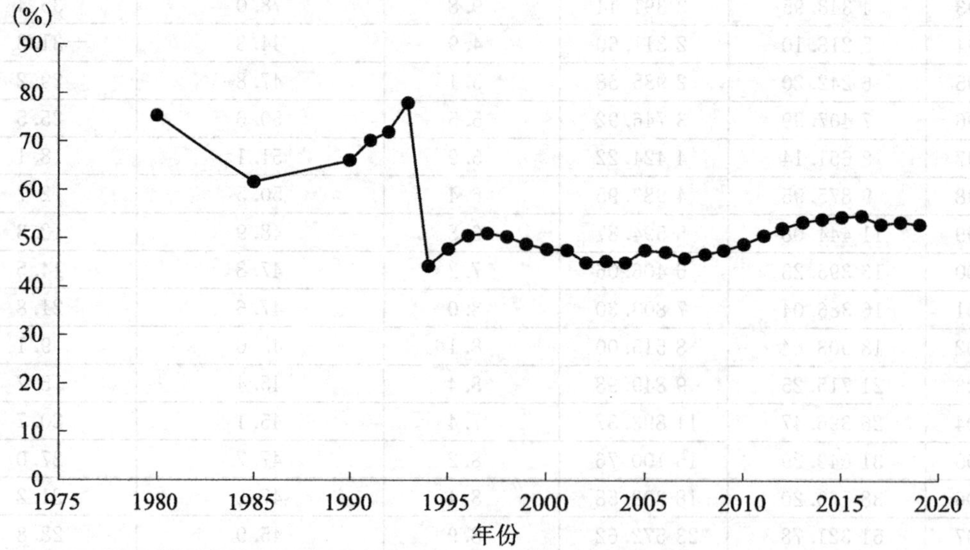

图 7-7　地方财政收入占全国财政收入的比重（1980—2019 年）

二、地方财政收入结构

我国地方财政收入包括税收收入、非税收入、债务收入、转移性收入、社会保险基金收入和政府性基金收入等。地方一般公共预算收入包括税收收入、非税收入和转移性收入。图 7-8 显示了 2019 年地方一般公共预算收入的主要项目，构成一般公共预算收入的主要税种分别是增值税、企业所得税、个人所得税、契税和土地增值税。

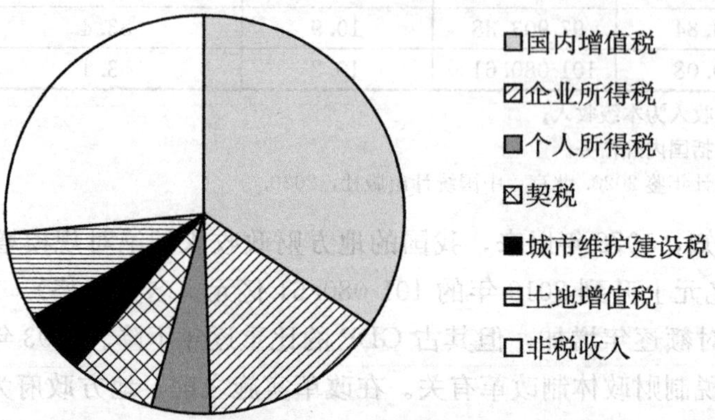

图 7-8　地方一般公共预算收入主要项目（2019 年）

地方财政非税收入中专项收入、行政事业性收费收入和国有资源（资产）有偿使用收入占到了比较大的比重，参见表 7-4 中的相关数据。

表 7-4 中央、地方财政非税收入（一般公共预算）比较（2019 年）

项目	总额（亿元）	中央（亿元）	中央占比（%）	地方（亿元）	地方占比（%）
非税收入	32 389	8 289	25.6	24 100	74.4
专项收入	7 134	284	4.0	6 850	96.0
行政事业性收费收入	3 888	405	10.4	3 483	89.6
罚没收入	3 062	133	4.3	2 929	95.7
国有资本经营收入	7 720	6 659	86.3	1 061	13.7
国有资源（资产）有偿使用收入	8 061	717	8.9	7 344	91.1
其他收入	2 523	91	3.6	2 432	96.4

三、中央与地方财政收入结构比较

我国中央和地方财政收入结构有比较大的差异，主要体现在三个方面。从图 7-9 可见，第一，从税种上看，中央和地方各自有特定的税。契税、土地增值税和城市维护建设税为主要地方税，但所占比重比较低。第二，三大共享税中央占了大头，2019 年三大共享税占全部税收收入的 70.6%。第三，非税收入主要归地方财政所有，中央财政收入中非税收入的比重较低，如表 7-4 所示。整个非税收入地方占 74.4%，中央只占 25.6%。在所有非税收入种类中，除国有资本经营收入中央因部分金融机构和中央企业上缴的利润较多，该类收入中央占比高达 86.3%外，其他所有非税收入地方占比基本都在 90%以上。

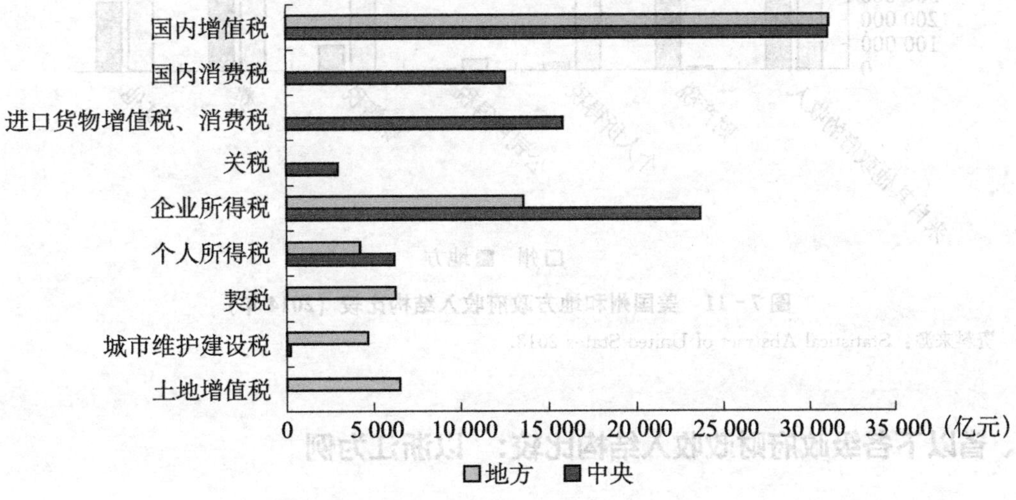

图 7-9 中央和地方一般公共预算收入结构比较（2019 年）

我们再来看看美国三级政府的收入结构。因为联邦政府和州、地方政府的收入种类不一样，我们先单独看看 2014 年联邦政府的收入构成，见图 7-10。2014 年美国联邦政府总收入为 30 215 亿美元，社会保险和个人所得税是它最重要的收入来源，联邦政府的收入以直接税为主。2014 年州政府总收入是 23 614.7 亿美元，地方政府总收入是 17 720.5 亿美元。州和地方政府的收入来源构成相同，但两级政府的收入来源分布不一样。从图 7－11 可见，州和地方政府有各自的主体税种，州政府以个人所得税和销售税为主，地方政府以财产税为主，来自其他政府的收入和费所占比重差不多。

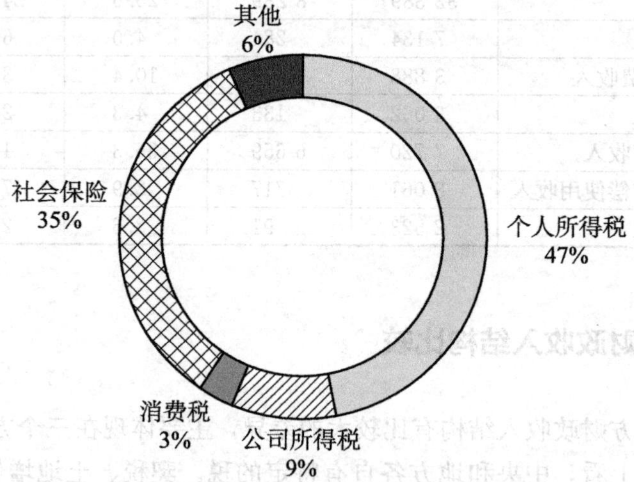

图 7－10 美国联邦政府收入构成（2014 年）

资料来源：Statistical Abstract of United States 2018.

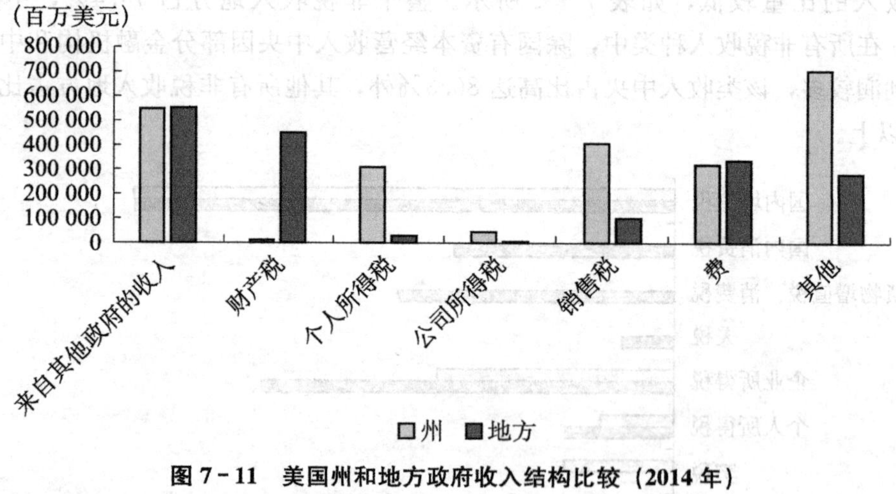

图 7－11 美国州和地方政府收入结构比较（2014 年）

资料来源：Statistical Abstract of United States 2018.

四、省以下各级政府财政收入结构比较：以浙江为例

省以下各级政府财政收入结构各省不一而同，完全取决于各省收入划分的方式，下面我们以浙江省为例说明省以下各级政府的主要财政收入构成以及主要财政收入在省以下政府间的分布。表 7－5 为 2012—2019 年总体情况。

表 7-5　浙江省省以下各级政府主要财政收入（2012—2019 年）

	级次	增值税		企业所得税		非税收入		国有土地使用权出让相关收入	
		总额(万元)	占比(%)	总额(万元)	占比(%)	总额(万元)	占比(%)	总额(万元)	占比(%)
2019年	省	860 634	3.62	718 911	6.44	1 763 764	15.34	0	0.00
	市	4 316 420	18.18	2 107 840	18.89	3 047 988	26.51	30 929 113	37.45
	县	9 793 898	41.24	5 349 506	47.93	6 324 099	55.00	49 532 527	59.97
	乡	8 774 845	36.95	2 984 674	26.74	362 441	3.15	2 133 766	2.58
	合计	23 745 797	100.00	11 160 931	100.00	11 498 292	100.00	82 595 406	100.00
2018年	省	859 144	3.57	614 406	6.32	1 542 887	15.25	256 103	0.33
	市	4 328 373	17.97	1 917 703	19.72	2 422 766	23.95	26 622 844	34.36
	县	10 183 334	42.27	4 727 812	48.62	5 819 401	57.53	47 558 591	61.37
	乡	8 717 575	36.19	2 464 673	25.34	330 762	3.27	3 051 718	3.94
	合计	24 088 426	100.00	9 724 594	100.00	10 115 816	100.00	77 489 256	100.00
2017年	省	1 063 915	4.83	557 379	6.78	1 317 386	15.25	0	0.00
	市	2 548 617	11.58	1 030 990	12.54	1 918 486	22.21	22 465 431	39.29
	县	10 546 408	47.91	4 550 201	55.34	5 114 610	59.22	33 272 666	58.19
	乡	7 854 798	35.68	2 083 348	25.34	285 909	3.31	1 441 138	2.52
	合计	22 013 738	100.00	8 221 918	100.00	8 636 391	100.00	57 179 235	100.00
2016年	省	747 855	5.08	606 683	8.61	1 021 328	13.41	0	0.00
	市	1 712 661	11.63	973 287	13.81	1 434 393	18.83	13 603 273	42.60
	县	7 434 595	50.50	3 816 733	54.15	4 874 181	63.97	17 390 011	54.46
	乡	4 826 980	32.79	1 651 949	23.44	289 028	3.79	936 648	2.93
	合计	14 722 091	100.00	7 048 652	100.00	7 618 930	100.00	31 929 932	100.00
2015年	省	241 005	2.98	566 322	8.55	933 532	14.55	34 056	0.18
	市	911 526	11.25	979 195	14.79	1 060 620	16.53	7 472 408	38.90
	县	4 364 999	53.89	3 482 858	52.59	4 140 021	64.51	11 131 028	57.95
	乡	2 581 611	31.88	1 593 737	24.07	283 045	4.41	570 790	2.97
	合计	8 099 141	100.00	6 622 112	100.00	6 417 218	100.00	19 208 282	100.00
2014年	省	241 391	3.25	613 768	9.66	427 357	15.94	137 910	0.41
	市	736 233	9.90	912 191	14.36	288 117	10.75	13 547 708	40.13
	县	4 006 084	53.89	3 228 639	50.82	1 834 938	68.45	19 507 705	57.78
	乡	2 450 270	32.96	1 597 933	25.15	130 216	4.86	569 743	1.69
	合计	7 433 978	100.00	6 352 531	100.00	2 680 628	100.00	33 763 066	100.00
2013年	省	220 878	4.00	629 500	11.12	265 543	10.57	78 420	0.21
	市	647 339	11.73	863 300	15.26	365 159	14.53	13 675 163	37.26
	县	2 445 458	44.33	2 792 541	49.35	1 779 251	70.81	22 138 457	60.32
	乡	2 203 028	39.93	1 373 474	24.27	102 685	4.09	807 759	2.20
	合计	5 516 703	100.00	5 658 815	100.00	2 512 638	100.00	36 699 799	100.00
2012年	省	243 049	4.79	605 055	11.27	218 108	10.22	44 681	0.23
	市	540 042	10.64	834 223	15.54	314 336	14.73	7 513 778	38.08
	县	2 355 020	46.40	2 529 853	47.11	1 493 285	69.96	11 775 601	59.68
	乡	1 937 555	38.17	1 400 546	26.08	108 848	5.10	395 950	2.01
	合计	5 075 666	100.00	5 369 677	100.00	2 134 577	100.00	19 730 010	100.00

资料来源：历年《浙江财政统计年鉴》。

图 7－12 是 2019 年主要财政收入在省以下政府间的分布。从图中我们可以看到，县级政府获得了全省收入的一半以上；从具体收入来看，国有土地使用权出让相关收入的集中度更高，县级政府取得了全省 60%的出让收入。我们还可以看到，浙江省省级收入占比很低，甚至低于乡级政府。需要指出的是，以上并不是省级政府的可支配财力，浙江省通过将市、县（市）地方财政收入超过基数的增量部分，市、县（市）上划中央增值税应返还收入比基数的增加额予以一定比例集中改变了财力格局。具体来说，省与市、县（市）实行“二八”分成，即省得 20%，市、县（市）得 80%。

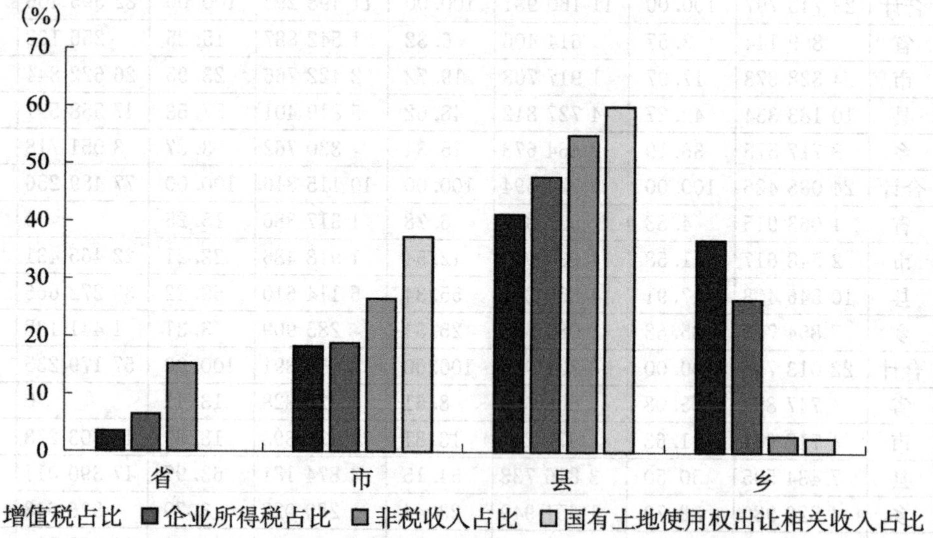

图 7－12 省以下政府间财政收入结构比较（2019 年）

第四节 本章小结

（1）地方财政收入的种类主要有税收收入、社会保险基金收入、费收入、债务收入和转移性收入等。

（2）赋予地方政府地方税税收立法权，是完善分税制财政体制的前提，也是构建完善的地方税体系的必然要求。我国是单一制国家，税权不宜过度分散，可以采用适度分权的模式。

（3）地方税的主体税种应该具有下列特征：第一，税基的非流动性；第二，税收规模较大；第三，税额稳定；第四，具有适度的弹性；第五，适合地方征管。

（4）在地方各级财政本级收入结构中，税收收入是各级财政的主要收入来源。

（5）在一般公共预算中，绝大部分非税收入归地方财政。

重要概念

地方税　　转移性收入　　社会保险基金收入

费收入　　　　　　地方税主体税种　　　　　　土地出让金

复习与思考题

1. 下列哪些财政收入属于中国地方财政收入？

(1) 养老保险费；

(2) 土地出让金；

(3) 公债；

(4) 税收返还。

2. 如何完善我国的地方税体系？

3. 什么样的税适合成为地方税的主体税种？

参考文献

1. Cabral Marika, Caroline Hoxby, 2012, "The Hated Property Tax: Salience, Tax Rates, and Tax Revolts," Working Paper No. 18514. Cambridge, MA: National Bureau of Economic Research

2. 钟晓敏，叶宁．适时开征物业税，促进地方财源建设．财政研究，2005 (12)

3. 钟晓敏，叶宁．中国地方财政体制改革研究．北京：中国财政经济出版社，2010

4. 2019 年政府收支分类科目

5. 中国统计年鉴（历年）

6. 中国财政年鉴（历年）

7. 浙江财政统计年鉴（历年）

8. 美国总统经济报告（历年）

推荐阅读文献

1. 刘昆．建立现代财税体制．人民日报，2020-12-23

第八章

地方财政转移支付

本章学习目标

1. 掌握我国转移支付制度的构成；
2. 理解均衡性转移支付的计算方法；
3. 了解共同财政事权转移支付的作用；
4. 了解我国转移支付改革的取向。

纵向财政不平衡是分税制财政体制的常态，因此，财政转移支付在财政体制中不可或缺。同时，财政转移支付还承担着均衡地区财力的重要作用。第四章我们从理论的角度阐述了财政转移支付的类型、经济效应等内容，本章将以中国为例，说明现实中的财政转移支付。第一节是财政转移支付收入的分析，从规模、预算结构和地区结构概括中国转移支付的全貌。第二节是中国财政转移支付的演变历史，1994 年是建立分税制财政体制的开始，在此之后中国的转移支付制度经过了诸多改革，目前的体制是历次改革结果的呈现。了解历史有助于我们认清楚制度的由来和缺陷，明晰未来的改革方向。第三节是省以下财政转移支付实例，以五省两市为例说明我国省以下财政转移支付的制度架构。

第一节　财政转移支付收入分析

转移支付收入是地方政府财政收入的重要来源，尤其是在分税制财政体制下，由于收入集中在中央，而支出分散在地方，转移支付收入对于弥补纵向财政不平衡、平衡地区差异具有非常重要的作用。2019 年地方一般公共预算收入为 175 440.47 亿元，其中地方本级收入为 101 080.61 亿元，转移支付收入为 74 359.86 亿元，转移支付收入占地方一般公共预算收入的比重为 42.4%。从图 8-1 可见，虽然中央对地方的转移支付收入绝对额一直在增长，然而 2008—2015 年转移支付收入占地方一般公共预算收入的比重却持续下降，说明地方政府的自主财力在逐年缓慢提高。2016 年开始这一比重又有所提升，不过依然没有超过2009年的水平。①

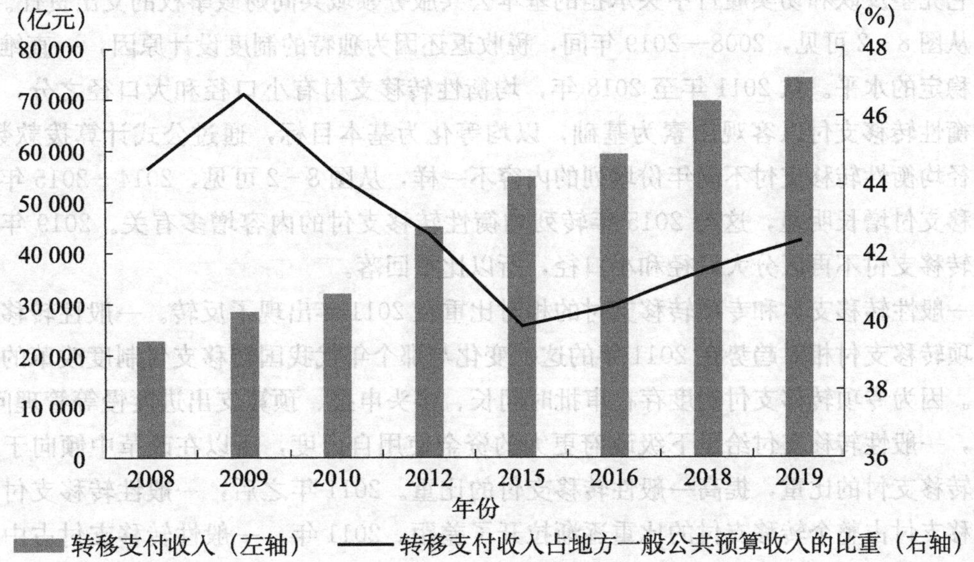

图8-1　地方政府转移支付收入（2008—2019年）

资料来源：财政部网站。

一、转移支付收入内容结构分析

从转移支付收入的内容结构来看，我国转移支付分为一般性转移支付和专项转移支付，另外还有一块比较特别的税收返还，从2019年开始它被列入一般性转移支付。②一般性转移支付是指中央政府对有财力缺口的地方政府（主要是中西部地区），按照规范的办法给予的补助，地方政府可以按照相关规定统筹安排和使用。其中，均衡性转移支付是指以促进地区间基本公共服务均等化为目标，选取影响各地财政收支的客观因素，考虑地区间支出成本差异、收入努力程度以及财政困难程度等，按统一公式分配给地方的补助资金。专项转移支付是指中央政府对承担委托事务、共同事务的地方政府，给予的具有指定用途的资金补助，以及对应由下级政府承担的事务，给予的具有指定用途的奖励或补助。税收返还是1994年分税制改革之时为确保地方既得利益而作出的妥协。中央对地方的税收返仍然是按照来源地规则设计的，在此规则下，各辖区获得的税收返还数额取决于向中央贡献了多少税收，而不取决于各辖区的人口、人均收入、地理特征以及其他影响财政能力的因素。从2019年开始，一般性转移支付中出现了“共同财政事权转移支付”，以适配共同财政事权的支出责任划分。③改革前一般性转移支付和专项转移支

① 由于美国次贷危机的影响，中国政府也在2008年底启动了救市计划。因此，2009年的转移支付收入占地方一般公共预算收入的比重成为近十余年的峰值。

② 从对资金的使用有无指定用途的角度看，税收返还确实属于一般性转移支付。

③ 2018年，国务院办公厅发布了《基本公共服务领域中央与地方共同财政事权和支出责任划分改革方案》，明确提出，在一般性转移支付下设立共同财政事权分类分档转移支付。

付安排的基本公共服务领域共同财政事权事项，统一纳入共同财政事权分类分档转移支付，它完整反映和切实履行中央承担的基本公共服务领域共同财政事权的支出责任。

从图8-2可见，2008—2019年间，税收返还因为独特的制度设计原因，一直维持在一个稳定的水平。从2011年至2018年，均衡性转移支付有小口径和大口径之分，小口径均衡性转移支付以客观因素为基础，以均等化为基本目标，通过公式计算拨款数额。大口径均衡性转移支付不同年份增列的内容不一样，从图8-2可见，2014—2015年均衡性转移支付增长明显，这与2015年转列均衡性转移支付的内容增多有关。2019年，均衡性转移支付不再区分大口径和小口径，所以比重回落。

一般性转移支付和专项转移支付的相对比重在2011年出现了反转。一般性转移支付和专项转移支付相对趋势在2011年的这一变化与那个年代我国转移支付制度改革的取向有关。因为专项转移支付制度存在审批时间长、多头申报、预算支出进度慢等管理问题，同时，一般性转移支付给予下级政府更大的资金使用自由度，所以在改革中倾向于降低专项转移支付的比重，提高一般性转移支付的比重。2011年之后，一般性转移支付和专项转移支付占整个转移支付的比重逐渐拉开了差距。2011年，一般性转移支付占中央对地方补助收入的比重为45.87%，专项转移支付所占比重为41.51%。2018年，一般性转移支付占中央对地方补助收入的比重为55.57%，专项转移支付所占比重为32.9%。2019年，一般性转移支付和专项转移支付的差距在2018年的基础上急剧扩大，一般性转移支付占中央对地方补助收入的比重为89.8%。出现这种变化有两个原因：第一，税收返还并入了一般性转移支付①；第二，原来一般性转移支付和专项转移支付安排的基本公共服务领域共同财政事权事项，2019年之后统一纳入共同财政事权分类分档转移支付，而共同财政事权转移支付设立在一般性转移支付下面。

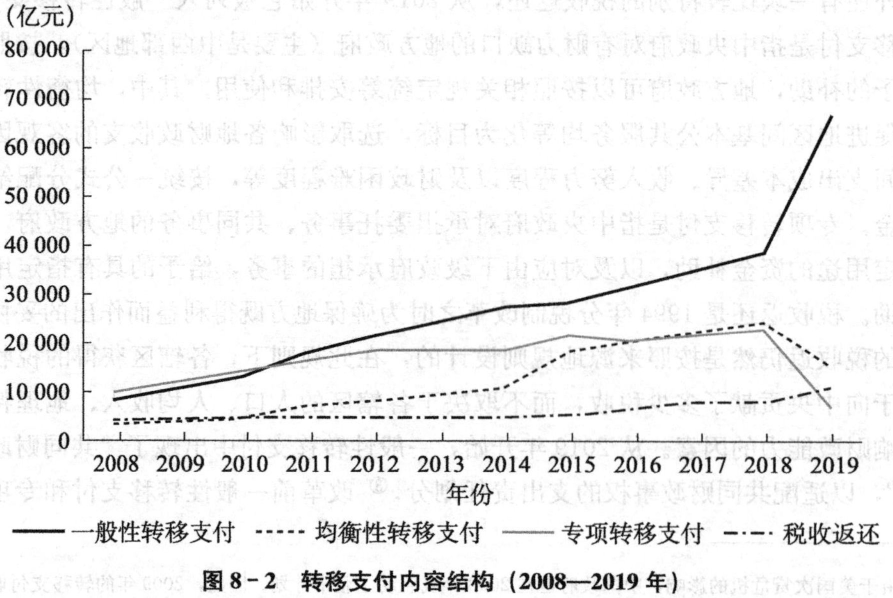

图8-2 转移支付内容结构（2008—2019年）

资料来源：财政部网站。

---

① 为了保持图形连续，2019年的税收返还既包含在图8-2的一般性转移支付中，也作了单独反映。

事实上，一般性转移支付与专项转移支付具有不同的特点：一般性转移支付能够发挥地方政府了解居民公共服务实际需求的优势，有利于地方因地制宜统筹安排财政支出和落实管理责任；专项转移支付则能够更好地体现中央政府的意图，促进相关政策的落实，且便于监督检查。完善转移支付制度，关键是要科学设计转移支付制度，发挥各自的作用，而不是简单地提高或降低某一比重。从国际上看，两者的比例关系如何搭配，并无统一标准。例如，美国联邦对州的补助全部以专项拨款和分类补助的方式下达，2020财年日本中央政府对地方政府一般性转移支付（地方交付税）占转移支付总额的比重大约为50%。完善转移支付制度，还要加快财政转移支付法制建设，通过立法规范完善财政转移支付资金，促进资金分配更加公平、合理、规范、高效。

二、转移支付收入预算结构分析

从转移支付收入的预算结构来看，2019年地方一般公共预算收入为175 440.47亿元，转移支付收入为74 359.86亿元，转移支付收入占地方一般公共预算收入的42.38%；地方政府性基金收入共81 543.39亿元，中央政府性基金转移支付收入为1 065.45亿元，中央政府性基金转移支付收入只占整个地方政府性基金收入的1.3%。2019年地方国有资本经营收入为2 458.11亿元，中央对地方国有资本经营转移支付为122.25亿元，占地方国有资本经营收入的4.97%。

一般公共预算、政府性基金预算和国有资本经营预算三本预算合在一起，2019年中央对地方的转移支付总额为75 547.56亿元，其中，一般公共预算转移支付占98.43%，政府性基金预算转移支付占1.41%，国有资本经营预算转移支付占0.16%。由于政府性基金预算和国有资本经营预算中，中央转移支付额较少，所以当我们讨论转移支付收入时，大部分讨论口径仅指一般公共预算转移支付收入。本章以下的讨论口径指的是一般公共预算转移支付收入。

三、转移支付收入地区结构分析

从转移支付收入的地区结构来看，各个地方的财政收入中来自补助收入的比重有很大差别，经济发达地区由于经济基础强，财源茂盛，财政收入规模大，中央净补助收入占地方财政总收入的比重相对较低。而经济落后地区的省份，其相应的比重就比较高。表8-1说明了中央净补助收入占各地方政府地方财政总收入比重的情况。在转移支付收入的地区结构比较中，我们用到了与图8-1不一样的口径。中央净补助收入是指中央补助收入（含税收返还）减去地方上解中央支出。地方财政总收入指的是地方政府这一年能够取得的全部收入，除了地方一般公共预算收入外，还包括地方政府债务收入、国债转贷收入、国债转贷资金上年结余、调入预算稳定调节基金、调入资金、接受其他地区援助收入、省补助计划单列市收入。以中央净补助收入占地方财政总收入的比重来表明地方政府倚赖中央财力的状况。

表8-1 各省份中央净补助收入情况

地区	2009年中央净补助收入占全部财政收入比重（%）	2015年中央净补助收入占全部财政收入比重（%）	2018年		
			中央净补助收入（亿元）	全部财政收入（亿元）	中央净补助收入占全部财政收入比重（%）
上海	14.79	5.60	666.56	9 428.29	7.07
广东	13.65	7.78	1 538.21	20 024.58	7.68
浙江	14.58	9.53	1 034.18	10 837.80	9.54
北京	11.97	6.38	859.13	8 346.85	10.29
江苏	15.46	9.22	1 558.29	14 257.71	10.93
天津	18.54	10.91	549.82	3 661.50	15.02
福建	28.05	20.51	1 250.79	5 865.95	21.32
山东	28.78	20.07	2 787.15	11 911.68	23.40
辽宁	33.66	26.31	2 387.25	7 598.63	31.42
河北	47.34	32.49	3 136.83	9 467.21	33.13
海南	50.08	34.49	828.46	2 232.53	37.11
东部地区	21.79	14.06	16 596.67	103 632.73	16.01
山西	41.60	32.95	1 780.82	5 129.47	34.72
湖北	49.99	31.54	3 126.96	8 801.38	35.53
江西	49.58	32.88	2 448.18	6 685.90	36.62
安徽	52.14	38.13	3 062.29	8 048.36	38.05
湖南	51.53	38.36	3 466.14	8 813.24	39.33
河南	55.57	41.95	4 271.71	10 103.55	42.28
吉林	56.49	42.93	2 119.50	4 500.67	47.09
黑龙江	55.89	46.93	3 051.05	5 984.38	50.98
中部地区	51.79	37.95	23 326.65	58 066.95	40.17
重庆	38.60	28.00	1 785.45	5 215.73	34.23
陕西	49.87	39.18	2 463.63	6 205.17	39.70
四川	59.62	39.99	4 800.78	11 503.79	41.73
内蒙古	47.06	37.35	2 615.54	6 253.10	41.83
贵州	61.19	40.43	2 964.28	6 935.16	42.74
云南	54.62	42.55	3 233.48	7 042.68	45.91
广西	52.08	42.40	2 852.95	6 173.78	46.21
宁夏	55.36	47.70	858.46	1 735.71	49.46
新疆	63.61	51.55	2 932.47	5 737.78	51.11
青海	66.48	52.90	1 228.92	2 055.34	59.79
甘肃	65.12	58.44	2 498.71	4 072.64	61.35
西藏	78.98	82.93	1 704.23	2 269.26	75.10
西部地区	55.74	43.13	29 938.90	65 200.14	45.92
全国	39.04	28.28	69 862.22	226 899.82	30.79

资料来源：根据《中国财政年鉴2010》、《中国财政年鉴2016》和《中国财政年鉴2019》整理。

从表8-1可见，中央净补助收入占地方财政总收入的比重2009年全国平均为39.04%，2015年为28.28%，而2018年这一比重为30.79%。中央净补助收入占地方财政总收入比重全国平均数的变化说明近些年中央净补助收入占地方财政总收入的比重先降低后又上升的趋势，这与图 8－1 显示的结论是一致的。表 8－1 中数据显示，超过全国平均比重的主要是经济落后地区的省份，2015 年，西藏这一比重高达 82.93%，2018 年下降为 75.10%。2018 年，比重超过 50%的除了西藏还有黑龙江（50.98%）、甘肃（61.35%）、青海（59.79%）、新疆（51.11%）。比重低于 10%的省份无一例外都在东部经济发达地区，其中最低的是上海（7.07%），其余依次是广东（7.68%）、浙江（9.54%）。中部和西部地区所有的省份加上东部地区的海南、河北、辽宁三个省其中央净补助收入占地方财政总收入的比重 2018 年高于全国平均水平，全国只有东部八个省份的比重低于全国平均水平。

图 8－3 是三大经济带中央净补助收入占地方财政总收入比重平均值的比较，图形直观显示了中央转移支付收入在三大经济带的分布，西部地区和中部地区显著高于东部地区，说明中央转移支付具有地区财力均等化的作用。从图形上还能大致看出 2009 年、2015 年和 2018 年三年间中央转移支付在地方财政总收入中的比重变化，三大经济带与全国平均数在年度间的变化趋势是一致的。

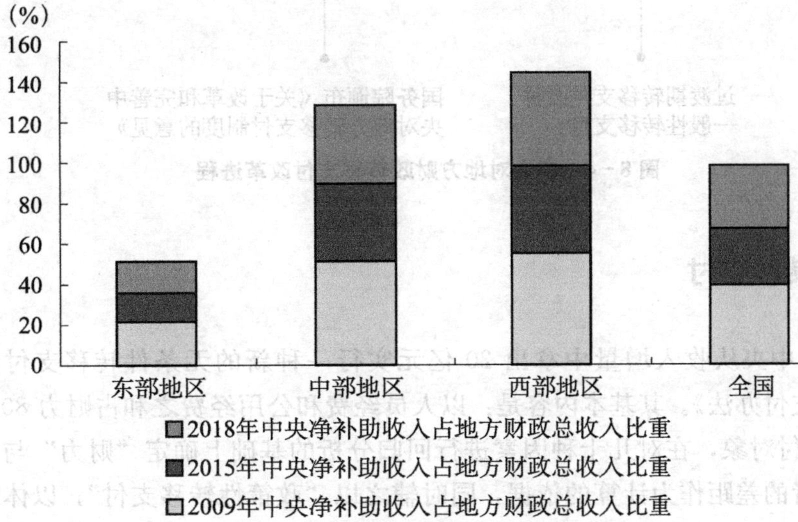

图 8－3　三大经济带净补助收入比较

第二节　中央对地方转移支付制度的演变

1994 年，分税制财政体制改革基本确立了中央与省之间的财政关系。为了补充和完善分税制财政体制改革，1995 年出台了《过渡期转移支付办法》，这是中国转移支付制度的开始。[①] 从 2002 年开始，过渡期转移支付改称一般性转移支付，转移支付金额上升到 279 亿元，占全部中央补助地方支出的比重达到 3%。2009 年，一般性转移支付又改

① 1995 年，中央从收入增量中拿出 20 亿元，占全部中央补助地方支出的比重为 0.82%，用于对人员经费和公用经费之和占财力 80%以上的地方进行补助。

称均衡性转移支付。2019 年，转移支付体系做了重大调整。图 8－4 反映了我国转移支付改革的进程。经过二十几年的改革和制度调整，中央对地方的转移支付分为一般性转移支付和专项转移支付两大类。接下来以均衡性转移支付的演变为线索，梳理中国转移支付制度演变的脉络，通过历史回顾，有利于探索转移支付制度的改革方向。省以下财政体制虽然由各省自行决定，然而各省体制高度模仿了中央对省的体制，省以下转移支付制度和中央对省的转移支付制度架构也基本一致，具体实例见第三节。

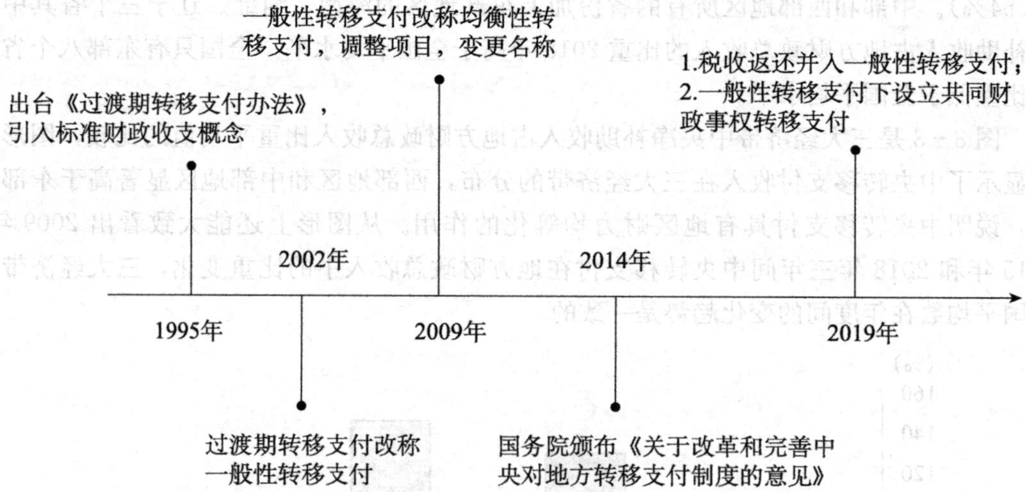

图 8－4　中央对地方财政转移支付改革进程

一、过渡期转移支付

1995 年，中央从收入增量中拿出 20 亿元实行一种新的无条件转移支付办法，即《过渡期转移支付办法》。其基本内容是：以人员经费和公用经费之和占财力 80%以上的地方为转移支付对象，在对几十种因素进行回归分析的基础上确定"财力"与"标准支出"，并以两者的差距作为计算的依据，同时辅之以"政策性转移支付"，以体现民族政策。各地享受转移支付额的计算公式是：

$$\text{某地区过渡期转移支付额}=\text{该地区客观因素转移支付额}+\text{该地区政策性转移支付额}$$

为了调动地方增加收入的积极性，后来在上述计算公式中又引进了激励机制。新的公式是：

$$\text{某地区过渡期转移支付额}=\left(\text{该地区客观因素转移支付补助额}+\text{该地区政策性转移支付额}\right)\times\left(1+\text{该地区激励机制系数}\right)$$

1998 年，全国 31 个省、区、市中，享受过渡期财政转移支付的地区为 22 个。财政转移支付总额为 60.5 亿元，其中，客观因素财政转移支付 42.8 亿元，政策性财政转移支付 17.2 亿元，激励机制奖励 0.5 亿元。享受过渡期财政转移支付较多的地区分别是新疆（5.97 亿元）、内蒙古（5.76 亿元）、贵州（5.58 亿元）和河南（4.32 亿元）。2001 年，享受过渡期财政转移支付的地区增加到 25 个，财政转移支付总额增加到 138.16 亿元，占全部中央补助地方支出的比重从最初1995年的0.82%上升到2.3%。

二、从过渡期转移支付到一般性转移支付

从2002年开始，中央对地方的转移支付包括三大部分：财力性转移支付、专项转移支付和税收返还。财力性转移支付即无条件拨款，分为一般性转移支付和“其他部分”。当年“其他部分”转移支付的内容包括：调整工资转移支付、农村税费改革转移支付、县乡机构改革转移支付、民族地区转移支付、体制补助、结算补助及其他补助。随着时间的推移，财力性转移支付的内容在不断调整，具体见表8-2，该表说明了2002—2008年财力性转移支付分项目情况。

表8-2　财力性转移支付分项目情况表（2002—2008年）　　单位：亿元

项目	2002年	2003年	2004年	2005年	2006年	2007年	2008年
财力性转移支付合计	1 944.08	2 241.18	2 933.73	4 070.09	5 024.86	7 077.22	8 575.71
一般性转移支付	279.04	380.32	745.03	1 120.15	1 529.85	2 503.82	3 510.51
其他部分：							
体制补助	124.14	126.14	128.14	130.14	132.14	134.14	136.14
民族地区转移支付	39.05	55.41	76.87	159.09	155.63	172.74	275.79
调整工资转移支付	816.77	901.41	993.54	993.54	1 588.77	2 185.73	2 192.29
农村税费改革转移支付	245.07	305.14	306.69	661.04	751.30	759.33	762.54
取消农业特产税降低农业税率财政减收转移支付	—	—	216.60	354.34	—	—	—
资源枯竭城市转移支付	—	—	—	—	—	8.32	34.81
县级基本财力保障机制奖补资金	—	—	—	149.70	234.55	339.27	438.18
县乡机构改革转移支付	33.02	33.02	—	—	—	—	—
停征工商两费转移支付补助	—	—	—	—	—	—	47.00
结算补助及其他	406.99	439.74	466.86	502.09	632.62	913.87	1 093.72
义务教育化债补助	—	—	—	—	—	60.00	84.73

资料来源：地方财政统计资料（2008）. 北京：经济科学出版社，2008.

从2002年开始出现的一般性转移支付即之前的过渡期转移支付，也是无条件拨款。与其他财力性转移支付不同的是，它根据因素法计算拨款额度，有公式可循。2002年的一般性转移支付金额上升到279亿元，占全部中央补助地方支出的比重达到3.79%。当年全国财力性转移支付为1 944.08亿元，专项转移支付为2 401.81亿元，各地区返还性收入为3 006.82亿元。

由过渡期转移支付而来的一般性转移支付的长远目标是扭转地区间财力差距扩大的

趋势，逐步实现地方政府基本公共服务能力的均等化，推进全面建成小康社会目标的实现。但受客观条件制约，一般性转移支付实行阶段的目标主要还是缓解财政困难地区财政运行中的突出矛盾，保障机关事业单位职工工资发放和机构正常运转等最基本的需要。一般性转移支付额主要按照各地标准财政收入和标准财政支出差额以及转移支付系数计算确定。用公式表示为：

$$某地区一般性转移支付额=\left(\begin{matrix}该地区标准\\财政支出\end{matrix}-\begin{matrix}该地区标准\\财政收入\end{matrix}\right)\times 该地区转移支付系数$$

凡标准财政收入大于或等于标准财政支出的地区，不纳入转移支付范围。此外，对难以按统一公式量化但又必须解决的特殊问题，增加特殊转移支付。一般性转移支付系数参照当年一般性转移支付总额、各地区标准支出大于标准收入的收支差总额以及各地区财政困难程度确定。对少数民族地区、革命老区、边境地区，适当提高转移支付系数。

与过渡期转移支付公式相比，一般性转移支付公式细化了“标准财政支出”和“标准财政收入”的标准，使财政资金分配更加规范、透明。同时，民族地区政策性转移支付因素在“转移支付系数”中体现，不再单独核算。

三、从一般性转移支付到均衡性转移支付

从 2009 年开始，一般性转移支付改称均衡性转移支付。与此同时，财力性转移支付改称一般性转移支付，财力性转移支付成为历史名词。一般性转移支付、专项转移支付和税收返还构成了中国转移支付制度的主要内容，一般性转移支付即无条件拨款，专项转移支付即有条件拨款。

均衡性转移支付以客观因素为基础，以均等化为基本目标，通过公式计算拨款数额，是对长期采用的“基数法”的一次革命。均衡性转移支付资金分配选取影响财政收支的客观因素，考虑人口规模、人口密度、海拔、温度、少数民族等成本差异，结合各地实际财政收支情况，按照各地标准财政收入和标准财政支出差额及转移支付系数计算确定，并考虑增幅控制调整和奖励情况。用公式表示为：

$$\begin{aligned}某地区均衡性转移支付=&(该地区标准财政支出-该地区标准财政收入)\\&\times 该地区转移支付系数+增幅控制调整\\&+省对下均等化努力程度奖励资金\end{aligned}$$

凡标准财政收入大于或等于标准财政支出的地区，不纳入均衡性转移支付分配范围。均衡性转移支付系数按照均衡性转移支付总额、各地区标准收支缺口总额以及各地区财政困难程度系数等因素确定。其中，困难程度系数根据地方“保工资、保运转、保民生”支出占标准财政收入比重及缺口率计算确定。

与 2002 年一般性转移支付办法相比，均衡性转移支付公式还增加了“增幅控制机制”和“奖惩机制”。为保障各地财政运行的稳定性，以中央对地方均衡性转移支付平均增长率为基准，对超过（或低于）基准增长率一定幅度的地方适当调减（或调增）转移支付额。奖惩机制是为促进省以下推进基本公共服务均等化，对省对下均等化努力程度较好的地区，考虑当年测算情况给予奖励。

2019年《中央对地方均衡性转移支付办法》详细界定了"标准财政支出"和"标准财政收入"。标准财政收入分省计算，各省的标准财政收入由地方本级标准财政收入、中央对地方返还及补助（扣除地方上解）等构成。同时，适当考虑中央出台的减税降费政策对地方当年财政收入的影响。标准财政支出选取各地总人口、学生数等与该项支出直接相关的指标为主要因素，按照客观因素乘以单位因素平均支出计算，并根据海拔、人口密度、温度、地表状况、运输距离、少数民族、地方病任务等影响财政支出的客观因素确定各地成本差异系数。

从2011年开始，均衡性转移支付中单独列出了重点生态功能区转移支付、产粮大县奖励资金、县级基本财力保障机制奖补资金。一直到2018年，均衡性转移支付有大口径和小口径之分，具体见表8－3。

表8－3 均衡性转移支付表（2011—2018年） 单位：亿元

项目	2011年	2012年	2013年	2014年	2015年	2016年	2017年	2018年
均衡性转移支付	7 487.67	8 582.62	9 812.01	10 803.81	18 471.96	20 392.25	22 381.59	24 442.28
其中：均衡性转移支付（小口径）	—	—	—	—	—	—	12 409	14 095
重点生态功能区转移支付	300	371	423	480	509	570	627	721
产粮大县奖励资金	232.81	276.62	318.01	349.81	370.73	392.77	416.15	426.4
县级基本财力保障机制奖补资金	775	1 075	1 525	1 678	1 778	2 045	2 238.9	2 462.79
资源枯竭城市转移支付	—	—	—	—	178	186.9	192.9	192.9
城乡义务教育补助经费	—	—	—	—	1 232.82	1 352.91	1 426.26	1 462.46
农村综合改革转移支付	—	—	—	—	323.2	338.2	313.6	313.55
生猪（牛羊）调出大县奖励资金	—	—	—	—	—	—	29.94	29.96
固定数额补助	—	—	—	—	—	—	4 727.84	4 738.22

资料来源：财政部网站。

四、共同财政事权转移支付

2019年，一般性转移支付下设立共同财政事权转移支付，均衡性转移支付也回到了2011年之前的小口径。2016年《国务院关于推进中央与地方财政事权和支出责任划分改革的指导意见》明确，按照"谁的财政事权谁承担支出责任"的原则，确定基本公共服务领域中央和地方支出责任及承担方式。属于中央的财政事权，由中央承担支出责任。所需资金由中央财政予以保障，不得要求地方安排配套资金。属于地方的财政事权，由地方承担支出责任。所需资金原则上通过自有财力安排经费，相关收支缺口除部分资本性支出通过依法发行地方政府债券等方式安排外，主要通过上级政府给予的一般性转移支付弥补。中央与地方共同财政事权，由中央与地方共同承担支出责任。按照党的十八届三中全会确定的改革方向，首先将义务教育、基本就业服务、基本养老保险等涉及人民群众基本生活和发展需要、需要优先和重点保障的八大类 18 项基本公共服务事项，纳入共同财政事权和支出责任划分改革的范围。为明确中央与地方的支出责任分担方式和具体比例，2019 年设立了共同财政事权转移支付，暂列一般性转移支付之下。2019 年，共同财政事权转移支付占转移支付的比重为 43%，纳入共同财政事权的支出责任，在全国范围内得到了更高水平的均等化。

在各级财政之间界定较多的共同财政事权，是为了应对发展不平衡不充分的需要。考虑到我国各地人均一般公共预算收入在区域间分布严重不平衡，以财政事权为基础，形成共同负担机制，对具体共同财政事权事项可以分地区实行差异化区分，弥补均衡性转移支付计算方式上的不足，更有利于基本公共服务均等化。[①] 总体上看，2019 年实行共同财政事权转移支付之后，各地人均一般公共预算支出得到了较好的平衡。

五、中央对地方转移支付现状与改革方向

本节前面部分以均衡性转移支付改革为线索回顾了我国转移支付制度的演变。目前，中央对地方的转移支付分为一般性转移支付和专项转移支付。一般性转移支付即无条件拨款，包括均衡性转移支付、老少边穷地区转移支付、产粮大县奖励资金、共同财政事权转移支付、税收返还等，详见表 8－4。专项转移支付即有条件拨款，拨款提供者指定了拨款的用途，拨款接受者必须按规定的方式使用拨款资金。[②]

（一）中央对地方转移支付现状及分析

表 8－4 是 2010—2018 年中央对地方转移支付表。随着财政收入的增长，转移支付和税收返还稳步增长。一般性转移支付的相对规模逐渐上升，特别是一般性转移支付中的均衡性转移支付近几年增长很快。

---

① 基本公共服务均等化通过建立基本公共服务保障标准体系予以实现。标准体系明确了主要基本公共服务项目的支出标准以及中央与地方分担办法，制定了义务教育公用经费保障、城乡居民基本养老保险补助、基本公共卫生服务等 9 项统一的国家基础标准，并引入合理增长机制，确保共同财政事权落实和财政可持续。同时，还注意加强对地方标准的管理和控制，明确各地在确保国家基础标准落实到位的前提下，按程序报备后可因地制宜实施高于国家基础标准的地区标准，高出部分所需资金自行负担。

② 2020 年中央对地方转移支付中还出现了第三大类“特殊转移支付”。建立特殊转移支付机制是特殊时期采取的特殊做法，财政部主要按照因素法将新增财政赤字规模 1 万亿元、1 万亿元抗疫特别国债切块到省级财政部门，省级财政部门根据落实“六保”的任务需要，提出细化到市县基层的方案，报财政部备案同意后下达基层。因为这部分资金属于一次性支出，所以我们不把“特殊转移支付”作为第三大类。

表 8-4　中央对地方转移支付和税收返还表　　单位：亿元

年份	2010	2011	2013	2015	2016	2017	2018
一、中央对地方转移支付	27 347.72	34 881.33	42 973.18	50 078.65	52 573.86	57 028.95	61 649.15
一般性转移支付	13 235.66	18 311.34	24 362.72	28 455.02	31 864.93	35 145.59	38 722.06
其中：均衡性转移支付	4 759.79	7 487.67	9 812.01	18 471.96	20 709.97	22 381.59	24 442.28
专项转移支付	14 112.06	16 569.99	18 610.46	21 623.63	20 708.93	21 883.36	22 927.09
二、税收返还	4 993.37	5 039.88	5 046.74	5 018.86	6 826.84	8 022.83	8 031.51
中央对地方转移支付和税收返还	32 341.09	39 921.21	48 019.92	55 097.51	59 400.7	65 051.78	69 680.66

注：为简化中央与地方财政结算关系，从 2009 年起，将地方上解与中央对地方税收返还作对冲处理。

资料来源：财政部网站。

表 8-5 是 2019 年中央对地方转移支付主要项目表。在一般性转移支付中，共同财政事权转移支付占比最大，我们根据数额大小筛选了一些共同财政事权转移支付的具体项目，可以看到，基本养老金转移支付是最大的项目。均衡性转移支付占一般性转移支付的比重为 23.4%，位居第二。需要指出的是，2019 年的均衡性转移支付又回到了小口径，例如产粮大县奖励资金和它并列，而不再属于大口径均衡性转移支付。专项转移支付中，我们列了几个有意思的项目，从表中可以看到，2019 年中央财政对雄安新区、海南和东北的支持力度很大，因为疫情，2019 年重大传染病防控经费为 165.25 亿元。

表 8-5　中央对地方转移支付主要项目表（2019 年）　　单位：亿元

一、一般性转移支付	66 798.16
均衡性转移支付	15 632
重点生态功能区转移支付	811
县级基本财力保障机制奖补资金	2 709
资源枯竭城市转移支付	212.9
老少边穷地区转移支付	2 488.4
产粮大县奖励资金	447.86
生猪（牛羊）调出大县奖励资金	36.9
共同财政事权转移支付	31 902.99
城乡义务教育补助经费	1 565.3
基本养老金转移支付	7 303.79
困难群众救助补助资金	1 466.97
城乡居民基本医疗保险补助	3 327.38
农业生产发展资金	1 963.3
车辆购置税收入补助地方资金	3 401.38
中央财政城镇保障性安居工程专项资金	1 251.16
税收返还及固定补助	11 251.78
体制结算补助	1 305.33
二、专项转移支付	7 561.7
重大传染病防控经费	165.25
大气污染防治资金	250

续表

水污染防治资金	190
土地指标跨省域调剂收入安排的支出	816.61
雄安新区建设发展综合财力补助	100
支持海南全面深化改革开放综合财力补助	100
东北振兴专项转移支付	50
基建支出	4 336.64
合计	74 359.86

资料来源：财政部网站。

图 8-5 是 2008—2019 年均衡性转移支付的趋势图。从图中可见，均衡性转移支付近些年出现了比较大的增长，特别是 2014—2015 年增长明显，这与 2015 年转列均衡性转移支付的内容增多有一定关系。作为以因素法测算的转移支付，均衡性转移支付一直被认为是设计科学、分配客观、制度寻租空间较小的转移支付。2019 年，均衡性转移支付比重下降，原因是它回到了小口径。虽然均衡性转移支付的比重下降了，但共同财政事权转移支付的出现弥补了均衡性转移支付计算方式上的不足，更有利于基本公共服务均等化。

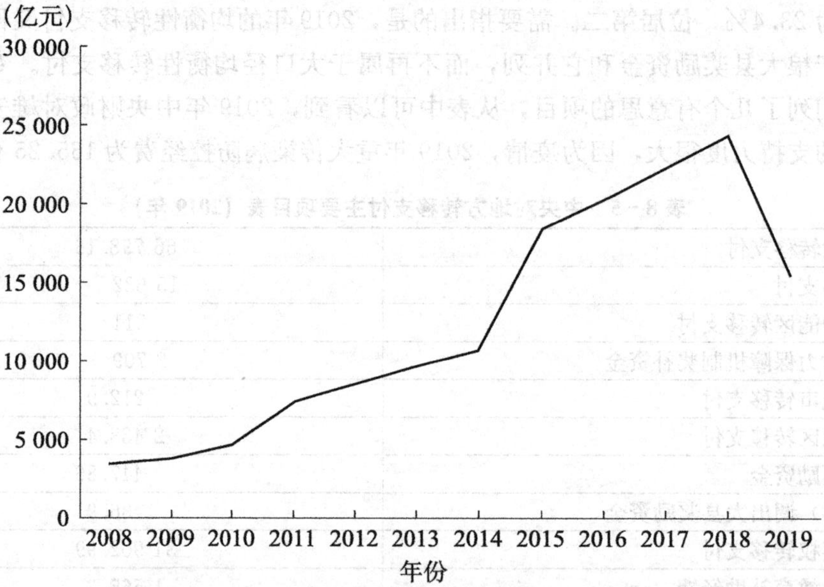

图 8-5 均衡性转移支付趋势（2008—2019 年）

（二）中央对地方转移支付分地区结构分析[①]

总体上看，中央对各地转移支付的多少主要取决于一个地方的人口规模、地区差异等因素。表 8-6 是 2019 年中央对地方转移支付分地区统计情况。从表中可知，获得中央转移支付最多的前 5 个地区是四川、河南、云南、湖南和湖北；最少的 5 个地区是天津、上海、宁夏、海南和浙江。获得一般性转移支付最多的 5 个地区是四川、河南、湖

① 一共对 31 个省级行政区进行排名，表 8-6 中计划单列市和 5 个未包含计划单列市的小口径省份没有进入排名。

南、云南和黑龙江；最少的5个地区是天津、上海、海南、浙江、宁夏。获得专项性转移支付最多的5个地区是新疆、四川、云南、河北和贵州；最少的5个地区是天津、宁夏、北京、上海和广东。从表8-6可见，一般性转移支付和转移支付合计数排名高度重合，因为2019年一般性转移支付占整个转移支付的比重高达89.8%。

表8-6　中央对地方一般性转移支付、专项转移支付分地区决算表（2019年）　单位：亿元

地区	一般性转移支付（排名）	专项性转移支付（排名）	合计（排名）
北京	922.63（26）	79.09（29）	1 001.72（26）
天津	482.36（31）	60.75（31）	543.11（31）
河北	2 960.62（8）	393.86（4）	3 354.48（6）
山西	1 726.43（19）	181.54（20）	1 907.97（20）
内蒙古	2 448.85（13）	190.51（17）	2 639.36（15）
辽宁	2 347.55（16）	152.71（24）	2 500.26（17）
辽宁省（不含大连）	2 189.58	134.04	2 323.62
大连市	157.97	18.67	176.64
吉林	2 132.89（18）	169.33（21）	2 302.22（18）
黑龙江	3 121.14（5）	189.96（18）	3 311.1（7）
上海	524.9（30）	100.55（28）	625.45（30）
江苏	1 430.32（22）	163.28（23）	1 593.6（22）
浙江	812.8（28）	150.36（25）	963.16（27）
浙江省（不含宁波市）	737.94	134.57	872.51
宁波市	74.86	15.78	90.64
安徽	2 985.99（7）	297.89（10）	3 283.88（8）
福建	1 210.59（24）	138.48（26）	1 349.07（25）
福建省（不含厦门市）	1 119.6	129.6	1 249.2
厦门市	91	8.88	99.88
江西	2 477.84（12）	227.63（15）	2 705.47（13）
山东	2 412.16（15）	301.81（9）	2 713.97（12）
山东省（不含青岛市）	2 257.28	282.36	2 539.64
青岛市	154.88	19.45	174.33
河南	4 156.32（2）	334.99（6）	4 491.31（2）
湖北	3 063.26（6）	304.81（8）	3 368.07（5）
湖南	3 342.78（3）	313.12（7）	3 655.9（4）
广东	1 331.17（23）	121.78（27）	1 452.95（23）
广东省（不含深圳市）	1 124.72	100.27	1 224.99
深圳市	206.46	21.51	227.97
广西	2 802.86（9）	278.21（12）	3 081.07（10）
海南	736.33（29）	182.77（19）	919.1（28）
重庆	1 685（21）	167.42（22）	1 852.42（21）
四川	4 593.33（1）	524.58（2）	5 117.91（1）
贵州	2 654.14（11）	384.1（5）	3 038.24（11）
云南	3 304.91（4）	523.92（3）	3 828.83（3）

续表

地区	一般性转移支付（排名）	专项性转移支付（排名）	合计（排名）
西藏	1 686.14（20）	291.23（11）	1 977.37（19）
陕西	2 336.82（17）	253.72（14）	2 590.54（16）
甘肃	2 421.94（14）	262.09（13）	2 684.03（14）
青海	1 156.64（25）	203.81（16）	1 360.45（24）
宁夏	830.14（27）	77.09（30）	907.23（29）
新疆	2 699.3（10）	540.32（1）	3 239.62（9）
合计	66 798.16	7 561.7	74 359.86

资料来源：财政部网站。

（三）中央对地方转移支付改革取向

未来中央对地方的转移支付将总体上形成以推进地区间基本公共服务均等化为主要目标，以财政事权和支出责任划分为依据，以一般性转移支付为主体，共同财政事权转移支付和专项转移支付有效组合、协调配套、结构合理的转移支付体系。改革将主要包括以下几大方面：

（1）理顺一般性转移支付和专项转移支付之间的关系。一般性转移支付主要用于均衡地区间财力配置，保障地方日常运转和加快区域协调发展；专项转移支付主要用于贯彻落实中央重大决策部署和引导地方干事创业，保障中央大政方针的有效落实。共同财政事权转移支付则用于履行中央承担的共同财政事权的支出责任。转移支付制度要更加符合转移支付的属性功能，也同中央与地方财政事权划分相衔接，有利于发挥中央调控作用，有利于促进区域协调发展和基本公共服务均等化。

（2）设立共同财政事权转移支付。按照各地财力状况确定转移支付比例，保障相关领域政策有效落实，体现财力均等化的导向；维持中央和地方财力格局基本稳定，保护东部地区增加收入的积极性，促进区域协调发展，实现多元政策目标的有机统一。

（3）完善专项转移支付。分税制改革以来，专项转移支付的作用总体上是积极有效的。但专项转移支付项目多，立项随意性强，部门自由裁量权大，负面反应也不少。未来应根据党中央部署的重要工作任务，增强国家重大战略任务财力保障，调整专项转移支付的使用范围和方向，并压减不符合上述目标的专项转移支付项目。同时应加强专项转移支付的管理：一是完善专项转移支付设立审批程序。要求设立专项转移支付应当有明确的法律、行政法规或者国务院规定作为依据，有明确的绩效目标、实施期限等，新设专项转移支付一律要报国务院审批。建立健全专项转移支付定期评估退出机制。二是加大专项转移支付清理整合力度。取消政策到期、政策调整、绩效低下的专项转移支付，对目标接近、资金投入方向类同、资金管理方式相近的项目予以整合，同时逐步减少竞争性领域专项转移支付。三是创新专项转移支付使用方式。对具有地域管理信息优势的专项实行因素法分配，通过科学选取客观因素和合理确定权重，切块下达地方统筹使用，由地方因地制宜、合理分配。四是加强专项转移支付资金监管。公开转移支付的基本情况、资金管理办法、分配结果等内容，主动接受社会监督，倒逼转移支付预算管理水平提升。

专栏 8.1

专项性一般转移支付

从 2009 年起，浙江省财政把一些体现均衡性、均等化、受益人群普惠性的转移支付资金，如义务教育阶段免学杂费和课本费、生态公益林补偿机制等民生项目从专项转移支付纳入一般性转移支付。2010 年共有 18 项总计 86 亿元的专项转移支付纳入一般性转移支付。2010 年，浙江省对有些一般性转移支付项目规定了使用方向，如均衡性转移支付中单列了省级政法财力补助 3.5 亿元。①调整后的转移支付呈现出了不同于以往转移支付的特征，它是一种规定了使用范围的一般性转移支付，我们称之为专项性一般转移支付。

专项性一般转移支付是介于一般性转移支付和专项转移支付之间的一种转移支付类型。它类似于美国的分类拨款（block grants），与一般性转移支付所具有的不规定资金的具体用途相比，它规定了资金的使用方向，但不规定具体使用用途，也就是说，受补政府可以在上级政府指定的用途范围内自由使用转移支付资金。与专项转移支付相比，它规定的资金使用范围较宽。如给予教育部门一笔专项资金用于购买电脑等教学设备，这笔资金是不能用于其他方面的。如果是专项性一般转移支付，该资金既可以用于购买电脑，也可以用于其他教育教学方面，只要用在教育这个大范围内就可以。这样，专项性一般转移支付兼顾了一般性转移支付资金使用的灵活性和专项转移支付要体现上级政府政策意图的目标性。因此，财政专项性一般转移支付是一种规定了使用方向的一般性转移支付或者说是一种使用自由度较大的专项转移支付。其实质是运用因素法来分配专项转移支付资金，在明确规定使用方向的前提下，纳入一般转移支付，使其既具有一般转移支付的财力补助特点，同时又能实现专项转移支付的特定政策目标。

浙江省专项性一般转移支付改革的缘起是专项转移支付在管理中产生的弊端。一方面，地方政府为了获取更多的资金，可能采取包装项目、“跑部钱进”等手段，产生较高的行政成本；另一方面，每个部门每年都想新设专项，甚至在一个专项下设置小专项，给财政收支平衡带来了很大压力。在这一背景下，2011 年，浙江省财政厅正式拉开了专项资金改革的大幕，确立了“一个部门一个专项”的目标。举例来说：对于经信委的专项资金，首先将内容相近的专项予以整合，如工业转型升级专项，这个专项下面有多个小专项，将它们合并成一个专项。再将每个处室下的专项资金都整合成一个专项，慢慢要求将这些小专项从名义上整合成一个专项，在此基础上，实现资金打通，每年突出几个重点，从而逐步实现资金的真正整合。通过 3 年的努力，到 2014 年，浙江省转移支付专项由原来的 235 个整合归并为 54 个，减少了 181 个，基本实现了“一个部门一个专项”的预期目标，为有效集中财力提供了制度保障。②

注：①数据来自实地调研。

②经信委的案例来自浙江财政厅让“专项”资金回归专项．中国财经时报，2016－12－27。

第三节 省以下财政转移支付实例

我国31个省、自治区、直辖市都建立了省以下转移支付制度。省以下转移支付制度包括一般性转移支付和专项转移支付。一般性转移支付包括均衡性转移支付、共同财政事权转移支付等。当然，各地省以下转移支付形式还是有所差别，做法不尽一致，特别是直辖市的做法和省与自治区的做法差别较大。下面以江苏省、河北省、上海市、安徽省、四川省、重庆市、贵州省为例进行说明和比较。

一、江苏省省对市县财政转移支付

江苏省财政体制的内容可以概括为：基数定额上交，增量定比分成。近些年江苏省为缓解地方财政压力，大大缩小省集中范围，将新增财力更多地向下倾斜，如从2017年起，省对耕地占用税总量的集中比例从50%下调为20%，省对增值税增量的集中比例从50%调整为20%。江苏省财政转移支付包括一般性转移支付和专项转移支付。2019年，一般性转移支付占省对市县转移支付的比重为67.38%，共同财政事权转移支付占比为17.67%，税收返还及固定补助占比为31.57%，专项转移支付占比为32.62%（见表8-7）。由于江苏南北区域间发展差距较大，为提升苏北地区的财力水平，实现基本公共服务均等化，江苏省比较注重对苏北的转移支付力度。2018年，省对苏北地区转移支付超过1 300亿元，占省对市县转移支付50.5%，比2017年上升3个百分点。

表8-7 江苏省省对市县转移支付表（2019年） 单位：亿元

一、一般性转移支付	1 938.41
税收返还及固定补助	908.45
体制结算补助	315.78
均衡性转移支付	91.97
重点生态功能区转移支付	15.00
县级基本财力保障机制奖补资金	75.00
资源枯竭城市转移支付	4.31
老少边穷地区转移支付	3.01
产粮大县奖励资金	16.68
共同财政事权转移支付	508.21
二、专项转移支付	938.29
基建事业费	0.05
地勘专项资金	0.39
省级城市维护费	0.25
江苏省新农村现代流通网络工程及供销合作社改革发展专项资金	0.38
粮食仓储和物流专项资金	1.32
省级现代服务业（其他现代服务业）发展专项资金	3.92

续表

省级城乡环境品质提升引导资金	4.13
耕地开垦费	22.62
省级城镇基础设施建设专项资金	13.13
省级战略性新兴产业发展专项资金	8.26
省级在建基本建设项目建设资金	10.00
省级环境保护专项资金	14.21
省级太湖水污染治理专项资金	17.37
建筑节能和建筑产业现代化专项资金	1.87
交通发展专项资金	72.70
交通养护专项资金	48.53
交通执法专项资金	1.60
特色小镇奖励资金	1.08
渔业油补	9.05
农村客运出租车油补	9.84
价格调节基金	0.76
合计	2 876.70

资料来源：江苏省财政厅网站。

二、河北省省对市县财政转移支付

河北省收入划分与江苏省体制不同，省与市县按税种比例分享收入。省对市县的转移支付分为一般性转移支付和专项转移支付两大类，2019 年一般性转移支付占省对市县转移支付和税收返还的比重为 73.32%，共同财政事权转移支付的比重为 36.48%，专项转移支付占比 16.44%（见表 8－8 和表 8－9）。

表 8－8　河北省省对市县转移支付表（2019 年）　单位：亿元

一、一般性转移支付	2 362.19
1. 体制补助支出	12.99
2. 均衡性转移支付支出	346.46
3. 县级基本财力保障机制奖补资金支出	176.04
4. 结算补助支出	84.09
5. 资源枯竭型城市转移支付补助支出	5.61
6. 产粮（油）大县奖励资金支出	23.19
7. 重点生态功能区转移支付支出	40.05
8. 固定数额补助支出	203.15
9. 革命老区转移支付支出	6.71
10. 民族地区转移支付支出	6.91
11. 边境地区转移支付支出	0.13
12. 贫困地区转移支付支出	88.48
13. 一般公共服务共同财政事权转移支付支出	1.17
14. 公共安全共同财政事权转移支付支出	35.20
15. 教育共同财政事权转移支付支出	181.16

续表

16. 科学技术共同财政事权转移支付支出	9.15
17. 文化旅游体育与传媒共同财政事权转移支付支出	16.84
18. 社会保障和就业共同财政事权转移支付支出	326.63
19. 卫生健康共同财政事权转移支付支出	157.67
20. 节能环保共同财政事权转移支付支出	22.78
21. 农林水共同财政事权转移支付支出	237.74
22. 交通运输共同财政事权转移支付支出	114.38
23. 资源勘探信息等共同财政事权转移支付支出	0.91
24. 自然资源海洋气象等共同财政事权转移支付支出	17.50
25. 住房保障共同财政事权转移支付支出	52.39
26. 粮油物资储备共同财政事权转移支付支出	0.27
27. 其他共同财政事权转移支付支出	1.51
28. 其他一般性转移支付支出	193.08
二、专项转移支付	529.83
三、税收返还补助	329.84
1. 所得税基数返还	25.64
2. 成品油价格和税费改革税收返还	31.09
3. 增值税税收返还	76.48
4. 消费税税收返还	13.11
5. 增值税“五五分享”税收返还	183.52
合计	3 221.86

资料来源：河北省财政厅网站。

表 8－9　河北省省对市县专项转移支付情况表（2019 年）　　单位：万元

开发区建设专项资金	53 000
食品药品监督补助资金	9 998
重点研发专项资金（含省校科技合作）	1 060
旅游发展专项资金（含抢救性资源保护）	25 450
文化产业发展专项资金	8 130
重大传染病防控经费	36 832
大气污染防治专项资金	1 615 229
城市管网及污水治理补助资金	58 765
水污染防治专项资金	161 800
土壤污染防治专项资金	22 582
农村环境整治资金	39 949
化解钢铁产能专项资金	2 125
可再生能源发展专项资金	49
工业企业结构调整专项奖补资金	96 264
城镇化建设专项资金	5 000
农村综合改革专项资金	290 357
土地指标跨省域调剂收入安排的支出	174 822
普惠金融发展专项资金	30 644
PPP 示范项目奖补资金	10 000

续表

军民产业结合专项资金	2 264
战略性新兴产业发展专项资金	123 131
工业转型升级资金	122 665
中小企业发展专项资金	25 506
电子商务建设专项资金	4 460
服务业发展资金	22 180
商贸流通发展专项资金	8 290
外贸发展专项资金	40 512
矿产资源及地质环境保护专项资金	2 200
重点生态保护修复治理	27 620
土地整治专项资金	150
自然灾害防治体系建设补助资金	1 740
雄安新区建设发展综合财力补助	1 000 000
预算内基本建设资金	1 275 569
合计	5 298 343

资料来源：河北省财政厅网站。

三、上海市市对区县财政转移支付

上海市与各区县实行按税种比例分享的收入划分方式。市对区县转移支付内容与上述两省有较大不同。上海市市对区县转移支付包括一般性转移支付和专项转移支付。一般性转移支付又包括均衡性转移支付和体制性转移支付。2019 年市对区县一般性转移支付金额为 650.2 亿元，占市对区县转移支付和税收返还总量的 37.82%。均衡性转移支付占一般性转移支付的比重很大，2019 年这一比重为 68.58%。均衡性转移支付的保障范围包括：教育、“三农”、医疗卫生、社会保障、生态补偿、公共安全、文化体育、城市维护和社区管理。上海市均衡性转移支付事实上就是使用范围较宽的专项转移支付，使用范围由类别所限，如教育、“三农”、医疗卫生、社会保障等类别，与中央对省的均衡性转移支付制度的计算方法有比较大的区别。体制性转移支付亦为无条件拨款，2019 年的项目和 2011 年相比有了很大变化。2019 年专项转移支付总额为 392.7 亿元，占市对区县转移支付和税收返还总量的 22.84%。2019 年的税收返还高达 586.4 亿元，占市对区县转移支付和税收返还总量的 34.11%。

表 8－10　上海市市对区县转移支付况表（2019 年和 2011 年）　单位：亿元

项目	2019 年	2011 年
一、市对区县转移支付	1 042.9	296
（一）一般性转移支付	650.2	279.6
其中：均衡性转移支付	445.9	246.2
教育	163.2	80
“三农”	36.2	16.5
医疗卫生	33.6	23

续表

项目	2019年	2011年
社会保障	67.5	46.2
生态补偿	33.8	13
公共安全	24.8	17
文化体育	7.4	5
城市维护	57.8	45.5
社区管理	21.6	—
体制性转移支付	204.3	33.4
给予困难区县的体制补助		25.6
农村税费改革补助		2.8
乡财县管补助		4.8
义务教育免学杂费补助		0.2
（二）专项转移支付	392.7	16.4
二、市对区县税收返还	586.4	367.2
市对区县转移支付和税收返还合计	1 629.3	663.2

注：2011年均衡性转移支付中没有单独的“社区管理”项目，与“城市维护”合并统计，总额为45.5亿元。

资料来源：上海市财政局网站。

四、安徽省省对市县财政转移支付

安徽省省市收入划分按税种比例分享。省对市县的转移支付分为一般性转移支付和专项转移支付，2019年一般性转移支付占省对市县转移支付和税收返还的比重为79.42%，共同财政事权转移支付的比重为27.66%，专项转移支付占比13.16%，省对市县税收返还占比7.43%（见表8-11）。

表8-11 安徽省省对市县转移支付表（2019年） 单位：亿元

一、省对市县转移支付	2 693.51
（一）一般性转移支付	2 310.66
其中：均衡性转移支付支出	404.51
体制补助支出	284.80
结算补助支出	135.37
资源枯竭型城市转移支付补助支出	7.04
成品油税费改革转移支付补助支出	4.57
基本养老金转移支付支出	109.58
城乡居民医疗保险转移支付支出	288.81
农村综合改革转移支付支出	17.00
产粮（油）大县奖励资金支出	27.21
重点生态功能区转移支付支出	23.94
固定数额补助支出	1.40
革命老区转移支付支出	7.91
贫困地区转移支付支出	59.95

续表

共同财政事权转移支付支出	804.93
其他一般性转移支付支出	133.66
（二）专项转移支付	382.85
二、省对市县税收返还	216.08
所得税基数返还支出	18.91
增值税税收返还支出	42.89
消费税税收返还支出	21.15
增值税“五五分享”税收返还支出	133.13
省对市县转移支付和税收返还合计	2 909.59

资料来源：安徽省财政厅网站。

五、四川省省对市（州）财政转移支付

四川省省市（州）收入划分按税种比例分享。省对市（州）的转移支付分为一般性转移支付和专项转移支付。2019 年一般性转移支付占转移支付的比重为 83.65%，共同财政事权转移支付的比重为 39.91%。

值得一提的是，四川省的转移支付总额非常高，2019 年省对市（州）转移支付达 4 665.08 亿元，这一数字远远超过江苏省、河北省、安徽省和上海市（见表 8-12）。四川省内部财力极不均衡，这给公共服务均等化带来了很大的挑战，也必然要求省级集中相应财力进行转移支付以均衡地区差距。例如：2019 年，川西一般性转移支付中占比最大的是县级基本财力保障机制奖补资金，位于川西高原上的阿坝州、甘孜州和凉山州共计获得转移支付 47.62 亿元；占比第二大的贫困地区转移支付川西三州共计获得 86.25 亿元；川西三州共获得民族地区转移支付的 96.11%。[①] 同时，四川省辖 21 个市（州）、183 个县（市、区、自治县），是全国县级行政区划最多的省份，这一客观因素也与四川省转移支付总额较大有关。

表 8-12　四川省省对市（州）转移支付表（2019 年）　　单位：亿元

一、省对市（州）一般性转移支付	3 902.19
其中：均衡性转移支付	868.69
重点生态功能区转移支付	44.66
县级基本财力保障机制奖补资金	185.12
资源枯竭城市转移支付	9.32
产粮（油）大县奖励资金	23.00
革命老区转移支付	12.44
民族地区转移支付	30.96
贫困地区转移支付	160.05
共同财政事权转移支付	1 861.77

① 根据四川省 2019 年省级决算报告和相关表格有关数据计算得出。

续表

省对市（州）税收返还	174.51
体制结算补助	531.67
二、省对市（州）专项转移支付	762.89
省对市（州）转移支付合计	4 665.08

资料来源：四川省财政厅网站。

六、重庆市市对区县财政转移支付

重庆市对区县的财政体制目标是：合理划分各级财政收入，适当提高市级财政收入比重，增加对困难区县（自治县、市）的转移支付规模，逐步实现同类区县（自治县、市）基本公共服务水平的均等化。市对区县收入划分分地区按税种比例分享。市对区县的转移支付分为一般性转移支付和专项转移支付。2019 年一般性转移支付占转移支付的比重为 69.79%，共同财政事权转移支付占的比重为 32.4%，专项转移支付的占比为 30.21%（见表 8-13）。

表 8-13　重庆市市对区县转移支付表（2019 年）　单位：亿元

一、一般性转移支付	1 086.21
税收返还	116.90
均衡财力和激励引导转移支付	172.41
收入分配改革转移支付	127.88
体制结算补助	147.81
基层公检法司转移支付	11.69
其他一般性转移支付	5.24
共同财政事权转移支付	504.28
二、专项转移支付	470.17
市对区县转移支付合计	1 556.38

资料来源：重庆市财政局网站。

七、贵州省省对市县财政转移支付

贵州省省、市县收入划分按税种比例分享。省对市县的转移支付分为一般性转移支付和专项转移支付。2019 年一般性转移支付占转移支付和税收返还的比重为 67.17%，共同财政事权转移支付占比为 15.78%，专项转移支付占比为 27.8%，税收返还占比仅为 5.03%（见表 8-14）。

表 8-14　贵州省省对市县转移支付表（2019 年）　单位：亿元

一、省对市县转移支付	2 469.33
（一）一般性转移支付	1 746.44
其中：均衡性转移支付支出	364.81
县级基本财力保障机制奖补资金支出	116.03

续表

结算补助支出	131.99
资源枯竭型城市转移支付补助支出	3.12
基层公检法司转移支付支出	17.52
城乡义务教育转移支付支出	1.15
基本养老金转移支付支出	61.45
城乡居民医疗保险转移支付支出	186.44
农村综合改革转移支付支出	10.10
产粮（油）大县奖励资金支出	8.22
重点生态功能区转移支付支出	64.55
固定数额补助支出	190.09
革命老区转移支付支出	3.28
民族地区转移支付支出	72.80
贫困地区转移支付支出	104.15
共同事权转移支付支出	410.32
其他一般性转移支付支出	0.42
（二）专项转移支付	722.89
二、省对市县税收返还	130.77
其中：所得税基数返还支出	8.18
成品油税费改革税收返还支出	1.80
增值税税收返还支出	17.13
消费税税收返还支出	28.50
增值税“五五分享”税收返还支出	75.16
省对市县转移支付和税收返还合计	2 600.10

资料来源：贵州省财政厅网站。

八、七省市财政转移支付比较

除了上海市以外，其他六省市的省以下转移支付制度设计基本一致，省以下转移支付包括一般性转移支付和专项转移支付，江苏省、四川省和重庆市把税收返还并入了一般性转移支付，其他四个省市依然把税收返还单列。七省市的经济发达程度很不一样，省内区域发展也各有特色。从人均可支配收入这一指标衡量，上海市属于特别发达地区，江苏省属于发达地区，东部地区的河北省、中部地区的安徽省和西部地区的四川省、重庆市属于较发达地区，西部地区的贵州省属于不发达地区。

（一）七省市财政转移支付规模比较

从图 8－6 可见，四川省、贵州省、安徽省和河北省财政转移支付的相对规模较大，可以从各省的经济发展状况、区域均衡程度、省级财力集中度等角度去解释转移支付的规模。四川地处西部，2019 年 GDP 为 46 615.82 亿元，人均可支配收入为 14 231 元，人均财政支出全国排名 25；区域内东部和西部发展极不平衡，西部三州地处高原，面积广大而人口稀疏，独特的地理条件以及其他原因造成经济发展落后；四川省省级集中了全省财政收入的63.18%，省级财政支出只占全省的13.62%，说明大量资金用于平衡区域差距，造成四川省转移支付在七省市中规模最大。

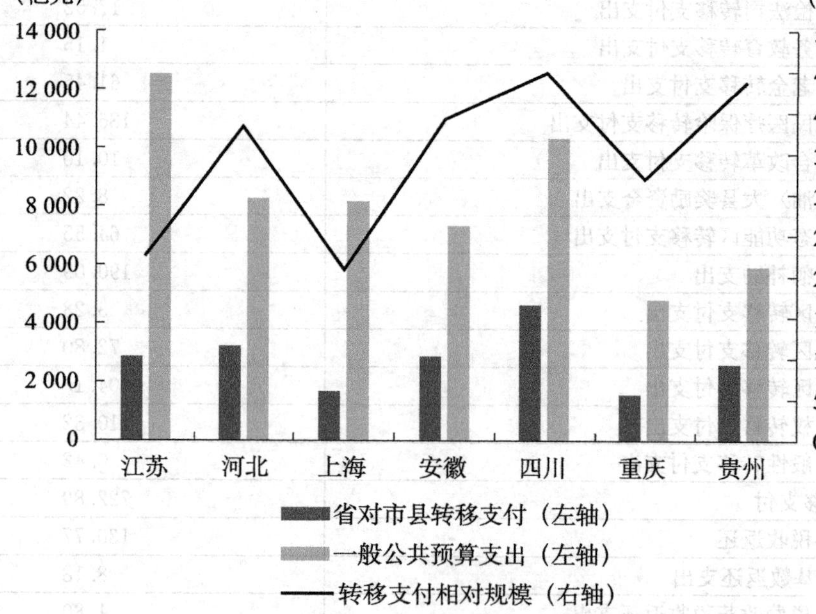

图8-6　五省两市转移支付规模比较（2019年）

（二）七省市共同财政事权和均衡性转移支付规模比较

由图8-7可见，上海市的均衡性转移支付占比最高，这与它独特的制度设计有关，四川省共同财政事权转移支付占比最高，而江苏省均衡性转移支付占比和共同财政事权转移支付占比均是最低，江苏省的特点是：税收返还和固定补助及专项转移支付的比重较高，两者合计占比接近65%（见表8-7）。

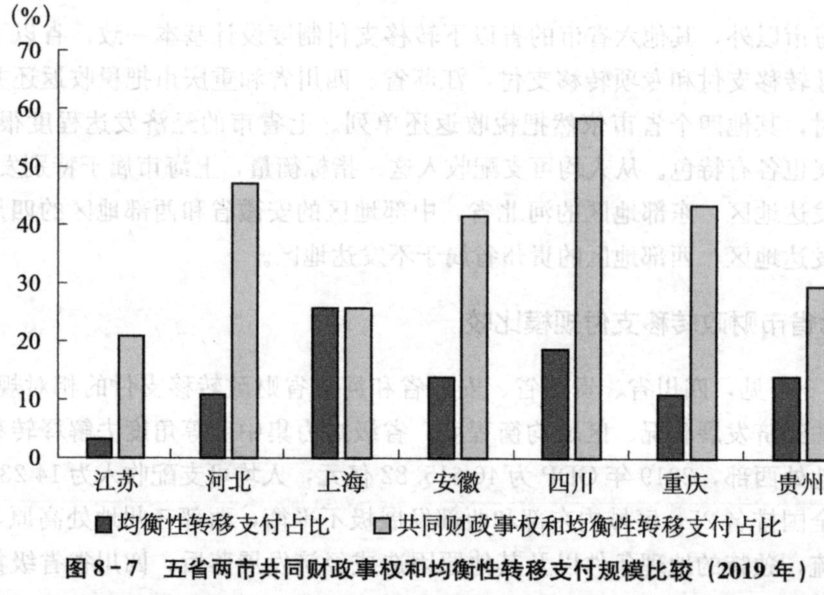

图8-7　五省两市共同财政事权和均衡性转移支付规模比较（2019年）

第四节 本章小结

(1) 转移性收入是指上级税收返还和转移支付、下级上解收入、调入资金以及按照财政部规定列入转移性收入的无隶属关系政府的无偿援助。转移支付收入是转移性收入的重要组成部分，包括一般性转移支付和专项转移支付。

(2) 1995 年，中央从收入增量中拿出 20 亿元实行一种新的无条件转移支付办法，即《过渡期转移支付办法》。从 2002 年开始，过渡期转移支付改称一般性转移支付。从 2002 年开始，中央对地方的转移支付包括两大部分：财力性转移支付和专项转移支付。从 2009 年开始，一般性转移支付改称均衡性转移支付。与此同时，财力性转移支付改称一般性转移支付，财力性转移支付成为历史名词。从 2019 年开始，税收返还并入一般性转移支付，一般性转移支付下设共同财政事权转移支付。一般性转移支付和专项转移支付构成中国转移支付制度的主要内容。由此可见，我国对转移支付概念的认识是在不断变化的。

(3) 某地区均衡性转移支付＝(该地区标准财政支出－该地区标准财政收入)×该地区转移支付系数＋增幅控制调整＋省对下均等化努力程度奖励资金。

凡标准财政收入大于或等于标准财政支出的地区，不纳入均衡性转移支付分配范围。均衡性转移支付系数按照均衡性转移支付总额、各地区标准收支缺口总额以及各地区财政困难程度系数等因素确定。

(4) 未来中央对地方的转移支付将总体上形成以推进地区间基本公共服务均等化为主要目标，以财政事权和支出责任划分为依据，以一般性转移支付为主体，共同财政事权转移支付和专项转移支付有效组合、协调配套、结构合理的转移支付体系。

重要概念

转移性收入	转移支付收入	过渡期转移支付
财力性转移支付	一般性转移支付	专项转移支付
均衡性转移支付	标准收入	标准支出
共同财政事权转移支付		

复习与思考题

1. 你认为中国目前的转移支付结构合理吗？简述理由。
2. 查询主要发达国家的转移支付结构，并思考专项转移支付的作用。
3. 查找更多省以下财政转移支付实例，并进行比较。
4. 如何进一步完善我国的转移支付制度？

参考文献

1. 李萍，等．财政体制简明图解．北京：中国财政经济出版社，2010

2. 钟晓敏．政府间财政转移支付论．上海：立信会计出版社，1998

3. 财政部预算司．中国省以下财政体制2006．北京：中国财政经济出版社，2007

4. 财政部关于印发《中央对地方均衡性转移支付办法》的通知．财预〔2019〕108号

5. 国务院关于改革和完善中央对地方转移支付制度的意见．国发〔2014〕71号

6. 楼继伟．中国政府间财政关系再思考．北京：中国财政经济出版社，2013

推荐阅读文献

1. 刘昆向十三届全国人大常委会做的专题讲座：《我国的中央和地方财政关系》

第九章

地方政府债务

本章学习目标

1. 了解我国地方政府债务的概念和类型；
2. 了解我国地方政府债券的发行制度；
3. 了解 PPP 模式的概念、特征和基本流程。

地方政府债务及其风险控制是我国地方政府财政管理的重要领域。在新《预算法》实施之前的近 20 年里，一方面，国家对地方政府债券的发行做了严格限定，只有经国务院批准才能发债；另一方面，地方政府出于平衡财政收支和发展地方经济等方面的需要，通过多种融资渠道来变相举债，形成了较大规模的地方政府性债务。作为特定历史阶段的产物，地方政府性债务在解决地方财政困难和支持地方经济增长等方面起到了一定的积极作用，但也存在着诸多不规范之处和负面效应。为此，国家采取了一系列改革措施来解决地方政府债务问题，特别是新《预算法》实施以来，中央政府采取“开前门，堵后门，筑围墙”的改革办法，地方政府债务管理进入一个全新的发展阶段。在本章中，第一节介绍了地方政府债务的概念和类型，特别是“地方政府债务”与“地方政府性债务”在实践中的区别和联系。第二节主要介绍在新《预算法》实施之前所形成的地方政府性债务的规模、结构及其存在的主要问题。第三节主要介绍我国地方政府债券的发行制度，特别是新《预算法》中的相关规定及其实施办法。第四节则是简要介绍一个与地方政府债务管理相关的议题，即 PPP 模式的应用与公共服务供给机制的创新。

第一节　地方政府债务的概念和类型

一、地方政府债务的概念

地方政府债务的概念和类型

在现代经济社会中，地方政府需要承担因法律义务、合同义务以及公众预期和政治道义等原因形成的多种支出责任，而地方政府在履行上述支出责任过程中形成的各类负债则共同构成了地方政府债务。根据世界银行专家汉娜（Hana Polackova，1998）提出的“财政风险矩阵”（the fiscal risk matrix)，地方政府债务可以从两个维度进行分类：

一是基于确定性标准，即债务是否可预见，分为直接债务和或有债务。直接债务是指不依附任何事件，在任何条件下都必然发生的、可预先确定的债务；或有债务是只有在一定条件被触发时才有可能产生的债务，具有不确定性。

二是基于法律规制标准，即是否具有法律效力，分为显性债务和隐性债务。显性债务是指地方政府负有法律责任，按照约定需还本付息的债务，主要通过法律或合同形式确认；隐性债务是指源于公众预期、政治压力和政府道义责任等因素造成的地方政府需要承担的负债，也就是地方政府承担的非法律和非合同义务的债务。

综合上述两种分类标准，我们可以把地方政府债务分为直接显性债务、或有显性债务、直接隐性债务和或有隐性债务四类（详见表 9－1）。

表 9－1　财政风险矩阵与我国地方债务分类

	直接债务（在任何条件下均存在的债务，具有可预见性）	或有债务（在特定条件下发生的债务，具有不可预见性）
显性债务（具有法律约束力）	直接显性债务，例如： 1. 外国政府、国际金融组织贷款 2. 政府统借统还外债 3. 国债转贷资金 4. 地方政府债券 5. 国内金融组织贷款 6. 农业综合开发借款 7. 各种拖欠款（工程款、公务员和教师工资、出口退税欠款等） 8. 解决地方金融风险的专项借款 9. 向单位借款 10. 向个人借款	或有显性债务，例如： 1. 政府担保外债（包括外国政府、国际金融组织贷款） 2. 政府担保内债（国内金融组织贷款、单位借款、个人借款、中外合资融资租赁公司特定贷款） 3. 对公共部门欠账和坏账的清偿 4. 拖欠企业离退休人员养老金 5. 相关环保负债
隐性债务（不具有法律约束力）	直接隐性债务，例如： 1. 社会保险基金缺口 2. 基础设施建设负债 3. 粮食、供销等企业政策性挂账债务 4. 扩大义务教育及发展成人教育的支出 5. 公共投资项目的未来经常性支出	或有隐性债务，例如： 1. 下级政府财政收支缺口或债务 2. 地方金融机构的不良资产及债务 3. 政府直接干预下形成的国有企业、政策性金融机构的债务 4. 国有企业改革成本 5. 对非公共部门债务的清偿或财务紧急援助 6. 对自然灾害等突发性公共事件的救助

资料来源：孙鹏云．政府会计改革与地方政府债务报告优化研究．北京：经济科学出版社，2016：67. 本书在引用时略有修改和调整。

直接显性债务是指由特定法律或合同约定的，在任何情况下都确定地会产生的债务，比如地方政府债券或其他形式的借款。

或有显性债务是指由特定法律或合同约定的，由可能发生的某一具体事件而触发的债务，比如地方政府担保的债务。

直接隐性债务是指法律或合同并未规定，是基于公众预期、政治压力或政府道义责任而确立的，在任何条件下都存在的债务，如地方政府在弥补社会保险基金收支缺口上的义务。

或有隐性债务是指法律或合同并未规定，是基于公众预期、政治压力或政府道义责任而确立的，在特定条件下可能发生的债务，如地方政府非公共部门债务的清偿或财务紧急援助等。

二、我国地方政府债务的类型

由于现实问题的特殊性和复杂性，我国在实践中提出了一个颇具中国特色的名词："地方政府性债务"，它不等同于地方政府的直接债务。因此，为了厘清不同债务的类型和性质，我国地方政府债务有广义和狭义之分。狭义的地方政府债务是指地方政府负有偿还责任的直接债务；而广义的地方政府债务是指包含或有债务在内的地方政府性债务，既包括上述直接债务，也包括地方政府负有担保责任的债务，还包括地方政府可能承担救济责任的债务。

需要说明的是，政府负有偿还责任的债务是指需由财政资金偿还的债务，属于政府直接债务。政府负有担保责任的债务是指由政府提供担保，当某个被担保人无力偿还时，政府需承担连带责任的债务。政府可能承担一定救助责任的债务是指政府不负有法律偿还责任，但当债务人出现偿债困难时，政府可能需给予一定救助的债务。后两类债务均应由债务人以自身收入偿还，正常情况下无须政府承担偿债责任，属于政府或有债务。

（一）地方政府负有偿还责任的债务

根据《国务院办公厅关于做好全国政府性债务审计工作的通知》和国家审计署 2013 年 12 月发布的《全国政府性债务审计结果》中的定义，地方政府负有偿还责任的债务是指地方政府（含政府部门和机构）、经费补助事业单位、公用事业单位、政府融资平台公司和其他相关单位举借，确定由财政资金偿还的债务。根据举债主体和举债方式的不同，地方政府负有偿还责任的债务可以进一步细分为以下三种：

（1）地方政府债券、国债转贷、外债转贷、农业综合开发借款、其他财政转贷债务中确定由财政资金偿还的债务。

（2）政府融资平台公司、政府部门和机构、经费补助事业单位、公用事业单位及其他单位举借、拖欠或以回购等方式形成的债务中，确定由财政资金（不含车辆通行费、学费等收入）偿还的债务。

（3）地方政府粮食企业和供销企业政策性挂账。

需要强调的是，根据新《预算法》的规定，除发行地方政府债券外，地方政府及其所属部门不得以任何方式举借债务，而新《预算法》实施以前形成的以非政府债券形式存在的存量政府债务则以 2014 年末清理甄别认定的数据为准。也就是说，从 2015 年 1 月 1 日起，地方政府债务的范围包括：（1）依法发行的地方政府债券；（2）清理甄别认定的 2014 年末非政府债券形式的存量政府债务。

（二）地方政府负有担保责任的债务

地方政府负有担保责任的债务是指因地方政府提供直接或间接担保，当债务人无法偿还债务时，政府负有连带偿债责任的债务。具体包括：

（1）政府融资平台公司、经费补助事业单位、公用事业单位和其他单位举借，确定以债务单位事业收入（含学费、住宿费等教育收费收入）、经营收入（含车辆通行费收入）等非财政资金偿还，且地方政府提供直接或间接担保的债务。

（2）地方政府举借，以非财政资金偿还的债务，视同政府担保债务。

（3）全额拨款事业单位为其他单位提供担保形成的债务。

（三）地方政府可能承担一定救助责任的债务

地方政府可能承担一定救助责任的其他相关债务是指政府融资平台公司、经费补助事业单位、公用事业单位、国有独资或控股企业、自收自支事业单位等举债主体和通过BT（build-transfer，建设—移交）、融资租赁、垫资施工等举债方式为公益性项目举借，由非财政资金偿还且地方政府未提供担保的债务。从严格意义上说，政府在法律上对该类债务不承担偿债责任，但当债务人出现债务危机时，政府需要承担一定的救助责任。

第二节　地方政府性债务的规模、结构和主要问题

在过去的近20年里，各级地方政府纷纷通过成立项目公司或其他途径，绕开《预算法》的约束，举债融资。债务融资在地方基础设施建设和公共服务提供中发挥了重要作用，但随之产生的问题是，由于是变相举债，融资的主管部门很可能不是财政部门，再加上项目公司运作过程中的不确定性，结果连举债的地方政府也未能全面掌握举债规模，最后，只能借助审计的办法来获取和披露地方政府性债务数据。[①] 为此，国家曾分别于2011年和2013年组织全国各级审计机关对中央、省、市、县、乡政府性债务情况进行全面审计。在此基础上，国家又于2014年制定了《地方存量债务纳入预算管理清理甄别办法》，组织各地进一步清理核查和甄别，基本摸清了存量债务的底数。

一、地方政府性债务的规模层级

截至2014年年底，全国地方政府性债务合计约24万亿元。其中，政府负有偿还责任的债务约15.4万亿元，占总债务规模的64.17%；地方政府负有担保责任的债务约3.1万亿元，占总债务规模的12.91%；政府可能承担一定救助责任的债务约5.5万亿元，占总债务规模的22.92%（见表9-2）。

① 杨志勇．现代财政制度探索：国家治理视角下的中国财税改革．广州：广东经济出版社，2016.

表 9-2 地方政府性债务的整体规模表（2012—2014 年）

债务类型	2012 年		2013 年 6 月		2014 年	
	金额（亿元）	占比（%）	金额（亿元）	占比（%）	金额（亿元）	占比（%）
政府负有偿还责任的债务	96 281.87	60.61	108 859.17	60.85	154 000.00	64.17
政府负有担保责任的债务	24 871.29	15.66	26 655.77	14.90	31 000.00	12.92
可能承担一定救助责任的债务	37 705.16	23.74	43 393.72	24.25	55 000.00	22.92
合计	158 858.32	100.00	178 908.66	100.00	240 000.00	100.00

资料来源：全国地方政府性债务审计结果（审计署 2011 年第 35 号公告）、36 个地方政府本级政府性债务审计结果（审计署 2013 年第 24 号公告、全国政府性债务审计结果（审计署 2013 年第 32 号公告）；全国人大常委会预算工作委员会调研组．关于规范地方政府债务管理工作情况的调研报告．中国人大，2016（5）.

从政府层级来看，2013 年 6 月底的地方政府性债务主要集中在市级层面，占比高达 40.75%；其次是省级层面，占比 29.03%；再次是县级层面，占比 28.18%；最后是乡镇层面，只占 2.04%（见表 9-3）。

表 9-3 2013 年 6 月地方政府性债务的层级分布情况表

政府层级	政府负有偿还责任的债务（亿元）	政府负有担保责任的债务（亿元）	政府可能承担一定救助责任的债务（亿元）	本级地方政府性债务总规模（亿元）	占比（%）
省级	17 780.84	15 627.58	18 531.33	51 939.75	29.03
市级	48 434.61	7 424.13	17 043.70	72 902.44	40.75
县级	39 573.60	3 488.04	7 357.54	50 419.18	28.18
乡镇	3 070.12	116.02	461.15	3 647.29	2.04
全国合计	108 859.17	26 655.77	43 393.72	178 908.66	100

资料来源：全国政府性债务审计结果（审计署 2013 年第 32 号公告）.

二、地方政府性债务的举债主体

根据审计署发布的审计结果公告，地方政府性债务的举债主体有七类：融资平台公司、政府部门和机构、经费补助事业单位、国有独资或控股企业、自收自支事业单位、其他单位、公用事业单位。其中，融资平台公司举债规模最大，管理也最为复杂，其融资总额为 6.970 442 万亿元，占全部地方政府性债务的 38.96%。

表 9-4 2013 年 6 月底地方政府性债务的举债主体情况表

举债主体	政府负有偿还责任的债务（亿元）	政府负有担保责任的债务（亿元）	政府可能承担一定救助责任的债务（亿元）	合计（亿元）	占比（%）
融资平台公司	40 755.54	8 832.51	20 116.37	69 704.42	38.96
政府部门和机构	30 913.38	9 684.20	0.00	40 597.58	22.69
经费补助事业单位	17 761.87	1 031.71	5 157.10	23 950.68	13.39
国有独资或控股企业	11 562.54	5 754.14	14 039.26	31 355.94	17.53
自收自支事业单位	3 462.64	377.92	2 184.63	6 025.19	3.37
其他单位	3 162.64	831.42	0.00	3 994.06	2.23
公用事业单位	1 240.29	143.87	1 896.36	3 280.52	1.83

资料来源：全国政府性债务审计结果（审计署 2013 年第 32 号公告）.

专栏 9.1

地方政府融资平台的基本运营方式

融资平台大多以城市建设投资公司、城建开发公司或城建资产经营公司等形式存在，地方政府赋予其相应的道路、公用事业收费权。必要时，还会提供财政补贴、担保或者项目回购作为附加的还款承诺，以达到筹资的目的，进而将资金用于市政建设和公用事业等项目。在实际运行过程中，融资平台名为独立法人，但无论从资产关系、财务管理、经营决策还是人事安排上，都与地方政府纠缠不清，甚至会出现融资平台与政府部门"一套人马，两块牌子"的情况（其基本运营模式详见图9-1）。也就是说，它实质上是一种准财政机构，是由地方政府及其部门和机构等通过财政拨款或注入土地、股权等资产设立，承担政府投资项目的融资功能，并拥有独立法人资格的经济实体。

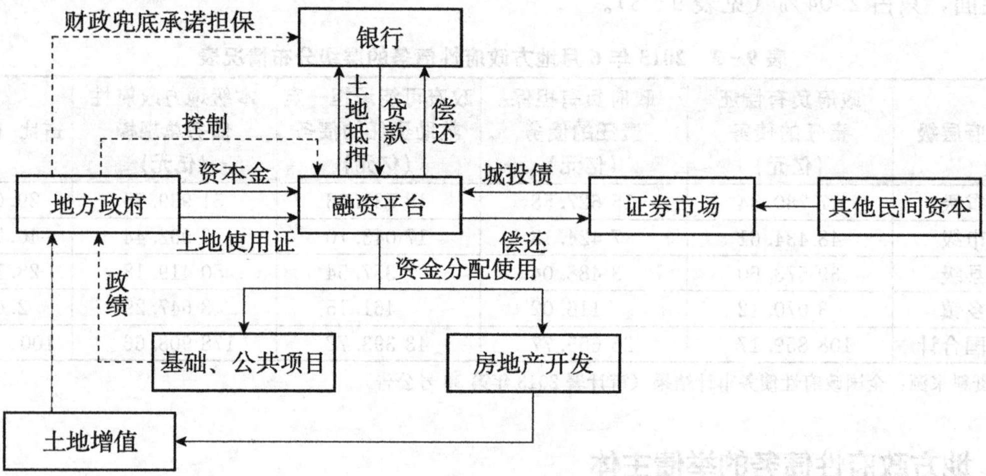

图 9-1　地方政府融资平台的基本运营方式

融资平台公司作为我国特殊历史时期的产物，它规避了原《预算法》关于地方政府不得举债的禁令，成为地方政府建设基础设施和促进经济发展的重要融资渠道，但这种方式存在着大量的不规范、不科学之处。对此，《国务院关于加强地方政府性债务管理的意见》中就明确指出，剥离融资平台公司政府融资职能，融资平台公司不得新增政府债务。据此，长期以来担任地方政府融资责任的融资平台公司将逐步转型，回归普通企业。

资料来源：孙鹏云．政府会计改革与地方政府债务报告优化研究．北京：经济科学出版社，2016.

三、地方政府性债务的资金投向

从审计结果来看，地方政府的举借资金主要用于市政建设、交通运输设计建设、土地收储、保障性住房等基础性、公益性项目，较好地满足了地方经济社会发展的资金需要，推动了民生改善和社会事业发展。而且，在这个过程中，形成了大量优质资产，大多有经营收入作为偿债来源。

其中，用于土地收储的债务形成大量土地储备资产，截至2013年6月底，审计抽查的34个重点城市储备土地16.02万公顷；用于城市轨道交通、水热电气等市政建设和高速公路、铁路、机场等交通运输设施建设的债务，不仅形成了相应的资产，而且大多有较好的经营性收入；用于公租房、廉租房、经济适用房等保障性住房的债务，也有相应的资产、租金和售房收入（见表9-5）。

表9-5　2013年6月底地方政府性债务支出投向情况表　　单位：亿元

债务支出投向类别	政府负有偿还责任的债务	政府负有担保责任的债务	政府可能承担一定救助责任的债务
市政建设	37 935.06	5 265.29	14 830.29
土地收储	16 892.67	1 078.08	821.31
交通运输设施建设	13 943.06	13 188.99	13 795.32
保障性住房	6 851.71	1 420.38	2 675.74
教科文卫	4 878.77	752.55	4 094.25
农林水利建设	4 085.97	580.17	768.25
生态建设和环境保护	3 218.89	434.60	886.43
工业和能源	1 227.07	805.04	260.45
其他	12 155.57	2 110.29	2 552.27
合计	101 188.77	25 635.39	40 684.31

资料来源：全国政府性债务审计结果（审计署2013年第32号公告）．贾康，等．全面深化财税体制改革之路：分税制的攻坚克难．北京：人民出版社，2015.

四、地方政府性债务的主要问题

根据魏加宁等（2014）、郭庆旺等（2014）等学者的研究，地方政府性债务在效率、公平和经济增长方式等方面存在着诸多问题。①

（一）效率

在过去20多年里，随着城镇化的发展和人口的集中，对城镇基础设施的需求不断上升，地方政府面临着为基础设施建设融资的巨大挑战。在这种背景下，地方为规避原《预算法》的禁令，设立了各种形式的融资平台和融资渠道。客观地说，这些融资平台和融资渠道在解决地方政府财政困难，支持地方经济增长和发展方面，起到了一定的积极作用。

但与此同时，在实践中也出现了不少问题。首先，许多政府项目存在着投资效率低下的问题，政府投资不仅难以促进经济发展，反而在不断加重政府债务负担。其次，部分地区存在着较为严重的“挤出效应”，政府投资大量挤占私人部门的投资，致使实体经

① 魏加宁，等．地方政府债务：风险化解与新型城市化融资．北京：机械工业出版社，2014．郭庆旺，等．中国分税制：问题与改革．北京：中国人民大学出版社，2014.

济融资困难，经济得不到发展。最后，少部分地区很可能会因为无力偿债，采取“借新还旧”和“借本付息”等办法来维持运转，致使债务规模越来越大等等。

（二）公平

地方政府性债务会带来代际公平问题，而这主要取决于债务融资的项目投向。

如果地方政府性债务是用于市政基础设施和社会基础设施的建设，则可以促进当地居民代际债务负担的公平化。因为公共基础设施项目的建设周期一般都比较长，且项目建成后享用受益的既包括当代人，也包括下一代人甚至是几代人，通过地方债务来解决基础设施的融资问题，可以使得收益和成本分担更加匹配。

反过来，如果地方政府性债务不是用于收益期限较长的基础设施建设，而是用于收益期限较短的经常性支出或见效快的资本性支出，就会造成未来几代人为当代人所享受的收益买单，从而带来代际不公平问题。

（三）经济增长方式

概括起来说，地方政府债务的形成原因是客观和主观因素共同作用的结果。在主观因素中，就存在着地方官员的政绩观（晋升竞争机制），以及借债和还债的动态不一致等。政绩观强调在辖区内的地方 GDP 增长，而借债和还债的动态不一致则强调 GDP 增长的效果要立竿见影，因为增长效果必须出现在 5 年的任期内，甚至更短时间。这就造成了支持经济增长的债务资金必须用于见效快的工程和项目上，既不利于地方经济结构的调整和优化，也不利于我国经济增长方式的改变和升级。

第三节　地方政府债券的正式发行和限额管理

从上一节的讨论中可以得知，地方政府性债务的举债主体既有一级政府，也有地方政府所属的职能部门和机构，还有其他类型的组织机构，不仅举债主体多，而且举债形式也非常复杂。在这一节，我们将专门围绕地方政府债券的发行和限额管理做一个简单的梳理和讨论。

一、我国地方政府债券的历史沿革（1949—2014 年）

所谓地方政府债券是指地方政府以一级政府的名义向社会发行的、以本级政府信用为保证的有价证券。

早在中华人民共和国成立初期，国家曾允许地方政府发行“地方经济建设折实公债”等债券。1958 年，中央出台《关于发行地方经济建设公债的决定》，允许各省、市、自治区于 1959 年起在确有必要的时候，发行地方公债；同年，6 月 5 日《中华人民共和国地方经济建设公债条例》正式公布，对地方政府发行公债进行规范。该条例颁布后，部分地区开始发行“地方经济建设公债”。后来，因各种原因，地方政府债券很快就被取消，但《中华人民共和国地方经济建设公债条例》没有明令作废或宣布无效。

1985 年，为了控制地方政府投资规模，国家出台《关于暂不发行地方政府债券的通知》，暂停地方政府发行债券。之后，1995—2014 年实施的原《预算法》更是在法律层面明确规定，地方各级预算不列赤字，“除法律和国务院规定的以外，地方政府不得发行地方政府债券。”也就是说，地方政府只可以在国务院的特许下进行合法举债。

从 2009 年起，在国务院的特许下，我国地方政府债券的发行和管理工作进入试点阶段，并采取了三种不同的发债模式。

（一）代发代还模式（2009—2014 年）

2009 年，经国务院特别批准，开始由财政部每年代理地方政府发行 2 000 亿元地方政府债券。与国债转贷方式不同的是，地方政府债券的融资金额纳入财政预算管理，加强了对地方财政预算的约束。

不过，财政部代理发行的地方政府债券采取记账式国债发行渠道，并且由中央财政统一代办偿还，与国债基本相同，不能体现各地方政府的偿债能力和财政状况差异。

（二）试点地区自行发债模式（2011—2013 年）

2011 年，经过国务院批准，财政部发布《2011 年地方政府债务自行发债试点办法》，批准上海市、浙江省、广东省和深圳市试点自行发债，实行年度发行额管理制度。2013 年，增加江苏省和山东省为试点地区。

此次地方政府自行发债的试点中，地方政府不仅可以自己组建承销团，还可以自行确定定价机制和管理招标现场，从而使得发行行为更加市场化。不过，试点省（市）政府债券仍由财政部代办还本付息，所以也被称为“自发代还”模式，以区别于自主发债模式下的“自发自还”。

（三）试点地区自主发债模式（2014 年）

2014 年，财政部印发《2014 年地方政府债券自发自还试点办法》，继续推进地方政府债券改革：第一，在还本付息上，改为发债地区自行还本付息，地方政府债券首次真正以地方政府信用资质为基础，由地方政府自主发行和偿还；第二，在前期六个试点地区的基础上，增加北京市、青岛市（计划单列市）、江西省和宁夏回族自治区；第三，将债券期限由 2013 年的 3 年、5 年和 7 年延长至 5 年、7 年和 10 年；第四，首次要求地方政府进行信用评级，并公开披露发债主体的经济、财政状况以及债务数据。

表 9－6 为 2009 年以来地方政府债券发行方式的变革情况。

表 9－6　2009 年以来地方政府债券发行方式的变革情况　　单位：亿元

年份	年度发行额	代发代还	自行发债（自发代还）	自主发债（自发自还）
2009	2 000	2 000	0	0
2010	2 000	2 000	0	0
2011	2 000	1 771	229	0

续表

年份	年度发行额	代发代还	自行发债（自发代还）	自主发债（自发自还）
2012	2 500	2 211	289	0
2013	3 500	2 848	652	0
2014	4 000	2 908	0	1 092

资料来源：郑春荣．中国地方政府债务的规范发展研究．上海：格致出版社，上海人民出版社，2016.

二、新《预算法》的实施与地方政府债券的正式发行（2015 年至今）

2014 年修订的新《预算法》规定，经国务院批准的省、自治区、直辖市的预算中必需的建设投资的部分资金，可以在国务院确定的限额内，通过发行地方政府债券举借债务的方式筹措。2014 年 10 月，国务院发布《关于加强地方政府性债务管理的意见》，对发债主体、债券种类、发债规模、债券审批、发债用途和债券偿还等一系列工作提出了指导原则和具体要求，标志着我国地方政府债券的发行和管理工作进入了一个全新的阶段。

（一）地方政府债券的限制性规定

新《预算法》在允许地方政府举借债务的同时，还从五个方面作出了限制性规定：

第一，限制主体，经国务院批准的省级政府可以举债。[①]

第二，限制用途，举借债务只能用于公益性资本支出，不得用于经常性支出。

第三，限制规模，举借债务的规模，由国务院报全国人大或者全国人大常委会批准，省级政府在国务院下达的限额内举借的债务，列入本级预算调整方案，报本级人大常委会批准。

第四，限制方式，举借债务只能采取发行地方政府债券的方式，不得采取其他方式筹措，除法律另有规定外，不得为任何单位和个人的债务以任何方式提供担保。

第五，控制风险，举借债务应当有偿还计划和稳定的偿还资金来源，国务院建立地方政府债务风险评估和预警机制、应急处置机制以及责任追究制度。

（二）一般债券和专项债券

2015 年，财政部发布《地方政府一般债券发行管理暂行办法》和《地方政府专项债券发行管理暂行办法》，对一般债券和专项债券给出了明确的定义。

（1）一般债券是指省、自治区、直辖市政府（含经省级政府批准自办债券发行的计划单列市政府）为没有收益的公益性项目发行的、约定一定期限内主要以一般公共预算收入还本付息的政府债券。

---

① 在实际操作中，还包括含经省级政府批准自办债券发行的计划单列市政府。

（2）专项债券是指省、自治区、直辖市政府（含经省级政府批准自办债券发行的计划单列市政府）为有一定收益的公益性项目发行的、约定一定期限内以公益性项目对应的政府性基金或专项收入还本付息的政府债券。

我国地方政府债券的正式发行

从上述定义可知，一般债券和专项债券的区别主要有两方面：一是募集资金的用途；二是偿债资金的来源（详见表9-7）。

表9-7　一般债券和专项债券的区别

	一般债券	专项债券
募集资金用途	没有收益的公益性项目	有一定收益的公益性项目
偿还资金来源	一般公共预算收入	公益性项目对应的政府性基金或专项收入

三、地方政府债务的限额管理

如前所述，从2015年1月1日起，地方政府债务的范围包括：（1）地方政府债券，和（2）经清理甄别认定的2014年末非政府债券形式存量政府债务。对这两部分政府债务，国家实行严格的限额管理。其中，非政府债券形式存量政府债务要经过三年左右的过渡期，由省级财政部门在限额内安排发行地方政府债券置换。

（一）确定地方政府债务总限额

对地方政府债务余额实行限额管理。年度地方政府债务限额等于上年地方政府债务限额加上当年新增债务限额（或减去当年调减债务限额），具体分为一般债务限额和专项债务限额。

地方政府债务总限额由国务院根据国家宏观经济形势等因素确定，并报全国人民代表大会批准。年度预算执行中，如出现下列特殊情况需要调整地方政府债务新增限额，由国务院提请全国人大常委会审批：当经济下行压力大、需要实施积极的财政政策时，适当扩大当年新增债务限额；当经济形势好转、需要实施稳健的财政政策或适度从紧的财政政策时，适当削减当年新增债务限额或在上年债务限额的基础上合理调减限额。

表9-8为2015—2020年全国地方政府债务限额情况表。

表9-8　全国地方政府债务限额情况表（2015—2020年）　　单位：亿元

年份	总额	其中	
		一般债券	专项债券
2015	160 074.29	99 272.40	60 801.89
2016	171 874.30	107 189.22	64 685.08
2017	188 174.30	115 489.22	72 685.08
2018	209 974.30	123 789.22	86 185.08
2019	240 774.30	133 089.22	107 685.08
2020	288 074.30	142 889.22	145 185.08

资料来源：财政部网站。

（二）逐级下达分地区地方政府债务限额

各省、自治区、直辖市政府债务限额，由财政部在全国人大或其常委会批准的总限额内，根据债务风险、财力状况等因素并统筹考虑国家宏观调控政策、各地区建设投资需求等提出方案，报国务院批准后下达各省级财政部门。

省级财政部门依照财政部下达的限额，提出本地区政府债务安排建议，编制预算调整方案，经省级政府报本级人大常委会批准；根据债务风险、财力状况等因素并统筹本地区建设投资需求提出省本级及所属各市县当年政府债务限额，报省级政府批准后下达各市县级政府。市县级政府确需举借债务的，依照经批准的限额提出本地区当年政府债务举借和使用计划，列入预算调整方案，报本级人大常委会批准，报省级政府备案并由省级政府代为举借。

表 9－9 为 2015 年和 2019 年全国地方政府债务限额分省分配表。由表 9－9 可知，2019 年与 2015 年相比，地方政府债务限额的总额增加了 8.07 万亿元，但一般债券只增加了 8 412.68 亿元，而专项债券增加了 72 287.33 亿元。

表 9－9 全国地方政府债务限额分省分配表 单位：亿元

地区	2015 年			2019 年		
	总额	其中		总额	其中	
		一般债券	专项债券		一般债券	专项债券
全国	160 074.29	99 272.40	60 801.89	240 774.30	107 685.08	133 089.22
北京	6 689.40	1 495.30	5 194.10	9 119.40	6 407.10	2 712.30
天津	2 591.50	798.20	1 793.30	5 054.13	3 530.30	1 523.83
河北	5 888.00	4 493.60	1 394.40	10 208.10	4 224.26	5 983.84
山西	2 122.80	1 588.00	534.80	3 799.04	1 450.99	2 348.05
内蒙古	5 675.50	4 667.90	1 007.60	7 764.20	1 632.11	6 132.09
辽宁	9 138.70	6 426.80	2 711.90	9 835.49	2 867.16	6 968.33
辽宁（不含大连）	7 047.60	5 105.70	1 941.90	7 668.35	2 121.33	5 547.02
大连	2 091.10	1 321.10	770.00	2 167.14	745.83	1 421.31
吉林	3 018.69	2 050.00	968.69	4 811.07	1 626.89	3 184.18
黑龙江	3 165.00	2 477.20	687.80	4 939.61	1 207.18	3 732.43
上海	6 018.50	3 267.90	2 750.60	8 577.10	4 385.60	4 191.50
江苏	10 954.30	6 528.20	4 426.10	16 525.14	8 915.16	7 609.98
浙江	9 188.40	4 994.50	4 193.90	13 166.35	6 652.08	6 514.27
浙江（不含宁波）	7 325.40	3 833.40	3 492.00	11 008.00	5 727.60	5 280.40
宁波	1 863.00	1 161.10	701.90	2 158.35	924.48	1 233.87
安徽	5 424.10	3 417.60	2 006.50	8 912.99	4 722.91	4 190.08
福建	5 051.30	2 173.40	2 877.90	7 799.20	4 410.52	3 388.68
福建（不含厦门）	4 586.30	1 919.00	2 667.30	6 912.20	3 877.92	3 034.28
厦门	465.00	254.40	210.60	887.00	532.60	354.40
江西	3 905.20	2 723.40	1 181.80	6 276.44	2 714.89	3 561.55
山东	9 533.80	6 190.80	3 343.00	14 307.60	7 083.85	7 223.75
山东（不含青岛）	8 443.20	5 442.80	3 000.40	12 419.35	6 183.25	6 236.10

续表

地区	2015 年			2019 年		
	总额	其中		总额	其中	
		一般债券	专项债券		一般债券	专项债券
青岛	1 090.60	748.00	342.60	1 888.25	900.60	987.65
河南	5 954.50	4 425.20	1 529.30	9 728.99	3 955.46	5 773.53
湖北	4 697.50	3 138.30	1 559.20	8 416.29	4 006.10	4 410.19
湖南	6 780.30	4 113.90	2 666.40	10 228.91	4 008.89	6 220.02
广东	9 141.60	5 862.30	3 279.30	14 198.07	7 081.55	7 116.52
广东（不含深圳）	8 809.50	5 561.70	3 247.80	13 499.57	6 707.65	6 791.92
深圳	332.10	300.60	31.50	698.50	373.90	324.60
广西	4 464.80	2 545.60	1 919.20	6 866.25	2 818.80	4 047.45
海南	1 491.30	1 046.00	445.30	2 426.40	970.89	1 455.51
重庆	3 412.40	2 118.60	1 293.80	6 049.40	3 282.80	2 766.60
四川	7 808.00	4 702.90	3 105.10	11 731.00	5 326.10	6 404.90
贵州	9 135.50	5 384.70	3 750.80	10 193.35	3 983.08	6 210.27
云南	6 628.10	4 559.80	2 068.30	9 341.05	3 123.39	6 217.66
西藏	114.30	111.30	3.00	326.30	41.00	285.30
陕西	5 064.80	2 742.20	2 322.60	7 228.15	3 080.31	4 147.84
甘肃	1 709.50	1 062.30	647.20	3 406.79	1 434.53	1 972.26
青海	1 330.90	1 161.10	169.80	2 284.70	459.80	1 824.90
宁夏	1 138.90	885.40	253.50	1 866.90	521.50	1 345.40
新疆	2 836.70	2 120.00	716.70	5 385.89	1 759.88	3 626.01

资料来源：财政部网站。

（三）严格按照限额举借地方政府债务

省级财政部门在批准的地方政府债务限额内，统筹考虑地方政府负有偿还责任的中央转贷外债情况，合理安排地方政府债券的品种、结构、期限和时点，做好政府债券的发行兑付工作。中央和省级财政部门每半年向本级人大有关专门委员会书面报告地方政府债券发行和兑付等情况。

对 2015 年地方政府债务限额下达前举借的在建项目后续贷款中需要纳入政府债务的，由各地在 2015 年地方政府债务限额内调整结构解决。今后，需要纳入政府债务的在建项目后续融资需求在确定每年新增地方政府债务限额时统筹考虑，依法通过发行地方政府债券举借。地方政府新发生或有债务，要严格限定在依法担保的外债转贷范围内，并根据担保合同依法承担相关责任。

（四）地方政府债务分类纳入预算管理

地方政府要将其所有政府债务纳入限额，并分类纳入预算管理。其中，一般债务纳入一般公共预算管理，主要以一般公共预算收入偿还，当赤字不能减少时，可采取借新还旧的办法。专项债务纳入政府性基金预算管理，通过对应的政府性基金或专项收入偿还；政府性基金或专项收入暂时难以实现，如收储土地未能按计划出让的，可先通过借新还旧周转，收入实现后即予归还。

第四节 PPP模式的应用与政府公共服务供给机制的创新

2014年，《国务院关于加强地方政府性债务管理的意见》中明确指出，要推广使用政府与社会资本合作模式（public-private partnership，简称PPP模式，或译为公私合作伙伴关系），鼓励社会资本通过特许经营等方式，参与城市基础设施等有一定收益的公益性事业投资和运营。

在国际上，PPP一般是指公共部门与私人部门共同为提供公共产品和服务而建立的各种合作伙伴关系，国有企业（或公营企业）通常属于公共部门的组成部分。但稍有不同的是，我国在推行PPP过程中所引入的社会资本却不仅限于私人部门，其中有相当一部分来自国有企业。也就是说，在我国，国有企业在PPP的契约关系中属于社会资本一方。①

一般观点认为，公私合作伙伴关系最早起源于英国。② 为减少公共部门的借债需求，英国政府于1992年首次引入“私人融资计划”（Private Finance Initiative），旨在鼓励公私合作，吸引民间资本投资基础设施（详见专栏9.2）。此后，迅速在全球范围内推广开来。我国水务行业应用PPP模式是从20世纪90年代兴起的，早期的投资模式大多采用BOT（build-operate-transfer，建设—经营—转让）、TOT（transfer-operate-transfer，移交—经营—移交）等方式。随着我国市场化和对外开放步伐的加快，特别是自2002年3月起，原先禁止外商投资的供水等城市管网首次被列入对外开放领域后，多个跨国水务集团通过并购等PPP方式进入我国城市供水管网等领域。根据世界银行数据中心的分类统计，从1990年到2011年的22年里，我国在能源、通信、交通和水处理等行业运用PPP模式的总投资额为145.18亿美元，共涉及项目968个（因故取消36个）。③ 财政部于2016年初建立全国政府和社会资本合作综合信息平台项目库，截至12月末，全国入库项目11 260个，投资额13.5万亿元。其中，已签约落地的1 351个，投资额2.2万亿元；国家示范项目743个，投资额1.86万亿元，涉及水利、交通、市政设施、公共服务、生态环境和其他等多个领域。④

---

① 从严格意义上讲，这不符合原来意义上的公私合作中的私人部门定义，但中文翻译中把private翻译成社会资本，进而把国有企业也归入社会资本，这使得在中国，公司合作伙伴关系扩大到包括公共部门和国有企业的合作关系。这和国外严格意义上的公私合作伙伴关系是有区别的。但这也许恰恰是中国特色的PPP模式。

② 贾康，高培勇．现代经济学大典：财政学分册．北京：经济科学出版社，2016．但也有学者对此有不同的看法。贾康和孙洁曾专门就PPP的起源问题进行考证，认为早在数百年前就已经存在PPP的运行模式，尽管当时的人们还没有明确提出PPP的概念或理论。详见贾康，孙洁．公私合作伙伴关系：理论与实践．北京：经济科学出版社，2014．

③ 陈辉．PPP模式手册：政府与社会资本合作理论方法与实践操作．北京：知识产权出版社，2015．

④ 财政部PPP中心．全国PPP综合信息平台项目库第五期季报，http：//www.cpppc.org/zh/pppyw/4684.jhtml.

专栏 9.2

英国的 PPP 发展历程和管理机构

英国是较早采用 PPP 模式开展基础设施建设的国家，从 20 世纪 70 年代末开始，英国对电力、电信、自来水和煤气供应等进行了大规模民营化改革，但考虑到民营化改革的影响和冲击，在英国提供公共服务最重要的领域——教育、医疗等却没有选择民营化。1990 年梅杰接任撒切尔夫人后，由于面临经济衰退，公共支出不断扩大，1992 年首次提出私人融资计划（Private Finance Initiative（PFI），即设计、建设、融资、运营和维护）。PFI 是购买公共服务的一个重要形式，但只是 PPP 模式中的众多采购方法之一，PFI 占英国整体公共部门投资的 11%。2012 年，为了降低项目风险，提高公共部门权益，保证项目的成功率，英国将 PFI 进一步改进为新型私人融资（PF2，即设计、建设、融资和维护），两者最大的区别是：在 PF2 中私人部门不再运营基础设施，同时提高特殊目的公司（SPV，亦称项目公司）的注册资本金，政府持有一定股权。

在管理方面，英国于 1993 年在财政部下设立私人融资工作组和私人融资办公室；1997 年在财政部设立专门工作组，负责 PFI 推广工作；1999 年成立了由政府持有全部股权的英国伙伴关系组织，并替代了前期的财政部工作小组；2001 年该伙伴关系组织进一步完善为由政府和私营部门共同持有股权的 PPP 管理模式的组织，其中英国财政部持有 44%的股权，在特殊情况或特殊事项上拥有一票否决权，以确保在重大事项上公共部门的决定权。英国伙伴关系组织的目的是通过向政府部门提供更好的技术支持来推动整个 PPP 市场的发展，以进一步获得投资机会。PFI 政策的主要制定者、实施者和监管者是政府商业办公室。2011 年，财政部设立基础设施局，全面负责 PPP 工作。

资料来源：谢煊，等．英国开展公私合作项目建设的经验及借鉴．中国财政，2014（1）.

一、PPP 模式的概念、特征和比较优势

（一）PPP 模式的概念

从 20 世纪 80 年代以来，PPP 模式被很多国家或国际组织广泛应用于基础设施建设等领域，但关于 PPP 的具体定义仍存在争议。下面列举几种具有代表性的观点。

（1）联合国培训研究院（United Nations Institute for Training and Research，2000）给出的 PPP 的概念是：PPP 涵盖了不同社会系统倡导者之间的所有制度化合作方式，目的是解决当地或区域内的某些复杂问题。具体来说，包含了两层含义：其一是为满足公共产品需要而建立的公共和私人之间的各种合作关系；其二是为满足公共产品需要，公共部门和私人部门建立伙伴关系进行的大型公共项目的实施。

（2）欧盟委员会（the European Commission，2003）给出的概念是：PPP 是指公共部门和私人部门之间的一种合作关系，其目的是为了提供传统上由公共部门提供的公共

项目或服务。

（3）美国PPP国家委员会（the National Council for PPP，USA，2002）给出的概念是：PPP是介于外包和私有化之间并结合了两者特点的一种公共产品提供方式，它充分利用了私人资源进行设计、建设、投资、经营和维护公共基础设施，并提供相关服务以满足公共需要。

（4）贾康、孙洁（2014）认为，PPP是指公共部门与民营部门合作过程中，让非公共部门所掌握的资源参与提供公共产品和服务，从而实现政府公共部门的职能，同时也为民营部门带来利益。

（5）魏加宁等（2014）认为，PPP是指为了共同完成某个项目（主要是公共事业项目）的投资、建设和运营，政府、营利性企业和非营利性企业形成的相互合作关系，它包括BOT、TOT和DBFO（design-build-finance-operate，设计—建造—融资—经营）等一系列项目融资方式。

通过上面众多概念可以看出，尽管各方面远未就PPP概念的内涵和外延达成共识，但还是能够从中发现一些共通之处：第一，是公共部门和私人部门之间的合作，而且合作是建立在公私部门有着不同的行为动机和行为模式的基础之上；第二，合作的目的是为了提供公共产品和服务，包括基础设施建设；第三，公私部门利益共享、风险共担，而在这一过程中，双方的契约关系和协作机制就显得尤为重要。

综上所述，PPP概念有广义和狭义两个层面。从广义上来看，PPP是指公共部门与私人部门共同为提供公共产品和服务而建立的各种合作关系，在这一合作关系下，私人部门参与公共产品和服务的提供，在政府实现公共职能的同时也给私人部门带来一定的经济利益。从狭义上来看，PPP可以理解为一系列项目融资模式的总称，包括BOT、TOT、DBFO等多种模式，强调合作过程中的风险分担机制和项目的“物有所值”（Value for Money）。

（二）PPP模式的特征

根据贾康、孙洁（2014）的概括，PPP模式的运行具有三个重要特征：伙伴关系、利益共享和风险分担。①

（1）伙伴关系：项目目标一致。伙伴关系是PPP模式的第一大特征，所有成功的PPP项目都是建立在伙伴关系的基础之上的。但需要说明的是，政府购买商品和服务，给予授权、征收税费和收取罚款，这些事务并不必然表明合作关系的真实存在和延续。与其他关系相比较，PPP模式下的公共部门与私人部门之间的伙伴关系的一个显著特征是项目目标一致。也就是说，公共部门之所以和民营部门合作并形成伙伴关系，关键是双方在某个具体项目上存在一个共同目标：在既定资源下，实现最多的产品和服务；或者是实现既定的产品和服务下，资源最节约。在此基础上，私人部门实现其自身利益追求，公共部门则得以实现其公共职能。

（2）利益共享。利益共享是PPP模式的第二个特征，但需要强调的是，这里所谓的

① 贾康，孙洁．公私合作伙伴关系：理论与实践．北京：经济科学出版社，2014．

利益共享是指除了共享 PPP 项目带来的社会成果之外，也包括作为参与者的非公共部门一方取得相对平和、稳定的投资回报。

（3）风险分担。PPP 模式的第三个特征是风险分担。与市场经济规则兼容的 PPP 中，利益与风险具有对应关系，而合理分担风险的这一特征是 PPP 有别于公共部门与私人部门其他交易形式的显著特征。如政府采购服务，之所以不能称为公私合作伙伴关系，是因为双方在此过程中是让自己尽可能小地承担风险；反之，在 PPP 中，公共部门却是尽最大可能承担自己有优势方面的伴生风险，而让对方承担的风险尽可能小。例如，在隧道、桥梁、干道建设中，如果因车流量不够而导致私人部门达不到基本的预期收益，公共部门可以对其进行现金流量补贴，这种做法可以在“分担”框架下有效控制私人部门因车流量不够而引起的经营风险；与此同时，私人部门则按其相对优势承担较多的甚至全部的具体管理职责，而这恰恰是公共部门管理层“道德风险”的易发领域，这种风险也由此得以规避。

所以，一个有效的 PPP 管理模式更多考虑的是双方风险的最优应对、最佳分担，从而将整体风险最小化。

（三）PPP 模式的比较优势

与传统的基础设施和公共服务的供给模式相比较，成功的 PPP 模式可以起到提高服务供给效率和节约财政支出等作用。根据魏加宁等（2014）的研究，PPP 模式的比较优势可以概括为以下几点①：

（1）增加基础设施和公共服务的供给。PPP 模式使得基础设施和公共服务的前期建设和运营的资本支出转化为未来的服务支付，从而可以在政府财政资金有限的情况下，促进基础设施的前期建设和公共服务的适度超前供给，还可以及时地筹集项目建设所需资金，提高项目建设效率。

（2）缩减项目的成本支出。从协调的角度来看，对于一些大规模的投资项目，特别是初期投资比较大的项目，采用 PPP 模式可以分散在一个比较长的时间内做各种融资安排，实现投融资的双向优化。将项目设计、建造、运营和管理有效结合起来，可以极大地激励私人部门努力使项目整个生命周期内的时间成本和资金成本最小化，可以提高项目的执行效率。例如，对 2016 年通过物有所值定量评价的 335 个国家示范项目的分析表明，在项目全生命周期内，PPP 模式与传统投融资模式相比，平均每个项目节省政府投入约 3.8 亿元。②

（3）获取额外收益。在 PPP 模式中，私人部门还可以从第三方获取额外收益，从而减少政府部门的补助成本。这种额外收益可以通过使用闲置的生产能力或者处置剩余资产获取。

（4）更好地实现风险分担。PPP 模式的一个核心原则就是将风险分配给可以以最小

---

① 魏加宁，等．地方政府债务：风险化解与新型城市化融资．北京：机械工业出版社，2014.

② 财政部 PPP 中心．全国 PPP 综合信息平台项目库第五期季报，http: //www.cpppc.org/zh/pppyw/4684.jhtml.

成本管理风险的一方，因而不是一般风险的最大转移，而是风险的最佳分配，以确保项目实现最大价值。

（5）提高服务质量。相对于传统的项目模式，PPP 模式提供的服务质量更高，这主要是因为 PPP 模式实现了相关服务的整合，增加了规模经济，创新了服务供给方式，以及 PPP 协议中设置了相应的经营激励和惩罚机制。

（6）强化公共管理。PPP 模式将基础设施和公共服务的建设和供给责任转移给了私人部门，政府部门成为监管者，主要负责基础设施和公共服务的规划以及对私人部门经营的监管，而不再管理日常的公共服务交付。此外，通过在公共服务领域引入竞争，PPP 模式还可以使公共服务的成本成为市场标准的基准，从而最大程度地实现“物有所值”。

PPP 模式的基本流程和关键事项

二、PPP 模式的基本流程

PPP 的运作程序会因具体操作不同而有所变化，但通常都按照以下几个阶段来推进（详见图 9－2）。

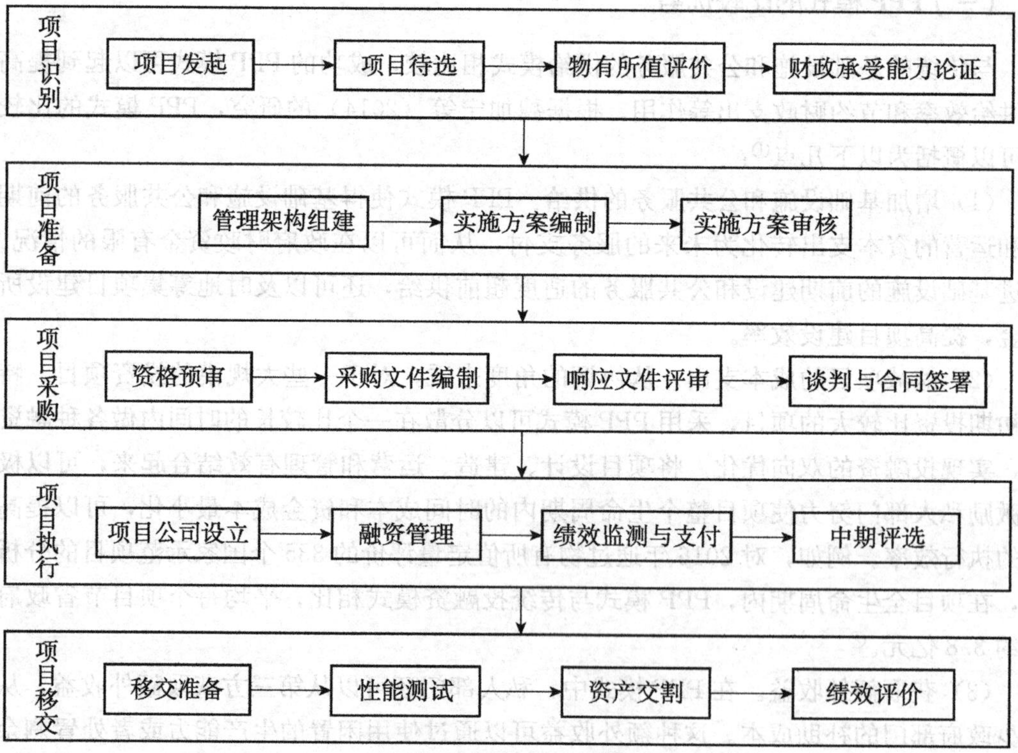

图 9－2　政府和社会资本合作项目操作流程图

资料来源：财政部．政府和社会资本合作模式操作指南（试行）（财金〔2014〕113 号）．

（一）项目识别

在项目识别阶段，政府首先要对某项基础设施或公共服务的需求进行评估。其次，需要对传统供给方式和 PPP 模式的效率进行比较，以确定是否采用 PPP 模式。此外，通常还需要进行初步的 PPP 适用性检验，包括法律、政治、技术特征等方面，以最终决定是否适用 PPP 模式。具体来说，这一阶段的具体工作包括项目发起、项目待选、物有所值评价和财政承受能力论证等内容。

1. 项目发起

总的来说，投资规模较大、需求长期稳定、价格调整机制灵活、市场化程度较高的基础设施及公共服务类项目，适宜采用政府和社会资本合作模式。根据发起人的不同，又可以分为政府发起和社会资本发起。

(1) 政府发起。财政部门（政府和社会资本合作中心）负责向交通、住建、环保、能源、教育、医疗、体育健身和文化设施等行业主管部门征集潜在政府和社会资本合作项目。行业主管部门可从国民经济和社会发展规划及行业专项规划中的新建、改建项目或存量公共资产中遴选潜在项目。

(2) 社会资本发起。社会资本以项目建议书的方式向财政部门（政府和社会资本合作中心）推荐潜在政府和社会资本合作项目。

2. 项目待选

财政部门（政府和社会资本合作中心）会同行业主管部门，对潜在政府和社会资本合作项目进行评估筛选，确定备选项目。财政部门（政府和社会资本合作中心）应根据筛选结果制定项目年度和中期开发计划。

对于列入年度开发计划的项目，项目发起方应按财政部门（政府和社会资本合作中心）的要求提交相关资料。新建、改建项目应提交可行性研究报告、项目产出说明和初步实施方案；存量项目应提交存量公共资产的历史资料、项目产出说明和初步实施方案。

3. 物有所值评价

财政部门（政府和社会资本合作中心）会同行业主管部门，从定性和定量两方面开展物有所值评价工作。

定性评价重点关注项目采用政府和社会资本合作模式与采用政府传统采购模式相比能否增加供给、优化风险分配、提高运营效率、促进创新和公平竞争等。

定量评价主要通过对政府和社会资本合作项目全生命周期内政府支出成本现值与公共部门比较值进行比较，计算项目的物有所值量值，判断政府和社会资本合作模式是否会降低项目全生命周期成本。

4. 财政承受能力论证

为确保财政中长期可持续性，财政部门应根据项目全生命周期内的财政支出、政府债务等因素，对部分政府付费或政府补贴的项目开展财政承受能力论证，每年政府付费或政府补贴等财政支出不得超出当年财政收入的一定比例。

（二）项目准备

一旦决定采用 PPP 模式，那么接下来就需要根据政府部门的目标、意愿以及基础设施和公共服务的属性等具体情况进行相应的准备工作。具体来说，在项目准备阶段，需要开展管理架构组建、实施方案编制和实施方案审核等工作。

1. 管理架构组建

在 PPP 项目的预想实施架构中，社会资本受雇从事公共领域的活动，而政府部门称为监管者或监控者，在实际的服务提供过程中承担有限的职能。但大多数政府一开始缺乏组织、管理和实施 PPP 项目所需的机构和能力，所以需要创建新的管理架构来推进这项工作。

根据《政府和社会资本合作模式操作指南（试行）》，县级（含）以上地方人民政府可建立专门协调机制，主要负责项目评审、组织协调和检查督导等工作，实现简化审批流程、提高工作效率的目的。政府或其指定的有关职能部门或事业单位可作为项目实施机构，负责项目准备、采购、监管和移交等工作。

2. 实施方案编制

项目实施方案的编制内容包括：项目概况、风险分配基本框架、项目运作方式、交易结构、合同体系、监管架构和采购方式选择等。

3. 实施方案审核

财政部门（政府和社会资本合作中心）应对项目实施方案进行物有所值评价和财政承受能力论证，通过评价和论证的，由项目实施机构报政府审核；未通过评价和论证的，可在实施方案调整后重新评价和论证；经重新评价和论证仍不能通过的，不再采用政府和社会资本合作模式。

（三）项目采购

当 PPP 项目准备及架构设计等工作完成后，就可以进入项目采购阶段。此时，实施机构应及时到位，并负责确保整个采购过程平稳、透明、及时地实施。在这一阶段，政府部门先要制定关于基础设施或公共服务的详细规定和标准、招投标者的资质以及 PPP 模式下特许协议的期限和权益，然后采用竞争性招标，以减少成本支出。在评标结束后，政府部门与首选投标人进行谈判，讨论和调整项目的相关条件或标准。在达成共识后，签订特许权协议，并组建项目公司准备项目的实施。

（四）项目执行

到此进入 PPP 项目的执行阶段，包括项目设施的设计、建造、融资、运行、管理和维护等多个部分。项目设施完工后，只有通过政府部门的竣工验收后方可投入运营。在运营过程中，项目公司通过征收设施使用费或者由政府支付来运营、维护设施，偿还贷款，实现投资收益。与此同时，政府还要担负起监管者的职能，对项目公司提供的服务或运行的设施进行监管。

（五）项目移交

指项目终结和转交。在特许权协议到期后，PPP 项目通常会以一定的价格或免费转交给政府部门，而且项目设施需要达到特许协议中规定的条件或标准，由政府部门继续运营或处置。

三、我国运用 PPP 模式的关键事项

由于我国 PPP 模式尚在探索阶段，政府与社会资本合作在实施过程中仍存在不少问题。因此，我国在运用 PPP 模式过程中，需要重点注意以下几个方面的问题。[①]

(一) 政府的角色转换

PPP 模式的成功运行离不开政府的积极推动，更离不开政府角色的准确定位。概括起来说，政府在 PPP 项目中的职能主要有三大类：一是规则的制定者和执行者；二是公共服务的投资者、采购者和提供者；三是利益协调者和公共服务监管者。

1. 规则的制定者和执行者

为确立允许通过社会资本参与公共服务的生产和提供过程，政府必须首先通过制定法律、法规等法律文件建立一个既可吸引私人投资又能实现公共利益的法律框架。近年来，我国按照"法律法规＋配套政策＋操作指引"三位一体的思路，建立健全覆盖 PPP 全生命周期的制度体系。2015 年 6 月 1 日起施行《基础设施和公用事业特许经营管理办法》。2019 年 7 月 14 日，出台了《政府和社会资本合作法（征求意见稿）》。同时，出台了在市政公用、水污染防治、收费公路、公共租赁住房、重大水利工程等领域推广 PPP 的实施意见。制定 PPP 项目财政承受能力论证指引和物有所值评价指引，促进 PPP 可持续发展。推进配套改革措施，启动农业水价综合改革试点等工作，完善公共服务定价机制，提高社会资本参与公共服务的积极性。

2. 公共服务的投资者、采购者和提供者

作为对民营化浪潮的反思结果，政府和社会资本之间的伙伴关系，意味着政府要更多参与项目之中，政府和社会资本共同参与决策，共同组建项目公司，参与基础设施的投资，并且共同承担项目有关的风险、成本，寻求实现双方利益的共赢。当然，不同的 PPP 项目对于政府的投资者、采购者和提供者的角色要求有所差异，但政府部门都必须遵守合同的约定，履行义务，信守承诺。

在实践中，为了撬动金融资本参与，中央和地方财政设立规模不一的 PPP 融资支持基金，提高 PPP 项目融资的可得性。出台 PPP 项目以奖代补政策，对符合条件的新建和存量项目给予一定的奖励，引导 PPP 项目规范实施。

3. 利益协调者和公共服务监管者

在采用 PPP 模式的公共服务项目中，政府相对社会资本而言在土地征用等方面具有更明显的协调方优势。因此，当参与公共服务的社会资本一方与其他利益主体之间出现法律争议或利益纠纷时，政府多以利益协调者的身份出现。此外，PPP 模式需要调动社会资本方的积极性和主动性，发挥私人部门的高效率，但政府部门需要在基础设施设计、

---

① 魏加宁，等．地方政府债务：风险化解与新型城市化融资．北京：机械工业出版社，2014. 马海顺，梁舰．政府与社会资本合作（PPP）模式．北京：中国建材工业出版社，2017.

投资建造、运营和维护等各个阶段对私人部门的活动进行监管，以确保社会资本提供的基础设施和公共服务能够满足环境、安全等方面的标准要求。

总之，相对于传统的财政投融资模式，PPP 模式可以让政府部门以较少的财政资金投入实现更多的基础设施投资和公共服务供给，减少财政资金压力，但与此同时，需要政府准确定位自身的角色，加强制度建设，从而处理好与社会资本的伙伴合作关系，实现双赢。

（二）风险的有效识别和合理分担

风险的有效识别和合理分担是 PPP 项目实施过程中的一大关键，重要但难度较高。进一步来说，PPP 项目中风险分担的目的主要表现在两个方面：其一，利用合理的风险分担减少风险发生的概率，降低风险发生后造成的损失和风险管理成本，使得 PPP 项目对各方都具有吸引力；其二，在 PPP 项目生命周期内，利用合理的风险分配培养各方理性和谨慎的行为，为项目的成功而有效工作。

从实践经验来看，我国虽然在持续推进 PPP 模式，并积累了一定的 BOT 项目经验，但对如何识别 PPP 项目风险、评估风险以及应对风险做得还很不够，仍有很长的路要走。以某项目为例，西部某省会城市于 20 世纪 90 年代通过 PPP 模式引入外国资本，建设了该市第六自来水厂 B 厂。在设计风险分配方案时，市政府将“水需求量波动”这一风险划为政府承担的风险。因为从当时水需求的数据分析来看，该市对自来水的需求是稳步提升的。但是，B 厂建成后，因亚洲金融危机和该市工业链调整等因素，全市用水量大幅下降。为了消耗 B 厂每天生产的 40 万吨水，市自来水公司只能让其他部分自来水厂停产。当时，该市自来水公司所有水费的三分之二用于支付 B 厂净水采购费用，以至于 B 厂投产后的第一年，自来水公司就由盈利转为亏损 1.5 亿元。①

（三）建立健全法律法规体系

为了 PPP 模式的可持续发展，政府必须通过制定法律、法规等法律文件建立一个既可以吸引社会资本又能实现公共利益的法律框架。

首先，需要制定和完善相关的法律法规，以确保 PPP 项目各参与方在项目的授权、设计、融资、建造、运营、管理和维护等方面签订相关协议和合同的法律效力。

其次，改革公共基础设施的管理制度，更好地监督和管理社会资本投资、建造、运营和维护基础设施过程中的行为。

最后，为保证这些规则能够得到有效贯彻执行，政府必须通过各种具体行政管理手段来落实其中的有关规定，履行其提供公共服务的职能。

（四）构建有效的监管体系

结合发达国家的经验和我国的具体情况，我国政府对 PPP 模式项目的监管应从宏观和微观两方面入手。在宏观上，应该为社会资本提供一个公平、公开的市场竞争环境，

---

① 金诚集团．2016 年 PPP 模式及城市化产业发展白皮书，内部资料．

政府与社会资本之间的合作必须体现契约精神和平等关系。在微观上，应该针对具体的PPP项目，从项目的服务价格监管、项目的服务质量监管、项目的退出监管和项目的后续评价监管四个角度入手开展工作。需要特别强调的是，在政府规定PPP项目的服务对象和服务价格时，实际上会构成政府未来的隐性负债。因此，有必要根据政府债务限额，确定关于PPP项目总规模的上限。

第五节　本章小结

（1）在实践中，我国地方政府债务有广义和狭义之分。狭义的地方政府债务是指地方政府负有偿还责任的直接债务。广义的地方政府债务是指包含或有债务在内的地方政府性债务，既包括狭义的地方政府债务，也包括地方政府负有担保责任的债务，还包括地方政府可能承担救济责任的债务。

（2）地方政府性债务作为特殊历史阶段的产物，在解决地方政府财政困难和支持地方经济增长等方面起到了一定的积极作用，但也存在着诸多不规范之处和负面效应。为此，新《预算法》采取了“开前门，堵后门，筑围墙”的改革思路，除了发行地方政府债券之外，地方政府不得再以其他形式举借债务。同时，对于2014年末甄别认定的存量债务，则通过三年左右的过渡期，由省级财政部门在限额内安排发行地方政府债券置换。

（3）按照新《预算法》的规定，经国务院批准的省、自治区、直辖市的预算中必需的建设投资的部分资金，可以在国务院确定的限额内，通过发行地方政府债券举借债务的方式筹措。但是，举借债务只能采取发行地方政府债券的方式，不得采取其他方式筹措，除法律另有规定外，不得为任何单位和个人的债务以任何方式提供担保。

（4）PPP概念有广义和狭义两个层面。从广义上来看，PPP是指公共部门与私人部门共同为提供公共产品和服务而建立的各种合作关系，在这一合作关系下，私人部门参与公共产品和服务的提供，在政府实现公共职能的同时也给私人部门带来一定的经济利益。从狭义上来看，PPP可以理解为一系列项目融资模式的总称，包括BOT、TOT、DBFO等多种模式，强调合作过程中的风险分担机制和项目的“物有所值”。

（5）相对于传统的财政投融资模式，PPP模式可以让政府部门以较少的财政资金投入实现更多的基础设施投资和公共服务供给，减少财政资金压力。但与此同时，需要政府准确定位自身的角色，加强制度建设，处理好与社会资本的伙伴合作关系，实现双赢。

重要概念

地方政府债务	地方政府性债务	或有债务
融资平台	地方政府债券	一般债券
专项债券	PPP模式	

复习与思考题

1. 地方政府性债务与地方政府债务的区别是什么？
2. 地方政府性债务的主要问题有哪些？
3. 如何评价地方融资平台在地方经济发展过程中的“双刃剑”作用？
4. 一般债券与专项债券有何区别？在债务管理中，如何管理这两类债券？
5. 在地方基础设施建设中如何运用PPP模式？

参考文献

1. The European Commission. “Guidance for Successful PPP,” 2003

2. The National Council for PPP，USA. “For the Good of the People：Using PPP to Meet America's Essential Needs,” 2002

3. United Nations Institute for Training and Research. “PPP For Sustainable Development,” 2000

4. 财政部．地方政府存量债务纳入预算管理清理甄别办法（财预〔2014〕351号），http：//yss. mof. gov. cn/zhengwuxinxi/zhengceguizhang/201410/t20141028_1154561. html

5. 财政部．政府和社会资本合作模式操作指南（试行）（财金〔2014〕113号），http：//jrs. mof. gov. cn/zhengwuxinxi/zhengcefabu/201412/t20141204_1162965. html

6. 财政部PPP中心．全国PPP综合信息平台项目库第五期季报，http：//www. cpppc. org/zh/pppyw/4684. jhtml

7. 国务院办公厅转发财政部 发展改革委 人民银行关于在公共服务领域推广政府和社会资本合作模式指导意见的通知（国办发〔2015〕42号），http：//www. gov. cn/zhengce/content/2015-05/22/content_9797. htm

8. 陈辉．PPP模式手册：政府与社会资本合作理论方法与实践操作．北京：知识产权出版社，2015

9. 全国政府性债务审计结果．审计署2013年第32号公告，http：//www. audit. gov. cn/n5/n25/c63642/content. html。

10. 全国地方政府性债务审计结果．审计署2011年第35号公告，http：//www. gov. cn/zwgk/2011-06/27/content_1893782. htm。

11. 郭庆旺，等．中国分税制：问题与改革．北京：中国人民大学出版社，2014

12. 国务院．国务院关于加强地方政府性债务管理的意见（国发〔2014〕43号），http：//www. gov. cn/zhengce/content/2014-10/02/content_9111. htm

13. 国务院．国务院关于深化预算管理制度改革的决定（国发〔2014〕45号），http：//www. gov. cn/zhengce/content/2014-10/08/content_9125. htm

14. 贾康，等．全面深化财税体制改革之路：分税制的攻坚克难．北京：人民出版社，2015

15. 贾康，高培勇．现代经济学大典：财政学分册．北京：经济科学出版社，2016

16. 贾康，孙洁．公私合作伙伴关系：理论与实践．北京：经济科学出版社，2014

17. 金诚集团．2016年PPP模式及城市化产业发展白皮书，内部资料

18. 罗林．政府债务机制研究．北京：中国金融出版社，2014

19. 全国人大常委会预算工作委员会调研组．关于规范地方政府债务管理工作情况的调研报告．中国人大，2016 (5)

20. Hana Polackova Brixi，马骏．财政风险管理：新理念与国际经验．北京：中国财政经济出版社，2003

21. 马海顺，梁舰．政府与社会资本合作（PPP）模式．北京：中国建材工业出版社，2017

22. 鹏元资信评估有限公司．我国城镇化过程中地方政府融资研究．北京：中国经济出版社，2014

23. 孙鹏云．政府会计改革与地方政府债务报告优化研究．北京：经济科学出版社，2016

24. 谢煊，等．英国开展公私合作项目建设的经验及借鉴．中国财政，2014 (1)

25. 魏加宁，等．地方政府债务：风险化解与新型城市化融资．北京：机械工业出版社，2014

26. 杨志勇．现代财政制度探索：国家治理视角下的中国财税改革．广州：广东经济出版社，2016

27. ［加］耶思考比．公共部门与私营企业合作模式：政策与融资原则．北京：中国社会科学出版社，2012

28. 郑春荣．中国地方政府债务的规范发展研究．上海：格致出版社，上海人民出版社，2016

29. 中国财政学会公私合作（PPP）研究专业委员会课题组．中国PPP之研究与探索．经济研究参考，2014 (13)

推荐阅读文献

1. 奥塔维亚诺·卡努托，刘琍琍．地方政府债务应急处置的国际比较：世界银行专家谈地方政府债务．北京：中国财政经济出版社，2016

2. 冯静，汪德华．新中国政府债务70年．北京：中国财政经济出版社，2020

3. 黄少卿，等．基础设施投资：资金来源、投资效率与地方财政风险．上海：格致出版社，上海人民出版社，2014

4. 楼继伟．中国政府间财政关系再思考．北京：中国财政经济出版社，2013

5. 刘尚希，等．公共债务与财政风险．北京：经济科学出版社，2019

6. 徐军伟，等．地方政府隐性债务再认识——基于融资平台公司的精准界定和金融势能的视角．管理世界，2020 (9)

7. 毛捷，等．地方公共债务增长的制度基础——兼顾财政和金融的视角．中国社会科学，2019 (9)

第十章

地方财政管理

本章学习目标

1. 理解地方财政管理的目标和原则；
2. 掌握地方政府预决算管理的内容和程序；
3. 掌握预算的组织形式及特点；
4. 了解我国地方财政管理改革的主要内容。

地方财政管理作为制定和执行财政政策及法规、规范地方财政关系及运行的行为，贯穿于地方财政工作的全过程，渗透到国民经济的方方面面，影响并决定着财政活动的整体效应和最终成效，是整个国民经济管理活动的重要组成部分。它不仅要与经济体制相适应，而且要同其他宏观经济政策相协调，是一种难度很大的经济管理活动。地方财政管理的好坏将直接制约和影响地方国民经济的平稳运行，关系到整个宏观经济的协调发展。因此，加强和完善地方财政管理，既是建立现代财政制度的重要基础，也是推进宏观经济管理的必然要求。

第一节　地方财政管理的目标和原则

一、地方财政管理的目标

地方财政管理的目标和原则

地方财政管理的目标是地方财政管理活动要达到的目的，也是检验、考核地方财政管理成效的标准。地方财政管理目标可归纳为两类。

（一）效率目标

经济活动是人所参与的活动，也是社会资源重新组合与创新的过程，只有充分调动劳动者的聪明才智，并优化社会资源的配置，才能实现经济活动的高效率。效率目标的实现主要涉及两方面的问题：一是既定的经济资源如何在不同利益主体之间合理配置；二是在既定的资源配置格局下，如何通过合理使用，使产出最大或成本最小。

地方财政作为一种以地方政府为主体的经济活动，主要包括地方政府对国民收入的分配和再分配、地方政府对资源的配置以及对地区经济的调控等方面内容，因此，从管理的角度看，地方财政管理的效率目标既要体现社会经济的宏观效率，又要追求政府部门的工作效率，通常在财政收支决策、调控经济等管理方面应较多地考虑宏观经济效率，如根据社会主义市场经济条件下的政府职能，确定社会公共需要的基本范围，确定财政收支占地方生产总值的合理比例及地方财政收支占总财政收支的比例，使地方各级政府在资源配置上都能拥有合理的资金，从而满足地方各级政府的需要，使地方经济良性运行。在财政支出规模既定的条件下，优化财政支出结构，树立起财政运行中的社会成本及效益观念，从过去那种单纯分钱、要钱、花钱的管理模式中转变过来，注重绩效，在深入分析比较预期效益的基础上安排支出，并对财政资金进行全过程跟踪管理，加大对资金分配、使用各个环节的监督、检查，使地方财政资金能以最快的速度、最佳的方式投入经济社会事业，促进国民经济稳定协调发展。

在政府部门系统内则应遵循一般管理工作所追求的效率目标：建立一套科学、有效的财政管理制度和相应的管理体系、组织系统，实现管理高效化，努力使组织机构变得更加合理、科学，既要有明确的职责和义务，又要能互相协作，尽量使得财政工作简便、易行。同时，充分调动干部职工的积极性，增强业务素质，提高整体工作效率。另外，要加大现代信息技术在财政领域的应用，提高地方财政工作的现代化水平。

（二）公平目标

地方财政的公平目标体现在两个方面：一方面，财政参与国民收入初次分配，如间接税，这时的公平目标要求的是一视同仁，体现机会均等、政策公平，为企业创造一个公平竞争的外部环境；另一方面，通过财政收入、支出活动对市场调节所形成的初次分配进行有效的再分配，达到社会成员收入分配结果的公平、合理。

实现地方财政管理公平目标需要科学合理地运用税收、政府投资、拨款、转移支付等财政手段。例如通过转移支付，并与社会各方面资金相配合，为社会提供社会保障基金，这是现代社会实现公平分配的重要措施，也为经济的稳定发展提供安定的社会环境。再如，通过对经济落后地区的财政补助和建设投资，加快贫穷地区的经济发展，为该地区的企业提供较多的发展机会，为劳动者提供更多的就业机会，有助于实现机会均等。

二、地方财政管理的原则

地方财政管理作为一种对政府财政活动的管理，在管理中既要遵循一般经济管理原则，又要考虑到政府部门与其他非政府部门的差异，因此，地方财政管理原则既有一般管理的共性，又有财政管理的特性。其主要原则可以归纳为：

（一）法治化原则

法治化原则是指地方政府通过运用财政的法律手段调节财政分配关系，强化地方财政分配管理，使地方财政运行的全过程都纳入法治化轨道。具体来说，法治化包括四层含义：

（1）财政分配全过程及所有活动都必须有法可依，也就是要立法。建立健全财政法律、法规，使一切财政活动都做到法治化。这是实现政府依法理财，进行规范化管理的前提条件。

（2）一切财政活动的当事人，或财政法律关系的主体，都必须遵守财政法律规范，依法办事。不允许以言代法或以权代法，这是理财法制化的关键。

（3）财政税务机关以及其他执法机关都必须严格依法行政。坚持按财政法律、法规的内容和程序规范财政行为。

（4）对一切违反财政法律规范的行为都必须严格依法予以追究和制裁，做到有法必依、违法必究。

从法学意义上讲，地方财政部门实际上是一个执法部门，它担负着预算法、国家税法、财政法规、财务会计法规、国有资产法规等财经法规的执行、监督工作。众所周知，市场经济是法治经济，随着我国社会主义市场经济体制的日益完善，地方财政部门作为地方社会经济的组成部分，必须按照市场经济的要求，规范地执行国家的有关法律法规；而作为一个执法机关，必须严格按照财政法律、法规的内容和程序规范财政行为，依法办事。具体表现为：

（1）依照税法和各类法规治税、治费，强化征管，应收尽收，做到聚财有度。

（2）依照《预算法》及有关规章制度，严格预算编制、执行和监督，硬化预算约束，杜绝执行过程中随意追加调整的现象，做到用财有效。

（3）依照《会计法》及相关规章制度，加强行政事业单位和企业财务会计的管理和监督，做到管理有方。

（4）严格执法管理，健全财税法规实施情况的监督检查机制，切实做到有法可依、有法必依、执法必严、违法必究。

（5）按照市场经济要求，以经济法律、法规正确处理好各级地方政府之间，政府与企业、个人之间等各类经济关系，确保经济有序运行。

专栏 10.1

我国现行财政法律制度体系的基本框架

我国财政法律制度涵盖预算管理、财政收入管理、财政支出管理、财务及资产管理、会计管理、财政监督管理等财政管理的各个领域，主要制度包括：

一、规范预算管理的法律制度

预算是国家管理经济社会事务、实施宏观调控的主要手段，在国家经济社会中具有十分重要的地位和作用。现行预算管理法律制度由《预算法》等法律、行政法规及大量的财政规章、规范性文件构成。其中，2018 年 12 月 29 日通过修订的《预算法》（简称“新《预算法》”），是我国预算管理的基本法律，对于规范政府收支行为、强化预算约束、加强对预算的管理和监督具有重要作用。

二、规范收入管理的法律制度

财政收入管理制度包括税收管理法律制度和非税收入管理法律制度。

（一）税收管理法律制度

现行税收管理法律制度由《税收征收管理法》《企业所得税法》《个人所得税法》《车船税法》等法律，《增值税暂行条例》《消费税暂行条例》《税收征收管理法实施细则》《发票管理办法》等税收行政法规，以及大量的税收规章和规范性文件构成。目前，各税种及税收征收管理基本上都有法律或行政法规作为依据，税收管理法律法规相对比较健全。

（二）非税收入管理法律制度

政府非税收入是政府财政收入的重要组成部分。广义的非税收入包括行政事业性收费、政府性基金、国有资源有偿使用收入等。除2009年制定的《彩票管理条例》具有行政法规性质外，主要由财政部门制定的规范性文件对非税收入进行管理。此外，在其他有关法律、行政法规中对政府性基金、行政事业性收费等非税收入也有一些具体的规定。

三、规范财政支出管理的法律制度

财政支出管理法律制度包括国库管理法律制度、政府采购管理法律制度等。此外，国家有关农业、教育、科技、文化等方面的专门法律、行政法规中也对相关领域的财政支出规定了原则要求。

（一）国库管理法律制度

现行国库管理法律制度主要由《预算法》《预算法实施条例》《国家金库条例》《国家金库条例实施细则》等法律、行政法规和规章等构成。为建立适应公共财政要求的现代国库管理制度，我国自2001年开始实行以国库单一账户体系为基础、资金缴拨以国库集中收付为主要形式的财政国库管理制度改革。改革的主要依据是2001年3月财政部和中国人民银行根据《国务院办公厅关于财政国库管理制度改革方案有关问题的通知》精神，经国务院同意制定发布的《财政国库管理制度改革试点方案》。该方案及以其为依据制定的一系列规范性文件是现行国库管理法律制度的重要组成部分。

（二）政府采购管理法律制度

政府采购是国家有效实施购买性支出和政策调控的重要手段。现行政府采购法律制度由《政府采购法》和《政府采购法实施条例》等一系列政府采购规章、规范性文件构成。其中，2014年新修订的《政府采购法》，是规范政府采购活动和监督管理的基本法律。

四、规范财务及资产管理的法律制度

现行财务及资产管理法律制度主要由《企业财务通则》《行政单位财务规则》《事业单位财务规则》《行政单位国有资产管理暂行办法》《事业单位国有资产管理暂行方法》《金融企业财务规则》《金融企业国有资本保值增值结果确认暂行办法》《金融企业国有资产评估监督管理暂行方法》《金融企业国有资产转让管理方法》以及分行业的企业、事业单位财务制度等行政法规、规章和规范性文件构成。

五、规范会计管理的法律制度

现行会计管理法律制度由《会计法》《企业财务会计报告条例》《总会计师条例》《企业会计准则》等法律、行政法规，以及财政部制定的具体会计准则、企业会计制度和分行业的会计制度、企业内部控制基本规范等财政规章和规范性文件构成。1999年第二次修订、自2000年7月1日起施行的《会计法》，是规范会计工作和管理的基本法律。

六、规范财政监督的法律制度

现行财政监督法律制度主要由《预算法》《财政违法行为处罚处分条例》《违反行政事业性收费和罚没收入“收支两条线”管理规定行政处分暂行规定》等法律、行政法规、财政规章和规范性文件构成。

七、规范社会中介组织管理的法律制度

现行规范财政部门管理的社会中介组织的法律制度主要由《注册会计师法》以及有关注册会计师行业管理、注册资产评估师行业管理的财政规章和规范性文件构成。其中，1994年1月1日起施行的《注册会计师法》，是规范注册会计师行业管理的基本法律。

注：本章在引用时对部分法律制度进行了更新，表述上略有调整。

资料来源：谢旭人．中国财政管理．北京：中国财政经济出版社，2011.

（二）科学化原则

科学化原则是指在财税管理过程中，要以科学的管理思想和管理理论为指导，把当代先进的管理方式方法运用到理财实践中，实现财税管理的科学化。地方财政管理行为科学化的关键是财政决策行为的科学化，而地方财政决策的科学化，首先必须明确地方财政决策的范围。确定决策范围，实际上就是确定地方财政在行使财政调控权中的实际权力。因此，在研究地方财政的决策时，必须首先明确地方财政与地方政府、各上下级财政、地方财政与国家权力部门的权力分配关系，地方财政与市场的分工，从而实现财税管理科学化。具体表现在：

(1) 分税制财政体制已明确了各级财政之间的财权与事权，但具体到某项事务就会出现很多权限问题，如在财政收入的决策上，各级财政部门就在财政政策的制定权、调整权、减免权甚至财务处理权上出现了权限的划分；在财政支出决策上就有投资范围、投资比例、支出标准等方面的权限。因此，只有明确本级地方财政的实际权力，才可避免决策的越权。

(2) 在资金管理方式上，积极推行行业规划管理、项目招标管理、效益合同管理等科学管理方法，实现财政资金优化配置，加强对财政资金投入效益的评价、考核，使有限的财政资金得到科学、合理的使用。

(3) 市场经济条件下，政府与市场在配置资源上的分工明确后，原来属于地方财政的一些权力将被市场机制所取代，要积极借鉴发达国家的一些成功经验和做法，把市场经济法则引入财政管理，科学地界定财政供给范围，财政资金逐步退出应由市场配置资源的竞争性经营领域，使之既有利于发挥市场在资源配置中的决定性作用，又有利于发挥财政弥补市场“不足”、矫正市场“缺陷”以及对国民经济的干预和指导功能。

（三）公开化原则

公开化原则是指地方财政活动的整个过程都必须公开，在人民的监督下进行，这是一国政治民主化的重要内容之一。其目的在于增强财政办事的透明度，提高社会的参与意识。我国财政取之于民、用之于民，根据市场经济中权利与义务对等原则，纳税人既有缴纳税款的义务，更有了解这些税款使用情况的权利，因此，有必要将政府理财过程公开化，这也是地方财政科学管理的一项重要内容。具体表现在：

（1）地方预算从编制、执行到决算须公开。地方预算规定了地方政府的活动范围、方向及地方政府的重大政策，因此，编制、批准预算是一项重大的政治活动，根据“一切权力属于人民”的《宪法》原则，必须经各级人民代表大会讨论、表决通过，才能付诸实施，接受公众监督。同时由于预算中的各项收入、支出指标会涉及企业和居民的公共福利水平和谁来付钱的问题，更需要被公众所了解。

（2）要增强财政政策、财政事务的透明度，在地方财政管理的具体目标、财政财务政策、办事规则和程序、工作时限及进程、结果等方面实行政务公开，自觉接受社会各方面的监督。通过办事公开化，可以提高财政工作效率，减少财政决策失误。

专栏 10.2

预算公开

公开、透明是现代财政制度的基本特征，是建设阳光政府、责任政府的需要。近年来，各级政府部门在推进预决算公开方面做了大量工作，取得了显著成效。为巩固和扩大这一改革成果并使之规范化、制度化，新《预算法》和《预算法实施条例》对于预算公开作出了明确规定。

一、《预算法》中关于预算公开的规定

第十四条规定，经本级人民代表大会或者本级人民代表大会常务委员会批准的预算、预算调整、决算、预算执行情况的报告及报表，应当在批准后二十日内由本级政府财政部门向社会公开，并对本级政府财政转移支付安排、执行的情况以及举借债务的情况等重要事项作出说明。经本级政府财政部门批复的部门预算、决算及报表，应当在批复后二十日内由各部门向社会公开，并对部门预算、决算中机关运行经费的安排、使用情况等重要事项作出说明。各级政府、各部门、各单位应当将政府采购的情况及时向社会公开。

第九十二条规定，未依照《预算法》规定对有关预算事项进行公开和说明的将责令改正，对负有直接责任的主管人员和其他直接责任人员追究行政责任。

将预算公开实践成果总结入法，形成刚性的法律约束，是《预算法》修改的重要进步，有利于确保人民群众知情权、参与权和监督权，提升财政管理水平，从源头上预防和治理腐败。

二、《预算法实施条例》中关于预算公开的规定

第六条规定，一般性转移支付向社会公开应当细化到地区。专项转移支付向社会公开应当细化到地区和项目。

政府债务、机关运行经费、政府采购、财政专户资金等情况，按照有关规定向社会公开。

部门预算、决算应当公开基本支出和项目支出。部门预算、决算支出按其功能分类应当公开到项；按其经济性质分类，基本支出应当公开到款。

各部门所属单位的预算、决算及报表，应当在部门批复后20日内由单位向社会公开。单位预算、决算应当公开基本支出和项目支出。单位预算、决算支出按其功能分类应当公开到项；按其经济性质分类，基本支出应当公开到款。

第二节　地方预决算管理

一、地方预算的组成

（一）按政府级次划分

我国实行一级政府一级预算，设立中央，省级（省、自治区、直辖市），市级（设区的市、自治州），县级（县、自治县、不设区的市、市辖区）和乡级（乡、民族乡、镇）五级预算，保证各级政府在行使其事权和职能时拥有相应的财力保障。

全国预算由中央预算和地方预算组成。地方预算由各省、自治区、直辖市总预算组成。

地方各级总预算由本级预算和汇总的下一级总预算组成；下一级只有本级预算的，下一级总预算即指下一级的本级预算。没有下一级预算的，总预算即指本级预算。

（二）按预算体系划分

按预算体系划分，地方预算也包括一般公共预算、政府性基金预算、国有资本经营预算和社会保险基金预算。

地方各级一般公共预算包括本级各部门（含直属单位，下同）的预算和税收返还、转移支付预算。地方各级一般公共预算收入包括地方本级收入、上级政府对本级政府的税收返还和转移支付、下级政府的上解收入。地方各级一般公共预算支出包括地方本级支出、对上级政府的上解支出、对下级政府的税收返还和转移支付。

政府性基金预算是对依照法律、行政法规的规定在一定期限内向特定对象征收、收取或者以其他方式筹集的资金，专项用于特定公共事业发展的收支预算。

国有资本经营预算是对国有资本收益作出支出安排的收支预算。

社会保险基金预算是对社会保险缴款、一般公共预算安排和其他方式筹集的资金，专项用于社会保险的收支预算。

（三）地方预算在国家预算体系中的地位

地方预算是经法定程序批准的各级地方政府财政中收支计划的总称，是政府预算体系中的基本环节，具有十分重要的地位。

第一，我国政府预算收入一部分由地方预算负责征收，政府预算支出中也有相当大的部分通过地方预算分配。

第二，地方预算担负着发展地方经济和社会建设事业，保证地方行政管理支出，贯彻执行党和国家的民族政策，建设和发展城市、集镇等重要任务。因此，按《宪法》规定，各级政府都必须编制预算，提请各级人民代表大会审查和批准，并由地方人民政府负责执行。

二、地方预算编制

地方预算是地方政府为了实现其职能有计划地筹集和分配地方财政资金的重要工具，是地方政府的年度财政收支计划。地方预算编制包括预算收支计划的拟订、审查、汇总及其组织管理的全过程，是地方整个预算管理工作的起点。

（一）编制地方预算的指导思想

1. 贯彻党和国家以及当地政府的方针政策

一般说来，党和国家的方针、政策是各项工作的指导原则，也是地方预算编制的重要指导思想。在编制地方预算时，预算资金从哪里筹资、集中多少、如何分配、分配的方向和重点怎样确定，以及如何统筹平衡等等，都关系到贯彻执行党和国家的方针、政策问题，因此编制地方预算必须正确贯彻执行党和国家的方针、政策，维护整个国民经济持续稳定健康发展。

2. 与地方国民经济和社会发展规划相衔接，互相平衡

根据《预算法》第三十二条的规定，各级预算应当根据年度经济社会发展目标、国家宏观调控总体要求和跨年度预算平衡的需要，参考上一年预算执行情况、有关支出绩效评价结果和本年度收支预测，按照规定程序征求各方面意见后进行编制。因此，地方财政预算的编制要坚持以本地区国民经济和社会发展规划为基础，充分考虑地方经济建设和文化事业发展的资金需要，既不能为了促进经济发展而编制没有财力保证的预算，也不能单纯地用财政预算匡算限制经济的发展，要把地方财政预算建立在积极可靠、需要与可能相结合的基础上，与地方国民经济和社会发展规划协调衔接。

3. 预算应当遵循统筹兼顾、勤俭节约、量力而行、讲求绩效和收支平衡的原则

地方各级一般公共预算按照量入为出、收支平衡的原则编制，除《预算法》另有规定外，不列赤字。政府性基金预算应当根据基金项目收入情况和实际支出需要，按基金项目编制，做到以收定支。国有资本经营预算应当按照收支平衡的原则编制，不列赤字，并安排资金调入一般公共预算。社会保险基金预算应当按照统筹层次和社会保险项目分别编制，做到收支平衡。

我国是一个发展中国家，各地的发展都需要资金，而财力却相对有限。地方预算收入的有限性和对支出需要的无限性是我国地方财政资金分配中长期存在的一对矛盾。在编制地方财政预算时，必须有计划地建立各级预算的预备费和各级预算周转金等预算后备财力，以应付各种自然灾害和意外事件的发生，保证地方经济及各项事业稳定、健康地发展。

（二）地方预算编制的准备工作

地方预算的编制是一项复杂而又细致的具体工作，既要安排好各种比例关系，又要进行大量的数据测算工作，涉及面广，所以，为保证地方预算编制的质量，在正式编制前，必须做好一系列准备工作。具体包括以下四方面：

1. 对本年度预算执行情况的预计和分析

预算收支是有连续性的，本年度预算的执行情况是确定下年度预算收支的基础。所以，搞好当年预算收支执行情况，特别是当年后几个月预算预计执行情况的统计、预测和分析，对于编制下年度预算具有十分重要的意义。只有把各项基数增减变化因素弄清楚，才能为安排下年度预算创造有利条件。在进行预计和分析时，要注意以下情况：（1）前几个季度的实际收支执行情况；（2）后几个月新的重大财经措施对预算收支的影响；（3）增收节支的贯彻落实情况；（4）当地国民经济计划完成情况及未来发展的预测。

总之，应通过调查研究，对当年预算执行中遇到的各种有利和不利因素进行认真分析，使收支预计数尽可能接近实际，为确定下年度预算收支指标提供可靠的资料，并为下年度预算编制打下良好的基础。

2. 拟定下年度预算收支指标

预算收支指标基本上规定了预算收支规模和增长速度。拟定下年度预算收支指标的主要依据有：（1）党和国家的方针、政策、法律、法规；（2）计划年度国民经济和社会发展计划主要指标；（3）中长期计划中有关的各项年度收支计划数；（4）本年度预计执行完成数和历年的预算收支规律；（5）当地计划年度的预算收支建议数；（6）影响下年度预算收支的各种变化因素。

3. 下发编制地方预算批示和规定

为了使各级预算的编制符合党和国家的方针政策及国民经济和社会发展计划的要求，保证国家预算的统一性、完整性和准确性，地方各级人民政府或财政部门应根据国务院或财政部门颁发编制国家预算的批示和规定，根据本地区的实际情况，对本地区下级人民政府下级财政部门及各主管部门下达编制预算草案的各项任务的批示和具体要求，据以编制各级总预算和单位预算、部门预算。其具体内容包括：（1）编制年度预算的方针和任务；（2）编制各项主要收入预算和支出预算的具体要求；（3）各级预算收支划分和机动财力使用范围；（4）预算编制的方法；（5）预算报送程序和报送期限。

4. 修订预算科目和预算表格

政府预算收支科目和预算表格是编制预算的工具，为了适应国民经济的发展变化，在每年编制预算之前，要对政府预算收支科目和预算表格进行修改。

（1）政府预算收支科目。如前所述，政府预算收支科目是政府预算收支总的科学分类。根据预算收支分类原则的要求，财政部每年必须对预算科目进行修订。修订内容一般在《中华人民共和国政府预算收支科目》的“编写说明”中反映，也有的通过下达文件形式规定。各级地方预算编制都必须统一使用《中华人民共和国政府预算收支科目》，当然各地也可根据本地的一些特殊情况，增设若干明细科目。

（2）预算表格。预算表格是预算收支指标体系的表现形式，反映预算收支数字以及其他有关资料。把大量的预算收支数字、核算资料和核算依据科学、系统地安排在表格中，可以清楚地反映出地方预算的全部内容。从预算表格内容看，预算表格可以分为预算收支总表、预算收支明细表和基本数字表三种。

一是预算收支总表。是政府预算最基本的表格，反映各级政府总预算收入来源、支出方向和收支平衡情况。按政府预算收支科目分“类”“款”填列，并分别列出上年预计完成数和本年预算数。

二是预算收支明细表。包括收入明细表和支出明细表，分别反映预算收入安排和预算支出的具体分配使用情况。

三是基本数字表。此表用来反映经费预算单位事业及业务活动的各项指标。根据基本数字表来编制有关预算支出，制定和修订定员定额、开支标准，检查预算支出是否和事业计划相一致。

（三）地方政府预算收支分类

建立科学的预算收支分类体系，是对各项财政收支实施有效控制和管理监督的基础。为了完整、准确地反映政府收支活动，并为进一步加强财政管理，建立健全公共财政框架体系创造有利条件，我国自 2007 年起全面实施新的政府收支分类体系。

1. 收入按经济性质分类[①]

政府收入分类即将各类政府收入按其收入的来源和性质进行归类和层次划分，以便全面、准确、明细地反映政府收入的总量、结构及来源情况。我国政府收入共分为六大类：税收收入、社会保险基金收入、政府性基金收入、费收入、债务收入和转移性收入。

2. 支出分别按支出的职能和支出的经济性质分类

（1）按支出职能分类。[②]

政府支出以职能为标准，反映政府各项职能，体现政府一定时期内的方针政策，清晰反映政府职能活动的支出总量、规模与资金的使用方向。支出职能分类是根据政府管

① 参见第七章第一节。

② 参见第六章第一节。

理和部门预算的要求，统一按支出职能设置类、款、项三级科目。类级科目综合反映政府职能活动，如国防、外交、教育、科学技术、社会保障和就业、环境保护等；款级科目反映为完成某项政府职能所进行的某一方面的工作，如“教育”类下的“普通教育”；项级科目反映为完成某一方面的工作所发生的具体支出事项，如“水利”款下的“抗旱”“水土保持”等。

（2）按支出经济性质分类。①

政府支出以经济性质为标准，可以全面反映政府各项支出的经济性质和具体用途。支出的经济分类科目是进行政府预算管理、部门财务管理及政府统计分析的重要手段。

（四）地方预算编制程序及内容

1. 地方预算编制程序

地方预算编制程序采取自上而下、自下而上、上下结合、逐级汇编的方法。省（自治区、直辖市）人民政府于每年年底前，根据国务院的指示，向各市、州人民政府、各地区行政公署和省级各部门下达编制下一年度预算草案的指示，提出编制预算草案的原则和要求。省财政厅根据省人民政府及财政部关于编制下一年度预算草案的指示，部署编制预算草案的具体事项，规定报表格式、编报方式，并安排财政收支计划。省级各部门应当根据省人民政府的指示和省财政厅的部署，结合本部门的具体情况，提出编制本部门预算草案的要求，具体布置所属各单位编制预算草案。

省级各部门应负责本部门所属各单位预算草案的审核，并汇总编制本部门的预算草案，于规定时间内报省财政厅审核。县级以上的地方各级政府财政部门审核本级各部门的预算草案，编制本级政府预算草案，汇编本级总预算草案，经本级政府审定后，按照规定期限报上一级政府。预算编制总的要求是细化和尽量提前。今后发展的趋势是财政年度开始时，预算编制应该结束，并开始执行。

2. 地方预算编制内容

地方预算收入的编制应当与经济社会发展水平相适应，与财政政策相衔接。地方各级政府、各部门、各单位应当将所有政府收入全部列入预算，不得隐瞒、少列。各级预算支出的编制，应当贯彻勤俭节约的原则，严格控制各部门、各单位的机关运行经费和楼堂馆所等基本建设支出，并按其功能和经济性质分类编制。

地方各级政府预算的编制内容主要包括：

（1）本级预算收入和支出。

（2）上一年度结余用于本年度安排的支出。

（3）上级返还或者补助的收入。

（4）返还或者补助下级的支出。

（5）上解上级的支出。

（6）下级上解的收入。

① 参见第六章第一节。

（五）地方预算的审查和批准

地方预算的审查和批准是地方预算必须履行的法律程序。地方各级政府财政部门对本级各部门报送的部门预算草案，必须认真审核，发现不符合编制预算要求的，应当予以纠正；在汇编本级总预算时，发现下级政府预算草案不符合国务院和本级政府编制预算要求的，应当及时向本级政府报告，由本级政府予以纠正。地方各级政府财政部门在汇编本级政府预算草案之后，应当在本级人民代表大会召开的30日前将本级政府预算草案提交本级人民代表大会常务委员会进行初步审查，并将初审结果提交本级人民代表大会讨论。一经大会审查和批准后具有法律效力，即正式成为当年本级政府预算，各地区、各部门、各单位都要依法贯彻执行。地方各级政府在本级人民代表大会举行会议时，向大会作关于总预算草案和总预算执行情况的报告。《预算法》第四十八条规定了全国人民代表大会和地方各级人民代表大会对预算草案及其报告、预算执行情况的报告重点审查下列八个方面的内容：

（1）上一年预算执行情况是否符合本级人民代表大会预算决议的要求；

（2）预算安排是否符合《预算法》的规定；

（3）预算安排是否贯彻国民经济和社会发展的方针政策，收支政策是否切实可行；

（4）重点支出和重大投资项目的预算安排是否适当；

（5）预算的编制是否完整，是否符合《预算法》第四十六条的规定；

（6）对下级政府的转移性支出预算是否规范、适当；

（7）预算安排举借的债务是否合法、合理，是否有偿还计划和稳定的偿还资金来源；

（8）与预算有关的重要事项的说明是否清晰。

省、自治区、直辖市、设区的市、自治州人民代表大会有关专门委员会，县、自治县、不设区的市、市辖区人民代表大会常务委员会，向本级人民代表大会主席团提出关于总预算草案及上一年总预算执行情况的审查结果报告。审查结果报告应当包括下列内容：

（1）对上一年预算执行和落实本级人民代表大会预算决议的情况作出评价；

（2）对本年度预算草案是否符合《预算法》的规定、是否可行作出评价；

（3）对本级人民代表大会批准预算草案和预算报告提出建议；

（4）对执行年度预算、改进预算管理、提高预算绩效、加强预算监督等提出意见和建议。

地方各级政府财政部门应当自本级人民代表大会批准本级政府预算之日起20日内，批复本级各部门预算，该预算即为当年的部门预算；地方各部门应当自本级财政部门批复本部门预算之日起15日内，批复所属各单位预算，该预算即为当年的单位预算。省、自治区、直辖市政府接到中央一般性转移支付和专项转移支付后，应当在30日内正式下达到本行政区域县级以上各级政府。县级以上地方各级预算安排对下级政府的一般性转移支付和专项转移支付，应当分别在本级人民代表大会批准预算后的30日和60日内正式下达。对自然灾害等突发事件处理的转移支付，应当及时下达预算；对据实结算等特殊项目的转移支付，可以分期下达预算，或者先预付后结算。县级以上各级政府财政部门应当将批复本级各部门的预算和批复下级政府的转移支付预算，抄送本级人民代表大会财政经济委员会、有关专门委员会和常务委员会有关工作机构。

乡、民族乡、镇政府应当及时将经本级人民代表大会批准的本级预算报上一级政府备案。县级以上地方各级政府应当及时将经本级人民代表大会批准的本级预算及下一级政府报送备案的预算汇总，报上一级政府备案。

三、地方预算的执行

在整个预算管理过程中，地方预算的编制固然重要，但它仅仅是地方预算管理工作的开始阶段，要把地方预算的收支任务由可能变为现实，还需要进行大量的组织工作，并要根据执行当中的情况及时进行调整，不断组织预算新的平衡，努力促进既定的预算收支任务圆满完成。

（一）地方预算执行的机构

根据《预算法》第五十三条的规定，各级预算由本级政府组织执行，具体工作由本级政府财政部门负责。各部门、各单位是本部门、本单位的预算执行主体，负责本部门、本单位的预算执行，并对执行结果负责。

各级政府应当加强对预算执行的领导，支持政府财政、税务、海关等预算收入的征收部门依法组织预算收入，支持政府财政部门严格管理预算支出。各部门、各单位应当加强对预算收入和支出的管理，不得截留或者动用应当上缴的预算收入，不得擅自改变预算支出的用途。

国家金库（简称“国库”）是预算执行机构的重要组成部分。政府的全部收入应当上缴国库，任何部门、单位和个人不得截留、占用、挪用或者拖欠。各级国库应当按照国家有关规定，及时准确地办理预算收入的收纳、划分、留解、退付和预算支出的拨付。各级国库库款的支配权属于本级政府财政部门。除法律、行政法规另有规定外，未经本级政府财政部门同意，任何部门、单位和个人都无权冻结、动用国库库款或者以其他方式支配已入国库的库款。

各级政府应当加强对本级国库的管理和监督，按照国务院的规定完善国库现金管理，合理调节国库资金余额。

（二）地方预算执行的内容

预算执行贯穿于财政资金运行的全过程，包括地方收入预算的执行、地方支出预算的执行、预算调整等重要环节。

1. 地方收入预算的执行

地方收入预算的执行，包括预算收入的征收和缴库、划分和报解、超收和短收等业务工作。

(1) 预算收入的征收和缴库。

预算收入的征收和缴库是预算执行的关键环节，是财政收入顺利完成的重要保障，也是规范行政执法的有力手段。预算收入收缴包括税收收入收缴和非税收收入收缴两个方面。其中，税收收入收缴主要是通过实行财税库银税收收入电子缴库横向联网，及时、准确掌握税收收入征缴、入库、退库、更正、免抵调等信息，规范税收收入收缴行为。非税收收入收缴主要是通过推行非税收入收缴管理制度改革，改变执收单位通过过渡性账户层层上缴非税收入的做法，采取直接缴库和集中汇缴的方式，将财政收入直接缴入国库单一账户体系。

原《预算法》规定预算审查的重点是收支平衡，同时要求预算收入征收部门完成上缴任务。于是，在客观上带来了预算执行的“顺周期”问题，容易导致收入征收部门在经济增长放缓时，为完成任务收“过头税”，造成经济“雪上加霜”；而在经济过热时，为不抬高基数搞“藏富于民”，该收不收，造成经济“热上加热”。这既不利于依法征税，也会影响政府“逆周期”调控政策效果。所以，为确保地方收入预算从约束性转向预期性，新《预算法》要求各级政府不得向预算收入征收部门和单位下达收入指标。

（2）地方预算收入的划分和报解。

所谓预算收入的划分，就是国库对于每天收纳入库的预算收入，根据预算管理体制规定的各级预算固定收入划分范围以及中央与地方、地方上下级之间分成收入的留解比例，划分并计算中央预算收入和地方各级预算收入。所谓报解，是指在划分收入的基础上，按照规定的程序将各级预算收入的库款分别报解各级国库，相应增加各级预算在各级国库的存款，以保证各级预算及时取得预算收入。

各项预算收入一律以上缴基层国库即支库的数额为准，预算收入的划分阶段和报解也是由基层国库（支库）自下而上逐级分别进行的。地方预算固定收入全部归地方预算，中央不参与分成，按照地方预算收入统计表的数额报解同级地方国库，增加同级地方财政国库存款；中央预算和地方预算的分成收入，根据分成收入统计表的数额，按照财政部规定的收入留解比例，分别报解中央总金库和地方各级金库，相应增加中央财政国库存款和地方各级财政国库存款。因此，强化地方金库的收纳、支拨，促进其征收、监督职能的发挥就显得十分必要和迫切。

各级国库办理预算收入划分和报解时，应将预算收入日报表、分成收入月报表连同缴款书回执联及时报送同级财政部门和征收机关，财政部门和税务部门等收入机关根据报表按照预算科目或缴款单位登记入账，并检查收入任务完成情况。此外，国库还要编制“库存月报表”，报送同级财政机关，以便掌握库存资金。

（3）预算收入的超收和短收。

根据《预算法》，收入预算要从约束性转向预期性，所以，各级政府在收入预算的执行过程中难免会出现超收或短收的现象。

对于超收，即财政收入的实际数大于预算数的部分，《预算法》规定：各级一般公共预算年度执行中有超收收入的，只能用于冲减赤字或者补充预算稳定调节基金。

对于短收，即财政收入的实际数小于预算数的部分，《预算法》规定：省、自治区、直辖市一般公共预算年度执行中出现短收，通过调入预算稳定调节基金、减少支出等方式仍不能实现收支平衡的，省、自治区、直辖市政府报本级人民代表大会或者其常务委员会批准，可以增列赤字，报国务院财政部门备案，并应当在下一年度预算中予以弥补。

2. 地方支出预算的执行

现代预算管理的灵魂是硬化预算对政府支出的约束，而硬化预算支出约束的关键在于不能随意开财政收支的口子。所以，《预算法》规定：在预算执行中，各级政府一般不制定新的增加财政收入或者支出的政策和措施，也不制定减少财政收入的政策和措施；必须作出并需要进行预算调整的，应当在预算调整方案中作出安排。概括起来说，地方支出预算的执行至少有以下三个方面的基本要求：

（1）严格按照支出预算执行。各级预算是经过各级人民代表大会审查批准、具有法律效力的。因此，经过批准的各项预算支出必须严格执行，不准突破。严格按计划、按预算办事，这是地方预算支出执行的最基本要求。

其中，预算年度开始后，各级预算草案在本级人民代表大会批准前，可以安排下列支出：①上一年度结转的支出；②参照上一年同期的预算支出数额安排必须支付的本年度部门基本支出、项目支出，以及对下级政府的转移性支出；法律规定必须履行支付义务的支出，以及用于自然灾害等突发事件处理的支出。根据上述规定安排支出的情况，应当在预算草案的报告中作出说明。

（2）加强支出支付管理，确保资金使用安全。支出支付管理的重点是推行国库集中支付制度改革，即改变过去层层转拨财政资金的拨付方式，通过实行财政直接支付和财政授权支付，将财政资金通过国库单一账户体系直接支付到最终收款人或用款单位，并在此基础上建立财政国库动态监控机制，对每一笔支付交易进行实时动态监控，提高支出执行效率和透明度，确保资金使用安全。

（3）合理安排支出进度，加强支出均衡性管理，提高财政资金的使用效益。按客观规律办事，使地方国民经济和社会发展计划同地方预算支出计划衔接好，合理安排支出进度，加强支出均衡性管理，促使各部门和单位科学、合理、均衡地安排和使用财政资金。同时加强地方财政监督，严肃财经纪律，健全法规，加强支出绩效管理，提高地方财政资金使用效益。

3. 预算调整

地方预算在年初安排时虽然是平衡的，但是在预算执行中会出现新的不平衡。这是因为：首先，人们的主观认识不可能完全符合客观实际，同时国民经济发展变化比较复杂，因而年初计划和执行情况不可能完全一致；其次，有些地方预算收入和支出具有季节性特点，在季度、月份之间收支往往是不均衡的。由于收支的进度不可能完全一致，在预算执行中往往会出现收大于支或支大于收的情况；再次，随着国家和地方的重大财经措施以及经济体制的改革，也会出现影响收支的新因素；最后，自然灾害以及其他不可预料的特殊情况也会引起地方预算收支的变化。总之，随着客观情况的变化，地方预算收支也会相应发生一些变化，由此可能打破原来预算的平衡，所以，有必要严格按照规定程序进行预算调整。具体应按照《预算法》第六十九条规定执行。

各级政府对于必须进行的预算调整，应当编制预算调整方案。预算调整方案应当说明预算调整的理由、项目和数额。中央预算的调整方案必须提请全国人民代表大会常务委员会审查和批准。县级以上地方各级政府预算的调整方案必须提请本级人民代表大会常务委员会审查和批准；乡、民族乡、镇政府预算的调整方案必须提请本级人民代表大会审查和批准。未经批准，不得调整预算。

预算调整的方式主要有以下几种：

（1）动用地方预备费。各级总预算的预备费是为了解决预算执行中某些临时急需和事先难以预料的重大开支而设置的备用资金。如发生重大的自然灾害，或实行重大经济变革时，就可以动用预备费。一般按地方各级支出预算总额1%～3%的比例设置，不规定具体用途。由于地方预备费是用作急需的资金，各级预备费的动用应从严掌握，一般应控制在下半年使用，并经同级人民政府批准。

（2）地方预算的追加追减。在原核定预算总额以外，增加预算收入或支出数额，称追加预算；减少收入或支出数额，称追减预算。各部门、各单位由于国家和地方政府政策、计划、制度发生重大变化以及事前难以预料的特殊原因，需要追加追减收支预算时，均应编制追加追减预算。办理追加追减预算时，必须经各级人民代表大会常务委员会批准方可执行。预算的追加与追减应以增收节支、不影响地方预算平衡为原则。

（3）经费流用。亦称“科目流用”或“预算支出科目之间经费流用”，指在保证完成各项建设事业计划又不超过原定预算支出总额的情况下，由预算科目之间调入、调出和改变资金使用用途而形成的预算资金再分配。

（4）预算划转。由于行政区划或企事业单位隶属关系的改变，使其预算的隶属关系发生改变，从而一律按照预算年度将全年预算划归新的领导部门或接管单位的调整方法，称为预算划转。预算划转应报上级财政部门。预算划转有三种情况，即中央预算与地方预算之间的划转、地方之间的划转和部门之间的划转。

四、地方决算

（一）地方决算的概念和组成

地方决算是经法定程序批准的年度地方预算执行的总结，它是预算年度内地方预算收入和支出的最终结果，也是各级地方政府经济活动在财政上的集中表现。编制地方决算是《宪法》赋予地方政府的一项重要职责，通过地方决算的编制，可以全面系统地反映地方预算收支指标的实际执行情况。

各级政府财政部门在编制决算草案过程中，必须符合法律、行政法规，做到收支真实、数额准确、内容完整、报送及时。而且，决算草案应当与预算相对应，按预算数、调整预算数、决算数分别列出。一般公共预算支出应当按其功能分类编列到项，按其经济性质分类编列到款。

（二）地方决算编制的准备工作

地方决算是自下而上汇编而成的。编制地方决算从拟定和布置各项决算规定开始，到人民代表大会审查批准为止，要进行一系列精心组织和管理，才能达到预期的目的。整个决算工作政策性强、涉及面广、工作量大，又有一定时限，是一项细致、复杂而又艰巨的工作。为了提高地方决算编制的质量，达到预算的目的，在编制地方决算前应做好充分的准备工作。

1. 认真学习和掌握国家颁发的决算编制办法，颁发地方决算编制的具体规定

每年编制决算前，各级财政部门都要根据以前年度编制决算的经验以及当年预算执行情况的需要，拟定和下达编制本年度决算的有关规定和要求，以统一全国决算数字的口径，保证编报时间，提高决算质量。各级地方财政部门应以此为依据，结合地方实际情况，逐级颁发编制决算的具体规定。其基本内容一般包括：

（1）根据当年地方国民经济的现实状况、当年地方预算执行中的特点和预算管理的要求，提出抓紧年前的增收节支工作、努力完成财政收支任务的基本要求和具体措施。

（2）提出做好年终收支清理工作的要求，并根据当年的实际确定清理工作的重点。

（3）提出加强决算编审工作的组织领导、严肃纪律的要求。

（4）规定有关当年决算编审中一些具体问题的处理办法。

（5）规定财政决算清理期一般是预算年度结束之后，从1月1日起至7日止，共7天左右。

（6）规定决算编审报送的具体时间和份数，各省（自治区、直辖市）的总决算一般要求在年度终了后两个月之内一式六份报送财政部。

2. 进行年终收支清理工作

年终清理是年终前各级财政部门、事业行政单位、企业单位、基本建设单位对全年预算收支、会计账目及财产物资进行一次全面的清查、核对、结算。年终清理的主要工作内容包括核对年度预算收支数字、清理本年预算应收应支款项、结清预算拨借款项、清理往来款项、清查财产物资进行决算收支数字的对账等工作。年终清理的各项工作是为增收节支和平衡预算服务的，是为提高地方预算的管理水平、保证地方财政决算质量服务的，也是做好地方决算编审工作的基础工作。

3. 修订和颁发决算表格

决算表格是编制地方决算的工具，主要反映决算收支数字。决算表格按其使用范围划分为两种：一是各级财政部门使用的总决算表格；二是各级主管部门和所属单位预算机关使用的单位决算表格。现行决算表格按其反映的主要内容，大致分为决算收支表、资金活动情况表、基本数字表和其他附表。

（三）地方决算的编报程序

预算年度终了后，即进入决算编制阶段。地方决算由各级财政部门负责汇编，采取以执行预算的基层单位开始，自下而上编制、审核和汇总。其基本做法如下：

（1）编制单位决算。年度终了后，各企业事业单位都要在搞好年终清理的基础上，根据国家和上级颁发的编制决算规定的要求和决算表格的内容，正确、完整、及时地编制单位决算。单位决算报表按数字内容可分为三类，即预算数字、会计数字和基本数字。

（2）审核单位决算。各级财政部门要认真审核其基层各企事业单位报来的单位决算，主要审核贯彻执行方针政策情况，遵守预算制度、财经纪律情况，决算报表是否正确可靠，是不是估列代编等。

(3) 汇总编制地方本级总决算。各级财政部门要根据审核无误的单位决算，如企业财务决算、基本建设财务决算、事业行政经费决算、金库年报、税收年报，汇编成本级决算，再根据下级政府报来的财政总决算连同本级总预算会计核算中的有关数字汇编成本级总决算。地方总决算由省（市、自治区）财政部门汇总编制报财政部。地方各级财政部门汇编的总决算都要反映预算数、预算调整数和决算数等有关内容。

(4) 地方总决算编成后，为了便于地方各级政府、各级人民代表大会和上级政府的审核，还要编写决算说明书。决算说明书是地方年度预算执行情况的书面总结。它一般分为单位决算说明书和总决算说明书，是地方决算的必要组成部分。

(四)地方决算的审查和批复

县级以上地方各级政府财政部门编制本级决算草案，经本级政府审计部门审计后，报本级政府审定，由本级政府提请本级人民代表大会常务委员会审查和批准。一般情况下由财政部门负责人代政府作报告说明预算收支的完成数字、完成或未完成预算的原因，并提出改进预算管理的建议。经过反复讨论对决算草案逐项审议，由代表表决通过后，本级财政决算即获批准。地方政府将批准的本级决算联同汇总的下级政府决算汇总报上级政府备案。上级政府审查后如发现有同法律、行政法规相抵触或者有其他不适当之处，需要撤销批准该项决算的决议的，应提请本级人民代表大会常务委员会审议决定；经审议决定撤销的，下级人民代表大会常务委员会应当责成本级政府重新编制决算草案，提请本级人民代表大会常务委员会审查和批准。乡、民族乡、镇政府编制本级决算草案，提请本级人民代表大会审查和批准。

县级以上各级人民代表大会常务委员会和乡、民族乡、镇人民代表大会对本级决算草案，重点审查下列内容：①预算收入情况；②支出政策实施情况和重点支出、重大投资项目资金的使用及绩效情况；③结转资金的使用情况；④资金结余情况；⑤本级预算调整及执行情况；⑥财政转移支付安排执行情况；⑦经批准举借债务的规模、结构、使用、偿还等情况；⑧本级预算周转金规模和使用情况；⑨本级预备费使用情况；⑩超收收入安排情况，预算稳定调节基金的规模和使用情况；⑪本级人民代表大会批准的预算决议落实情况；⑫其他与决算有关的重要情况。县级以上各级人民代表大会常务委员会应当结合本级政府提出的上一年度预算执行和其他财政收支的审计工作报告，对本级决算草案进行审查。

各级决算经批准后，财政部门应当在二十日内向本级各部门批复决算。各部门应当在接到本级政府财政部门批复的本部门决算后十五日内向所属单位批复决算。

第三节　预算的组织形式

最初的政府预算形式十分简单，只是一个收支一览表。随着社会经济发展和财政活动逐步复杂化，政府预算方法不断改进，政府预算的形式不断增加，政府预算也成为一个复杂的管理系统。根据不同的标准，政府预算可以划分为不同的形式。

一、单式预算与复式预算

按照编制形式的不同，政府预算可分为单式预算和复式预算。

（一）单式预算

单式预算也称单一预算。它是把一个预算年度内政府全部预算收支汇总编入一个统一的预算表格内的预算形式。在政府预算产生后的相当长时期内，单式预算是世界各国普遍采用的预算形式，我国在 1992 年以前也一直采用单式预算形式。

单式预算的优点是直观性和综合功能较强，符合预算的完整性和统一性原则，能一目了然地反映政府预算收支的全部内容，同时由于结构简单清晰、平衡关系明了，有利于考察政府预算收支的总体规模和平衡状况，有利于全面掌握政府预算收支状况。其缺点是各类不同性质的预算收支无对应关系，不能反映预算收支的结构关系。预算结余或赤字的原因不易分清，无法对预算收支作分类分析和分层管理，也不利于宏观经济分析和预算支出项目的经济效益考核。

（二）复式预算

复式预算是在单式预算的基础上发展演变而成的。它是指在预算年度内将全部预算收支按经济性质归类，分别汇编成两个或两个以上的预算，以特定的收入来源保证特定的支出项目，并使两者具有相对稳定的对应关系的预算形式。

复式预算分为二元复式预算与多元复式预算，典型形式是二元复式预算。二元复式预算一般分为经常预算与资本预算（也称普通预算和特别预算、经费预算和投资预算等）。虽然各国使用的复式预算名称和具体项目不尽相同，但从内容看，经常预算支出主要包括政府一般行政费用支出，经常预算的收入来源主要包括各项税收收入以及一部分非税收入。在一般情况下，经常预算应保持收支平衡并有结余，结余转入资本预算。资本预算支出主要包括政府的各项投资性支出，如政府对公营企业和公共工程项目的投资、战略物资储备、政府贷款及偿还国债等支出。资本预算的收入来源主要包括经常预算转来的结余额、国债收入、政府投资收益等。多元复式预算由三个或三个以上预算组成，一般包括经常预算、资本预算、社会保障基金预算等。

复式预算与单式预算相比，由于它将政府财政收支按其性质分别编入不同的预算中，各项收支之间具有明确的对应关系，可以准确地反映预算收支的平衡状况，也能清晰地反映预算结余或赤字的原因，以便区别情况，有选择地采取有效手段进行调节和控制。复式预算的特点决定了它更有利于政府加强预算管理和对政府财政收支活动的分析与控制，便于政府更加科学合理地利用财政资源，有利于政府对经济运行进行宏观调控。但复式预算也存在一些缺点：由于是由两个或两个以上预算组成，预算的完整性受到一定的影响，不便于公众了解和监督政府预算；经常预算的结余和赤字都将转入资本预算，对财政平衡的判断、财政赤字的控制会增加难度；资本预算支出的资金来源主要依赖于政府举债，如果债务规模控制不当，很容易导致通货膨胀，影响宏观经济稳定；不同预算之间项目如何划分及划分标准如何确定比较困难，预算编制方法复杂，工作量加大，预算编制的技术难度增大等。

从政府预算诞生到20世纪30年代以前，各国政府预算形式都是单式预算。20世纪30年代全球经济危机爆发以后，在凯恩斯主义扩大政府财政支出、增加有效需求刺激经济增长的思想影响下，各国政府对市场经济活动进行干预和调控的程度逐渐加深，由此造成政府职能和财政活动范围逐步扩大，政府预算活动日趋复杂，单式预算已远不能适应经济发展和政府宏观调控的需求。为加强政府预算管理和财政支出效益分析，复式预算应运而生。复式预算最早起源于丹麦，1927年丹麦率先创立复式预算，1938年瑞典设计了新的复式预算方案并开始实施，此后世界各国都纷纷采用复式预算。但到20世纪70年代后期，一些国家由于经济情况的变化和财政政策的调整，资本预算单列逐渐失去了意义。加之复式预算过于复杂、分类标准难以确定等问题，在复杂的经济形势下日益凸显。同时，国民经济核算体系已经发展成型，政府的经济活动不必仅仅通过预算反映，政府宏观调控手段也日趋完善。所以，一些主要的市场经济国家又出现了政府预算形式简单化的趋势，多数市场经济发达国家又改为采用新型的单一预算形式。

中华人民共和国成立后，我国政府预算一直采用单式预算。1992年，中共十四大确定我国经济体制改革的目标是要建立社会主义市场经济体制，财政改革目标是建立与社会主义市场经济体制相适应的公共财政框架体系。与此相适应，从1992年起，我国的政府预算就按复式预算编制，即把全部预算收支按其性质分别编制经常性预算和建设性预算。按照我国《预算法》的规定，我国政府预算改革的目标是要建立多元复式预算，即编制政府一般公共预算、政府性基金预算、国有资本经营预算和社会保障预算。

二、基数预算与零基预算

按预算的编制方法分类，政府预算可分为基数预算和零基预算。

（一）基数预算

基数预算是指预算年度财政收支计划指标的安排是在上年度的实际数或前几年的平均数的基础上，考虑预算年度经济社会发展的变动因素加以调整后确定的。基数预算在过去一般又称为增量预算，是因为基数预算与以前年度财政收支执行情况及新的预算年度经济社会发展需求关系密切，它比较注重过去，重视历史因素，因而原有的一些不合理、不必要的预算支出项目得以继续保留，并使其固定化。同时又要考虑新增加的因素，这就很容易导致支出项目不合理，支出规模不断膨胀，而且会造成不同部门、单位之间利益不平衡、资金使用效率低下。我国过去的预算编制基本上都是采用基数预算编制法。

（二）零基预算

零基预算是不以原有预算及其实际执行情况为基础，而是一切以零为起点，在对计划期所有的支出逐项进行成本—效益分析，从根本上考虑其必要性和应有规模的基础上，从头开始编制预算的一种组织形式。零基预算是美国工商管理学学者彼得·A. 皮埃尔在1968年首先提出来的。1977年卡特当选总统后，美国联邦政府开始全面采用零基预算的方法编制预算，之后，加拿大、墨西哥、日本等国政府也陆续采用，使其成为政府公共支出管理发展进程中的一个重要阶段。其基本指导思想是：不以以前年度预算实际支出数额与比例为基准，重新对现有资源进行统一配置；不把注意力放在开支的增加或减少上，着重考虑支出所能取得的效果；对每个项目（包括既存的和新的项目）都要从产出与成本角度进行系统评估，提出或重新提出实施项目的理由。因此，所谓的“零基”并不是简单否定以往的一切，或者一律重新开始设计，它只是意味着要对所有的活动进行重新审议和评价，从而决定项目和资金数额的取消、削减、保留或增加等问题。零基预算编制的基本程序如下：

（1）选择目标和确定需要完成的项目，并进行可行性分析论证。

（2）提出完成各项目标可供选择的行动和实施方案。方案至少两个以上，其中有一个方案必须要低于现有支出水平，叫作最少决策方案。

（3）对每个备选方案进行成本—效益或费用—服务分析，对各种决策方案按效益和需要急缓的次序进行排列，以备上级审查。

（4）评价各项目的工作量和执行措施。

（5）确定优先项目。

零基预算不考虑历史因素，不受现行财政收支执行情况的约束，预算一开始就建立在科学、合理的基础之上，使政府可以根据需求确定优先安排的项目。预算指标有科学的依据，有利于合理利用财政资金，既满足需求，又减少不必要的浪费，有利于提高财政资金的经济效率，但容易遭到既得利益集团的反对，同时，指标体系的建立和分析等技术问题实施起来有一定的难度，也会增加预算工作量，延长预算周期。因此，不可能对全部预算都采用零基预算，一般会选择比较稳定的、实施范围比较大的项目采用零基预算编制法。

我国预算编制基本上都是采用基数预算编制法。从2000年以后，部分省（直辖市、自治区）在编制省级部门预算时，对行政经费支出采用零基预算编制法。

三、投入预算与绩效预算

按预算支出能否产生经济效益分类，政府预算可分为投入预算和绩效预算。

（一）投入预算

投入预算是只反映预算支出的用途和金额，而不反映和评价支出所产生的经济效果的预算形式。投入预算主要用于公共支出预算及不能直接产生经济效益和不便于用货币计量与测算其产出效益的预算项目。投入预算是按支出需求安排预算，以合理和节约使用预算资金为标准。

（二）绩效预算

绩效预算也叫产出预算，是根据成本—效益的分析方法，对预算支出项目的成本和效益进行比较分析，以决定支出项目的必要性及支出规模的预算形式。具体做法就是：政府首先制订有关的产业计划和工程计划，再依据政府职能和施政计划制订执行计划的实施方案，并在成本—效益分析的基础上，按照效益最大化的标准确定实施方案所需的支出费用，以此编制预算。

绩效预算的特点是按计划安排预算，按预算测算成本，按成本分析效益，按效益决定预算项目。绩效预算与只注重投入而忽视产出的传统预算方式不同，它重视对预算支出项目效益的考核，是以项目产出效益作为预算支出标准的预算形式。这种方法对于科学安排预算支出项目，监督和控制预算支出规模，提高预算支出效益有积极的作用。但绩效预算的实施需要一套严格的工作程序、科学的效益考核指标体系和较大的基础工作，对预算编制和项目管理人员的要求也较高，因此，实施起来有一定的条件限制和工作难度，并不能在所有的预算项目中采用，特别是对一些社会效益大的项目的绩效的量化评估有难度。

绩效预算是美国于 20 世纪 50 年代推行的一种预算形式。1933 年罗斯福总统上台，下令联邦政府从 7 月 1 日起实行复式预算制度，以利于政府施行赤字预算政策。1935 年，美国经济渡过了大萧条时期，开始进入复苏阶段，预算支出急剧增长，赤字大量增加。与此同时，立法机关控制预算的权力则明显遭到削弱。因此，如何控制政府行政支出和加强立法机关对预算的控制权力，引起了胡佛行政改革委员会的重视。该委员会提出了两个基本问题：一是在政府预算的主要项目上，理想支出的最大数字应是多少（以便控制支出）？二是如何通过立法机关有效地控制和节约执行被批准的项目经费？胡佛委员会受到当时在美国一些大城市和联邦政府部门中试行的绩效预算技术的影响，于 1949 年建议在联邦预算中采用绩效预算形式。

绩效预算出现以后，对西方国家的预算制度产生了较大的影响，英国、法国、瑞典等国也试行以计划为中心、以成本—效益为考核标准的预算制度。英国实行的是“功能成本”和“计划分析与检查”的预算制度；法国实行的是“预算选择的合理化”的预算制度；瑞典实行的是“功能预算”制度。但在美国，在绩效预算推行过程中遇到了一些困难。因为政府为实现其职能的各种活动和公共支出，很多是不同于市场经济活动的，一些部门支出的成本—效益评估难以进行，项目的预期“绩效”也无从考核，比如教育、公共设施等的真实绩效很难进行科学预测与评价，所以在美国，绩效预算并没有得到广泛推广和应用。

在我国，党的十六届三中全会通过的《中共中央关于完善社会主义市场经济体制若干问题的决定》，明确提出了“建立预算绩效评价体系”。尽管绩效预算与预算绩效在概念上有所区别，但发达国家对于绩效预算的实践推动了我国开展绩效预算的尝试，并选择预算绩效考评作为切入点。从 2003 年起，财政部开始制定部分行业的绩效考评管理办法。2005 年，为了规范绩效考评工作，财政部制定了《中央部门预算支出绩效考评管理办法（试行）》，各地财政部门也分别制定了符合本地特点的绩效考评管理办法。一些走在预算管理制度改革前面的地方政府，如广东、河北、北京等，也纷纷开展了对预算支出项目资金使用情况的绩效考评工作。在制度建设上，财政部继 2011 年出台《关于推进预算绩效管理的指导意见》《财政支出绩效评价管理暂行办法》后，2012 年印发了《预算绩效管理工作规划（2012—2015）》，确定了今后一段时期预算管理的总体目标、基本任务和重点工作等。2013年制定了《预算绩效评价共性指标体系框架》，加强对绩效评价工作的规范和指导。

党的十八大以来，在以习近平同志为核心的党中央的坚强领导下，各地区各部门认真贯彻落实党中央、国务院决策部署，财税体制改革加快推进，预算管理制度持续完善，财政资金使用绩效不断提升，对我国经济社会发展发挥了重要支持作用。但也要看到，现行预算绩效管理仍然存在一些突出问题，主要是：绩效理念尚未牢固树立，一些地方和部门存在重投入轻管理、重支出轻绩效的意识；绩效管理的广度和深度不足，尚未覆盖所有财政资金，一些领域财政资金低效无效、闲置沉淀、损失浪费的问题较为突出，克扣挪用、截留私分、虚报冒领的问题时有发生；绩效激励约束作用不强，绩效评价结果与预算安排和政策调整的挂钩机制尚未建立。为此，中共中央、国务院于2018年9月印发了《关于全面实施预算绩效管理的意见》，明确要求加快建成全方位、全过程、全覆盖的预算绩效管理体系，提高财政资源配置效率和使用效益，增强政府公信力和执行力。

所谓“全方位”，是指评价对象全方位。中央和地方各级政府全面实施预算绩效管理，形成政府预算、部门和单位预算、政策和项目预算全方位绩效管理格局。即，由目前对部门项目支出和重大政策进行绩效评价为主，拓展到对部门整体支出进行绩效评价；由对地方转移支付进行绩效评价为主，拓展到对地方财政运行进行绩效评价，更好地促进部门、地方履职尽责。

所谓“全过程”，是把绩效理念、绩效管理、绩效方法融入全过程。对新增重大政策和项目实施事前绩效评估，强化绩效目标管理，做好运行监控，开展绩效评价，加强评价结果应用。实现预算编制、执行、监督、绩效管理一体化。注重成本—效益分析，关注支出结果和政策目标实现程度。逐步建立起第三方评价体系和评价结果运用机制，形成一套完整的绩效管理闭环体系。

所谓“全覆盖”，是指各级政府需将一般公共预算、政府性基金预算、国有资本经营预算、社会保险基金预算全部纳入绩效管理。同时，积极开展涉及财政资金的政府投资基金、主权财富基金、政府和社会资本合作（PPP）、政府采购、政府购买服务、政府债务项目绩效管理。

专栏 10.3

上海闵行区“以结果为导向”的绩效预算管理

一、实施“以结果为导向”的项目预算编制

传统的预算编制模式是一种投入导向型的预算编制模式，往往片面强调预算资金投入了多少，而忽视预算资金投入最终带来的效果和效益，容易产生财政性资金的浪费和使用效率与效益低下问题。尽管资金投入不少，但预算单位提供的公共产品和公共服务数量与质量并不能令老百姓满意。“以结果为导向”的预算编制模式是绩效预算的核心与灵魂，它彻底改变了传统的以“投入—产出—结果”为特征的投入导向型预算编制模式，代之以“结果—产出—投入”为特征的结果导向型预算编制模式，实现了预算重心从投入控制向投入与结果控制并重的改变，促进了预算单

位提高预算资金使用效益，有利于对资金使用单位运用财政资金的绩效进行考核。

闵行区2008年启动“以结果为导向”的预算编制改革以后，新的预算编制遵循“战略目标→工作目标→绩效目标→产出→投入”这样一个完整的逻辑过程。预算单位根据区委区政府的战略目标、部门的职能定位和部门年度或中长期发展规划制定的工作目标，然后根据战略目标和工作目标来确定绩效目标（所要达到的结果），最后根据绩效目标和提供公共服务的数量与质量来确定所需经费投入。这种预算的编制办法使预算单位所需经费的确定与战略目标、工作目标和绩效目标紧密联系，强调结果的重要性，实现了预算资金的投入与结果控制并重。

从2009年开始，闵行区财政局选取了教育（义务教育阶段）、卫生（公共卫生与农村基本医疗）、劳动就业与社会保障、公共安全（社会治安、食品卫生、安全生产）、农民增收五大直接关系民生领域的九个部门，试行以结果为导向的预算编制模式。在财政支出项目已经完全实施了“以结果为导向”的预算编制的基础上，逐步实行单位“以结果为导向”的预算编制。

二、实现“全过程”的绩效预算管理

“全过程”的绩效预算管理，是指对预算项目进行事前、事中和事后绩效评价。

（一）预算项目事前评价。闵行区为了保障预算的质量和效果，对预算项目首先实行绩效前的评价工作。2009年，最初申报的46个项目总金额达4.43亿元，经过评价环节，自动放弃的项目为19个，参加评价的项目为27个，最终安排资金约为2.5亿元，核减率为43.6%。从最终评价的27个项目来看，大部分为“有效”项目或“基本有效”项目。其中，“有效”项目占总项目数的51.9%，“基本有效”项目占40.7%，“一般”项目占3.7%。

2010年全区就预算金额在500万元以上的民生、公共项目进行了部门绩效预算项目的自评，在此基础上，区财政局组织了对14个2 000万元以上的、总金额为10.6亿元的民生、公共项目的重点绩效评估工作。从区评审结果级数分布情况看，绝大部分为“有效”和“基本有效”，两项占到总项目数的78.57%，“一般”项目占项目总数的21.43%，没有“不及格”或者“无法显示成效”的项目。12月区人大常委会组织了5次预算项目的初审听证会，涉及金额1.9亿元，参与听证会的人大代表和社会公众超过230人次，分别形成项目听证结果报告。有关部门根据听证会意见，从三类五个方面进行了整改和完善，其中评级“一般”的项目一个取消、一个进行了调整，其余都进行了体制机制的完善和方案的优化，进一步提高了公共预算的绩效。

2011年预算中，500万元以上的项目48个，2 000万元以上的项目21个，较上年增加7个，涉及区本级预算安排资金9.14亿元。其中有17个被评为“有效”，占项目总数的80%；4个为“基本有效”，占项目总数的20%。没有“一般”、“无效”或“无法显示成效”的项目，项目总平均分为88.3分。通过绩效前评价，逐步减少和取消“一般”、“无效”或“无法显示成效”的项目，大大提高了预算的质量，保障了预算的绩效。

（二）预算项目事中、事后评价。为了完善项目绩效考评制度，在立项考评的基础上，建立健全年中绩效考评指标。由项目资金使用单位制定执行情况自评价机制，定期召集人大、政协、纪检委、国资委、审计局等相关部门对实际执行情况进行监督和检查，并形成正式书面资料以备查。同时，探索项目执行完毕的绩效后评价机制。为保证评价结果的客观公正，首次尝试引进第三方独立评价机制，委托上海财经大学中国教育支出绩效评价（研究）中心及7家会计师事务所，对2009年度28个以结果为导向的绩效预算项目进行评价。此次共涉及13个区级政府部门，评价项目预算总金额为3.42亿元，占2009年度民生领域项目预算的30.1%。28个项目平均得分为80分，评价结果良好，并将“结果评价报告”在闵行区政府门户网站上公开。

资料来源：财政部科研所．地方公共财政管理实践评价．北京：中国财政经济出版社，2011.

第四节　部门预算

一、部门预算的内涵

部门预算是指政府部门依据国家有关预算管理政策规定，结合自身未来一定时期履行职能的需要，从基层预算单位开始逐级编制、审核、汇总、上报，由财政部门审核并提交各级人民代表大会依法批准的部门综合财务收支计划。需要说明的是，部门预算的“部门”是指与财政部门直接发生预算缴款、拨款关系的国家机关、军队、政党组织、社会团体及企事业单位。

部门预算实行“一个部门，一本预算”的综合预算管理，其内容包括一个部门所有的收入和支出。其核心思想是：将部门依法取得和发生的各项收入和支出都按照统一的编报内容和形式在一本预算中反映，实行统一管理、统筹安排、综合平衡。

二、部门预算的主要内容

部门预算的编制包括部门收入预算的编制和部门支出预算的编制。

（一）部门收入预算

部门预算收入，是指部门或单位编制年度预算时，预计该年度要从不同渠道取得的各类收入的总称，是该部门履行其职能，完成各项工作任务的财力保障。部门预算收入来源主要包括上年结转、财政拨款收入、上级补助收入、事业收入、事业单位经营收入、下级单位上缴收入、其他收入、用事业基金弥补收支差额等。

（二）部门支出预算

部门支出预算的编制内容包括基本支出预算和项目支出预算。

基本支出预算是行政事业单位为保障其机构正常运转、完成日常工作任务而编制的年度基本支出计划，按其性质分为人员经费和日常公用经费。

项目支出预算是行政事业单位为了完成其特定的行政工作任务或事业发展目标，在基本支出预算之外编制的年度项目支出计划，通常是一些大型但不经常的支出项目。项目支出预算是按指定的用途和对象编制的专项支出计划。

三、部门预算的特征

一般来说，部门预算具有如下特征：

第一，从编制范围看，部门预算涵盖了部门或单位所有的收入和支出，既包括一般预算收支，还包括政府性基金收支，体现了“大收入、大支出”的原则。

第二，从编制程序看，部门预算是汇总预算。编制时，由基层预算单位根据本单位承担的工作任务、部门发展规划以及年度工作计划测算编制，经逐级上报、审核，并按部门汇总形成。

第三，从编制时间看，传统的政府预算编制开始时间迟、编制时间短，无法保证预算编制的质量。按照部门预算编制要求，需要进一步提前预算编制时间，延长预算编制周期，以提高预算编制质量。

第四，从编制方法看，部门预算采用“零基预算”法，克服了传统“基数预算”法的弊端，有利于提高部门间财力配置效率，体现预算分配的透明与公平。

第五，从细化程度看，部门预算既细化到了具体预算单位和项目，又细化到了按预算科目划分的各支出功能。预算反映了收支按单位和项目的具体构成情况，以及单位和项目的收支按支出功能分类的具体构成情况，而且，《预算法》要求报送人民代表大会审查的部门预算的内容进一步细化，增加了关于部门职责、机构设置以及预算绩效评价进展情况的文字说明，以增强预算的可读性。这也说明人民代表大会在审查部门预算过程中，更加重视部门职能、事业规划和预算管理的关系。

四、部门预算的流程

（一）中央部门预算的总流程

通过利用“中央部门预算子系统”，各部门可以编制、汇总和上报本部门的预算建议数；财政部业务司局按照其管理职能分别对部门预算建议数进行审核，并下达预算控制数；各部门根据预算控制数编制预算，上报财政部；财政部再对部门预算数进行审核汇总，报送国务院审定后再报送全国人大批准；根据全国人大批准的预算，由财政部统一批复给各部门。中央部门预算的总流程如下：

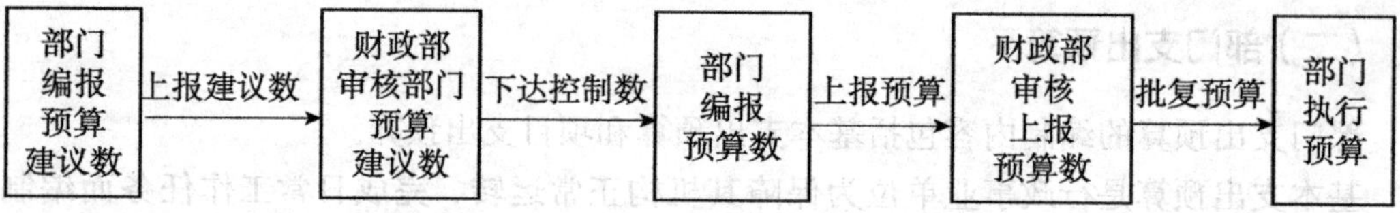

（二）部门编报预算的流程

部门或单位编制和上报部门预算建议数，根据预算控制数编制和上报部门预算数。部门编报预算的流程如下：

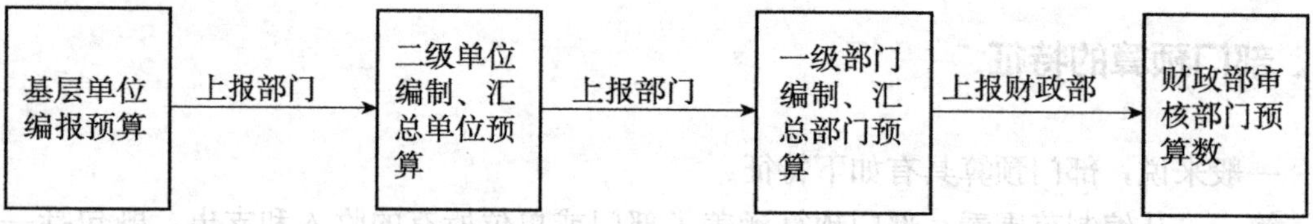

（三）财政部审核和上报预算的流程

财政部在管理部门预算的过程中根据现行管理职能将部门预算拆分给各业务司局；各业务司局通过预算专网在自己的权限范围内审核各部门预算数据，给各部门下达部门预算控制限额；根据全国人大批准后的中央预算，预算司向各部门批复预算。财政部审核部门预算和上报中央预算的流程如下：

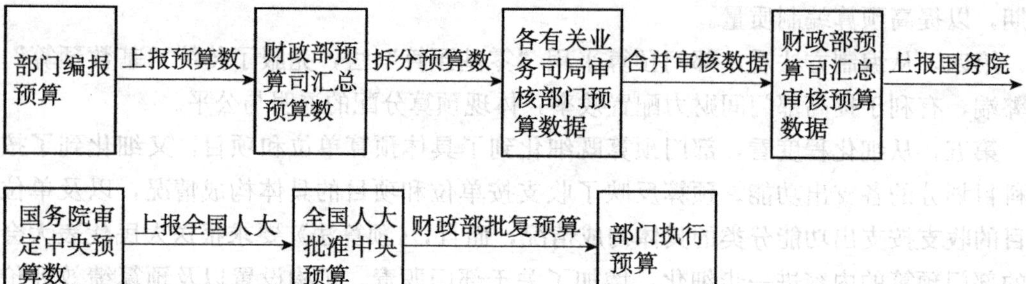

（四）财政部批复预算的流程

全国人大批准中央预算后，财政部在一个月之内将预算批复到各部门。其流程如下：

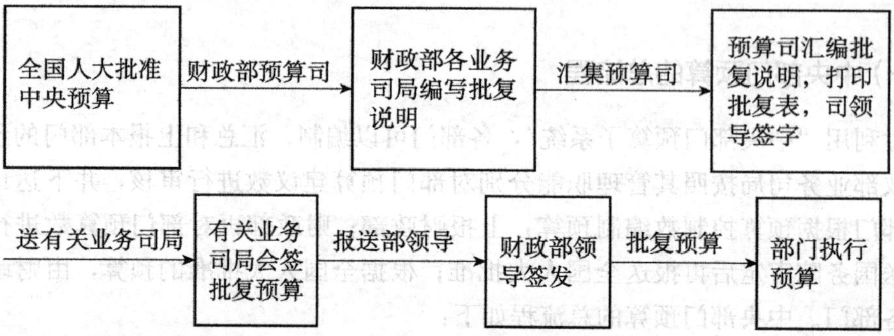

五、国外部门预算的经验及借鉴

政府公共预算起源于1215年的英国，对之后世界各国走向市场化产生了重大影响，成为各国市场经济体制和公共财政模式存在与运作不可或缺的基本条件之一。发展至今，其具体形式、技术和运作方式、机制等已日趋完善，起到了对政府及其财政活动进行有效控制的作用。由于各国国情不同，采取的政府预算制度形式也不同，但细细考量，仍不乏诸多共同之处，值得借鉴。

（一）预算管理具有统一性

公共财政下的政府预算制度必须具有统一性。无论是发达国家还是发展中国家，只要建立了公共财政体制，就会将绝大部分政府收支纳入政府统一管理。虽然如加拿大、丹麦、英国等发达国家也存在预算外资金，但其支出占全部政府支出的比重一般都在20%以下，而且这些预算外支出还是专门用于社会保障方面，其实质还是基金性的预算管理。因为社会保障基金的收支活动是由社会保障纲领和计划规定的，有着严格的支出标准，从这种意义上说，这些国家的政府预算已经达到了完全的统一性。

（二）普遍推行部门预算

部门预算是世界各国加强财政支出管理的普遍做法。如法国按部门编制预算，每个部门不论是工资、资本支出还是科研等其他支出，都反映在一本预算上。部门预算编制一结束，财政部门就能清楚地掌握该部门财力情况，有利于从宏观上加强调控管理。加拿大的联邦预算是由24个部门预算组成的。联邦预算、部门预算和单位预算都统一按运营支出、资本支出、转移和补助支出、项目支出等功能进行分类。既按功能又按部门和单位编制预算，不仅有利于反映政府财力的基本用途和支出结构，而且有利于反映各部门使用政府财力的规模和具体用途，使财力的使用公开、透明、有效。

（三）采用标准预算周期制度

随着预算编制程序的日趋完善，越来越多的国家开始采用标准预算周期制度，它涵盖了预算管理的全过程。每一个预算管理周期都可划分为三个阶段，即“预算编制阶段”、“预算执行与调整阶段”以及“决算阶段”。但不同国家在每个阶段所设置的时间并不相同。如美国的预算程序从各部门编制各自的预算开始，到联邦预算执行后的审计结束，整个预算周期长达33个月，其中包括预算编制和国会审批阶段18个月、预算执行阶段12个月、决算的汇总和审计阶段3个月。

（四）编制时间较长、编制内容细致

无论是发达国家还是发展中国家，政府预算草案编排的时间一般都比较长。例如，美国的联邦预算是从下一个财政预算生效前一年的3月开始编制的，一直延续到次年的1月末，共约11个月；巴西一般提前10～12个月着手准备和编制下一财政年度的预算；

墨西哥的预算编制过程也有 8 个月的时间；法国的预算编制从上年的 12 月 15 日开始，到第二年 12 月 31 日预算法案通过为止，编制时间长达一年。充裕的编制时间使细化预算编制有了可能。

（五）有系统、严密的监督与控制制度

世界各国都比较重视对预算执行的监督和控制，纷纷建立与本国国情相适应的内部和外部监督与控制制度。各国的内部控制多由行政机关自行负责。如加拿大的内部控制由财政委员会下属的总审计署具体执行；英国由财政部内部控制办公室指导各部门的预算内部控制，各部门任命的会计人员具体负责执行；而澳大利亚的内部控制则是在财政部统一制定的标准下，由各部部长具体负责。外部控制则由议会设立的独立机构负责，如美国国会下属的总审计署，澳大利亚的国家审计办公室，英国的国家审计署等。相对独立的机构设置为预算的外部控制奠定了良好的组织基础。

（六）注重中长期规划

多数国家除了编制年度预算外，一般还编制中长期预算。美国部分州就编制两年预算，对上年度已编的当年预算进行适当的调整，同时滚动编制下一年度预算。另外，无论是联邦政府还是州、地方政府，都要编制较详细的中长期预算。加拿大的财政预算草案除包括当年的具体内容外，还包括随后三年的大致内容。作为发展中国家的巴西，也编制四年财政规划，对联邦政府预算的平衡状况作出规定。

专栏 10.4

我国部门预算的改革进程

2000 年以前我国没有编制部门预算。1999 年 6 月，审计署代表国务院在第九届全国人民代表大会常务委员会第十次会议上所作的《关于 1998 年中央预算执行情况和其他财政收支的审计工作报告》，指出了中央预算管理中存在的几个问题，在社会上引起了很大反响。全国人大常委会在审议 1998 年中央决算和中央财政审计报告中都提出要改进和规范中央预算编制工作，“要严格执行《预算法》，及时批复预算”。财政部“要细化报送全国人大审查批准的预算草案内容，增强透明度”。“报送内容应增加对中央各部门支出、中央补助各地方的支出和重点项目的支出等。”全国人大常委会预算工作委员会进一步提出了具体要求，即财政部在向全国人大提交 2000 年中央预算草案时要提供中央各部门预算收支等材料，报送部门预算。

国务院领导对落实全国人大常委会意见专门作了指示。对此，财政部党组非常重视，多次进行了认真研究，于 1999 年 7 月 24 日向国务院报送了《关于落实全国人大常委会意见改进和规范预算管理工作的请示》。国务院领导批示财政部先征求有关部门意见后报国务院领导审批。根据国务院领导的指示精神，财政部于 8 月 6 日召开了国家计委、国家经贸委、国务院机关事务管理局、科技部等有预算分配权部门参加的会议，请这些部门对财政部提出的《关于改进和细化 2000 年中央预算编制的意见》发表意见。8 月 10 日又召开了教育部、农业部、社会保障部、卫生部、文

化部等11个中央预算部门的会议，进一步征求对2000年改进和细化中央预算编制的意见。在吸收各方面意见的基础上，财政部向国务院正式报送了《关于改进2000年中央预算编制的意见》，并于8月31日总理办公会议原则通过。9月16日总理办公会议再一次听取了财政部关于2000年中央预算编制改革的汇报；9月17日中央常委会议同意了国务院提出的关于2000年中央预算编制改革的意见。为了使部门预算编制工作顺利进行，财政部根据总理办公会议原则通过的意见，于9月20日以财政字〔1999〕464号文下发了《关于改进2000年中央预算编制的通知》，选择农业部、科技部、教育部、社会保障部四个部门，作为报送部门预算的试点单位。从此拉开了我国编制部门预算的序幕。2001年起，各地方也开始在一些部门试点编制部门预算。到2004年，全国各地方省级部门基本上都实行了部门预算。

经过十多年的改革，部门预算已实现了预算编制由“上级代编”向“逐级实编”转变，每年财政部门布置预算编制后，先由各部门从最基层预算单位开始逐级编制预算，所有开支都落实到具体单位和具体用途，通过“二上二下”预算编制规程，最终由财政部门汇总审核，经政府同意、人大批准后向部门批复预算，大大提高了预算细化程度。部门预算实现了由“财政拨款预算”向“综合预算”转变，部门预算在规范部门财政拨款收支管理的基础上，将包括事业收支、事业单位经营收支等在内的部门所有收支全部在一本预算中编制，理顺经费渠道，统筹安排预算的各类资金，提高了部门预算的完整性。通过编制部门预算的改革，使一个部门的所有收支项目都在一本预算中反映出来，实现了“一个部门一本预算”的目标，而且部门预算经过人大批准后，对该部门的收支活动就具有了法律效力。这意味着我国预算制度向着“归一性”和“法治性”方向迈进。

第五节 国库集中收付制度

根据《预算法》第六十一条的规定，国家实行国库集中收缴和集中支付制度，对政府全部收入和支出实行国库集中收付管理。

一、国库集中收付制度的内容

国库集中收付制度是在预算执行进程中，对财政资金实行集中收缴和支付的制度，是市场经济国家普遍采用的国库管理制度。其主要内容有：

（一）集中收入管理

所谓集中收入管理，是指所有政府预算收入的缴付者将各项收入直接缴入国库或其授权的代理银行，再经过银行清算将款项划入国库。这样能够对预算收入从取得到划入国库的全过程进行监控。

（二）集中支付管理

所谓集中支付管理，是指财政部门在中央银行设立一个统一的银行账户，原则上所有单位的一切财政性支出都只有在实际支付行为发生时，才能由专门的国库资金支付机构从国库单一账户中直接支付给供应商或劳务提供者，预算资金不再拨付给各单位分散保存。各预算单位可以根据自身履行职能的需要，在批准的预算项目和额度内自行决定购买何种商品和劳务，但支付款项要由财政部门来进行。财政部门不再简单地按预算级次层层向下拨付经费。这样能对预算资金从分配到资金拨付、资金使用、银行清算，直至资金到达商品供应商或劳务提供者账户的全过程进行监督控制。

（三）集中账户管理

所谓集中账户管理，即取消单位自开的银行账户，按照政府预算级次，在央行及其指定的代理商业银行建立国库单一账户体系，并设置与国库单一账户配套使用的国库分类账户。这样就可以对财政资金运行的全过程及所有环节进行监督控制。

二、国库集中收付制度的特点

与传统的（分散型）国库收付制度相比，国库集中收付制度有以下特点①：

（一）属于集权式财政管理模式

国库集中收付制度是一种集权式的财政管理模式，主要反映在两个方面：一是国库资金的集中。国库集中收付制度把所有的财政资金都直接缴入国库账户中；财政支出均从国库账户直接支付给商品供应者和劳务提供者。二是国库资金使用的集权。国库参与了从财政资金分配到资金拨付、使用、银行清算、资金到达商品供应商和劳务提供者账户的全过程，国库能够对财政资金运行的全过程进行监督和控制。

（二）国库资金支出决策者与办理者分离

国库资金支出决策者与办理者的分离，也称为指标与资金的分离，是指用款单位实际得到的是一个可以使用的预算资金指标，而不是资金，资金统一集中于财政的国库账户，并根据用款单位的指令直接向商品供应者和劳务提供者支付款项。

在国库集中支付制度下，支出决策者从宏观上讲是立法机关和财政预算部门，从微观上讲则是政府的支出部门（预算单位），而支出办理者则是国库部门。在传统的国库支付制度下，支出决策者与办理者都是预算部门，虽然也有监督制度，但往往流于形式且是在事后进行的，因而难以严格控制资金的使用，容易改变资金用途，降低财政资金的使用效率。而在国库集中收付制度下，财政支出决策者与支出办理者的分离可以保证资金按预算执行，支出办理者能够对支出决策者进行严格的监督，也能对支出的使用单位

---

① 陈工．政府预算与管理．北京：清华大学出版社，2004.

进行监督，有利于提高财政资金的使用效率。

（三）以国库单一账户体系为基础

国库单一账户体系是实行国库集中收付制度的基础。国库单一账户是指全部政府财政资金都集中于一家银行（央行或委托的商业银行）的账户中，所有的财政支出均通过这一账户直接支付给供货商或劳务提供者。

国库单一账户体系由国库单一账户和分类账户组成。国库单一账户反映国库资金的整体收支状况和余额；分类账户是国库为所有政府支出部门分别开设的，用于识别持有人的预算支出权限，反映支出部门预算执行情况。单一账户的开设使得所有财政资金（包括预算内和预算外）都必须通过这一账户进行收支，其他财政账户被取消，从而扩大了国库的监控范围，增强了预算的控制力度。而分类账户的设置便于国库对支出部门的预算权限和实际的资金使用情况进行监督，从而使国库对支付活动的全过程及各个环节实施全面监控成为可能。

三、我国国库集中收付制度改革的内容

为了适应社会主义市场经济体制和建立公共财政框架体系的需要，我国从 2001 年开始进行国库集中收付制度改革。借鉴国际通行做法，结合我国具体国情，我国国库集中收付制度的主要内容包括：

（一）建立国库单一账户体系

（1）财政部门在中国人民银行开设国库单一账户，按收入和支出设置分类账，收入账按预算科目进行明细核算，支出账按资金使用性质设立分账册。该账户为国库存款账户，用于记录、核算和反映纳入预算管理的财政收入和支出活动，并用于对财政部门在商业银行开设的零余额专户进行清算，实现支付。

（2）财政部门按资金使用性质在商业银行开设零余额账户，在商业银行为预算单位开设零余额账户。财政部门的零余额账户用于财政直接支付和与国库单一账户支出清算；预算单位的零余额账户用于财政授权支付和清算。

（3）财政部门在商业银行开设预算外资金财政专户，按收入和支出设置分类账。该账户用于记录、核算和反映预算外资金的收入和支出活动，并用于预算外资金的日常收支清算。

（4）财政部门在商业银行为预算单位开设小额现金账户。用于记录、核算和反映预算单位的零星支出活动，并用于与国库单一账户清算。

（5）经国务院和省级人民政府批准和授权财政部门开设的特殊过渡性专户（以下简称“特设专户”）。用于记录、核算和反映预算单位的特殊专项支出活动，并用于与国库单一账户清算。

建立国库单一账户体系后，相应取消各类收入过渡性账户，预算单位的财政性资金逐步全部纳入国库单一账户管理。

上述账户和专户要与财政部门及其支付执行机构、中国人民银行国库部门和预算单位的会计核算保持一致性，相互核对有关账户记录。在建立健全现代化银行支付系统和财政管理信息系统的基础上，逐步实现由国库单一账户核算所有财政性资金收入和支出，并通过各部门在商业银行的零余额账户处理日常支付和清算业务。

（二）规范收入收缴程序

1. 划分收入类型

为实现对财政资金的统一管理，应按新的政府收入分类，将财政性收入分为六类，即：税收收入、社会保障缴款、非税收入、转移和赠予收入、贷款回收本金和产权处置收入、债务收入。

2. 规范收缴方式

适应建立现代国库管理制度的要求，将财政性收入的收缴分为直接缴库和集中汇缴。

直接缴库由缴款单位或缴款人按有关法律法规规定，直接将应缴收入缴入国库单一账户或预算外资金财政专户。

集中汇缴由征收机关（有关法定单位）按有关法律法规规定，将所收的应缴收入汇总缴入国库单一账户或预算外资金财政专户。

3. 确定收缴程序

（1）直接缴库程序。直接缴库的税收收入，由纳税人或税务代理人提出纳税申报，经征收机关审核无误后，由纳税人通过开户银行将税款缴入国库单一账户。社会保障缴款、非税收入、转移和赠予收入、贷款回收本金和产权处置收入以及债务收入，比照上述程序缴入国库单一账户或预算外资金财政专户。

（2）集中汇缴程序。小额零散税收和法律另有规定的应缴收入，由征收机关于收缴收入的当日汇总缴入国库单一账户。非税收入中的现金缴款，比照本程序缴入国库单一账户或预算外资金财政专户。此外，还要进一步规范收入退库管理。涉及从国库中退库的，必须依照法律、行政法规有关国库管理的规定执行。

（三）规范支出拨付程序

1. 划分支出类型

财政支出总体分为购买性支出和转移性支出。根据支付管理需要，应具体分为四类：工资支出，即预算单位的工资性支出；购买支出，即预算单位除工资支出、零星支出之外购买服务、货物、工程项目等支出；零星支出，即预算单位购买支出中的日常小额部分，除《支付采购品目分类表》所列品目以外的支出，或列入《支付采购品目分类表》品目，但未达到规定数额的支出；转移支出，即拨付给预算单位或下级财政部门，未指明具体用途的支出，包括拨付企业补贴和未指明具体用途的资金、中央对地方的一般性转移支付等。

2. 确定支付方式

按照不同的支付主体，对不同类型的支出，分别实行财政直接支付和财政授权支付。

（1）财政直接支付。由财政部门开具支付令，通过国库单一账户体系，直接将财政资金支付到收款人（即商品和劳务供应者，下同）或用款单位账户。实行财政直接支付的支出包括：工资支出、购买支出，包括中央对地方的专项转移支付，拨付企业大型工程项目或大型设备采购的资金等，直接支付到收款人；转移支出（中央对地方专项转移支出除外），包括中央对地方的一般性转移支付中的税收返还、原体制补助、过渡期转移支付、结算补助等支出，对企业的补贴和未指明购买内容的某些专项支出等，支付到用款单位（包括下级财政部门和预算单位，下同）。

（2）财政授权支付。预算单位根据财政授权，自行开具支付令，通过国库单一账户体系将资金支付到收款人账户。实行财政授权支付的支出包括未实行财政直接支付的购买支出和零星支出。

财政直接支付和财政授权支付的具体支出项目，由财政部门在确定部门预算时列出。

3. 设定支付程序

（1）财政直接支付程序。预算单位按照批复的部门预算和资金使用计划，向财政支付执行机构提出支付申请，财政支付执行机构根据批复的部门预算和资金使用计划及相关要求对支付申请审核无误后，向代理银行发出支付指令，并通知中国人民银行，通过代理银行进入全国银行清算系统实时清算，财政资金从国库单一账户划拨到收款人的银行账户。

财政直接支付主要通过转账方式进行，也可以采用“国库支票”支付。财政支付执行机构根据预算单位的要求签发支票，并将签发给收款人的支票给预算单位，由预算单位转给收款人。收款人持支票到其开户银行入账，收款人开户银行再与代理银行进行清算。每日营业终了前，由国库单一账户与代理银行进行清算。

工资性的支付涉及的各预算单位人员编制、工资标准、开支数额等，分别由编制部门、人事部门和财政部门核定。支付对象为预算单位和下级财政部门的支出，由财政部门按照预算执行进度将资金从国库单一专户直接拨付到预算单位或下级财政部门账户。

（2）财政授权支付程序。预算单位按照批复的部门预算和资金使用计划，向财政支付执行机构申请授权支付的月度用款限额，财政支付执行机构将批准后的限额通知代理银行和预算单位，并通知中国人民银行国库部门。预算单位在月度用款限额内自行开具支付令，通过财政国库支付执行机构转由代理银行向收款人付款，并与国库单一账户清算。

专栏 10.5

我国国库集中收付制度改革的背景与过程

我国的国库集中收付制度改革是在国际货币基金组织、世界银行、联合国计划开发署等国际机构的帮助下进行的。1998年底，政府机构改革后重新组建的财政部预算司和中国人民银行国库局，共同确定了推动国库改革的方针。1999年2月，由预算司、中国人民银行国库局、国家税务总局联合组成国库改革工作小组，制订了工作计划并着手实施国库改革工作。2001年2月，国务院通过了《财政国库管理制度改革试点方案》，标志着我国国库集中收付制度改革工作正式启动。2001 年，首先在财政部、水利部、科技部、国务院法制办、中国科学院、国家自然科学基金委员会等 6 个中央部门及所属 136 个基层预算单位进行了首批试点改革，2002 年又分两批将改革试点部门扩大至 42 个。在地方，从 2001 年 11 月起，部分省市也陆续开始试点。在中央统一部署下，国库集中收付制度改革在全国的推进速度很快。

经过近二十年的持续推进，我国已建立起一个既符合中国现实国情同时又位居世界先进行列的现代国库管理制度，构建了财政资金运行管理的全新机制和统一框架，为各级政府的财政财务运行管理提供了可靠的基础和保障。在国库集中支付制度对县级以上预算单位进行全覆盖的基础上，从 2015 年开始大力推进乡镇国库集中支付改革。截至 2018 年底，中央、省、市、县、乡五级近 70 万个预算单位实施了国库集中支付改革，占到了全部预算单位的 99%以上，基本实现了“横向到边、纵向到底”，财政资金的调控调度能力、运行效率和透明度得到了根本性提高。

第六节　政府采购管理

政府采购管理是加强财政支出监督管理的重要内容和手段，有利于提高财政资金的使用效率，促进源头治腐，并实现国家宏观调控意图。通过制定统一规范的政府采购方式和程序，实行集中采购、分散采购相结合的采购模式和“管采分离”的管理体制，以及综合监管、专业监管和行业监管相结合的监管体系，对政府采购行为进行管理。

1995 年，我国开始政府采购试点工作，到 2001 年全面推广。2003 年出台《政府采购法》，2014 年根据《关于修改〈中华人民共和国保险法〉等五部法律的决定》进行修正，并于 2014 年底颁布《政府采购法实施条例》。经过多年的实践，我国政府采购已经从单纯的购买办公设备，扩展为货物、工程、服务等 100 多个项目都必须实施政府采购。政府采购支出金额从 2002 年的 1 009 亿元增加到 2019 年的 33 067 亿元，占当年全国财政支出和 GDP 的比重分别为 10%和 3.3%。① 政府采购制度不仅规范和节省了财政支出，也承担起更多政策功能，有力支持了国家各项事业的发展。

一、政府采购的主体

政府采购的主体是指在政府采购过程中负有直接职责的参与者。包括政府采购管理机关、政府采购机关、采购单位、政府采购社会中介机构、供应商和资金管理部门。

(1) 政府采购管理机关是指在财政部门内设立的，制定政府采购政策、法规和制度，规范和监督政府采购行为的行政管理机构。政府采购管理机关不参与和干涉政府采购中

---

① http：//www.ccgp.gov.cn/news/202101/t20210127_15850974.htm.

的具体商业活动。

(2) 政府采购机关是具体执行政府采购政策，组织实施政府采购活动的执行机构。采购机关分为集中采购机关和非集中采购机关。狭义的采购机关即我们平时所称的采购机关主要是指集中采购机关。政府采购机关的采购活动可以自己组织进行，也可以委托社会中介机构代理组织进行。我们通常所称的"政府采购中心"即属此类。

(3) 采购单位即政府采购中货物、工程和服务等的直接需求者。主要包括各级国家机关和实施预算管理的政党组织、社会团体、事业单位及政策性的国有企业。

(4) 政府采购社会中介机构就是取得政府采购业务代理资格，接受采购机关委托代理政府采购业务的中介组织。

(5) 供应商是指在中国境内外注册的企业、公司及其他提供货物、工程、服务的自然人、法人。采购单位的任何采购都必须从合格供应商处获得。

(6) 资金管理部门是指编制政府采购资金预算、监督采购资金使用的部门。我国现阶段政府采购资金管理部门包括财政部门和各采购单位的财务部门。

二、政府采购的客体

政府采购的客体也就是政府采购的内容，它包括的种类和项目非常广泛，按照国际上的通常做法，将采购客体分为三类：货物、工程、服务。

货物是指各种各样的物品，包括原料产品、设备、器具等。具体可分为六类：通用设备、专用设备、办公家具、现代化设备、办公用品、药品等。

工程是指新建、扩建、改建、修建、拆除、修缮或翻新构造物及其所属设备以及改造自然环境，包括兴修水利、改造环境、建造房屋、修建交通设施、安装设备、铺设下水道等建设项目。

服务是指除货物或工程以外的任何采购，包括专业服务、技术服务、维修、培训、劳动力等。

三、政府采购的特点

政府采购是相对于个人采购、企业采购或团体采购而言的，它具有以下特点：

(一) 采购主体的特殊性

采购的主体是多方面和多层次的，现代经济生活中的购买者都可成为采购主体。而政府采购的主体是特定的，主要是依靠国家财政性资金运作的政府、政府部门、事业单位及其他授权机构。政府采购主体的特殊性决定了其操作的守法性和规范性。

(二) 采购资金来源的公共性

政府采购的资金来源为公共资金（public fund），即财政拨款和需要由财政偿还的公共借款，而这些资金的最终来源为纳税人的税收收入、政府债务收入和政府公共服务收费。它不同于私人采购资金，其主要来源于采购主体的私有资金（private fund）。资金来源的不同决定了政府采购与私人采购在采购管理、采购人员的责任等方面有很大的区别。

（三）采购行为的非营利性

政府采购不是以营利为目标，也不是为卖而买，而是通过买为政府部门提供消费品或向社会提供公共利益。而私人采购是为了生产、转售和营利。

（四）采购款项的直拨性

财政部门不是将采购的款项支付给采购主体，而是按采购单位与供应商签订的合同将资金拨付给供应商。

（五）采购过程的公开性

政府采购一般具有较高的透明度，采购信息是公开的，采购过程是公开的，采购的法律和程序是公开的，一切采购活动都要作出公开记录，政府官员和管理人员均受到财政、审计、供应商和社会公众等全方位的监督。而在私营领域，管理当局则没有这个义务。

（六）采购对象广泛，采购规模巨大，影响力强

政府采购的对象包罗万象，从货物、工程到服务无所不有。同时，政府作为国内市场最大的消费者，其购买力相当巨大。在很多国家，政府采购支出相当于GDP的10%～20%，因此，政府采购的规模及其采购结构的变化对一国社会经济发展状况、产业结构以及公众生活环境有着非常大的影响力，从而使其成为各国政府常用的一种宏观经济调控手段。

（七）采购活动的政策性

公共支出管理是国家管理经济的一个重要手段，而作为公共支出管理的一个重要环节的政府采购，又是政府支出政策的主要内容。通过弹性的公共采购计划，保护民族工业，促进产业结构调整和优化。总之，政府采购能够有效地将政府的财政政策、货币政策、产业政策及社会发展计划的总体要求有机地结合起来并具体落到实处，从而具有重要的政策意义。

四、政府采购的方式

（一）公开招标

公开招标是指招标人以招标公告的方式邀请不特定的法人或者其他组织投标。它是一种由招标人按照法定程序，在公开出版物上发布或者以其他公开方式发布招标公告，所有符合条件的供应商或承包商都可以平等参加投标竞争，从中择优选择中标者的招标

方式。由于这种招标方式对竞争没有限制，因此，又被称为无限竞争性招标。由于公开招标具有透明度高，能够促进公平、有效和广泛竞争等优点，所以在政府采购活动中占有较高的比重。具体来看，各国以竞争性招标进行的采购，大约占政府采购总额的30％～40％。如法国1987年为33％；美国1981年为41％，1987年上升到58％。

（二）邀请招标

邀请招标是指招标人以投标邀请书的方式邀请特定的法人或者其他经济组织投标。邀请招标是只有接到投标邀请书的法人或者其他组织才能参加投标的一种招标方式，其他潜在的投标人则被排除在投标竞争之外。因此，也被称为有限竞争性招标。邀请招标必须向三个以上投标人发出邀请。并且被邀请的法人或者其他组织必须具备以下条件：①具备承担招标项目的能力，如施工招标，被邀请的施工企业必须具备与招标项目相应的施工资质等级；②资信良好。

（三）两阶段招标采购

两阶段招标采购是指对同一项目进行两次招标的采购方式。招标的第一阶段，采购实体或采购机构先邀请投标者提出不包括报价的技术标，并就技术进行澄清、修改和补充；第二阶段，采购实体或机构根据修改后的招标文件，要求投标者提交最终的技术标和价格标。交钥匙工程、大型复杂或技术升级换代快的设备等由于事先难以准备完整的技术规格，因而这类采购多采用两阶段招标方式。

（四）竞争性谈判

竞争性谈判采购是指采购人通过与多家供应商就采购事宜进行直接谈判，最后从中确定成交供应商的一种采购方式。简单地说，就是指采购人与供应商一对一地就价格、质量、售后服务等进行比较性的讨价还价。这种采购方式在公共领域中主要用于紧急情况下的采购或涉及高科技应用产品的采购。与招标采购项下的商品的特点相比，谈判项下的商品具有特别的设计或者特殊的竞争状况。此类产品很少形成竞争性的市场，也没有确定的价格。因此在采购人和供应商双方对产品的制造、移交和服务的成本存在不同的估价时，就不可避免地要采用谈判方法。

（五）单一来源采购

单一来源采购是没有竞争的一种谈判采购方式，是指达到竞争性招标采购的金额标准，但在适当条件下采购人向单一的供应商征求建议或报价来采购货物、工程或服务。通常是所购产品的来源渠道单一或属专利、艺术品、秘密咨询、属原形态或首次制造、合同追加、后续扩充等特殊的采购。

（六）询价采购

询价采购也称货比三家，是指采购人向国内外有关供应商（通常不少于三家）发出询价通知书，让其报价，然后在报价的基础上进行比较，按照符合采购需求、质量和服务相等且报价最低的原则确定成交供应商的一种采购方式。这种方式只适用于采购现货或价值较小的标准规格的设备，或者小型、简单的土建工程。

五、加强地方政府采购管理

政府采购管理是地方政府的重要职责，是加强地方财政支出管理、实现资源优化配置的重要手段。在政府采购中，地方政府采购占有绝大部分份额。因此，加强地方政府采购管理是地方财政部门的重要职责。

（一）扩大政府采购的实施范围和规模

我国政府采购范围仍然有限，结构也不尽合理。从发达国家看，一般国家政府采购的市场规模通常相当于其年度 GDP 的 10%～15%。而我国政府采购规模虽然每年都有增长，但是政府采购占 GDP 的比重还不到 4%，还大有潜力可挖。我国目前政府采购的项目主要集中在财政拨款的办公设备购置、车辆购置及少数工程及房屋修缮等通用的、一般的货物采购上，使得政府采购难以充分发挥节约财政资金的作用。现有政府采购结构比例中，货物类采购所占比例较大，服务类采购所占比例很小。因此要深入推进政府采购扩面增量工作，做到应采尽采。推进政府购买服务，逐步扩大公共服务、商务服务及专业服务的政府采购实施范围。

（二）完善政府采购法规制度

制度规范是政府采购发展壮大的保障。以《政府采购法》为基础，以《政府采购法实施条例》和地方各级政府出台的适合各地情况的采购政策、条例为补充和配套，建立一个多层次、系统性的政府采购法律体系。进一步完善政府采购协议供货管理，完善政府采购评审工作等制度办法。

（三）加快构建政府采购政策功能体系

拓展完善政策功能的实施领域，增强政府采购对经济社会发展的宏观调控作用。制定政府采购本国产品管理办法，继续完善政府采购支持节能减排、环境保护的政策措施和执行机制。完善政府采购强化信息安全的政策措施。开展政府采购相关政策执行情况的监督检查和跟踪问效工作，努力提高政策执行效果。

（四）完善政府采购预算机制，加强政府采购预算管理

政府采购监管部门应建立完善的政府采购预算机制，加强与采购具体业务管理人员的沟通和协调，切实编制好政府采购预算，并制定政府采购从预算编制到计划管理、方式审批、执行交易及诚信体系建设等业务管理标准。要完善和规范政府采购的预算调整制度，尽量减少执行中的追加和调整事项，增强政府采购预算机制的指导性和可操作性，为政府采购的规范性运作创造条件。

（五）加大政府采购监督管理力度

针对政府采购操作执行的薄弱环节，创新监管手段，提高监管水平。加强政府采购计划管理，严格按政府采购预算、购置费预算标准和资产配置标准编制采购计划。逐步扩大批量集中采购品目范围，推行申请单一来源采购的审核前公示制度，改进采购方式变更审批和采购进口产品审核工作。强化集中采购管理，科学制定政府集中采购目录及标准。加强对采购代理机构的考核检查工作，促进采购代理机构健全内部监督制约机制。完善协议供货和定点采购管理，规范网上电子竞价和开展区域联合采购。充实评审专家数量，加强对评审专家的现场管理，进一步规范评审专家行为。依法做好供应商投诉举报处理工作，加大对违法违纪行为的处罚力度。推进政府采购诚信体系建设，建立健全不良行为公示制度和政府采购市场禁入制度。实施“双随机一公开”的政府采购监督检查制度，即随机抽取检查对象、随机选派执法检查人员，及时公开抽查情况和查处结果。加强与审计、监察等部门的协调联动，推动开展有关专项检查和定期检查工作。

专栏 10.6

杭州市首次将社会公共服务纳入政府采购目录

杭州市政府于日前公布的《2012 年杭州市政府采购目录和限额标准》（以下简称《目录》）中，公共卫生服务、公共就业服务、法律服务、教育服务、公共文化体育服务、养老服务、公共交通服务、城市管理服务等 8 类社会公共服务项目被列入分散采购的服务类目录中。此次纳入《目录》的服务类项目大多是涉及民生的公共服务项目，近年来，杭州市为深化服务型政府建设，建立高效的公共管理体制机制，优化公共资源配置，明确提出政府购买社会组织服务项目应纳入政府采购管理，并按照《政府采购法》的规定，坚持公开、透明的原则，广泛接受法律监督和社会监督。从 2012 年起，杭州市本级将公共卫生服务等领域的政府购买社会组织服务经费全部纳入财政预算管理，由财政部门和相关职能部门联合建立政府购买社会组织服务工作协调配合机制，并逐一规范对法律服务、公共文化体育服务、养老服务等 8 大领域的政府购买社会组织服务工作。

资料来源：中国财经报，2012-02-15.

第七节　中期财政规划

中期财政规划是为弥补年度预算不足而编制的，是政府预算改革的重要内容之一。2013 年 11 月，党的十八届三中全会通过的《中共中央关于全面深化改革若干重大问题的决定》明确提出建立跨年度预算平衡机制。2018 年 12 月 29 日，第十三届全国人民代表大会常务委员会第七次会议通过了修订的《中华人民共和国预算法》，其中“总则”第十二条规定，“各

中期财政规划

级政府应当建立跨年度预算平衡机制”。据此，国务院于 2014 年 9 月 26 日做出《国务院关于深化预算管理制度改革的决定》，将“实行中期财政规划改革”作为改进预算管理和控制、建立跨年度预算平衡机制的首要措施。其后，国务院于 2015 年 1 月 3 日发布《国务院关于实行中期财政规划管理的意见》，明确了此项改革的总体要求、组织实施和中期财政规划的主要内容、编制主体、编制程序。由此，我国对财政收支计划实行中期滚动管理的全国性实践正式启动。

其中，《国务院关于实行中期财政规划管理的意见》明确提出：“实行中期财政规划管理，由财政部门会同各部门研究编制三年滚动财政规划，对未来三年重大财政收支情况进行分析预测，对规划期内一些重大改革、重要政策和重大项目，研究政策目标、运行机制和评价方法，通过逐年更新滚动管理，强化财政规划对年度预算的约束性”。

一、中期财政规划的基本概念

自 20 世纪 80 年代以来，大多数发达国家和部分发展中国家相继开展了中期预算改革，通过采用一种超越经济周期以求得财政平衡的中长期财政计划，以便纠正传统年度预算的不足。由于各国实践的复杂性和研究角度的多样性，与中期预算（或中期财政规划）相关的专业术语在使用中存在着意义不明确和重合混用的现象。① 本节所讨论的中期财政规划，就是国际货币基金组织所推荐的中期预算框架和世界银行所说的中期支出框架。

（一）国际货币基金组织的定义

根据国际货币基金组织在《财政透明度手册》（International Monetary Fund，2007）中给出的定义：“中期预算框架，如果能得到严格实施，不仅可以明确说明维持现行政府政策对收支的影响，而且有助于对推出的新的政策进行控制，并对一年以上的预算实施情况进行跟踪。它为行政部门责任的透明提供了依据，并为编制以结果为导向的更详细预算奠定了必要的基础。”

国际货币基金组织所界定的中期预算框架的主要内容包括：（1）一份有关财政政策目标的说明；（2）综合的中期宏观经济和财政预测；（3）对预算年度后 2～4 年各部委和机构的收支估计；（4）对“远期”或“未来年度”正式进行的估计——对支出的第一个未来年份的估计是下年预算谈判的基础；（5）以各部委和机构预算拨款形式存在的硬预算约束。

由此可见，中期预算框架不是简单地从一个年度转向多个年度，而是在预测的基础上，结合政策目标，对年度预算作了较多的补充，而且是一种硬预算约束。

（二）世界银行的定义

关于中期财政规划，世界银行常用的对应概念是中期支出框架（Medium-Term Ex-

---

① 李俊生，姚东旻．中期预算框架研究中术语体系的构建、发展及其在中国应用中的流变．财政研究，2016（1）.

penditure Framework，MTEF)。需要稍加说明的是，“中期支出框架的重点在‘支出’，但这不妨碍适当时候涉及‘收入’。这是因为，无论什么样的支出安排，都不可避免地要以多少可支配资源，即可支配收入为前提”①。根据世界银行的分类，中期支出框架还可以分为三个递进的层次：第一层次是中期财政框架（Medium-Term Fiscal Framework，MTFF)；第二层次是中期预算框架（Medium-Term Budget Framework，MTBF)；第三层次是中期绩效框架（Medium-Term Performance Framework，MTPF)。

(1) 中期财政框架，是指政府自上而下地制定宏观经济和财政中期目标，进行中期财政收入预测和支出预算。它通常包括财政政策目标说明、一系列综合的中期宏观经济和财政目标及预测。这一层次的中期框架重在预测，而不强调规划对政府收支的约束力。

(2) 中期预算框架，是在中期财政框架的基础上，结合国家和部门中期发展战略，通过自上而下和自下而上的协商，制定中期总支出的上限，尤其是对中期内支出项目的成本进行估计。

中期预算框架的目标是按照国家的战略优先次序配置资源，保证资源配置符合财政总目标的要求。对于支出部门来说，在保证整体的财政纪律的同时，预算有了一定程度的可预测性。所以，这个层次的中期框架通常对政府收支行为有约束力，而不是只停留在预测层面。

(3) 中期绩效框架，这是一种最高级的阶段或形式，不仅要实现政策与政府收支预测的对接，而且要对政府支出绩效进行评价，包括支出绩效的考核评价分析。还要实施产出预算，注重提高支出的效率，可以完整反映财政收入和预算的产出，更加注重对财政中期支出绩效的考量。这一框架涉及政府收支评价，决定了中期绩效框架必须有较为苛刻的实施条件。

根据世界银行（World Bank，2013）公布的数据，截至2008年，全球已有超过2/3的国家实行了某种形式的中期财政支出框架，其中较为普遍的是处于第一层次的中期财政框架，但也有越来越多的国家开始转向中期预算框架和中期绩效框架（详见表10-1)。

表10-1 1990—2008年采用中期财政支出框架（MTEF）的国家变化情况表 单位：个

发展阶段	模式	1990年	2008年
初级阶段	中期财政框架（MTFF)	9	71
中期阶段	中期预算框架（MTBF)	1	42
高级阶段	中期绩效框架（MTPF)	1	19
统称	中期支出框架（MTEF)	11	132

资料来源：世界银行（2013)。

（三）我国对中期财政规划的定义

在我国预算管理的改革实践中，中期财政规划是指在科学预判未来三年经济社会发展和财政收支形势的基础上，合理确定财政政策、重大改革和重大项目资金安排，逐年滚动管理，实现规划期内跨年度平衡的预算收支框架（全国预算与会计研究会总课题组，

① 杨志勇．我国中期财政规划改革：基本方向与主要问题．中国财政，2014 (11).

2016）。

与年度预算相比较，中期财政规划将财政资金安排和控制预算平衡的时间跨度由一个财政年度扩展到多个财政年度，并且将年度预算置于中期财政规划的视野之中，根据国家战略目标，确定公共支出的重点和优先顺序，进而实现有限预算资源的有效配置。

与国际经验相比较，我国的中期财政规划还不是法定意义上的多年期预算拨款方案，而只是中期滚动预算的过渡形态。

二、实行中期财政规划的积极意义

从各国的实践来看，中期财政规划的实施对加强和改善宏观调控、统筹使用财政资源、提高财政年度预算水平、强化政策实施效果具有重要意义。

（一）有利于各项规划与财政预算安排之间的相互衔接，实现中长期发展目标

在经济发展过程中，我们一直都不缺乏规划和决策，缺乏的是保障机制，现行的年度预算与政府宏观经济的联系不紧密，持续性约束不强，尤其与中长期宏观经济政策更有脱节的现象，限制了预算政策的宏观调控职能。例如，国家制定五年发展计划，但年度预算因其固有的敌视性，与中国的五年发展计划的联系很少，使五年发展计划在预算方面得到的支持不明显。中期预算则可以实现预算与中长期发展规划的紧密联系，将二者有机衔接，可以保证财政政策的连续性，为中期规划决策提供财力保障，促进规划决策的落实。

（二）有利于发挥财政稳定器和“逆周期”调节器作用，建立跨年度预算平衡机制，实现经济可持续发展

年度预算仅针对一年的时期，这在经济波动周期中是极短暂的，所以，年度预算对经济周期的考虑没有中期预算多，不能针对经济波动制定政府收支政策。因此，对于通过政府收支来熨平经济波动的作用的发挥有相当的局限，甚至有可能会增加财政风险、加剧经济波动，这是因为年度预算对未来可能的支出增长或收入减少因素考虑不足。中期预算针对三至五年制定预算计划，在制定中期预算时，需要对未来时期内的经济变化情况、财政收支增长情况进行科学预测，从而制订政府的收支计划，能因时制宜，根据不同经济形势安排政府收支，理论上可能实现同期平衡预算。这样，就能在经济周期内避免政府的过度赤字或盈余，减小政府财政风险；同时也可以在最大程度上通过政府预算实现以财政政策熨平经济波动的目标。

（三）有利于提高公共资源配置效率，提高预算工作的前瞻性、计划性和整体性

年度预算仅针对下一年预算年度进行，仅对下一年度的政府收入及支出进行预算，对某些不可持续性收入及一次性支出考虑不足，有可能会将一次性支出或收入误认为是长期性的。所以年度预算会有短视的特点，不可避免地出现部分公共资源浪费和利用率不高的现象。而中期财政预算可以统筹考虑三年本级政府可用财力和支出需求，按照

"近详远略"原则同步编制后两年政府及部门收支计划，提前确定今后三年分年度的收入安排和支出重点，提高财政支出的前瞻性、计划性和整体配置效益，集中财力解决事关经济和社会发展大局的重大问题。

(四)有利于提升预算的法律约束力，为年度预算建立具有约束性的支出限额

最近十多年来，中国每年政府收支的决算数与预算数不论是支出方面还是收入方面都有很大的差额，这使预算的法律约束力逐渐下降。中期预算确定了政府在未来几年内的收入、支出、盈余或赤字总量，在中期预算的法律地位得到确认的情况下，年度预算的制定需要依据中期预算所确定的中期财政收支总量，所以中期预算的主要作用之一是为年度预算建立具有约束性的支出限额。同时，中期预算是"自上而下"的资金分配方式，对预算规模和结果变化都规定有相应的规则，从而可以保障预算资金总额控制。

三、我国中期财政规划的主要内容

根据《国务院关于实行中期财政规划管理的意见》的要求，中期财政规划是中期预算的过渡形态，是在对总体财政收支情况进行科学预判的基础上，重点研究确定财政收支政策，做到主要财政政策相对稳定，同时根据经济社会发展情况适时研究调整，使中期财政规划渐进过渡到真正的中期预算。中期财政规划涵盖一般公共预算、政府性基金预算、国有资本经营预算和社会保险基金预算，主要包括四部分内容：

(一)预测现行政策下的财政收支

根据国民经济和社会发展五年规划纲要及年度计划，考虑国际国内发展环境重大变化，结合基期年的经济社会发展情况，预测未来三年经济社会发展状况及主要经济指标。在做好经济预测的基础上，按照现行宏观经济政策，预测未来财政收支情况。

(二)分析现行财政收支政策问题

根据对现行政策下财政收支的预测和对现行财政收支政策实施效果的分析，深入查找问题。

(1) 财政收入制度存在的问题。包括现行税制在促进资源节约和环境保护、化解过剩产能、调节收入分配以及筹集财政收入等方面的作用，部分税制改革政策对财政收入的影响，非税收入管理的规范等。

(2) 财政支出政策存在的问题。包括一些重点支出同财政收支增幅或生产总值挂钩对财政支出结构的影响，社会保障、医疗卫生支出因人口结构变化的增长情况，一些亟须解决的问题在支出预算中的保障情况，已安排的财政资金由于各种原因形成沉淀的情况等。

(3) 债务风险问题。部分地区因地方政府性债务规模较大，存在的风险隐患等。

(三)制定财政收支政策改革方案

(1) 在财政收入政策方面，财政部门要与税务、海关、发展改革等相关部门协商提

出税制改革、重大税收政策调整、清理规范收费和政府性基金项目的路线图和时间表，明确政策目标和政策实施时间，评估政策对经济运行和相关产业的影响以及企业、个人税费负担的变化。

（2）在财政支出政策方面，财政部门要与相关部门梳理规划期内重大改革、支出政策和支出项目，明确政策目标，列出分年度工作任务和时间节点，说明资金使用对象、保障标准、运行流程，建立预算绩效评价机制，并加大结转结余资金清理力度，减少新增沉淀资金。

（3）在政府债务管理方面，财政部门要根据财政收支和政府债务风险预测情况，合理确定财政赤字规模、政府债务限额等风险控制目标，将债务分类纳入预算管理，并建立债务风险预警和应急处置机制。

（四）测算改革后财政收支情况

根据财政收支政策改革方案，测算未来三年财政收支情况，并进行综合平衡。

四、我国在实行中期财政规划过程中需解决的重点问题[①]

作为预算管理的重要举措，我国在实行中期财政规划过程中需要着重解决以下几个方面的问题。

（一）中期财政政策目标的确定

财政是国家治理的基础和重要支柱。中期财政政策目标的确定必须服务于国家治理体系和治理能力现代化。现行政府预算与国家财政政策目标有联系，但联系程度还不够紧密。过多的“法定支出”肢解了统一的政府预算，限制了预算在政策目标中作用的充分发挥。如再考虑到多种财政支出的刚性，那么所能用于灵活调节的财政资金就极为有限，预算服从政策目标的功能不容易得到充分的发挥。

我国既有国民经济和社会发展五年规划，也有财政的五年规划。显然，这些都是确定中期财政政策目标的基础。但是，中期财政政策目标的确定还是必须另辟蹊径。从时间上看，五年规划的“五年”是固定的五年，与中期财政规划的“中期”不一定能实现很好的衔接，更无法与“滚动”的中期财政规划对接。从内容上看，既有的规划多表现为粗线条的规划，与中期财政规划所需要的精细化要求差距较大。国家治理的目标还有进一步转化为可操作性强的独立的中期财政政策目标的必要。

（二）中期财政收入的预测

准确的预测是中期财政规划成功实施的重要一步。科学预测中期财政收入，才能确定可支配财政资源。中期财政收入预测不同于年度财政收入预测。影响年度收入的因素相对较为确定，而影响中期财政收入的不确定性因素较多。这会导致中期财政收入预测

① 杨志勇．我国中期财政规划改革：基本方向与主要问题．中国财政，2014（11）．

的困难。

从既有的财政收入预测来看，国内生产总值（GDP）是最重要的指标之一。多快的经济增速、财政收入与经济增长之间的关系，都是需要明确的。

从当前的现实来看，经济增长速度正处于一个转换期。经济增长平台的转换也在一定程度上决定了经济增速的预测只会是一个区间。准确的财政收入预测需要建立在准确的经济增速预测的基础之上，需要建立在经济结构调整对财政收入影响的科学判断上，需要有科学的模型预测财政收入与经济增长之间的关系。

（三）中期财政支出的预测

独立的中期财政政策目标还需要细化为具体的中期财政支出数量，这就需要预测中期财政政策目标实现所需的财政支出规模，最终确定的支出规划应该是可行的规划。我国正在全面深化改革，国家重大改革、重要政策和重大项目都是中期财政规划所必须优先考虑的。改革、政策、项目都要转换为财政支出需要。中期财政支出规划的编制需要逐一预测改革、政策与项目的财政资金需求。

国家重大改革、重要政策和重大项目的出台离不开财政的配合。没有充分的财政资金支持，重大改革、政策和项目往往很难成功执行。但这不是说所有的改革、政策、项目资金诉求，财政只能照单全收。恰恰相反，这只是强调财政资金协调工作的重要性。国家政策不能超过财政承受能力。超能力意味着目标很难实现，结果只会影响政府公信力。这也要求编制中期财政规划的机构应与国家重大改革、重要政策和重大项目的决策机构之间有良好的信息沟通渠道，全程参与可行性论证，并最终在中期财政规划中得到充分的反映。国家重大改革、重要政策和重大项目只能逐一分析各自的资金需求，分析影响支出的各种因素，并加以汇总，形成中期支出预测结果。从这个意义上说，准确的支出预测是从财政视角对国家治理的贡献。

（四）赤字规模的确定与跨年度平衡问题

收入与支出之间可以有差距。现代财政制度下，财政收入与支出不一定相等。但是，财政收入与支出应该基本匹配，财政收支差距应在合理的区间内。特别是，财政赤字规模的确定既是防范财政风险的需要，也是确定可支配财政资源的需要。中期财政支出规模的确定需要一定的弹性空间，这就需要赤字调节。中期财政规划不必拘泥于年度约束，可以从中期的视角确定财政赤字水平，实现跨年度财政平衡。中期财政规划是跨年度滚动编制的，可以综合中期（如三年）支出和收入预测，确定赤字规模和财政平衡状况。

（五）中期财政规划的运行机制与评价办法

在任何时候，财政资金都不可能满足所有的项目支出需求。区分项目的轻重缓急至关重要。在全面深化改革的今天，不仅需要协调总体改革与具体改革之间的关系，还要构建起改革与财政资金需求的关系。改革已经进入深水区。为了改革的顺利进行，一定程度上的“赎买”仍然是可能的。这就要求有必要的资金储备。当然，改革不只是消耗财政资金。相当多的改革可以带来财政红利。财政收入可能随之增长，财政资金可能随之节约。例如，公车改革影响面广，虽然可能需要一定的支出支持改革的进行，但从根本上说，这样的改革最终只会是节约财政资金。此类改革从中长期来看，可以释放出更多财政资金。

各种支出项目需做好和财政的衔接关系。重要政策的出台必须有科学论证。简政放权之后的政府将是有效的政府，所履行的职责都是必要的。但是，从现实来看，“法定支出”严重制约中期财政规划运行机制。2012 年，仅财政安排的教育、科技、农业、文化、医疗卫生、社保、计划生育 7 个领域的与财政收支增速或生产总值挂钩的重点支出就占到全国财政支出的 48%。“法定支出”的规定在特定时期有助于相关领域的发展，有助于保证这些领域的资金到位。但是，资金需求的强制性规定反而不利于灵活调节，不利于财政资金效率的提高。考虑这些“法定支出”，再加上人员经费等刚性支出，能够真正灵活地用于重大改革、重要政策与重大项目的资金可谓少之又少。而且，这些领域的资金需求也不是永久不变的。各领域只要有资金需求，在各类支出需求中，就具有平等的地位。复杂多变的经济社会环境决定了财政资金只有在统筹的基础之上，才有可能高效率使用。

项目支出安排的合理性关键在于形成滚动的项目库。所有进入项目库的项目都要通过可行性论证。而后，在制定中期财政规划时，在可支配财力限度内，根据轻重缓急的要求，安排项目的实施。这样，应有适当的工作委员会或工作协调机制，使得财政资金的安排能够顺利到位。

第八节 本章小结

(1) 地方财政管理目标是地方财政管理活动要达到的目的，也是检验考核地方财政管理成效的标准。地方财政管理目标可归纳为两类：一是效率目标；二是公平目标。

(2) 地方财政管理作为一种对政府财政活动的管理，在管理中既要遵循一般经济管理原则，又要考虑到政府部门与其他非政府部门的差异，因此，地方财政管理原则既有一般管理的共性，又有财政管理的特性。其管理原则主要有三：一是法治化原则；二是科学化原则；三是公开化原则。

(3) 我国实行一级政府一级预算，设立中央，省级（省、自治区、直辖市），市级（设区的市、自治州），县级（县、自治县、不设区的市、市辖区）和乡级（乡、民族乡、镇）五级预算，保证各级政府在行使其事权和职能时拥有相应的财力保障。

(4) 地方预算是地方政府为了实现其职能有计划地筹集和分配地方财政资金的重要工具，是地方政府的年度财政收支计划。

(5) 地方决算是经法定程序批准的年度地方预算执行的总结，它是预算年度内地方预算收入和支出的最终结果，也是各级地方政府经济活动在财政上的集中表现。编制地方决算是《宪法》赋予地方政府的一项重要职责，通过地方决算的编制，可以全面系统地反映地方预算收支指标的实际执行情况。

(6) 零基预算是不以原有预算及其实际执行情况为基础，而是一切以零为起点，对计划期所有的支出逐项进行成本—效益分析，在从根本上考虑其必要性和应有规模的基础上，从头开始编制预算的一种组织形式。当然，所谓的“零基”并不是简单否定以往的一切，或者一律重新开始设计，它只是意味着要对所有的活动进行重新审议和评价，从而决定项目和资金数额的取消、削减、保留或增加等问题。

(7) 绩效预算也叫产出预算，是根据成本—效益的分析方法，对预算支出项目的成本和效益进行比较分析，以决定支出项目的必要性及支出规模的预算形式。具体做法就是政府首先制定有关的产业计划和工程计划，再依据政府职能和施政计划制定执行计划的实施方案，并在成本—效益分析的基础上，按照效益最大化的标准确定实施方案所需的支出费用，以此编制预算。

(8) 国库集中收付制度是在预算执行进程中，对财政资金实行集中收缴和支付的制度，是市场经济国家普遍采用的国库管理制度。

(9) 政府采购管理是加强财政支出监督管理的重要内容和手段，有利于提高财政资金的使用效率，促进源头治腐，并实现国家宏观调控意图。通过制定统一规范的政府采购方式和程序，实行集中采购、分散采购相结合的采购模式和“管采分离”的管理体制，以及综合监管、专业监管和行业监管相结合的监管体系，对政府采购行为进行管理。

(10) 在我国预算管理的改革实践中，中期财政规划是指在科学预判未来三年经济社会发展和财政收支形势的基础上，合理确定财政政策、重大改革和重大项目资金安排，逐年滚动管理，实现规划期内跨年度平衡的预算收支框架。

与年度预算相比较，中期财政规划将财政资金安排和控制预算平衡的时间跨度由一个财政年度扩展到多个财政年度，并且将年度预算置于中期财政规划的视野之中，根据国家战略目标，确定公共支出的重点和优先顺序，进而实现有限预算资源的有效配置。

重要概念

地方财政管理	地方预算	部门预算	单位预算
预算调整	经费流用	预算划转	单式预算
复式预算	基数预算	零基预算	投入预算
绩效预算	国库集中收付制度	国库单一账户	政府采购
公开招标	邀请招标	竞争性谈判	单一来源采购
询价采购	中期财政规划	中期支出框架	

复习与思考题

1. 地方财政管理的目标和原则是什么？如何确保地方财政管理目标的实现？
2. 如何正确理解地方财政管理的三大原则？
3. 了解地方预算的组成及地方预算在国家预算体系中的地位。
4. 掌握我国政府新的预算收支分类的内容。

5. 简述地方预算和地方决算的程序和内容。

6. 地方预算执行包括哪几个方面的内容？

7. 分析比较单式预算和复式预算、基数预算和零基预算的优缺点。

8. 什么是部门预算？其主要内容和特点是什么？

9. 政府采购的含义和特点是什么？

10. 政府采购有哪些方式？

11. 如何加强地方政府采购管理？

12. 什么是国库集中收付制度？其内容和特点是什么？

13. 我国国库集中收付制度改革的主要内容是什么？

14. 中期财政规划的概念及其与年度预算有何区别与联系？

参考文献

1. 陈工．政府预算与管理．北京：清华大学出版社，2004

2. 王金秀，陈志勇．国家预算管理．2版．北京：中国人民大学出版社，2007

3. 财政部科研所．地方公共财政管理实践评价．北京：中国财政经济出版社，2011

4. 张青．公共部门预算研究．北京：中国财政经济出版社，2007

5. 王雍君．公共预算管理．北京：经济科学出版社，2002

6. 谢旭人．中国财政管理．北京：中国财政经济出版社，2011

7. 宋丽颖，王满仓．政府采购．西安：西安交通大学出版社，2007

8. 张晓杰，等．公共组织财务管理与组织治理实务．北京：经济科学出版社，2015

9. 高培勇．世界主要国家财税体制：比较与借鉴．北京：中国财政经济出版社，2010

10. 杨志勇．我国中期财政规划改革：基本方向与主要问题．中国财政，2014（11）

11. 世界银行．超越年度预算：中期支出框架的全球经验．北京：中国财政经济出版社，2013

12. 马蔡琛，袁娇．中期预算改革的国际经验与中国现实，经济纵横，2016（4）

13. 李俊生，姚东旻．中期预算框架研究中术语体系的构建、发展及其在中国应用中的流变．财政研究，2016（1）

14. 中华人民共和国预算法，http：//jrs. mof. gov. cn/ppp/zcfbppp/201410/t20141030_1155100. html

15. 中华人民共和国预算法实施条例，http：//www. gov. cn/zhengce/content/2020-08/20/content_5536179. htm

16. 中华人民共和国政府采购法，http：//www. people. com. cn/GB/jinji/20020629/764316. html

17. 中华人民共和国政府采购法实施条例，http：//www. mof. gov. cn/zhengwuxinxi/zhengcefabu/201502/t20150227_1195516. htm

推荐阅读文献

1. 马蔡琛，赵早早．新中国预算建设 70 年．北京：中国财政经济出版社，2020
2. 张德勇，孙琳．新中国财政体制 70 年．北京：中国财政经济出版社，2020
3. 沙安文．地方公共财政管理．北京：中国财政经济出版社，2012
4. 沙安文．地方预算．北京：中国财政经济出版社，2012
5. 王泽彩．绩效：政府预算的起点与终点．上海：立信会计出版社，2016
6. 中国发展研究基金会．全面预算绩效管理读本．北京：中国发展出版社，2020
7. 马海涛，等．预算绩效管理理论与实践．北京：中国财政经济出版社，2020

教学支持说明

1．教辅资源获取方式

为秉承中国人民大学出版社对教材类产品一贯的教学支持，我们将向采纳本书作为教材的教师免费提供丰富的教辅资源。您可直接到中国人民大学出版社官网的教师服务中心注册下载——http://www.crup.com.cn/Teacher。

如遇到注册、搜索等技术问题，可咨询网页右下角在线 QQ 客服，周一到周五工作时间有专人负责处理。

注册成为我社教师会员后，您可长期根据您所属的课程类别申请纸质样书、电子样书和教辅资源，自行完成免费下载。您也可登录我社官网的“教师服务中心”，我们经常举办赠送纸质样书、赠送电子样书、线上直播、资源下载、全国各专业培训及会议信息共享等网上教材进校园活动，期待您的积极参与！

2．赠送“经管之家”论坛币

经管之家（http://www.jg.com.cn）于 2003 年成立，致力于推动经济学科的进步，传播优秀教育资源，做最好的经管教育。目前已经发展成国内最大的经济、管理、金融、统计类在线教育平台，也是国内最活跃和最具影响力的经济类网站。

为了更好地服务于教学一线的任课教师，凡使用中国人民大学出版社经济分社教材的教师，注册成为我社教师会员后，可填写以下信息调查表，发送电子邮件或者邮寄或者传真给我们，我们将会向您赠送经管之家论坛币 200 个。

教师信息表
姓名：
学校：
论坛 ID：
教授课程：
使用教材：
论坛识别码：pinggu_com_1501511_8899768

3．高校教师可加入下述学科教师 QQ 交流群，获取更多教学服务

经济类教师交流群： 809471792
财政金融教师交流群：182073309
国际贸易教师交流群：162921240
税收教师交流群：119667851

4．购书联系方式

网上书店咨询电话：010-82501766
邮购咨询电话：010-62515351
团购咨询电话：010-62513136

中国人民大学出版社经济分社
地址：北京市海淀区中关村大街甲 59 号文化大厦 1506 室　100872
电话：010 -62513572　010-62515803
传真：010 -62514775
E-mail：jjfs@crup.com.cn